中世フランスの文化

HISTOIRE CULTURELLE DE LA FRANCE: LE MOYEN ÂGE

◉Michel Sot　ミシェル・ソ
◉Jean-Patrice Boudet　ジャン＝パトリス・ブデ
◉Anita Guerreau-Jalabert　アニータ・ゲロ＝ジャラベール著
◉桐村泰次訳

論創社

Histoire culturelle de la France
sous la direction de
Jean-Pierre Rioux et Jean-François Sirinelli
Tome I: Le Moyen Âge
by Michel Sot, Jean-Patrice Boudet, Anita Guerreau-Jalabert

凡例

一、本書は、Jean-Pierre Rioux, Jean-François Sirinelli監修による「Histoire culturelle de la France」（全四巻）の第一巻「Le Moyen Âge」の邦訳である。原題を直訳すれば「フランス文化史」であるが、ル・ゴフらによる同じタイトルの既刊本との重複を避けるため、「中世フランスの文化」とした。

一、本文で出てくる人名については、巻末に索引を付け、近代以後の歴史学者などについては、姓名から引けるようにしたが、中世ヨーロッパにおいては、まだ姓名という概念がなく、現代人にとって姓名のように考えられているものも出身地名であることが多いので、ファースト・ネームから引く形で並べた。

一、また、中世の人物の名前の表記に関しては、ラテン語式、古ゲルマン式、現代のフランス語や英語式のいずれにするかという問題がある。とくに中世初期には聖職者や学者だけでなく王侯も、当時においては、ラテン語式で呼ばれたと考えられるのでラテン語式表記を優先したが、こんにち広くフランス語式の呼称が定着しているものは、それを採用した。例をあげると、シャルルマーニュは当時は「カロルス」と言ったと思われるし、宮廷を置いたアーヘンは現在のドイツに含まれるから「カール大帝」とすべきところであるが、本書が「フランス文化の歴史」であることから、フランス語式に「シャルルマーニュ」とした。ただし、その長子のルートヴィヒ敬虔帝については、フランス語式では「ルイ」になるが、記述されている事績はフランス文化との関わりが薄いことから「ルートヴィヒ」にした。フランス史初代の王「クローヴィス」は、当時のフランク族の呼び名では「クロドヴェヒ」が近いのであろうが、フランス史で一般的に使われている慣例に従って「クローヴィス」とした。

【目次】

中世フランスの文化

序文

『フランス文化史 Histoire culturelle de la France』という題は、《中世》に焦点を当てた場合は、正直なところ、何一つ適切な言葉を含んでいないように見える。そもそも、中世学者の仕事のなかに、はたして「文化史 histoire culturelle」として定義づけられうる研究分野が存在するのかという問題があり、「文化 culture」はきわめて現代的な概念であって、それには当てはまらない一つの時代に人工的に投影しようとすることになるのではないか？　また「フランス」ということも、国家としてのフランスがまだ存在していなかった時代においては、どういうものでありうるのか？　こんにちとはずっと異なっていた中世末の国境線のなかでは、いま思い浮かべられるようなものではなかったのではないか？　結局、「フランス文化史」というものは、いつから始まったとするのが適切なのか等々の疑問があるからである。

一九九一年、フランス高等教育の中世学会は、「フランスにおける中世史 L' Histoire médiéval en France」というタイトルのもとに、一冊の本を出した（Éditions du Seuil）。フランス中世学者たちの宣言書というべきこの本のなかでは、かなりの数の章において、最近の歴史学の成果が分析されているが、そのどれ一つとして「文化史」と題したものはない。したがって、「文化史」は中世史家たちに馴染みのカテゴリーではないと考えることができる。

しかし、それでも、この本のなかには私たちの言う「文化史」に近い項目が幾つか見出される。たとえば「知的歴史Histoire intellectuelle」という題があるし、題は「人類学と歴史」だが、《表現のシステムSystèmes de représentation》の小節があったりする。そのほかにも、わたしたちが「文化史」として示そうとしているものの素材をタイトルに掲げているものもある。たとえば「教会の歴史」「宗教的心情の歴史」「文学史」「芸術と図像の歴史」などである。フランス中世学者のこうした経験主義的・共同作業的アプローチから、「文化史」は、そのものずばりの呼称は用いられていないにしても、その研究作業と出版物のなかにきわめてはっきりと姿を見せている。

そこには、三つの大きな傾向が看取される。一つは、「知的歴史」「文学史」「芸術史」といった文化的生産に視線を注ぐ行き方、もう一つは、教育と不可分に結びついた教会という機構に立ち戻る行き方、第三は、人類学や人間の精神性のように、異なる社会的集団における文化的適応のさまざまなあり方や形式にアクセントを置く行き方である。

すべての中世学者は、多かれ少なかれ、みずからが設定した問題によって、《文化史》の解明に没頭していかざるをえない。それは、研究のよりどころにしている文献的資料によっても、必然的にそうならざるをえない。というのは、そうした資料自体が文化的産物であるとともに、それらを考証するためには《文化史》に援けを求めなければならないからである。

ここで「文化culture」という言葉がもっていた意味について問うなら、辞書を引いてみるだけで、フランス語の「culture」は、「耕作地」を意味したラテン語の「cultura」を引き継いだもので、十五世紀になっても純粋に農業的な意味をもっていたことが明らかである。ユマニストのロベール・エティエンヌは、一五三八年、『Dictionarium latino-gallicum』（ラテン＝ガリア語辞典）において、「cultura animi」をキケロ的観念を参考に「精神を耕す」と訳している。デュ・ベレーが「culture」の語を知的意味合いで使い始めるのは、その少し後である。したがって、「文化」についての近代的な考え方は、十六世紀以後、中世がそのようにみなされていた「暗黒時代」と区別するものとして、古代文化の再生という脈絡のなかで、少しずつ鍛え出され始めたものなのである。そう考えると、《中世文化》を語ることには、間違いなく一つの矛盾があることになるし、それを研究対象にすることは、およそ無謀だということになる。

しかしながら、一見したところ、文化の概念は根底的に中世と無縁のように見えたとしても、中世ラテン語でも、個人を、社会文化的基準によって二つのカテゴリーに識別していたことが分かる。一つは、中世ラテン語で「リテラーティ litterati」と呼ばれ、一般的にラテン語を使うことのできた聖職者を指し、もう一つは「イリテラーティ illitterati」で、これは、ラテン語を使えなかった俗人を指した。文化面で優越的立場を占めたのが前者であることはいうまでもないが、中世末には、本質的に世俗の貴族階層と都市ブルジョワ階層に結びついた土着語文学が発展するにつれて、文字の読み書きも、彼らの独占ではなくなる。

本書の執筆者たちは、これらの考察と、それに伴うその他の事柄を考慮して、近代史や現代史を専門とする歴史家たちによって練り上げられた提言を受け入れ、執筆に参画した。そうはいっても、「histoire culturelle」という概念は近代史研究の総体から生み出されたもので、古代あるいは近代には当てはまるにしても、これを中世にも適用するのは専断的であるとして異論を唱えられる方もあろう。それに対しては、およそあらゆる歴史の問題は歴史家の選択によるのであり、その点でいうと、《文化史》という概念は、学問的により古い《知的歴史histoire intellectuelle》よりもさらに専断的であるわけではないと答えることができるし、同様に、《宗教史histoire religieuse》という、あいまいだが抵抗なく受け入れられている概念と較べても、そう専断的というわけではない。

中世の西欧で文化を担ったのは、ほとんど全面的にキリスト教会であった。しかし、注意していただきたいのは、中世の教会は、それを支えていた社会や文化の外にある一つの決定機関とか一つの実体として考えられるべきではないということである。たしかに、方法論的には、聖職文化と世俗文化とは切り離す必要があるが、この二つは、二十世紀末の西欧人が立てるカテゴリーのなかでは《宗教的》である全体的文化のなかで緊密に重なり合っていたのであって、そもそも《宗教的》ということが、中世の人々にとっては、《文化的》ということ以外の何ものでもなかったのである。したがって、中世の文化史について書くことが正当であるためには、いくつかの条件が必要である。

わたしたちは、五百年前とか千年前とか千五百年前とかの西ヨーロッパで生きていた先祖たちとわたしたちを隔てている大きな距離をしっかり測る必要がある。それは、一人の人類学者をその研究対象である人々と隔てている距離と少なくとも同じくらい強い「異質感étrangeté」を引き起こす距離である。しかし、人類学者の場合、自分が生きている世界と研究対象の世界とのあいだに距離標識があり、明らかに自分が外からの観察者であるという立場によって、自分の外在性を直接的に意識しているのに対し、中世史家は、外からの観察者という立場にわが身を置くためには、きわめて注意深くなければならない。彼はたえず、この距離を思い起こし、自分が通常用いている諸概念と資料が発見させてくれるものを伝える手段に関して体系的に問い直さなければならない。
言い換えると、人類学者の場合、自分が直面している立場の《異質性 étrangeté》は、意識せずとも知覚できるのに対し、中世史家は無意識のうちに《同質性 similitude》を求め、研究対象である社会のうえに自分の精神的・知的枠組を投影する傾向性がある。彼がそれに疑いを起こし気づくのは、その意味が明らかでなく、直接的には知覚できない資料を通してである。経済史、政治史、宗教史、法制史、芸術史、文学史について真実であることは、明らかに文化全体の歴史についても真実である。これらの概念はすべて、現代の西欧社会で生まれ、適用されているものであるだけに、歴史家は、時代錯誤という落とし穴が口を開けていることに絶えず気をつけなければならないのである。
中世の文化史を研究するにあたっては、《文化 culture》という語彙や《文学 littérature》《芸術 art》《宗教 religion》のような概念について、現在も過去も同じに使えるとする暗黙裡の先験的推論を捨てる必要がある。なぜなら、中世的表現システムを解読することは、中世キリスト教の表現体系をそのさまざまな様相と歩みのなかで解読することであるから、歴史家は、トリエント宗教会議や十九世紀に行われたカトリシズム改革、さらにはヴァチカン第二会議によって行われたキリスト教の再定義を、それ以前の時代にあてはめてはならないのである。〔訳注・トリエント宗教会議は、一五四五年から一五六三年にかけて行われカトリックの原点を再確認した会議。第二ヴァチカン会議は、一九六二年から一九六五年にかけて現代的問題へのカトリックの対応が議論された会議。〕
まだ《フランス》という呼称の問題が残っている。本書で「フランス」と呼んでいる地理的区分は、現代フランスのそれによっているが、文化的次元では、《フランス》は時代の流れのなかで変化してきた境界線に囲まれた一つの空間ではなく、「フランス」という名前の元になった《フランク人》に遡る伝統とその後積み重ねられたものの総体をさしている。たしかに、学校教育は百年以上前から「われらの先祖、ガリア人」を押しつけようとしてきた。だが、この国の名前は「フランス」であり、その住民は「フランス人」である。一冊の『Histoire culturelle de la France』を著わすからには、まず五世紀末のフランク族のガリアへの定住、最初のフランス王とされているクローヴィスの治世（481-511）から始めることができるし、そうすべきであるとわたしたちには思われた。

クローヴィスの洗礼をめぐっては、伝統的に、宗教と政治の歴史にまつわる一連の問題が結びついており、歴史家たちのこの問題に関する位置づけと解釈は、それぞれが受けた教育、抱いている信条、気質によって異なる。ところが、わたしたちは、《文化史》の考え方に立つことによって、こうした解釈上の争いから脱出し、フランク人のキリスト教への入信を彼らのローマ文化への入会の一つの仕上げとして説明できるように思われる。つまり、わたしたちの前には、クローヴィスの受洗は基本的に文化的事件として現れてくるのであり、このゲルマン系の一部族がカトリック・キリスト教を採用することによってローマ文化を引き継いだということを意味する。この出来事は、フランスとして確定される空間で起きたことであり、日付の選択には相変わらず恣意的な部分があるが、この五世紀末をフランスの文化史の始まりとすることは、あながち根拠のないことではない。

六世紀末のトゥールのグレゴリウスによって練り上げられ、次の世紀から読み継がれる「フランク神話」

と呼ぶべきものが根を下ろしたのが、まさにこの五世紀である。九世紀初めには、文献資料のなかにも、「卑俗ロマンス語」への言及が現れているが、それこそ、最初のフランス語と見るべきである。そして十二、十三世紀には、フランスで一つの文学が誕生し、確立されるのが見られ、十四世紀には、それは学者たちの言葉にさえなっている。こうしてフランス語が重要性を増していったことが、中世フランス文化史の主要な現象であるが、だからといって、精神的産物の本質的なものは、十一世紀にいたるまでは専ら、そしてその後の何世紀かの間も多くは、普遍的言語であるラテン語で書かれたことに変わりはない。

わたしたちがこれから語る文化人たちは、少なくともこれら二つの言葉に通じており、多くの場合、書くためには、しゃべっている言葉は用いなかった。文化史というからには「口承」の問題が明らかにされなければならないが、当時の史料は残念ながら、それにはほとんど答えてくれない。わたしたちが近づくことのできるのは、何よりもまず「文字で書かれた文化」であり、したがって、本書でわたしたちの研究対象となるのは、それを書き残した学者たちの活動である。ここ三十年ほどの人類史の研究によって、中世の最も古い時代も含めて、学者たち以外の層にも突破口が開かれたことは事実である。しかしながら、それらは、相変わらず局限されたままであり、少なくとも十三世紀にいたるまでは、《民衆文化》について総括することは諦めなければならない。

いつの時代も、知識階級の文化は、大なり小なり堅固な仕組みによって維持され伝えられてきた。かりに古代の学校が六世紀に消滅していたとしても、聖職者と修道院の学校が、それを引き継いだ。そうした聖職者の学校は、わたしたちのカテゴリーでいえば宗教的なものであるが、そこには、キリスト教の基本的テキストを理解し習得するために不可欠な文化的基盤も包含されていた。こうした教会学校の進展の結果として、十三世紀には《大学université》が設立され、それによって、宗教的知識が俗化されることなく自律性を維持した。《大学》設立の第一の目的は、今日的意味での利害とも無関係ではなく、そこで働く人々は全員が教会人であった。

わたしたちは、本書『Histoire culturelle de la France』の中世編がたくさんの避けがたい欠陥をもっていること、これは、あくまで一つの試論であって、徹底的に解明されたうえでの著作ではないことを充分に自覚している。論述にあたっては選択することが必要であった。文字文化についての記述が優先し、芸術や物質的文化に与えた比重は、ずっと慎ましいものになった。一方で歴史家たちと芸術の争いの量的多さ、他方で、考古学的な仕事の過度に細々した成果に引きずられ、明らかに議論の余地を残す結果になったかもしれない。

最後に、中世史の研究全体に固有の一つの究極的な困難さがあることを強調しておかなければならない。それは、この時代の広がりのスケールである。トゥールのグレゴリウス（六世紀）もトマス・アクィナス（十三世紀）も同じく中世文化に属しているが、この二人の間には、トマスとジャン＝ポール・サルトルを分けているそれと等しい七百年という隔たりがある。「中世のmédiéval」という形容詞が指しているものは一千年間にまたがり、そこには、およそ単一というには程遠いものがある。当然、文書記録もきわめて不均等で、取り扱うことのできる素材も、一千年の間で大きく変化し、得られる情報の度合いも大きく変わる。わたしたちは、点在する作品から作品へと移り歩き、そのなかでさまざまな言及を拾い集め、たとえば、統計的処理に役立ちそうなデータを繋ぎ合わせるなど、全体を統合する必要がある。文化を担う事物や機構などの研究から、作品のなかに含まれている表現システムだけでなく、それらが、社会のなかにどのように受容されたかまで評定できるには、本物の文化人類学へ移っていかなければならない。史料自体が不均等であるから、わたしたちがもっている中世の初めから終わりにいたるまでの情報も不均等にならざるをえない。研究の数も不均等なら刊行された著作も不均等であり、したがって、時代的区分においても、最初の部分が五百年、第二のそれが三百年、第三のそれは二百年と、あとになるほど短いにもかかわらず、その記述はあとになるほど長くなる。

中世の一千年を三つに区分するこのやり方は、中世学者においてはすでに慣例化しており、中世文化史も、初期中世haut Moyen Âge（五世紀から十世紀まで）、盛期中世Moyen Âge central（十一世紀から十三世紀まで）、末期中世bas Moyen Âge（十四、十五世紀）に分けることができる。

第一期は、文書記録も最も少なく、《フランス》の空間的枠組みも未確定で、自由に裁量できる余地がある。「古代文化」がいわゆる「中世文化」へ漸進的に移動したのが、この時期である。フランスでは、ピエール・リシェの推進のもと、とくに教育に強い関心が注がれた。（同氏の著述については、巻末の参考文献リストを参照されたい。）ガリアで古代の学校が姿を消していったのと時を同じくして、各地の教会と、とりわけ地中海世界を本拠とする修道士たちとアイルランドを本拠とする修道士たちがもたらした二重の衝撃のもと六世紀から八世紀にかけて広がった修道院のなかで、一つの新しいキリスト教文化が根を下ろした。この新しい文化は、しばしば信じられてきたように、古代文化と縁を切る必要はなかった。なぜなら、古代文化とそれを支えた学校機構は、その固有の活力をすでにまったく失っていたからである。反対に、キリスト教文化は、古代文化の精神的枠組のなかで仕上げられ、この古代文化の主要部分全体を保護した。キリスト教文化は、みずからの考えをラテン語で語り、書いたので、必然的に、ラテン語の文法を伝えたし、初期中世においては、ラテン語を習得することが、あらゆる教科の基盤とされ、この時代の修道士や聖職者たちは、ラテン文化を伝えることによって、一つの言葉、一つの教科を存続させただけでなく、メロヴィング時代には多少なりとも意識的に、カロリング時代には断固として、いまわたしたちが知っている古代の少なくともラテン語の著述家たちの作品を、わたしたちのために選んでくれたのであった。

しかし、初期中世の《フランス文化史》の重大な出来事は、なんといっても、フランス語の元となった最も古いロマンス語が創り出されたことである。では、ガリアでラテン語が話されなくなったのは、いつごろからか？——フェルディナン・ローは、これを問題にした。この設問の奥には、フランス語が話し始められたのは、いつごろか？という問題がある。これについては、同じ言語学者でもラテン語学者であるかロマンス語学者であるかによって、到達する結論に隔たりがある。とくにミシェル・バニアールが推進した、この言語学上の問題を社会言語学の領域に移し、五世紀から十世紀までの時期の口頭によるコミュニケーションについての探求によって、ラテン語にも時代によってさまざまなレベルの違いがあること、カロリング朝の教養ある聖職者たちにいたってラテン語文法に厳格に立ち戻るようになり、そこから、聖職者たちは、信徒に正しく理解されたいと思うなら、ラテン語からロマンス語に翻訳する必要性があることを意識するようになったことが明らかになっている。すなわち、《ラテン語のルネサンス》が九世紀初めのフランス語の再認識に対し触媒として作用したということである。

ただし、この《カロリング・ルネサンス》の重要性については、おそらく割り引いて考えるべきであろう。それは、六世紀初めのアルルのカエサリウスから十世紀のオーリアックのジェルベール（ゲルベルトゥス）にいたる長期にわたるキリスト教学校の歴史と古代文化伝承の営々たる努力の積重ねのなかに位置づけられるべきである。〔訳注・カエサリウスは、ペラギウス主義に決着をつけた学識豊かなアルル大司教。ジェルベールはシルヴェステル二世としてフランス人初の教皇になり、学問の復興に尽くした。〕古代文化の伝承という領域についていえば、カロリング時代の学者たちが向けた関心の中心は、書字法と羊皮紙の質的向上の問題であり、そうした技術的領域で進歩をもたらしたことが《カロリング・ルネサンス》の貢献の本質的なものであった。もう一つ、フランス文化の伝統のなかにもたらされたものがある。それは、教育振興こそ《君主Prince》たるものの責任であるという理念で、これは、こんにちも《国家l'Etat》について言われることである。しかし、固有の意味で生み出されたものに関していえば、カロリング時代は、そのあとの時代のレベルには、はるかに及ばない。

中世盛期は偉大な創造の時代である。十一、二世紀には、学校がぞくぞく誕生し、十三世紀には《大学Université》が創設されるにいたる。ラテン語で書かれた書物は絶え間なく増え、同様にして文字に触れる人の数も増大する。知的領域では、学問的思考がますます洗練され豊かさを増し、とりわけ「スコラ哲学scolastique」と呼ばれたものが完成をみる。それを裏づけるのが、こんにちなお西欧の大思想家として注目されるアンセルムス、ペトルス・アベラルドゥス（ピエール・アベラール）、ボナヴェントゥラ、アルベルトゥス・マグヌス、トマス・アクィナスといった人々である。しかし、各地に固有の言葉も文字言葉として威信を獲得してゆき、わたしたちが《文学littérature》と呼んでいるものが誕生する。ここでは、《ロマン》の創作と同じく、宮廷的・抒情的な歌が次々と作られた。同じ時期、建築も一つの印象的な発展を遂げる。ロマネスクの教会堂や修道院からゴシックのカテドラルへ、木造の簡単な櫓から石造の城へ、というように。

図像（images）も、建物に彫られたり絵に画かれたり、写本を飾ったりと様々な形で多くの作品が生まれる。こうして、この時代は、フランスの文化的遺産のなかで重要な位置を占める一連の要素によって「フランス文化の建設期」ともいうべき様相を呈している。

文献史料は、これ以後、時代を経るにつれて、ますます種類も増え、内容も豊かさを増し、観察と分析を著しく豊かにしてくれることとなる。しかしながら、歴史学者は、相変わらず、文字と図像によったものしか捉えることができず、被支配階級で文字を使えない集団に関わる事象は、彼の手から漏れる。こうした人々の行動や信条は、それを外から見て文字に記した支配階層の人々によって歪められ、しかも、遺っている痕跡はばらばらである。とりわけ俗人世界での教育のあり方や知識の伝承に関することは、すべて、歴史学者には捉えようがない。文献史料は、小さな男の子たちの教育については僅かしか述べておらず、女児のそれにいたっては皆無に近い。教育の実際の仕組み、学校の生徒の募集、文字が書けるようになった人がどのような職歴を辿ったかさえ、きわめて断片的な情報しかない。貴族集団のなかで生まれた俗語文学が、どのように広められ享受されたかについても、ほとんど何もわかっていない。その作者の大部分に関しては、クレティアン・ド・トロワのような最も有名な人々についてすら、わたしたちは何も知らない。最後に強調しておきたいのは、小さな教会堂だけでなくカテドラルなどの大建築も、それが、どのように建てられたか、いまも闇のなかにあるということである。

したがって、盛期中世の文化史といっても、人々の実際の行動を観察することは不可能であり、その生き生きした様子を解明しようなどということは諦めなければならない。文化史家が寄与できる作業は、キリスト教によって組織化され、さまざまな文献が証言してくれている世界の表示システムを解明することに限られる。クレティアン・ド・トロワやトマス・アクィナス、アベラルドゥスといった人々は、一種の自伝を遺してくれているのであるから、もし、彼らの生涯を再構築することに骨身を惜しまなければ、彼らの思考様式と彼らが述べている考えを理解することができるだろうし、それらは、いずれも、中世フランス社会における文化とはどのようなものであったかについてのかけがえのない証言となろう。

それでも、「文化史」というからには、特権的な人々が生み出したものの分析で満足しているわけにいかないことに変わりはない。そこで大切なのは、それらがどのように創られたかだけでなく、どのように受け入れられたかということである。この点でとくに研究が進んでいる分野が、この時代とそのあとの時代における説教に関する問題である。学識ある聖職者たちにとって、信徒たちに語りかけることは、修業の規範であるとともに正統的神学を信徒たちのもとに届けることを意味した。そこで求められたのは、学問的ドクトリンを尊重することだけでなく、身分の低い人々にいかに理解させるかであった。しかし、普通の人々の文化（教養）がそれに到達できるようになるのは、十四、十五世紀になってからである。

ヨハン・ホイジンガによって歌い上げられた《中世の秋 l'Automne du Moyen Âge》は、このオランダ人歴史家の有名な著作のタイトルの間違った解釈が暗示しているような「凋落の時代」ではない。一三五〇年から一四五〇年の北フランスでは、手書き本の製作は沈滞しているにしても、この沈滞の影響でフランス語の本も低迷したわけではなく、こちらは、むしろ反対に進展している。実際に落ち込んだ一四二〇年から一四五〇年の時期を別にすると、全般的に、この時代の不幸は、文化的生活を衰えさせるよりも、むしろ活気づけることに寄与したのではないかと問うことができる。この見方は、一三四八年のペスト大流行と次の世代の芸術と文学のなかに現れた死に関する多くの記述と作品からも首肯できよう。いずれにせよ、それによって、知識の伝播と進歩や、前代に獲得されたものの再検討、社会文化的収斂や相互作用・矛盾についての言明が妨げられることはなかったのであって、ジャック・ル・ゴフは、こう書いている。「このような歴史の瞬間においては、もろもろの対照《コントラスト》が並外れた輝きをもって現れる。それによって、一つの文明であるものがよりよく理解されうるし、そこに宿っているさまざまな緊張がはっきり表に出てくるのである。」

教育の分野では、一方では、初級学校（petites écoles）の発展による基礎的教養の普及と小規模な大学の増殖という現象が見られ、他方では、十三世紀に現れた大学文化が問い直されるなかで、パリ大学の凋落が観察される。

だが、中世末に起きた革新の最たるものは、《国家 l'État》の役割の明確化にある。フランス王シャルル五世（在位1364-1380）は、文芸の庇護を発展させることによって本物の文化振興策を練り上げた。フランス語は「学問的言葉」として昇格し、もはや単なる卑俗語ではなくなる。政治権力は社会のなかに文字文化を広めることと、幾つかの大きな核のまわりに文化を集中させることに貢献する。そうした核の中心がパリであり、ここがシャルル六世の治世（1380-1422）には、最初の《フランス・ユマニスム》の揺籃となり、政治権力は宮廷文化の昇進に貢献する。この国家の進展は、ジョルジュ・ド・ラガルドのいう《世俗精神の誕生 naissance de l'ésprit laïc》とはいかないまでも、少なくとも、国民的感情の誕生と君主制的感情の熟成、政治的文化の発展をもたらす。その点で政治的社会の変転についての考察において重要な役目を演じたのが宮廷聖職者たちであり、人々にとっての文化的モデルも、教会から国家へと転移した。これ以後、王は「聖職者 clerc」「牧者 pasteur」さらには「半神 demi-dieu」となり、聖職者の文化と俗人文化の間の相互浸透が増大し、これら二つの文化の境界線は消滅する傾向を強める。
最後に、いまや歴史家は、新しい史料、とりわけ王室文書庫（Trésor des chartes）に保存されてきた赦免状などの研究によって、エリートたちだけの独占物ではなくなった文化に触れ、人類学的視野でそれを研究できるようになった。この文化の主な特徴は、その口承性にある。しかし、その価値と典礼は社会的断崖を越えていく。それによって、上からの文化変容のテーゼを問い直し、あらゆるレベルの社会的集団とあらゆる意味での文化の相互作用と収斂を観察できるようになる。しかし、もろもろのモデルの形成と再生に最も関与した主役は、聖職者、貴族、都市の少数の権力者という三つの特権的社会身分が接触しあう地帯から出てきたように見える。

終わりにあたって強調しておきたいのは、「ルネサンス」という言葉は、美しいラテン文化の再生という文化的プロジェクトを指して十五世紀初めから文献のなかに現れたものであるが、十五世紀から十六世紀への移行期も含め、文字を使いこなすエリートたちにおいてすら圧倒的に優勢を占め続けたのは、中世的文化であったということである。アンリ＝ジャン・マルタンが明らかにしているように、《印刷革命》によって、新しい階層の人々も文字文化に接触することが可能となったが、この文化が内包するものの本質も、相変わらず中世的なままである。一四七〇年にパリで印刷所が出現してからの半世紀こそ、中世のベスト・セラーが最大の成功をおさめた時代であった。〔訳注・一四七〇年は、パリ大学総長、ジャン・ド・ラ＝ピエールと司書のギヨーム・フィシェの努力によって、ドイツから印刷機と三人の印刷工がやってきた年である。〕
しかしながら、一五〇〇年には、幾つかの大きな変化の予兆が現れる。フィリップ・ド・コミーヌの『回想録Mémoires』（1489-1498）には、歴史の教訓的観念と決別しようとする明確な意識が反映されている。その一方で、エラスムスの『痴愚神礼賛Éloge de la folie』（1509）は、大学の修辞学とスコラ学に痛烈な皮肉を投げつけている。この二つの作品は、ジャンルは異なるが、いずれも、フランスの文化史における中世と近世の間の断絶を象徴的に浮き彫りにしている。

ミシェル・ソ
ジャン＝パトリス・ブデ
アニータ・ゲロ＝ジャラベール

第一部　フランク王のもとでの文化の伝承と刷新（五―十世紀）

ミシェル・ソ

第一章　フランク人の文化意識の神話と現実

「はるか昔、わたしたちの国はガリアと呼ばれ、そこに住む人々はガリア人と名乗っていた。」——歴史の伝承は、このように述べている。ヴェルサンジェトリクス（ラテン語式ではウェルキンゲトリクス）の英雄的な抵抗にもかかわらず、カエサルに率いられたローマ人たちは、「頭の上から天が落ちてくること以外は恐れを知らなかった勇敢なガリア人たち」を屈服させた。こうした民族的自尊心に苦痛をもたらしたその始まりにもかかわらず、わたしたちの教科書は、「ガロ＝ロマン gallo-romaine」と呼ばれる文明に多くの美点を認めている。これは、ゲルマン民族の大移動とともに襲いかかってきた《野蛮性 barbarie》に対置される《文明 civilisation》そのものであった。事実、西ゴート族、ヴァンダル族、ブルグンド族、そのほかのゲルマン人たちがこの輝かしいガロ＝ローマ文明を破壊しにやってきた。フランク族も、そのなかにいた。ユリウス・カエサルによって回顧録のなかで辱められた彼らの《自惚れ amour-propre》は、こんにち「フランス人」と名乗っている男たちや女たちのそれであり、その国が、侵入してきた蛮族にその名を負っている「フランス France」にほかならない。ドイツ人歴史家カール・フェルディナント・ヴェルナーは言っている。

——「フランス人たちが自分たちの先祖をガリア人と想定し、自分の国をフランスと呼びながら、自らをラテン人と考えるのは、三重の意味で道理にかなっている。」

事実、フランス文化の先史時代は、ガリア、ローマ、フランクの三つの層を含んでいる。それらは地質学的なやり方で次々と積み重なってきた三つの層、考古学者が夢見るような完璧な層位として想像されがちであるが、事実は、そんなに単純ではない。一つの文化は常にさまざまな個人や社会的集団によって保持され、社会は、そうした個人や集団が混在し合っているのであるから「純粋」であることなどは決してない。そのような「純粋性」の観念がどのような《錯乱》に導くかは周知のところである。しかし、フランス文化のこの先史時代の分析と理解にあっては、場合によって、これらの層のどれかに優位性を与えることが行われた。歴史をどのように記述するか、——そこには、その時代の人々が自分たちのアイデンティティについてもっている意識が典型的にあらわれる。したがって、わたしたちは、六世紀のフランク王国に出現した最も重要な歴史家から、この章に入っていきたいと思う。

一、フランク王国の歴史家、トゥールのグレゴリウス

トゥール司教、グレゴリウス（538-595）は、六世紀後半の教養ある社会の完璧な代表者である。彼は、アクィタニアのガロ＝ローマ貴族の名門の生まれで、この一族は、とっくに消滅していたローマ統治体制の文明的機能を唯一堅固に維持していた職責を「司教職 épiscopat」のなかに引き継いでいた。彼の一族は、そ

の父方からも母方からも、ラングル、リヨン、クレルモンの司教を輩出している。五三八年ごろ生まれた彼も、幼少期からクレルモン司教ガルスにより、ついでは、その跡を継いだアヴィトゥスによって教育を施された。必然的に、この高位聖職者の叔父たちが彼に施した教育は、司教に育て上げることをめざしたもので、その目的は、五三七年、一族の一人、エウフロニウスからトゥール司教職を受け継ぐことで達成された。それより約二〇〇年前、ガリアのキリスト教化に重要な役割を演じた聖マルティヌスが即いていたことで余りにも有名なガリア屈指のトゥール司教座に、このガロ゠ローマ貴族のグレゴリウスを選定したのが、アウストラシアのシギベルト王とその母のブリュヌオーであった。グレゴリウスは、種々の困難に遭遇しながらも、この司教職を五九四年の死去にいたるまで保持した。

堅固な文学的教養

彼は、師である司教たちから、司教としての職務を果たすうえで欠かせない文学的教養を授けられた。近代以後の歴史家たちは、古典古代を基準にして、彼が古代の学校でなら授けられたであろう教科を完全には修めていない、そのことは彼のラテン語の質に現れていると主張してきたが、これは、グレゴリウス自身が著述のなかで、ガリアにおける学問の凋落を嘆いて自分の文体の野卑さを大目に見てほしいと言っている謙遜の言葉を鵜呑みしたものである。

古典学校は、五世紀じゅうには姿を消していたから、グレゴリウスが古典学校の教科を修了できなかったことは当然である。しかし、グレゴリウスの一族のような名家では、学校という機構に頼らなくとも、学問的ラテン文化が生き生きと伝えられていたことを強調しておく必要がある。われらの歴史家は、バイブルや初期キリスト教教父たちの書を読み、朗誦し、書くことができた。たしかに彼は、自分が自由学芸（arts libéraux）の基礎的二科目である文法と修辞学を完全には修めていないと述べている。だが、この謙虚さこそ、彼が修辞学をしっかり身につけていたことのあらわれなのである。彼は、聖人たちの伝記を扱った著述の序文のなかで、文法学者や修辞学者たちのスタイルとは対立する「教養をひけらかさない聖書のラテン語の文体」を採用したいと述べているが、このこと自体、彼がその両方に通じていたこと、彼が洗練されていない文体を選んだのは、より多くの人々に理解させるためで、今日的にいえば、《司牧的pastoral》と特徴づけてよい視野に立って、わざとそうしたのだという事実を証明している。したがって「グレゴリウスは修辞学を修めていなかった」とか「彼のラテン語は質が劣る」などという難癖をつけるのは、まさに軽率という以外にない。さらに付け加えると、《純正語法主義者たちpuristes》が彼の著作について指摘している幾つかの

トゥールのグレゴリウス像（パリ、マドレーヌ教会）

誤りに関していえば、彼の自筆の書はこんにちでは全く残っておらず、おそらく、それらは「写字graphie」の際に生じた誤りであると考えられる。

彼の著述を研究すると、彼に深い影響を与えたのは、古典作家たちよりも、間違いなくキリスト教の著述家たちであったことが分かる。グレゴリウスは、ヒエロニムス〔訳注・聖書をラテン語に訳し注釈した〕、歴史家のオロシウス、詩人のプルデンティウスの著作に通じていた。彼は、前世紀の同郷人シドニウス・アポリナーリスを称賛し、詩人のフォルトゥナトゥスと文通し、彼をポワティエの司教に推挙している。しかし、ウェルギリウスについても知らないわけではなく、彼の文章は、無意識のうちに『アエネース Enéide』を想起させるものをもっている。

聖人たちのことを扱ったグレゴリウスの著作としては、トゥールにおける偉大な先輩である聖マルティヌスの奇蹟に関する四書とブリウード（オーヴェルニュ）の聖ユリアヌスの奇跡に関する一書を含んでいる。そのほか、教父たちの生涯に関する一書とキリスト教証聖者たち（Confesseurs）の栄光に捧げる一書を書いている。これらの著述は、聖マルティヌスについてのスルピキウス・セウェルス（360-420）の著作や古代地中海周辺に流布していた教父たちや証聖者たちの物語を俗人の人々にも分かるように解説し、「司牧者にして説教者」という司教としての役目を果たすためのものであった。

ローマ・カトリックの歴史家

本書で扱う主題に最も関連している著作は、伝統的に『フランク史 Histoire des Francs』〔訳注・ラテン語で

『Historia Francorum』）と題されるグレゴリウスの主著であり、これは十書から成っている。その第一書は世界の創造から、四世紀の聖マルティヌスとガリアのキリスト教化にまでいたる世界史を述べている。この第一書は、一般的に学者からは、ありふれた既存の知識の寄せ集めにすぎないとして軽視されてきたが、これこそ、あとの九書で展開されるガリアの歴史、とくにグレゴリウスが目撃証人である第五書以降の「直接の歴史」を理解させるための基礎になっているのである。すなわち、残りの九書は、最初の一書と関連づけて展望されるとき、全体のカトリック的道徳的意味が明確に現れてくるのであって、異端の輩や異教徒、さらに全般的にいうと悪事をなす全ての人々の歴史に対置して正統キリスト教徒の歴史を明かし、改宗と改心、そして贖罪を呼びかけた書となっているのである。

付け加えていうと、その贖罪をさせるのにふさわしい人々の最前列にいるのがクローヴィスとその後継の王たちであるが、彼らの振舞いはこの天職に合致しておらず、そこから現れてくるのは、十九世紀にオーギュスタン・ティエリを惹きつけたメロヴィング朝時代のきわめて暗澹たる光景である。グレゴリウスは、学者たちからは「無教養」として軽蔑される一方、しばしば充分な批判的精神ぬきで読まれてきた。そこで、この歴史叙述におけるメロヴィング朝の王たちの厄介な名声の根源を探る必要がある。

この著作にグレゴリウス自身が付けたタイトルは『Dix Livres d'histoire』（歴史十書）であった。それが、彼にとっては、唯一ふさわしいタイトルだったのである。彼にとって大事なのは、古代キリスト教的な意味での「一つの歴史」――すなわち天地創造（Genèse）をもって始まり、ユダヤの民の運命を辿り、ついでキリスト教の伝播をトゥールの教会とフランク族の改宗に集約して跡づけた《世界史histoire universelle》を書くことであった。グレゴリウスの関心は、相変わらずアリウス派異端の危険性の問題で占められているが、彼にとって本質的なことは、すでに神によって成し遂げられていた。そして、その神の使い給う道具がクローヴィスであり、フランク人の王たちであった。この歴史家の司教は、ためらうことなく、クローヴィスを「新しいコンスタンティヌス」と名指し、クローヴィスがトルビアックでのアラマンニ族との戦いの際に改宗したことを、ミルウィウスの橋の戦いにおけるコンスタンティヌスの改宗の物語に擬する。〔訳注・トルビアックはこんにちのチュルピッヒで、ラインの中流、ケルンの近く。ミルウィウスの橋は、ローマ市内、ヴァチカンに近いテベレ川にかかる橋。〕

すでに述べたように、トゥールのグレゴリウスは、ガロ＝ローマ貴族の出で、アウストラシア王、シギベルトによってトゥールの司教座に就いた。彼を作り上げたのは、誰がなんといおうとラテン文化であり、彼は、当時の人々が考えていたとおりの、ユダヤの民から正統キリスト教徒へと引き継がれた「一つの歴史」のなかに、クローヴィスとフランク人を組み入れた。この後者の正統キリスト教徒のなかでは、ローマ人とフランク人の区別はない。クローヴィスは、改宗によって「新しいコンスタンティヌス」になったのである。

二、ローマ人とフランク人の連続性

トゥールのグレゴリウスによると、フランク人たちはローマ帝国を破壊しなかった。彼らは、カトリック教徒になることによってローマ人になったのである。

ガロ＝ローマ人とはキリスト教徒ローマ人

わたしたちは、ガロ＝ローマ人について、二十世紀の立場で語っているが、五世紀には、また、そのあとの何世紀かにも、そのような呼び名は存在しなかった。ガリアでは、読み書きのできる人々は、自らを《ローマ人》であり、普遍的帝国とその文化、すなわちローマ帝国とローマ文化の継承人と考えていた。「パトリア patria」（祖国、故郷）という言葉を使うこともあったが、それは、自分の都市（cité）あるいは、時としては帝国内のある地域、「生まれ故郷 petite patrie」を指していた。《ローマ》という意識に対峙する「ガリア民族意識」というものは、いくら探しても、いかなる意味でも見つからない。ガリア人は、諸民族に君臨するよう神々によって定められたローマの民の一部なのである。このローマ文化に属しているという意識が、彼らを蛮族たち（Barbares）と異なるものにしていた。

自分たちはローマ人であるという文化的自覚は、キリスト教の発展によって、少なくとも四世紀以来、強化され、それがローマ文化の世界性への自負を確立し強化してきた。したがって、すべてのローマ人（ガロ＝ローマ人たちも含めて）にとって、他の誰にもましてコンスタンティヌス帝は、神の摂理の道具であった。コンスタンティヌスは、真実の信仰に帰依することによって、三一二年、ミルウィウスの橋でライバルのマクセンティウスに勝利したのであり、以後、神の御心によって新しい福音が広がるよう、単一の帝国として世界を作り変えた。こうして、「ローマ世界」と「キリスト教世界」とは、《キリスト教的ローマ帝国》のなかで一つになった。ガリアもガリア民族もガロ＝ローマ文化もその連続性のなかにあるのであって、このガロ＝ローマ人の文化意識のなかでは、特定の位置を占めてはいない。

わたしたちは、ローマ文化の詩人であるウェルギリウスがその『アエネース Enéide』においてローマ人の起源に言及したとき、ローマを創建したロムルスとレムスの先祖であるアエネースの神話を展開してみせたことにも注目しよう。ローマ人たちが自らをギリシア人たちの末裔に位置づけるためにトロイに起源を求めたこの神話が、七世紀にも、今度はフランク人とローマ人を同一とするためにフレデガリウスなる歴史家によって再度採り上げられたのであった。ガリア人の起源についてそのような主張をしようと考えた人は、ガリアにおいても、それまでも当時も、一人としていなかったようである。

したがって、ガリア人たちは七世紀になっても、ローマ人でありたいと考えたのであって、まして、蛮族たちが次々と侵入してきていた五世紀にあっては尚更であった。

フランク人はカトリック信仰によってローマ文化に参入した

蛮族侵入の衝撃は、ピエール・クルセルが当時のラテン文学によって『Histoire littéraire des invasions germaniques』〔邦訳名『文学にあらわれたゲルマン大侵入』尚樹啓太郎訳〕に書いているほど誇張されるべきでもなければ、過小評価されるべきでもない。四世紀末から五世紀にかけ、まずダニューブ（ドナウ）川、ついでライン川の帝国国境線（limes）に決壊が起きたことは間違いない。三七六年にゴート族がダニューブ川を越え、四一〇年には彼らの一部の西ゴート族がアラーリックに率いられてローマを劫掠した。四〇七年にはヴァンダル族、アラーニ族、ブルグンド族がマインツの近くでライン川を越える。ローマ帝国は揺さぶら

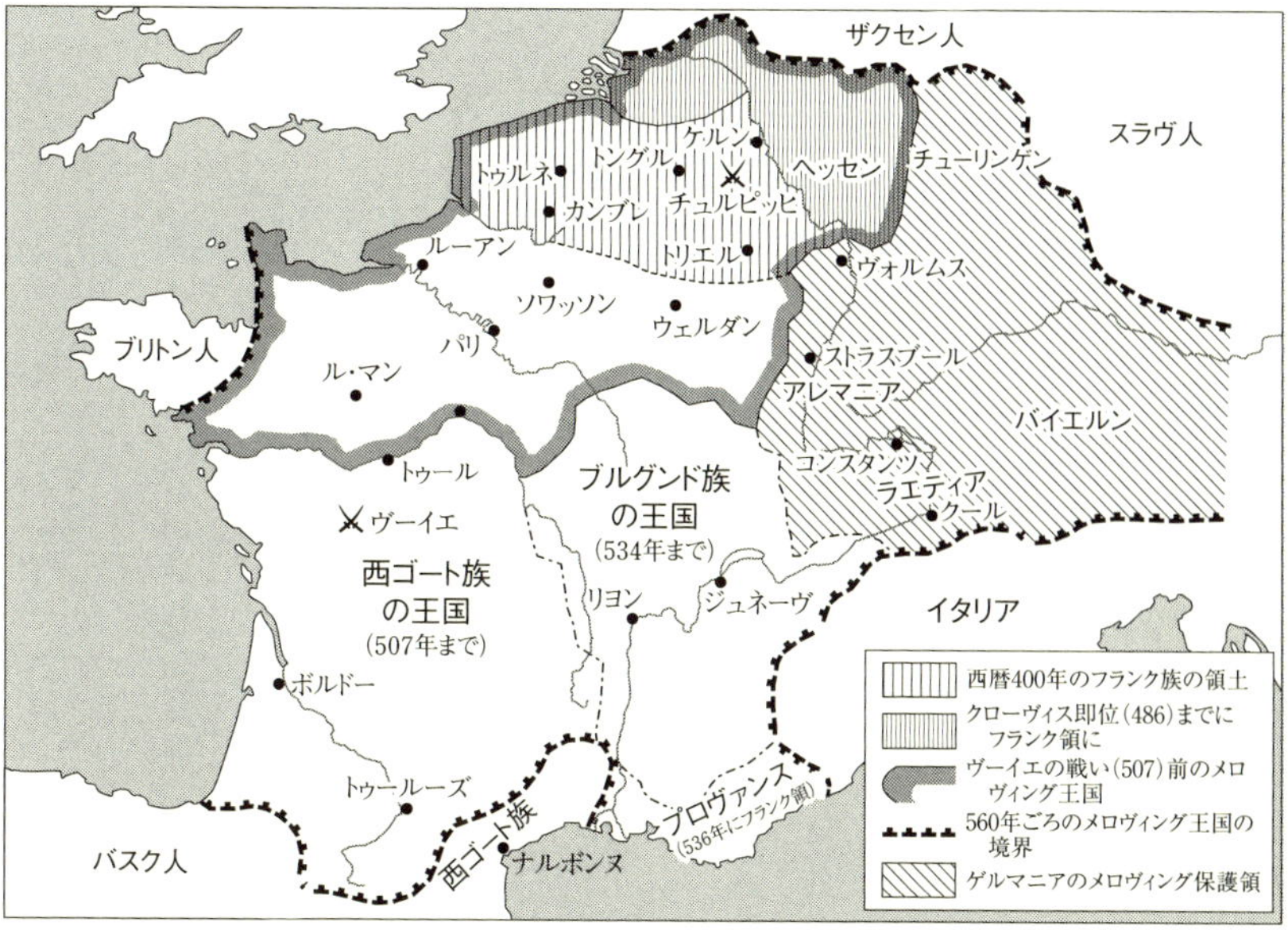

フランク族の領土拡大（L・ミュッセ『ゲルマン人の侵入』による）

れた。こうした侵入者の衝撃は、おそらく初めてのことではなかった。しかし、この最後の侵入は、帝国が内部に抱えていた重大な危機をさらけ出す役割を果たした。

　このゴート族たちはキリスト教徒であった。ただ、彼らは、三二五年にコンスタンティヌス帝によってニカイアに招集された初めての全キリスト教会の会議によって《異端》とされたアレクサンドリアの司祭、アレイオス（アリウス）の教義を奉じ、それをヴァンダルやブルグンドといった他の民族に広めていた。ところで、五世紀末、ガリアにおける帝国の廃墟に蛮族たちの王国が樹立されたとき、南ガリアは西ゴート王国とブルグンド王国の間で分割されたから、南ガリア全体が公式的にはアリウス派になった。そのころ北ガリアの領有を進めていたフランク族は、キリスト教の著述家たちによると、正統か異端かに関わりなく異教徒、つまり、キリスト教とは無縁の信仰に従う人々であった。

この宗教的配置のなかで、クローヴィスとフランク人たちがローマ・カトリックに改宗したことは、政治的（もっと全般的にいえば文化的）脈絡と切り離せない決定的に重要な意味をもった。

クローヴィスは四八一年に父のキルデリックを継いで今のトゥルネ地方のフランク人たちの王になった。キルデリックとその軍勢は、それ以前からローマ帝国に仕えて、ランスを首都とする第二ベルギカ（Belgique Seconde）州の防衛の任に当たっていた。したがって、当時、ガロ＝ローマ人エリートたちとフランク族首領との間には様々な関係が結ばれていたし、クローヴィス王と第二ベルギカ州の都であるランスの教会の司教、レミギウスとの間にも特別の関係が打ち立てられていた。四八六年のこととされるソワソンの甕の有名なエピソードは、このことを説明している。それによると、レミギウスは、十年前、兵士によって奪われた典礼用の甕を返してくれるようクローヴィスに要請した。王は、まだこのとき異教徒であったが、掠奪品の分配のとき、その甕を手に入れようと最善を尽くした。もし、それを手に入れた兵士が王に渡すまいとして斧でぶち割るほど意固地でなかったら、王は、それを司教に返していたであろう。

〔訳注・クローヴィスは、後日、閲兵を行ったとき、この兵士を見つけると、その鉞《まさかり》を取り上げ、放り出した。兵士がしゃがんで拾うのを「ソワソンの甕を覚えているか？」と言いながら、自分の手斧でその頭を断ち割り、遺恨を晴らしたという。〕

フランク王と司教との良好な関係は、明らかに四九六年（この年代は、学者たちの採用する計算法によって、四九九年ないし、もう少しずれる）に行われたクローヴィスの受洗以後、ますます発展し、ガロ＝ローマ人エリートたちもフランク王に味方した。アリウス派であるブルグンド族の国に属していたヴィエンヌの司教、アヴィトゥスは、クローヴィスに「あなたの入信は、われわれの勝利である」と書き送り、このフランクのカトリック王をコンスタンティノポリスの皇帝になぞらえて「あなたの帝国」とまで言っている。五〇七年のヴーイエでのクローヴィスの勝利と、そのあと後継の王たちによって進められたアクィテーヌ王国の征服が順調に進んだ陰には、こうしたカトリックの司教たちの協力があったと考えられる。

このとき以降、ガロ＝ローマ人司教たちによって、クローヴィスを、野蛮な異教とアリウス派異端に対する正統ローマ・カトリックの偉大な勝者とする歴史観が形成され、ローマ領ガリアは「regnum Francorum」（フランク人の王国）となり、フランク人はローマ・カトリック文化の伝統のなかに参入する。フランク人だからといってゲルマン民族につながっていたわけではなかった。これは、「ガリア人」についても言えることで、これ以降、クローヴィスとフランク人が、ガリアにおけるローマ文化の担い手となったのである。

三、「われらの先祖ガリア人」との決別

「われらの先祖、ガリア人」は、ローマによる征服のおかげで《ガロ＝ローマ人》となり、新しい征服者である「フランク人」も、ローマ文化の栄誉ある相続人を自負するようになると、「自分たちはローマ人である」との自覚を抱くにいたった。

前一〇〇〇年ごろの原ケルト人の出現をもって始まり、前五〇〇年以降の、固有の意味でのケルト人の拡

大とともに発展した輝かしいガリア文明は、ここでは触れない。ガリア人たちは、自分のアイデンティティへの何らかの自覚を証拠づけるような文書は何も残さなかった。彼らは、読み書きできる《ガロ＝ローマ人》になってからも、ガリア人としての自分たちの起源や歴史について書くことはまったくしなかった。ガリア人たちについての情報をもたらし、考古学上の資料を明らかにしてくれるのは、もっぱらギリシア人やローマ人著述家たちである。フランス史の教科書のなかで特等席を占めているガリアの首領ウェルキンゲトリクスの英雄的抵抗についても、もし彼を負かしたカエサルによる記述がなかったら、わたしたちは知る由もなかったであろう。

「われらの先祖、ガリア人 nos ancêtres les Gaulois」という表現が人口に膾炙し、ガリア人がフランスの国民的統一神話の基盤となったのは、二十世紀初め、第三共和制の世俗学校とその教科書の「プティ・ラヴィス Petit Lavisse」〔訳注・エルネスト・ラヴィスによる『フランス史』の教科書〕によってである。しかし、いまわたしたちの関心の対象である五世紀から十世紀にかけての時代に立ち返るならば、ガリア人について語っている著述家は、ランスのサン＝レミ大修道院の修道士で、九九〇年代に『Histoires』と題する著述を遺したリシェだけである。そこで彼は、「ガリ Galli」（ガリア人）について語っているが、彼にとって、クローヴィスはガリア人の初代王であり、彼が言う「ガリア人」とは「フランク人」のことで、見せかけの擬古主義のなかでフランク人をガリア人と呼んだに過ぎない。

歴史に関する近代の発案

《ガリア人》が歴史記述のなかで姿を現すのは、ユマニストたちが《古代Antiquité》と《ルネサンスRenaissance》(これ自体、古代への回帰として考えられた)という二つの優れた時代の間に挟まれた《中世Moyen Âge》というものを発案して以後である。ユマニストたちはこれによって「フランク人=トロイ起源」説の欺瞞性を批判し、フランク人がローマ帝国とローマ文化を破壊して中世の闇を招いた蛮族ゲルマン人の一部であったことを明らかにした。

だが、それは困難を伴わないでは済まなかった。なぜなら、それには、ガリアの原初の住民は蛮族であり、フランス人はこの蛮族の子孫であることを認めなければならないが、そんなことはユマニストたちにとって支持しがたいことだったからである。もし、そうでなければ、フランスにはガリア人とフランク人の二つの民族があることを認めなければならなかったが、これは、王国の一体性の根幹を揺るがす危険な見方であった。

そこで、両者は一つであるという考え方が探求され、一五七九年に現れた『大年代記と王国全般史Grandes Annales et Histoire générale du royaume』と題した著述のなかで、ベルフォレ(1530-1583)は「ガリア人たちは、ローマ人たちを前に故郷の地を去り、あとで、フランク人という名のもとに帰ってきて、ローマ人たちに打ち勝ったのだ。したがって、フランク人とガリア人とは名前が違うだけで同じなのだ」と説明した。

この考え方は、十七世紀にもてはやされた。しかし、それと並行して、別々の存在とする考え方も発展を示し、歴史記述の上でのその影響は、今日にいたるまで感知される。

ガリア人とフランク人を別々とし、フランク人をゲルマン人の一部とする考え方の基になったのは、タキトゥスの『ゲルマニアGermania』というラテン語の偉大な古典のおかげである。タキトゥスが記しているゲルマン人のなかで自由身分の人々が果たした役割は、とくに学識ある人々から注目された。タキトゥスによると、彼らはゲルマニアの森で集会を行い、民主主義の力で王の権力を賢明に制約したという。このことが、フランスの貴族たちの主だった人々の心を捉えたのである。

——ガリアを征服し、貴族としてその支配者になったのがフランク族の自由身分の人たちであり、したがって、彼ら貴族は、その伝統を引き継いで王権をコントロールし、民衆、すなわち征服されたガリア人たちを服従させ、この体制を維持しなければならない——。

エティエンヌ・パキエ（1529-1615）は、一五六〇年に書かれた『フランスの探求Recherches de la France』のなかで「フランク人たちは、ガリアに到達すると、ガリア人たちの主人かつ保護者になり、征服された人々は農奴（serfs）になった。彼らは、自分の土地を持つことを許されたが、それには、重い負担が付された」と述べている。要するに、フランク人が貴族の先祖であり、彼らはガリア人農民に対し、勝利者としての権利を持っているというのである。啓蒙の世紀の真っ只中、このテーゼの最も有名な擁護者であるアンリ・ド・ブランヴィリエ（1658-1722）は、その『フランスの古い統治の歴史Histoire de l'ancien gouvernement de la France』（1727）のなかで、「この国には二種類の人間がいる」と書いている。

このテーゼの含意は、フランス革命はフランク人に対するガリア人の巻き返しであるとする側面をもっており、それが革命期のさまざまな集会の討議のなかで現れた。そこで聞かれた宣言が「貴族どもをフランコニアFranconiaの森に追い返そう」というものであった。〔訳注・フランコニアとはドイツのフランケン地方、ライン支流のマインツ川流域。〕彼らはライン川を越えてガリアに進出するなかで、ガリア人とはなじみのない性格をさらけ出した。シエイエス（1748-1836）がかの有名な『第三身分とはなんぞやQu'est-ce que la tiers état?』というパンフレットを書いたとき、それは、ある意味でブランヴィリエに答えるためであるとともに、貴族と農民、フランク人とガリア人の間にいるブルジョワジーに何らの席も作らなかったライバルたちに答えるためであった。

国民的・共和制的必然性

十九世紀の歴史記述は、批判的歴史の方向へ様々なニュアンスと膨らみを示すようになるが、「ガリア人たちはフランク人たちから長い間拒絶されてきた諸権利を取り返したのだ」とするフランス革命の観念を基盤としていることで共通している。アンリ・マルタン（1810-1883）が著した『フランス史Histoire de France』（全十七巻）は、あらゆる図書館に備え付けられ、「自由ガリア」の理念を国民に浸透させるとともに、「フランス人は、その生まれによってガリア人の、その知性によってローマ人の息子である」としている。フランス文化の創世記のなかで《ガリア人》を創案し、《ローマ人》を救い、《フランク人》を否認することに貢献したユマニストと啓蒙主義時代や大革命時代の思想が、ここにも引き継がれているのである。

科学的歴史学の生みの親となったこれらの歴史家たちの「フランク人（=ゲルマン人）否定説」は、イデオロギー的理由によるとして説明される。すなわち、彼らがその歴史を書こうとしていた国の名が「ガリア」でなく「フランス」であることは事実として否定できないが、国家的統一を実現しつつあったドイツとの敵対関係が一八七〇年と一九一四年の悲劇にいたるまで絶え間なく深刻化していた情勢下では、自分たちがゲルマン起源の《フランク人》の末裔であるとする説は、フランスにとって歓迎できるものではなかったからである。また、政治権力が聖職者の桎梏から自らを解放しようとしているなかで、フランスを「教会の長女fille aînée de l'Eglise」たらしめたクローヴィスの受洗を想起させることも、どうかと思われたし、さらには、一七九一年に覆され一八一五年に外国の干渉によって再建され、一八三〇年と一八四八年に次々排除されながらも潜在的に常に脅威を及ぼしている《神聖なる王》の系譜のなかにフランス国家を位置づけさせる恐れがあったからである。

要するに、科学的歴史学がフランスで樹立された一八七〇年から一九一四年までの時期にあっては、フランスの国にとって、その起源と歴史からしてゲルマン的・王制的であることは認めがたいことであった。そもそもフランスの文化はカトリック信仰によってローマ文化を継承したのであり、ガリア文化は、フランス文化の創世記にあっては、ほとんど、その席をもっておらず、ゲルマン的要素や王制は二次的なものに過ぎなかったのであって、本質的なのはカトリック的要素だったのである。

四、ガリアにおけるフランクのアイデンティティの確立

トゥールのグレゴリウスに戻ろう。六世紀末、フランク人の歴史観の基本軸を描いた彼にとって、クローヴィスは、フランク人たちを救いへ導くため神に選ばれた「新しいコンスタンティヌス」であった。この神によって選ばれたという理念は民族全体のうえに反射し、ユダヤ人の跡を引き継いで「選ばれた民」としての歩みを描いたグレゴリウスの『歴史十巻』は、その後何世紀ものあいだ、頻繁に書き写され、抜粋され、さらには書き継がれていった。

初期時代のグレゴリウスの読み替え

『歴史十巻』から最初の一巻を削除したのは、七世紀のある写字生である。これは、前述したように、天地創造から四世紀の聖マルティヌスにいたる長い時代を扱った巻で、この著作全体に意味を与えている部分であったが、おそらくこの写字生は、この著作独自の宗教的視点を弱め、フランクの民族的方向づけをより顕著にしようとしたのであった。この著作に関する最も優れた専門家であるマルタン・アインゼルマンは、「フランスの《歴史の父》は、しばしば言われるようにトゥールのグレゴリウスではなく、七世紀の無名の

写字生である」とさえ言っている。

このフランクの民族的色彩を強めた異本を作った無名の年代記者の名が「フレデガリウス」であることが特定されたのは十六世紀のことである。彼は、七世紀半ばに一つの年代記を作成しており、八世紀半ばにいたるまでこれを引き継いだ幾つかの続編も作られた。すでにこの時代には、フランク人は、ゲルマン起源の本来の言葉を忘れるまでにローマ化していた。少なくとも書き言葉はラテン語であり、恐らく話し言葉もラテン語であった。しかし、北部ガリアのガロ＝ローマ人の子孫たちに関していえば、彼らはトゥールのグレゴリウスと同じく、自らをフランク人と考えていた。そうした《フランクとの融合》は、エリートたちのなかでも、まず王に仕えた人たち、ついでは、教会に仕えた人たちに見られた現象で、七世紀の墓を調べてみると、フランク人の墓とガリア人の墓は見分けがつかなくなっているが、これは、社会のあらゆるレベルで融合が進んでいたことのあらわれである。

偽フレデガリウスの『年代記』は、わたしたちがすでに幻想であるとしたフランク＝トロイ起源神話を導入し、トロイ王プリアモスをフランク族の最初の王としている。トロイ人たちは自分たちの都市が破壊されたあと、首長のフリギアに連れられてマケドニアに到達、ついでライン川とダニューブ川と海とに挟まれた地に定住するが、そこへ導いたのがフランクスFrancusで、その名残が「フランク族」という彼らの族名になったというのである。一時はローマ人の支配下にあったが、やがて自立し、それからは、誰からも屈服させられることはない――と。

フランク人たちは、ローマ文化から借用したこの神話構築によって、フランク人はローマ人とは違うが同等であるとする一つのアイデンティティを獲得したのであった。このテキストが書かれたのは北部ガリアにおいてで、ローマ化がより顕著である南ガリアとは違うのだとする自覚が高まった時代のことである。しかし、フレデガリウスがフランク人のためにローマのそれと共通する起源を求めたのは、フランク人は《蛮族》ではないことを明確にしようとしたのであって、このフランク人のトロイ起源説は、十五世紀後半になってユマニストたちから批判を浴びるまで、受け入れられ続けた。

「フランク王国」から「フランク帝国」へ

ローマ化されたフランク人は、ローマ人と対等で、「神に選ばれた民」として《帝国》を建設すべき使命を担っていた。人々は、この視野のなかで、クローヴィスの洗礼とシャルルマーニュの帝冠受領の間に直接のつながりを打ち立てることができた。ピピン短躯王の時代に編纂された『サリカ法典』の序文は、キリストに愛された殉教者たちやイエス・キリストへの信仰のために死んだ人々を崇敬するフランクの民の美点を強調している。このころ、イタリア北部に勢力を築いたランゴバルド人たちの脅威がローマまで震撼させるようになり、教皇たちは、ガリアの新しい選民に援けを求め、かつてトゥールのグレゴリウスがクローヴィスに名づけたように、シャルルマーニュを「新しいコンスタンティヌス」とか「新しいダヴィデ」と呼んだ。彼のなかでは、キリスト教的ローマのモデルと旧約聖書のモデルとが直接結びつき合っていたのである。

シャルルマーニュ自身も、アーヘンの宮廷で学者たちに囲まれながら、旧約の王の名を自称した。

ここで、カロリングの宮廷で最も偉大な学者であったアルクイヌスが七九四年に書いた一通の手紙に注目しよう。

「右手に勝利の剣を振りかざし、正教会の真理のラッパを鳴り響かせる一人の首長によって鼓舞される民は幸いなるかな！　かつてダヴィデは、当時神に選ばれた民であったイスラエル人の王として神より定められ、その剣によって近隣の民どもを従えた。いまや、もう一人のダヴィデたる我らの首長は、人々を導いて、その福音の堅固さによって、異教の輩を畏怖せしめ、カトリック信仰の勢いを強めることに献身している。」

アルクイヌスがこれを書いたのは、シャルルマーニュの権威のもとにフランクフルトで開かれた宗教会議が、当時イベリア半島で広がっていた《養子説 adoptianisme》を異端と宣告した七九四年のことである。〔訳注・「養子説」とは、イエス・キリストを父なる神の養子にすぎないとするもので、三位一体の教義に反する異端とされた。〕

こうして、父なる神から子として選ばれた人々の系譜は、ダヴィデからコンスタンティヌス、クローヴィスを経てシャルルマーニュへと流れる（クローヴィスとシャルルマーニュのあいだに、パリの近くに聖ディオニシウスに捧げる大修道院〔サン＝ドニ〕を創建したダゴベルト一世が加えられることもあった）。「神に選ばれし人」の系譜は、大なり小なり意識的に、ユダヤの民からローマの民とフランクの民へ広げられる。西暦八〇〇年には、このフランクの民によって西側帝国が再建されたのであった。

このとき、フランクの民は、「ポプルス populus」（キリスト教徒民衆）となり、それに対して、キリスト教世界以外の、とくにスカンディナヴィアやスラヴの民は、「ゲンテス gentes」（異教の蛮族）となった。典礼の祈りの古来の決まり文句は「ローマ軍のうえに神の御加護を！」であったが、それに代わって「ローマ人とフランク人の軍勢のうえに神の御加護を！」となり、ついでは、フランク人だけのための祈りとなる。いわく「キリストよ、我らの祈りを聞き入れたまえ。フランクのすべての士師と全軍に命と勝利を給え！」

「帝国」から「フランス王国」へ

さて、シャルルマーニュによって統合されたエルベ川からエブロ川まで、ライン河口からテベレ川にまでいたる領土は、彼の権威のもとにルートヴィヒ敬虔帝の死（八四〇年）まではなんとか維持されたが、八四三年には「ヴェルダンの分割」によって三つのフランキア王国に分割される。多分、《皇帝》の称号は保持され、中央フランキアのロタール一世に受け継がれた。こうして《皇帝》については、全体にゆきわたものではないにしても唯一の権威が認められたのに対し、「選ばれた民」は三つに分けられ、最終的には、西フランキアが、クローヴィスの遺産である「フランク王」の称号とその領土および住民を「フランス」と「フランス人」という名のもとに受け継いでいく。

カロリング帝国の一部だけにフランクの伝統を専有させていったこのやり方は、どのようにして行われたのだろうか？　ここで、もう一度、クローヴィスの思い出と彼が洗礼を受けたランスで九世紀に発展した典礼と、歴史記述の仕上げに立ち返る必要がある。

メロヴィングの最後の王を犠牲にして行われたピピン短躯によるカロリングの王位簒奪を合法化するために、フランク人たちは、七五一年、王の《聖別sacre》を行った。同じやりかたは、七世紀イスパニアのゴート族の事例が知られているが、フランク人たちが手本にしたのは、何よりも旧約聖書の王たちのそれであり、このランスの典礼については、遡ってクローヴィスが聖レミギウスによって受けたそれと同じく、単なる一信徒としての《洗礼》ではなく「聖なる王」として《聖別》されたのだという考え方が出てくる。すなわち、レミギウスがこの儀式のために使用したのは、「天から舞い降りた一羽の鳩が運んだ」とされる瓶のなかの聖なる油（chrême）であり、この聖油は、ランスの地をその王国のうちに所有している王、すなわち西フランキア王のためにのみ用立てられるというのである。クローヴィスの遺産は、このようにして伝えられ保持されたのであるが、九六二年にはザクセン家のオットーにより東および中央フランキアが併合されて、「ゲルマン・ローマ帝国」と呼ばれる一つの帝国が西欧に再現される。しかし、ここで規範とされたのはシャルルマーニュ帝であって、クローヴィス王ではない。クローヴィスは単なる西王国の「フランクの王 regnum Francorum」となる。

それから何十年か経った西暦一〇〇〇年前後、フルーリィの大修道院（こんにちのサン＝ブノワ＝シュル＝ロワール）で、『フランク人の歴史 Histoire des Francs』と題したもう一つの著作が現れる。これは、大修道院長のアッボが修道士エモワンに命じて書かせ、九八七年、カロリング最後の王（ルイ五世）に代わって王座を手に入れたユーグ・カペーの息子、ロベール二世（敬虔王）に献呈された。このエモワンの『フランク人の歴史』は、カペーという新しい王朝が不確定な合法性をなんとか強化しようとしていたときであったから、ほとんど公式書というべき重要性を獲得した。しかもエモワンは、西欧有数の図書館を備えたこの修道院に、トゥールのグレゴリウスが六世紀に述べ、その後九世紀にランス大司教ヒンクマールの『聖レミギウス伝 Vie de saint Remi』によって再度採りあげられている、鳩が運んできた聖油によるクローヴィスの聖別や、七世紀にフレデガリウスが打ち立てたフランク人トロイ起源説、グレゴリウスの伝承から始まり、フレデガリウス、そして八世紀に『フランクの歴史書Liber Histoiae Francorum』の名で知られる無名の年代記に再録されているフランク人たちの勝利など、フランク人とその王たちについての見つけうる限りの書を集めた。「アド・フランコスAd Francos」と呼ばれるガスコーニュの軍事植民地で生まれたエモワンは、自分は間違いなくフランク人であると考え、ガスコーニュ人たちには最大の軽蔑を示した。彼は著書のなかで、北部では、彼も属するフランク人をはじめ、ロワール以南のアクィテーヌ人、ヴェルダンの分割線の向こうにいるロタリンギア人、そして、北欧人が住み着いたことからノルマンディーと呼ばれている地のノルマン人たち等々、王国のなかに住むたくさんの民族を区別している。そのため、大修道院長に命じられてフランク王ロベールのために書かれたこの史書は、わたしたちが《初期中世haut Moyen Âge》と呼んでいる時代に関するフランク人の歴史の標準版となっている。

事実、エモワンのこの本は、ただちに写され、何度も採りあげられ、続編まで書かれていった。まず、十一世紀末にはサン＝ジェルマン＝デプレでジルマールによる続編が書かれ、ついでサン＝ドニでは、ラテン語からフランス語に訳された膨大な年代記が一二七四年、『大年代記Grandes Chroniques』の名のもとにまとめられた。この『大年代記』はきわめてたくさんの写本が遺されているうえ、十五世紀、十六世紀には印刷までされた。フランス王制の歴史記述のなかで、メロヴィング朝からカロリング朝、カペー朝への継続性を確立したものとして重視されたのである。つまり、フランスのすべての王たちは、聖なる司教レミギウスによってランスで洗礼を受け《フランス王》として聖別されたクローヴィスの継承者であり相続人となっているのである。

あきらかに、これは、イデオロギー構築の問題であるが、とはいえ、そのイデオロギーの根拠となっている「初期中世のあいだにキリスト教的君主制を核にガロ＝ローマとフランクの貴族および民衆の諸社会の融合と諸文化の共生が同時に進行した」という歴史的事実には、あまり異論の余地はない。

このように、フランク人たちは、古代ローマとキリスト教が構築したもののなかに自らの居場所を定め、その文化的平面のうえに定着した。こうして、トゥールのグレゴリウスからアルクイヌスにいたるまで、王を「新しいコンスタンティヌス」、ついでは「新しいダヴィデ」とし、ローマ人の遺産を受け継いだフランク人たちを「新しい選ばれし民」とする傾向性が姿をあらわしていったのであるが、この神話的仮想がカロリング帝国の挫折によって打ち砕かれるや、彼らは、ローマと聖書に頼るのをやめ、クローヴィスの聖別の思い出に専心していった。これにより、自らを西フランキアに狭める一方で、フランク人が受け継いだと考えていたローマとキリスト教の世界主義に培われた壮大な野望をこの王国が担っていくこととなる。

第二章　フランス語の創成

フランス文化史のなかで重要な位置を占めているのが、フランス語の創成の問題である。フェルディナン・ローは、一九三一年に発表した有名な論文のなかで、「人々は、いつからラテン語を話すのをやめたか?」という問題を提起した。この根底にあったのは、ラテン語が話されなくなったときがフランス語が話されるようになったときであるという考え方であったが、事実は、そう単純ではない。

言語学が教えているところによると、一つの言葉は、それぞれに固有の歴史をもつ様々な領域の混じり合いによって成っている。ラテン語の構文法を調べると、名詞の性・数・格による語尾変化(déclinaison)は西暦一世紀から五世紀の間に崩れているが、動詞の活用変化(conjugations)が変わるのは西暦五〇〇年以後であることが分かる。発音の領域では、強勢母音(voyelles toniques)が混乱しはじめたのは、西暦一世紀から三世紀の間であるが、旋律アクセント(accent mélodique)から強度アクセント(accent d'intensité)に移行するのは五世紀以後で、語尾の母音が脱落するのは八世紀のことである。語彙(lexique)に関しては、ゲルマン系の語彙が増えるのは五世紀以後である。

要するに、言葉の受容に伴うあらゆる現象が、少なくとも八百年という時の流れの上に散らばっているのであって、したがって、ガリアでラテン語が話されなくなった時期を言語学の物差しだけで確定することは不可能である。他方、文献学者たちは、その専門がラテン語であるかロマンス語であるかによって、この問題について到達する結論はきわめて異なったものとなる。ロマンス語学者からすると、原フランス語は非常に古い起源をもっており、結局、ラテン語がローマ属州それぞれに固有の色彩を帯びて変化していったなかの一つであり、したがって、フランス語の歴史は、ユリウス・カエサルによるガリア征服をもって始まったことになる。これほど昔に遡ることはないにしても、多くの著述家たちは、ロマンス語の起源を二世紀末以後のローマ帝国の凋落期に設定することでは一致している。なかには、西側帝国最後の皇帝の廃位（四七六年）というシンボリックな年代を採る人もいる。このころガリアで話されていたのは、もはやラテン語ではなく、ガロ＝ローマ語であった。しかし、それは、ヨーロッパの他の地域でも同じで、イタリアで話されていたのはイタロ＝ロマン語、イスパニアで話されていたのはヒスパノ＝ロマン語であった。逆にラテン語学者からすると、ラテン語が原フランス語になったのは、ずっとあとのことで、九世紀以前ではありえない。

この論争に決着をつけるためには、言葉の内側からの分析という文献学的視野から脱却する必要がある。言葉は、抽象的に存在するものではなく、さまざまな社会的集団がそれを使っているという事実によって成り立っているからである。社会学が明らかにしているように、文化とその文化を保持する社会とは不可分であるから、言葉は一つの社会的制度とその実践として考察されなければならない。

言葉の使い方は、非常に複雑で、口でしゃべるのと文字に記すのと二つのやり方であらわれる。フェルディナン・ローが提起したのは話し言葉に関してであり、歴史家がまず興味を抱くのもこちらである。とくに文字を知らない社会を扱う場合は、そうである。しかし、話し言葉であっても、研究にあたっては、知識階級の人々が文字で書いた史料によって探求せざるをえない。したがって、人々は長い間、エリートたちによって書かれ話された《文学的ラテン語》と、民衆によって話されるのみで文字に書かれることは稀であった《卑俗ラテン語》（先の文学的ラテン語の崩れたもの）の二種類があると考えてきた。

ミシェル・バニアールは、初期中世のキリスト教文化を捉えるための重要な観察対象として聖職者の説教に焦点を当て、現在の「コミュニケーション」の考え方を援用することによって、この問題を一新した。

「コミュニケーションという考え方をすると、ラテン語のヴァイタリティーを測ることができる。ラテン語も、学校教育と無縁で日常用語として母語しかもっていない聴衆たちの集団的教育を引き受けるのに適した言葉であり続けた間は、現実的な力をもっていた。」

そして彼は、話し言葉としてのラテン語が本来柔軟な言葉であり、二種類にとどまらずたくさんのレベルのラテン語があったのであって、そのことは、蛮族侵入後の西暦五世紀とか八世紀だけでなく、西暦一世紀にもそうであったとする。あらゆる言葉がそうであるように、会話で使われたラテン語にも、まじめなのとくだけたのとがあり、街のなかで使われるラテン語と軍隊とか田園で使われたラテン語、また、地方的ラテン語というように、種々の多様性がある。西暦一世紀の文法学者や修辞家たちも、その時代の話し言葉のラテン語の乱脈ぶりを憤慨していたし、他方、五世紀になっても、キリスト教の説教師たちは古典的文法の規範にかなったラテン語で説教している。

いまわたしたちが問題にしている時代（西暦五世紀から十世紀まで）の大きな現象は、ラテン語によるコミュニケーションと、やがてロマンス諸語を形成していった新しい口頭によるコミュニケーションとの間に断絶が生じたことである。それは、フランク文化とラテン文化の連続性と、そこからフランス語が生まれた断層の歴史である。

一、五世紀のガリアの言葉

前章で述べたように、ガリア人たちは、文学的にせよ政治的にせよ宗教的にせよ、およそ文書というものを遺さなかったし、自分たちの言葉に関する直接の証言を何一つ残さなかった。わたしたちが知っているケルトの語彙は、ラテン語やギリシア語の著作のなかに保存されているものだけである。ギリシア語やラテン語と同じく、ケルト語もインド・ヨーロッパ語群の一つであり、結局、かなりラテン語に近い。一つだけ例をあげると、《王》を意味する語は、ケルト語では「rix」であるのに対し、ラテン語では「rex」である。このことから、ガリア人たちにとってラテン語を習得することは比較的容易であったようで、ガリア語はラテン語に取って代わられて、四世紀にはほとんど消滅していた。

それでも、幾つか稀に、フランス語のなかに名残を遺しているガリア語がある。農耕に関するものとして「charrue」（犂）、「soc」（鋤の刃）、「raie」（畝）、「sillon」（畝溝）、「glaner」（落穂を拾う）など、木工用語では「char」（荷車）、「tonne」（大樽）、「benne」（負い籠）、「bonde」（樽の注ぎ口）などである。しかしながら、西暦五世紀を過ぎても、ケルト語が全面的には放棄されていなかったことを裏づける証拠が幾つもある。

四七〇年ごろ、クレルモンの司教であり詩人でもあったシドニウス・アポリナーリスは、「貴族階層（ガロ＝ローマ人）はケルト語の粗雑な皮を脱ぎ捨てる」と書いている。周知のように、まずローマ化したのは都市社会であって、田舎では、もっと長い間、ケルト語が使われ続けていたと考えられる。

事実、ラテン文化のあらゆる要素、学校で教えられた教科、とりわけローマからやってきたキリスト教信仰がガリアに広がったのは、都市を通じてであった。古代ガリアにおいては、ローマの言語つまりラテン語の習得は、文法と修辞学の学校で、文字に書くのと口で話すのと、二つの形態のもとに行われた。そうした学校は都会にしかなかったから、ラテン語を読み書きできることは、その人の都会的洗練ぶり（urbanité）の特徴となっていた。《都会的洗練》は、農民を典型とする卑俗な人間の《田舎臭さ rusticité》に対立するもので、この《都会的洗練》と《田舎臭さ》の間の社会的道徳的審美的価値のヒエラルキーは、古典時代にあっては直截的であった。

ところで、キリスト教信仰が伝播するにつれて、この価値のヒエラルキーは壊されていった。事実、聖書とその注解を学び、教義の根本に到達するためには、言語の習得と都会的教養（urbanitas）が不可欠であったが、その他方で、説教師としてキリスト教のメッセージを民衆に伝えるためには、《田舎臭さ》を援用することも避けるわけにはいかなかった。司牧のあり方を教えたあらゆる指示は、聴衆の理解能力を配慮する必要性を強調している。この意味でしばしば引用されるのが、ヒッポのアウグスティヌスの「民衆に理解されないことよりも、文法学者たちに批判されるほうがましである」との言葉である。そして彼は、民衆に理解させるためには、キケロが「偉ぶらない説教 sermo humilis」と言っているもの、すなわち、古典的修辞家たちが打ち立てた弁舌のヒエラルキーのなかで最下位の「シンプルな弁舌」を援用するよう勧めている。彼が言っているのは、あくまでもラテン語の弁舌に関してであったが、アルルのカエサリウスやランスのレミギウスのような、自らを「まず司牧にして説教者」と規定したガリアの司教たちも、この点については、ラテン語の枠を超えて同じように考えたし、そのように実践した。

いかなる学者といえども、キリスト教が民衆的起源をもっていたことを無視できなかったし、キリスト教の教えのなかには、さまざまなレベルの言葉が入り混じっていて社会的道徳的価値のヒエラルキーを覆すものを秘めていた。イエス・キリスト自身が大工の息子であったし、使徒たちも漁師や職人であったから、いわば《田舎者 rustiques》であった。したがって、「田舎臭さ」は、福音を伝えるための手段ではなく、キリスト教徒たちの身分の低さに由来するものであった。キリスト教が広まるにつれて、ローマ世界の《都会的洗練》と《田舎臭さ》の間の理論的関係は当初の明確さを失ってしまった。ところが、五世紀のガリアでは、司教は社会的文化的エリートであり、文字文化全体が聖職者のものであった。ローマ帝国の跡を引き継ぎ、精神的文化的言語的ロマーニアの統一性を維持したのがキリスト教だったのである。

もちろん、この主張には陰影をつける必要があるし、少なくとも言語上の統一性（unité）は画一性（uniformité）を意味するのではないことを明らかにしておかなければならない。すでに西暦二世紀には、ガリアだけでなく帝国内の他の地域でも、はっきりそれと判る言葉の方言化（provincialisation）が見られた。この方言化は、五世紀末、幾つかの都市で文法教育を維持してきた古代の公的学校が消滅したときから加速する。学識豊かな司教たちも、布教の必要性から、自分の言葉をこうした地方的進展に合わせざるをえなくなり、その結果、各司教区あるいは司教区群それぞれが、言語上の統一体になっていく傾向を示す。こうして、ラテン語がさまざまな異なるレベルで変容していったプロセスが観察されるのである。

しかし、その他方で、聖人たちの伝記や奇蹟物語（それらは、さまざまな聖域に巡礼でやってきた民衆に読み聞かせることを目的にしていた）を記したテキストについて、その著述家が使っている言葉を調べてみると、七世紀以前には、言語学上の地域的特殊性を識別することはできない。のちのフランス語やイタリア語、スペイン語だのといった特徴が現れてくるのは、「ゲルマン大侵入時代」と呼ばれるにふさわしい西暦六〇〇年ごろ以降である。それは、いまわたしたちが触れることのできる唯一のものである文字言葉にも現れている。これらの特徴的な痕跡が、話し言葉にはもっと早くから現れていたとすると、それらは、当然、信徒たちに読み聞かせるために作られた文学のなかになんらかの反響を及ぼしていたであろう。

そこから、次のように結論することができる。

五世紀のガリアでは、いたるところでラテン語が話されていたし、とくに文字に書かれたのは専らラテン語であった。しかし、繰り返しになるが、話されていたラテン語は一種類だけではなく、多様な形のラテン語であった。この状況のなかにゲルマン人たちが入ってきたのである。

二、ゲルマン人侵入の衝撃とラテン語の維持

ガリアにやってくるゲルマン人たちが増えたのは五、六世紀からであるが、それより以前から、ガリアには、ローマ帝国に仕えるゲルマン人傭兵の入植地が幾つかあり、これらのゲルマン人たちは、ガロ＝ローマ

人たちとも日常的に話をしていた。それは、どんな言葉によってであろうか？　この疑問には、その後の進展から類推することによってしか答えられない。

一般的に、移住してきた人は、入っていった土地の人々の言葉を習得するよう努力したし、いまもフランス語がゲルマン語によりもはるかに多くをラテン語に負っていることは確かである。したがって、ガリアに配置されたゲルマン人傭兵たちが話したのはラテン語であった可能性のほうが高い。それでも、三世紀以来、ゲルマンの語彙でラテン語に入っていたものもある。たとえば、白い色を指す言葉として、ラテン語の「albus」と並んでゲルマン語の「blank」が使われるようになっている。

五世紀には、幾つかの蛮族王国の建国に伴って、ゲルマンの言葉が「新しい主人の言葉」という様相を呈し、地域によっては、新しいゲルマン系の人々と話をするのに欠かせなくなっていった。六五九年、ムンモリヌスがノワイヨンの司教に任じられたのは、彼がラテン語だけでなくゲルマン語も話せたからであった。

しかし、ラテン語は、侵入者のゲルマン人たちよりずっと数が多く、住民の圧倒的多数を占めつづけたガロ＝ローマ人の言葉として残った。しかも、ラテン語は政府の言葉、文化の言葉、ローマ教会の言葉として威信を保ち、《野蛮》の対極にある《文明》を代表していた。いまもゲルマン人たちについて知るうえで必須の源泉になっている蛮族たちの法律は、当時まで口承で伝えられていたのを蛮族の王たちがラテン語で文書化させたものである。

五世紀の重要な文化的出来事が、四九六年（または四九九年）のクローヴィスの洗礼によって象徴されるフランク人たちのカトリックへの入信である。そもそも西側ヨーロッパではキリスト教の典礼はラテン語で行われ、キリスト教の教義はラテン語で教えられたから、ラテン語が西欧における教会の言葉となっていた。

六世紀になっても、しかも相手が農民であっても、アルルのカエサリウスのような、古典的教養を身につけた司教は、ラテン語で説教しているが、わたしたちは、福音書の解説を主とした彼の説教が、通訳を介さなくても理解されていたと断定することができる。この時代に問題になるのは、もはや「卑俗な言葉sermo humilis」よりも、むしろ「田舎言葉sermo rusticus」である。この用語は、この世紀の終わりごろにトゥールのグレゴリウスが使っているものであるが、説教がラテン語で行われたことに変わりはない。

いずれにしても、移住してきたフランク人も、支配層の人々はすぐラテン語の習得に努めたことは間違いない。ラテン語が法律と行政、教会の言葉であるとともに住民大多数の言葉だったからである。

このころから、いわば胎内で生長を続けていたフランス語は、発音要素の幾つかについてゲルマン語から影響を受けた可能性がある。フランス語の有音の「h」もそこから来ているし、「w」を「ou」と発音するのも、この影響による。これは北東部のWarcq〔訳注・同じ地名はアルデンヌのシャルルヴィル近くと、もっと東のメッス近くと二つある〕の話し言葉に残っており、フランス語に「gw」、ついで「g」をもたらした（たとえば、wardon = gwarder = garder）。とくにゲルマン語がフランス語にもたらしたのは、戦士の質を示す「hardi」（勇敢な）、「orgueil」（誇り高い）、軍隊用語の「garder」（見張りをする）、「brandir」（剣を振りかざす）、農耕に関わる「jardin」（菜園）、「haie」（垣根）、「gagner」（土地を手に入れる）、「osier」（柳の枝）などである。

注目されるのが、ガリアにおける言語上の境界線の移動、とくにラテン語領域の後退であるが、これはゲルマン人の侵入がもたらした結果である。こうして、フランス王国の国境線は、北はフラマン語地域との境界、東はドイツ語地域との境界線上に定着していった。それに加えて、六世紀には、ジュート人、アングロ人、サクソン人に逐われて、たくさんのケルト人がブリテン島から海峡を渡ってアルモリカにやってきたため、この地域（ブルターニュ地方）でフランス語領域は後退した。

トゥールのグレゴリウスは、当時話されていたラテン語を指して「sermo rusticus」（田舎向けの説教）という表現を用いている。彼はまた「lingua mixte」（混合語）ともいっている。事実、六世紀末には、話し言葉と書き言葉との隔たりが大きくなり、次の七世紀には、書き言葉自体、とくに行政文書の証書においてすら、否定しようのない品質低下を示す。おそらく、この世紀の終わりごろに現れた『聖リキエ伝Vie de saint Riquier』は、この聖人ゆかりのソンム湾近くの修道院で、巡礼に来た信者たちに読み聞かせるために書かれたもので、そのラテン語テキストは、古典文法に照らすと間違いだらけだったが、信徒たちは内容を理解することができた。これらの間違いを言語学的に分析すると、前ロマンス語の言語構造が浮かび上がってくる。

そこでは、フランス語の創成プロセスが進行中である。わたしたちは、ほかの多くの領域においてと同様、この言語という領域でも、一つの転換が六〇〇年ごろに起きていたことを認めざるをえない。西暦六〇〇年より以前は、地理的社会的分化にもかかわらず、人々は、ラテン語を話していた。おそらく、そのラテン語は、形もレベルも多様であった。しかし、そうした多様な形やレベルに共通の特徴が幾つかあって、それが相違点に打ち勝っていた。ガリアの大部分でラテン語が話されなくなったのは六〇〇年ごろからのようであるが、前記のように、文法学者たちから「間違いだらけ」と断じられているラテン語で書かれた『聖リキエ伝』は、七世紀末になっても、民衆に読み聞かせて理解させることができたのであった。

では、フランス語が話され始めたのは、いつだろうか？　九世紀以前については、答えられるだけの史料がないし、八一三年にトゥールで開催された宗教会議より以前には、参照できる明確なテキストもない。このトゥール宗教会議の文書に立ち戻ることは、「カロリング・ルネサンス」と呼ばれてきたものに立ち返ることである。それは、とりわけ、シャルルマーニュのまわりに集められた学者たちが、古代の文法学者たちの記している規範により一層合致したラテン語を復活させたものだからである。しかし、このことは、彼ら聖職者たちに、ガリアの住民たちの言葉がもはやラテン語ではなくなっていることに気づかせ、これが、司牧としての視野のなかにドラマティックな転換をもたらしたのであった。

三、ラテン語の復活とフランス語の創出

「《カロリング・ルネサンス》はラテン語を復活させた」と言われているが、わたしたちにとって重要なのは、それが「フランス語の誕生と認知を引き起こす働きをしたこと」(Bernard Cerquiglini)である。

コミュニケーションのための言葉は、おそらくメロヴィング朝末期の王たちのもとで、八世紀前半には、教会自身と同じく、地方ごとにばらばらになっていた。大多数の聖職者たちは、古典ラテン語の素養もなかったし、接することさえなくなっていた。七四〇年代、ボニファティウスは、フランク教会を改革するとともに、ラテン語文法書を編纂している。彼の教会改革は、聖職者たちには聖典（したがってラテン語）に親しむよう督励するとともに、王政秩序の回復をめざしたものであった。ピピン三世の聖別（751）に続く何年かの間に、王室尚書局において一種の正書法が復活しており、証書類に使われているラテン語にも改良の跡が見られる。こうして宮廷を震源として、王（ついでは皇帝）の推進によってラテン語が復活し、それ

が各地の大修道院へと広がっていった。

ラテン語の再生

ミシェル・バニアールが「全ヨーロッパからやってきた文法学者たちの集団的介入によって、ラテン語規範への強行軍的復帰が行われた」と書いているように、《カロリング・ルネサンス》を推し進めたのは、各地からフランク王国に移住してきた知識人たちであった。ボニファティウスはアングロ・サクソン人であり、シャルルマーニュの首席顧問であったアルクイヌスも、同じくアングロ・サクソン人であった。文法学者のピサのペトルス、歴史家のパウルス・ディアコヌスはランゴバルド人、詩作でも有名な司教のテオドゥルフは西ゴート人である。ラテン語規範の復活というフランク王の意志は、こうした外国人の学者たちの活躍によって行われたのである。

わたしたちが近づき観察することができるのは、文字に書かれた形でのラテン語の復活であるが、では、発音は、どうだったのだろうか? アングロ・サクソン人のアルクイヌスとランゴバルド人のパウルス・ディアコヌスとでは、言葉のアクセントも違っていたはずで、シャルルマーニュの宮廷で、彼らの会話が、どのように繰り広げられていたか、興味をそそられるところである。聖職者や修道士たちの訓育にあっては、書くのにも話すのにも、文法的に正しい言葉を身につけたいという意志が認められれば充分としなければならない。たとえば、トゥールのそれのような大きな写本アトリエでは、これ以後、テキストに句読点が見られるようになる。これは、それまでになかったことで、間違いだらけのラテン語で書かれたメロヴィング時代の聖人伝が、質のよいラテン語で、この時期に相次いで書き直されており、そこには、全キリスト教徒を正しいラテン語世界のなかに導こうという教会当局の意図が窺われる。信徒ひとりひとりが『主祷文 Pater』と『使徒信経 Credo』を唱えることができなければならないと定めた法令まで出されているが、これは過剰な要求であった。

ここに、「カロリング・ルネサンスのドラマ」と呼ばれるものの正体が浮かび上がってくる。それは、民衆がついていけるものではとうていなかった。八世紀の民衆は、ラテン語を話すことはなくなっていても『聖リキエ伝』を聴いて理解できたが、九世紀の民衆は、理解できるだけの言語能力もなくしていた。ミシェル・バニアールは、「カロリング朝の人々は、メロヴィング時代の行き方に終止符を打ち、書き言葉と話し言葉を切り離し、ラテン語を書き言葉として選んだ。――そこから、説教師たちにとって、ラテン語の力量を磨けば磨くほど、人々を教化することができないという絶望的事態が生じた」と述べている。ラテン語復活の目的は、キリスト教徒たちを聖典に近づけること、典礼あるいは祈り全般のなかで用いられる決まり文句が完璧なものに近づき、神に聞き届けてもらえるようにすることであったが、このラテン語の復活によって、キリスト教会と宮廷は、自分たちが教え、救済へ導かなければならない民衆とのコミュニケーションを結果として断ち切ってしまったのであった。

フランス語を話すこと

そこから、説教師たちは、もはや別の言葉で話しかけなければならないことを自覚しはじめる。トゥール宗教会議（813）の十三号決議は、「各司教は、説教において、人々の教化に必要な勧告を与えること。この説教をロマンス語またはゲルマン語に訳して、農民信徒たちが内容をより容易に理解できるよう努力すべきである（et ut hasdem homelias quisque aperte transferre studeat in rusticam romanam linguam aut thiotiscam quo facilius cuncti possint intellegere quae dicuntur）」と述べている。ロマンス語（すなわち原フランス語）の人々は、教養ある聖職者のラテン語を理解することができなくなっていたため、ラテン語と言語学的関連のないゲルマン語（チュートン語）は翻訳が必要であったように、ラテン語から派生したロマンス語へも翻訳が必要になっていた。しかしながら、右の決議で、「より容易に」という比較級の副詞が使われていることに注目しよう。これは、この九世紀初めにもなお、翻訳なしでラテン語を理解できる人々がいたことを意味している。

八一三年には、シャルルマーニュの命令で、ほかにも幾つか、教区会議（synodes）が開催されており、フランク人の国であっても、さまざまな言葉が地理的に分布していたと考えられる。その一つであるマインツの教区会議でも、「民衆が理解できるように説教せよ」との勧告がされているが、この地方で人々が理解できるように、ということは、明らかにゲルマン語で説教せよということである。そのほか、アルルやシャロン＝シュル＝ソーヌで開催された会議では、この指示はきわめて一般的であり、これらの南仏地域では、ラテン語の知識が維持されていたことが推察される。北フランスのランスで開催された教区会議は、「説教は、個々の信徒に合わせ、ロマンス語とチュートン語のいずれでもよい」としている。

ロマンス語群のなかでも最も早くラテン語から独立しようとする傾向性を見せたのはフランス語であり、イタリア語、プロヴァンス語あるいはスペイン語について自主独立の意志が現れるのは、十、十一世紀以後である。それはなぜだったのだろうか？　第一に考えられるのは、ゲルマン語の影響がとくに発音の面で最も強かったのがフランス語においてであったことであり、加えて、《カロリング・ルネサンス》はフランク帝国の中心部と北部地域の現象だったからである。この《ルネサンス》の影響は、イタリア、プロヴァンスあるいはアクィテーヌには少ししか波及せず、イスパニアには全く及ばなかった。その結果、《カロリング・ルネサンス》は、フランスの北半分に持続的な文化的優位性をもたらしたのであった。

さて、すでに述べたように、この《ルネサンス》の本質的様相の一つは、ラテン語の復活である。人々は、念入りに校訂された古代著述家たちの写本を手に入れようと努力し、文体においても文法でも発音についても、古代の作品を忠実に模倣しようとした。このため、より学問的であろうとする文学的言葉と一般民衆の話し言葉であるロマンス語との隔たりが大きくなっていった。

それに加えて、《カロリング・ルネサンス》の責任者たちの多くは、ゲルマン系の言葉を話す人々であった。ボニファティウスやアルクイヌスは、祈りと学問と行政の言葉としてラテン語を身につけていたが、ラテン語は、彼らの母語のサクソン語とは全く共通点をもっていなかった。これは、シャルルマーニュ自身についても同じで、彼は、文法学者たちからラテン語を学ぶ以前は、フランク人のゲルマン語（高地ドイツ語に属する中部ドイツ方言であるフランク語 francique）を話していた。したがって、アルクイヌスやシャルルマーニュにとって、ガリア住民が話していたロマンス語は第三の言葉であり、話し言葉のゲルマン語や、話し言葉であるとともに書き言葉であったラテン語に比較して独特の言葉であった。

フランス語を書くこと

この八一三年当時には、フランス語を文字で書くなどということは、ほとんどなかった。聖職者たちは、信仰を伝えるために民衆に話しかけるときには、通訳を介するにせよ自分で話すにせよ俗語を使う必要があったが、書き言葉としては相変わらずラテン語を使った。聖職者と行政の言葉はラテン語であり、人々は学校でラテン語の読み書きを習うことによって「教養ある人間」になれた。

決定的な一歩が踏み出されたのは、八四二年である。このときストラスブールにおいて、ルートヴィヒ・ゲルマニア王によってロマンス語で、シャルル禿頭王によってチュートン語で述べられた誓約のテキストが、ラテン語で正規に書かれた一冊の本のなかにラテン文字で書き写されている。そのロマンス語の文面を紹介し、その意味を付す。

Pro Deo amur et pro christian poblo et nostro commun salvament, d'ist di in avant,in quant Deus savir et podir me dunat,si salvarai eo cist meon fradre Karlo et in adiudha et in cadhuna cosa,si cum om per dreit son fadra salvar dift,in o quid il mi altresi fazet et ab Ludher nul plaid nunquam prindal,qui,meon vol,cist meon fradre Karle in damno sit.

〔神の愛のため、キリストの民と我ら共通の救いのため、今日より以後、そして、神が私に知恵と力を与えたもう限り、人がその兄弟を救う義務を負っているように、そして、衡平の法にしたがって彼もまた私のために同様にしてくれることを条件に、我が兄弟シャルルを助けるであろう。しかして、シャルルに害を及ぼすかもしれない合議

をロタールとの間ですることはけっしてない。〕

シャルルマーニュの息子ルートヴィヒ敬虔帝が八四〇年に死去したあと、カロリングの帝国は、ロタール、ルートヴィヒ（ゲルマニック）、シャルルの三兄弟の間で争われた。長子のロタールは、帝位を受け継ぐとともに、統一性という帝国の原理を理由に帝国全体を掌握しようとしていた。二人の弟たちは、亡き父の遺産である王国は息子たちで平等に分割するのがフランクの伝統であると主張して分け前を要求した。激しい対決と交渉の末に、八四三年、《ヴェルダンの分割》によって三つのフランキア王国が樹立され、東フランキアはルートヴィヒ、西フランキアはシャルルのものとなり、ロタールは、中央部のフランキアを皇帝の称号とともに引き継ぐのであるが、その前年の八四二年、ルートヴィヒとシャルルが、長兄のロタールに対抗して、互いに助け合い守り合うことをストラスブールで誓い合ったのが前掲の誓約である。〔訳注・ロタールとルートヴィヒはすでに父の存命中の八一七年から王国を分割し、シャルルが遅れて八四〇年に西フランキア王になっていた。〕

これ自体はありふれたことであったが、月並みでないことが一つあった。それは、その誓約のテキストがラテン語ではなく土着の言葉で今日に伝えられることになった点である。事実、このテキストは、この王たちの従兄弟で《カロリング・ルネサンス》の名誉ある代表であり、勇敢な戦士でもあったサン・リキエ修道院の大修道院長、ニタールによって書かれた『Histoire des fils de Louis le Pieux』（ルートヴィヒ敬虔帝の息子たち）のなかに見ることができる。彼は、立場上からも当然のこととして、この本をラテン語で書いたのだが、上に掲げたロマンス語の数行と、それに対応するチュートン語のテキストを、この本のなかに挿入した。それぞれの王は、互いに相手の支配地域の言葉で、すなわちシャルルはチュートン語で、ルートヴィヒはロマンス語で誓いの言葉を述べ合い、ついで、シャルルの臣下たちがロマンス語で、ルートヴィヒの臣下たちがチュートン語というように、それぞれ自分たちの言葉で誓ったというのである。このあと、ニタールは、ラテン語に戻って、その著述を続けている。

ベルナール・セルキリーニが言うように、ラテン語ではない二つの言葉で書かれたこれらのテキストが紹介されていることは、二つの言葉を基盤とする二つの国の存在を政治的に証言しようとしたものと見ることができよう。これら二つの言葉は、聖書にかけてなされた誓約として恒久化された。二人の王子と近しかったこの著者は、ラテン文字という自分が使い慣れている文字でそれを書き記すことが不可欠だと判断したのであった。

これが政治的意図の反映であることは、二人の王子たちのいずれも、ロマンス語を話し言葉にしてはいなかった事実によって確認される。シャルルはフランクフルトでバイエルンのユーディットを母として生まれたから、異母兄弟のルートヴィヒ以上にロマンス語とは無縁であった。彼らの臣下の兵士たちについても、一方がゲルマン語を話す人々であり、他方はロマンス語を話す人々であったとされているが、確かな証拠は何もない。要するに、八四二年から八四三年の時点において、言語的・国家的な一つの分割が行われたのであって、それが、フランスとドイツの間で国民的なものになっていったのである。

したがって、このときの原フランス語の文字化は、たまたま話し言葉を記録したという中立的な事件ではなかった。一つの言葉を文字に記すことは、その言葉の地位の変化と、それを書こうとする人々における精神の革命を意味する。すでに八一三年以後、聖職者たちは、自分が行う説教を文書で翻訳していたと考えられる。そうしたラテン語からロマンス語への翻訳は、ロマンス語の地位をラテン語の尊厳性のレベルに近づけることを意味した。当時、羊皮紙は高価で貴重であったから、一時的に書かれた翻訳であったら、羊皮紙に書いて保存されることはなかったであろう。こうして、「ストラスブールの誓い」は、筆のすさびなどではなく、「ロマンス語がはじめて本来の意味で一つの文学となるチャンスと危機に直面した」(B.Cerquiglini)ものであったことは疑問の余地がない。

それから少し経った八八〇年ごろ、リールの近くのサン=タマン大修道院で、『Séquence de sainte Eulalie』(聖女ユーラリ続唱)が書かれた。これは、民衆のために ロマンス語で書かれた最初の祈りのテキストである。

Buona pulcella fut Eulalia
Bel aurait corps,bellezour anima.
Voldrent la veindre li D[e]o inimi
Voldre la faire diavle servir.
Elle non eskoltet les mals conseillers
Qu'elle D[e]o raneiet chi maent sus en ciel,
Ne per or,nel argent,ne paramenz
Por manatce regiel ne preiment;
Niule cose non la pouret omq pleier,
La polle,sempre n[on] amast lo D[e]o menestrier.

聖職者たちは、このテキストをラテン語で読んだが、次のように訳すことができる。

ユーラリはよき娘であった
彼女は、美しい身体と、さらに美しい魂をもっていた
神の敵どもは彼女をわがものにしようとし
悪魔は自分に従わせようとした
だが彼女は邪悪な助言には耳を貸さなかった
天上にましますを　どうして彼女が否認しようか
金銀も　豪奢な衣装も役には立たなかった
王が嚇しても懇願しても
何ものも彼女を従わせることはできなかった
優しい彼女は　いつまでも神さまにお仕えしたがった

この「聖ユーラリの祈り」と同じく、「ストラスブールの誓い」も、北フランスで生まれた。それらは、ゲルマン語の話し言葉に最も頻繁に接し、カロリング・ルネサンスが花開いた北ガリアで、オイル語(langue d'oïl)の文字化がいち早く進んだことを物語っている。これに対し、オック語(langue d'oc)の文字化が試みられるのは、『アジャンのサント・フォワの歌 Chanson de sainte Foy d'Agen』と哲学者ボエティウスの生涯を叙述した『ボエシ Boeci』をもってである。『サント・フォワの歌』が作られたのは十一世紀半ばの、

おそらくセルダーニャ〔訳注・ピレネー地方〕のクザ大修道院においてである。後者は、おそらく一〇七〇年ごろ、リモージュのサン＝マルシアル修道院で作られた。書き言葉のラテン語と話し言葉のロマンス語の乖離が比較的ゆっくりしていたロマンス語地域では、文学的活動の誕生は、それだけ遅れた。

年代確定にこだわるのが歴史家の性であるが、フランス語の始まりについては、二つの年代が立てられてきた。一つは、八一三年のトゥール宗教会議を支持する説。これは、民衆を対象にした説教には翻訳が必要であることを聖職者たちが自覚したことと関連している。もう一つは《ストラスブールの誓い》が行われた八四二年で、これは、口頭で述べられた誓いが原フランス語で書き記されたことと関連している。

初期中世においては、ローマによる征服以後ガリアに移入されたラテン語が並外れた活力を維持し、五、六世紀になっても、書き言葉であるとともに話し言葉として健在であったこと、したがって、文人たちも民衆から理解してもらえたし、ガリアに侵入してきたゲルマン人たちも、あっという間に同化されたことなどが言語史の研究から明らかである。しかし、七世紀、八世紀と経つにつれて事態は混沌とし、書き言葉は相変わらずラテン語のままであるが、そのラテン語も、古典的ラテン語に照らすと次第に崩れたものになる。これは、王室尚書局においても、聖人伝が書かれた修道院においても同様である。話し言葉は書き言葉に対する依存度を次第に失い、およその見当をつけることのできる規範というものもないまま発展していく。こうして九世紀前半には、フランス語の原型らしきものが現れるのだが、この無教養な民衆の言葉を文字に記そうなどと考える人はいない。民衆の話し言葉を文字に書き記すことは、非常にはっきりした目的があってなされるのであるが、それは、まだ、長い間、少数派のままである。

第三章　晩期古代の文化（五—七世紀）

一、五世紀ガリアにおける晩期古代の文化

五世紀のガリアは、同時発生的な二つの現象によって特徴づけられる。ローマ帝国の分裂と、相次ぐ蛮族たちの侵入である。これらがガロ＝ローマ文化解体の要因になったことは否定しようがないが、その破壊的力は、しばしば考えられるよりずっと微弱で、実際には、文化的連続性を支えた力のほうが、はるかに強大であったように見える。ここで、わたしたちは、この連続性の要素の大きさを示すために、古代文化でも特に学校が五世紀になってもどれほどの活力を保っていたかを検証し、ついで、この五世紀ガリアにおける文化の連続性と創造的要素としてのキリスト教の重要性を調べることとしよう。

古代文化解体の要素と持続的要素

ローマ帝国は、四世紀末以来、東西に二分され、その西側部分のラテン世界に属したガリアは、ラテン世界に統合されることによって、もはやオリエント側とは、大きな共通点をもちえなくなる。オリエント側は、「ローマ帝国の継承者」を自任していたが、実際には、ますますヘレニズム化していった。六世紀にはユスティニアヌス帝によって帝国統一の最後の努力が試みられたが、それがガリアに到達することはなかった。

広大な地に権力を行き渡らせるために必須の要素である郵便は消滅し、物資の行き交う速度もますますのろくなっていった。行政は地方ごとに細分化し、中央の命令を行き渡らせることも、地方の情報を中央に到達させることもできなくなる。五世紀半ば、ローマ人将軍、シアグリウスは、クローヴィスの父、キルデリックがトゥルネのフランク人たちの王であったように、ソワソンを中心とする領域で「ローマ人たちの王」と呼ばれた。

西ゴート族、ブルグンド族、なかんづくフランク人といったガリアに定住した侵入者たちは、ゲルマン系の人々であったから、その言葉は、ガロ＝ローマ人のそれとは根本的に異なっていたし、教育と文化の伝統も違っていた。ここでわたしたちが問題にしているゲルマン系の人々は、東方から押し寄せた別の蛮族たちによって父祖の地を逐われ、やむなく流浪の民となった人々で、転々とした末にたどり着いたのが、自分の土地や都市に固執する定住民の国であった。そこには、ローマ人の兵士たちはいなくなっていたが、新しく到着した人々は、武装したまま休らっている彫刻が示しているように、戦士であることを誇りとする蛮族であった。彼らは、研究上の便宜から幾つかの名称のもとに塊として住み着いたように扱われているが、実際には独自の国家的組織をもたず、先住の人々と互いに複雑に入り組み、不安定なモザイク模様を呈するような形で住み着いたのであって、それぞれが隣人のそれとは異なる口承の法律をもっていた。当然、それらは、普遍的法規たらんとしたローマの成文法とは全く異なっていた。

さらに付け加えると、この侵入者たちは、宗教的次元でいうと、西ゴート族のようにすでにキリスト教を信仰していた可能性があるが、信奉しているのは三二五年のニケア宗教会議で異端と宣告されたアリウス派であったから、ガリアで支配的地位を築いていたローマ正統教会の人々とは衝突した。その点ではフランク人たちも異教徒であった。

これらの要因は古代文化の解体を促すものであったが、同時に、古代文化を持続させる要因にもなりえた。ゲルマン人たちの多くが、西欧の他の地と同じようにガリアに定住したのは、ローマ世界に引き寄せられてのことであった。彼らにとってローマ世界は、見知らぬ異郷ではなかった。ローマ世界とはすでに、長い境界線に沿ってさまざまな接触があったし、とりわけ、ローマ軍のなかには、たくさんのゲルマン人が傭兵として入っており、蛮族王とローマ当局の間で結ばれた条約（feodum）によって同盟軍として定着している人々もいた。たとえばアクィタニアにおける西ゴート族や、サポーディア（これが、サヴォアになった）におけるブルグンド族がそうである。すでに見たように、キルデリク麾下のフランク人たちは、第二ベルギカ州〔訳注・ベルギーと北部ガリアの大部分にあたる〕の防衛任務を担っていた。したがって、五世紀末になって、西欧を分割して幾つもの蛮族王国が成立したとき、それらの王国を手中におさめたのは、晩期ローマ文明について無知などとはいえない男たちであった。

そのうえ、蛮族たちは、数でいうと、大して多くはなかった。平均すると、おそらく先住の人々の五％であり、北ガリアのフランク人地域でも、せいぜい一〇％であった。だからこそ、彼らは容易に先住の人々のあいだに同化されることが可能だったのである。

蛮族たちが、キリスト教でも異端派を信奉している場合は、恐らく先住ローマ人と対立する要因になったが、アレクサンドリアで生まれ、コンスタンティノープルを席巻し、そこからゴート人たちに浸透したアリウス派異端も、それなりに一つの教会組織を備え、ローマ帝国の伝統の一部をなしていた。したがって、蛮族たちも、それを通じてキリスト教の聖典に近づくことができたし、晩期古代のローマ世界のさまざまな論争に加わるための一つの力を提供した。

社会構造それ自体、ローマ世界と蛮族世界の間に、おそらく今考えるほど落差はなかった。すでに五世紀のガロ＝ローマ人の元老院議員たちは、ローマの中央権力から独立しようとする傾向性を示していたし、ゲルマン人部族の構造は貴族制的で、首長たちはガリアの元老院議員たちに伍して帝国の継承者であろうとしたから、互いに協調できる領域を見出すことができた。新しい蛮族君主たち自身、まだ機能していた帝国の行政機構（とくに収税機能）を活用しようとし、この機構を動かせる人材を珍重した。

このようななかで、ガロ＝ローマ人と蛮族たちは一緒になって、五世紀のガリアで古代文化を支えたのである。

五世紀ガリアの古代学校

五世紀のガリアでは、法令の文書化や碑文の刻銘に文字が盛んに使用された。そこから、「リテラトーレス litteratores」〔訳注・読み書きなどの初等教育を施した教師〕と呼ばれる人々〔身分的には奴隷あるいは解放奴隷であった〕が授けてくれる家庭での初歩的教育が健在であったことが分かる。学校教育が始まるのは、その次の段階である。それによって、ローマ帝政期から自由身分の男性なら必修とされた《自由学芸 arts libéraux》〔訳注・教養として習得すべき学問の意〕を習得することができた。《自由学芸》とは、初歩三科〔文法、修辞学、弁証法をさし、トリウィウム trivium と呼ばれた〕とそれに続く四科〔算術、幾何、天文学、音楽をさし、カドリウィウム quadrivium と呼ばれた〕の七科から成っていたが、古代末期に教えられたのは、普通、初めの二科だけで、五世紀のガリアでは、文法家と修辞家がいかにもてはやされたかを物語るたくさんの証言がある。

文法教師たちは、とくに四世紀の聖ヒエロニムスの師であったドナトゥスが著した手引き書を使ってラテン語の規範を教えた。彼らは、理想的とされるラテン語の手本に忠実であろうとし、書き方と読み方のいずれについても革新をいっさい排した。その理想的手本とされた古典作家の筆頭に挙げられたのが、詩ではウェルギリウスの『アエネース Enéide』、散文ではキケロであった。

キケロの文章は、修辞学教育の基礎にもなった。修辞学は、人々を説得する立場にあるエリート階層なら必ず身につけなければならないもので、法廷での弁舌がその威信の基盤であった。四六七年、リヨンの町の長官であったシドニウス・アポリナーリスは、ローマ歴代皇帝の徳を讃える伝統を受け継いで、マヨリアヌス〔訳注・西方皇帝。在位457-461〕を讃える詩文（carmen）を作って読み上げている。

この世紀の末、ヴィエンヌ司教、アヴィトゥスも、クローヴィスに、その洗礼を祝う書簡を送り、招かれて、文法と修辞法の最良の規範によって壮麗な演説文を作成し、これを読みあげている。そのときのエピソードが一つある。ヴィヴェンティオルスという名のリヨン人教師が、このセレモニーのあと、アヴィトゥスに書簡で、発音の問題に関して、長母音の一つを短母音で発音したとして間違いを指摘した。それに対してアヴィトゥスは、自分がそうしたのは、多くの文法学者やウェルギリウスに倣ってのことで、間違ってはいないと答えている。この手紙の交換は、当時すでに消滅していた公立学校で習うラテン語の古典的発音に関してもこの二人が高い教養を身につけていたことを証明している。それが古代の公立学校で論議された問題であったことは、「自治都市から給与を支給される職業的雄弁家」についてシドニウス・アポリナーリスが語っていることからも知られる。

リヨンもヴィエンヌも、ローマ属州の都市で、これらの南ガリアの地では、帝政時代と同様、学校が維持されていた。北イタリア、パヴィアの司教、エンノディウスは、生まれ故郷のプロヴァンスに多くの文通相手をもっていた。そうした一人にアルル司教のフィルミヌスがいる。修道士カエサリウスを受け入れ育てた師であり、『カエサリウス伝 Vie de saint Césaire』によると、フィルミヌスは弟子のカエサリウスを「修道士的単純さから脱却させるため」古典の学習に力を入れた。アルルでは、また、アフリカ出身のユリアヌス・ポメリウスが、五〇三年に修道士になるまで、学校を開いて若者たちに文法と修辞学から弁証法まで教えていた。四五〇年ごろ、マルセイユでは、クラウディウス・マリウス・ウィクトールが修辞家として有名であった。ヴィエンヌでも、修辞家のサパウディウスが教えていたし、クレルモンでは、文法家のドミティウスが教えていた。ナルボンヌ、ボルドー、アジャン、ペリグーでも、教師たちが教鞭を執っていた。『聖ルプス伝 Vie de saint Loup』には、この聖人（トロワ司教になり四七九年に亡くなった）が「修辞学の勉強を学校に託し、浸透させた」ことが述べられている。これらに較べると、北ガリアでは、学校の存在についての証言は、ずっと稀である。

こんにちに遺っている五世紀の著作写本の地理的分布を調べてみると、同じガリアでも南北間の不均衡ぶりが明白である。すでに挙げた人々の名前に加えて、マルセイユの修道士サルウィアヌス（400-480）、オシュ司教のオレンス（四四八年没）、アクィタニアの元老院議員、ペラのパウリヌス、レランス大修道院長、ヴィンケンティウス（四五〇年ごろ没）、リモージュ司教のルリキウス（五一〇年ごろ没）が挙げられるが、いずれも南ガリアの人である。サルウィアヌスは、四四〇年、『神の統治について Sur le gouvernement de Dieu』を書いている。これらの文人たちが互いの間で書簡をやりとりし、たくさんの子供を教えていたことから、五世紀の南ガリアでラテン文学と学校教育が活力を保っていたことが明らかである。

したがって、古代からの学校が蛮族侵入によって破壊された様子はないし、蛮族の王や貴族たちは、むしろローマの文化を継承する教育に魅惑を感じていたようにさえ見える。彼らが学校についてどのような態度をとったかは、見直されてしかるべきであろう。たとえばトゥールーズでは、知識人たちは、西ゴート族の王たちによって保護を受けているし、ブルグンド王の宮廷では、詩人のヘラクリウスや修辞学者ペンタガテス、またヴィエンヌ司教アヴィトゥスといった人々の姿を見ることができた。君主は異端のアリウス派を信奉していたが、カトリック信仰に対しても開放的な姿勢をとっていたのである。ブルグンド王グンドバッド（474-516）は、アヴィトゥスやヘラクリウスといった人たちと《三位一体》について論議し、カトリックの聖職者とアリウス派の聖職者のいずれに肩入れすべきかで迷っている。

しかし、根本的には、グンドバッドも、その息子のジギスムント（516-523）も、たいして教養があったようには見えない。とくに西ゴート王国では、王とローマ貴族出身の知識人たちとの関係は、急速に悪化した。シドニウス・アポリナーリスは、クレルモンの町を西ゴート族から守ろうとした末に、西ゴート王エウリック（466-484）によって捕らえられ牢獄に入れられている。

『アラーリックの聖務日課書Bréviaire d'Alaric』は、おそらく西ゴート王アラーリック二世（484-507）がローマ法典から編纂させたものであるが、ここには、『テオドシウス法典Code théodosien』〔訳注・東ローマ皇帝テオドシウス二世が四三八年に公布した勅法集〕に見られるような教育や教師に関する条項は、まったく含まれていない。

蛮族の貴族たちが法律に関心を寄せたのは、贈与や売買、とりわけ遺言などに関する規範をローマ法に倣って成文化するためであったようである。こうして、それまで口承で伝えられていた蛮族の法律が文書化された。西ゴート族の場合の『エウリック王法典Code d'Euric』、ブルグンド族の場合はグンドバッドの『法令集Liber constitutionum』（通称『グンドバッド法Loi gombette』）である。これらのテキストは、ラテン語で書かれており、そこには、蛮族の慣習をローマ法の概念にあてはめて文書化しようとしたローマ人法学者たちの苦労がうかがわれる。ローマ法は、アラーリックが、その要約を聖務日課書としていたように、常時、実践の規範とされた。シドニウス・アポリナーリスによると、リヨンでは「シアグリウスなる人物」が「ブルグンドの新しいソロン」たらんとしていた。事実、この町では、六世紀に『テオドシウス法典』の写本が作られている。オータンやアルルでは、五世紀にローマ法の注釈書が現れている。そこから、これらのさまざまな町で、法律の教育は間違いなく行われていたと結論することができる。

しかしながら、法律教育は、次第に古典文化全般とは切り離されて、裁判書類の作成といったテクニックの教育に退化し、教養ある官僚はテクニシャンに取って代わられていく。さらに、社会全般に軍事的能力が優先されたから、若い貴族たちは、出自がローマ人であれ蛮族であれ、古典の勉強にはほとんど関心を向けなくなり、五世紀末には、聖職世界に入った場合は別にして、彼らが古典の学問に専心する可能性は、ますます少なくなっている。

キリスト教と古代文化の連続性

〔文法と修辞学〕

五世紀のガリアでは、キリスト教徒だからといって特有の文化をもっていたわけではなかった。これまで述べてきたあらゆる知識人たちは正統派（カトリック）のキリスト教徒であり、その著作は、ほとんど常に宗教的尺度を土台に書かれている。

まず、キリスト教は、『バイブル』という文字に書かれた一つの伝承を基盤にしていた。キリスト教徒は、その聖典を端的に「Ecritures」〔訳注・文字で書かれた物〕と呼んだ。異教徒たちは、ガリアやゲルマニアでも、ローマにおいてさえ、本来の意味での宗教書をもっていなかったのに対して、キリスト教は、まさに

「書物」に人々を近づけることを目的としていた。したがって、キリスト教徒の少なくともその共同体の責任者は、文字を読むことができなければならず、必ず聖書あるいはその一部分をもっていた。西側世界では、四世紀には聖書のラテン語版が普及していた。彼等はこの学問的文化に欠かせない基本的能力を、古代の学校以外の何処で習得できただろうか？

聖書を朗読する人は、そのテキストを正しく理解し解釈するために、ラテン語文法を修得していなければならなかった。のちに《聖書釈義exégèse》と呼ばれるものの方法論は、文法学を聖書に応用したものであったから、ラテン文法は初期中世を通じてキリスト教徒としての教養（culture）全体の基礎として存続していった。

キリスト教のメッセージは、説教によって信徒たちに伝えられた。そのために、説教師は修辞学の方法を活用したが、これは、学校でなければ習得されえないものである。シミエ〔訳注・ニースの北〕の司教、ヴァレリアヌスの説教は、このジャンルの手本として知られている。『聖ヒラリウス伝Vie de saint Hilaire』を書いた修道士、ホノラトゥスは、このアルルの司教〔ヒラリウス〕が、説教のさなか、教養ある人たちが堂内に入ってくるのを見ると、一段と語調を強めたと述べている。シドニウス・アポリナーリスにいたっては、聴衆が自分の説教をほめそやしたことを、第三者になりすまして報告している。その同じシドニウスが、トゥールの司教、パピオルスに宛てた手紙のなかで、自分が昔風の文体も、歴史的事例も、詩的な言い回しも忘れてしまったと述べて赦しを乞うているが、これは、謙虚さを示すことが当時の修辞学上の常套句になっていたのである。

さらに付け加えていえば、文化的エリートは社会的エリートでもあった。ガリアのキリスト教会の責任者たち〔司教たち〕は、多くが元老院クラスの名門貴族の出身であり、ローマ帝政の行政機構が消滅したとき、都市の役職を占めることによって、社会的枠組のある種の連続性の維持に貢献した。彼らがガロ＝ローマの貴族たちの墓碑を手本に自分たちの墓碑銘を作り、亡くなった司教たちを都市の守護聖人にしたのも、その表れである。

古代の護教論的手法と時代即応の啓蒙的講話が結びついて、古代文化とキリスト教文化とを対置させる議論がしばしば見られるが、実際には、キリスト教的文化は、古代の異教的学問の枠組のなかで発展していったのである。ミシェル・バニアールは、「キリスト教徒の知識人たちは、本来のキリスト教的教育に付け加えられた古典文化やその文学的枠組に無理矢理順応させられていったのではない。むしろ逆に、彼らのほうから、良心の危機を意識しつつも、彼らの信仰に文化を一つに合流させていったのである」と書いている。

〔古典文化に対するキリスト教の批判〕

キリスト教著述家の幾つかの著作には、明らかに古典文化に対するさまざまな批判が現れている。そうした批判の真摯さに疑う余地はないにしても、それ自体は、学校で習った修辞学の規範によって展開されていることに注目しなければならない。西暦五〇〇年ごろにアルル司教になった修道士カエサリウスは、《自由学芸》を「エジプトの災い plaie d'Egypt」〔訳注・モーゼの脱出を助けるために神がエジプトにもたらした災い〕に喩え、世俗の詩人たちの歌は内容が空疎で、不道徳を助長するだけであると書き、「哲学者たちは、脆弱な精神の人たちを誤らせ、さまざまな異端を生み出す」として、文化を浄化して異教の微かな名残をも一掃しなければならないと力説している。

四七一年にクレルモンの司教になったシドニウス・アポリナーリスは、テレンティウス〔訳注・前二世紀のローマの劇作家〕の喜劇が楽しみを与えてくれることを認めつつも、人間は職務よりも本性に引きずられ、義務より快楽に支配されがちであるゆえに、読むべきではないとしている。ヴィエンヌのアヴィトゥスは、自分は司教という責務を担った以上は世俗的な詩を書くことはしないといいつつ、教育的著作として特別の位置を保持しているウェルギリウスの『アエネース』と並行して学ぶべきキリスト教的叙事詩が必要であるとして、『バイブル』の最初の数巻を詩に謳っている。しかしながら、そのあと弟に送った書簡では、「音節シラブルを理解できる人は、ほとんどいないのだから、詩作などやめたほうがよい」とも書き、司牧と説教者としての自覚から、民衆に理解させるために表現は簡潔であるべきだとして、次のように述べている。「わたしは、知識人たちに、田舎風の表現を、文句を言わないで満足して受け入れることを望む。それは、天上の糧を卑俗で単純な言葉で述べることによって、主の羊の群が容易に摂取できるようにするためである」。そして、信徒たちには、異教の人々の歌よりも教会で耳にした言葉を念入りに反芻し、教会で学んだ詩や讃歌を歌うよう勧めている。

このように責任ある聖職者たちがしばしば批判し勧告している事実自体、聖職者たちにとって思考手段となっていた学問的古典文化と、キリスト教本来の価値に適い、民衆とのコミュニケーションにも不可欠である単純さとの間に乖離が生じていたことの証拠でもある。

〔修道士の抗議〕

キリスト教会は、五世紀のガリア社会を司教たちに統率させる一方で、修道士たちを通じて、それに抗議もさせた。本来、修道士は、祈りと瞑想に専心するため、物質面だけでなく文化面でも、世間から身を引いた立場である。エジプトの砂漠に隠棲し、《修道士たちの父》と呼ばれるアントニオス〔三五六年没〕は、文字など読めなかった。しかし、ガリアにキリスト教を広めた聖マルティヌス〔三九七年没〕は、修道士の義務のなかに写本の仕事を挙げている。

ガリア最初の修道院は、四一〇年、カンヌ沖のレランス島に、ホノラトゥスによって創建された。この修道院は、オリエントからの風によって南ガリアに押し寄せた修道士たちの最初の波から生まれた。同じ五世紀のうちに、マルセイユではカッシアヌスによってサン＝ヴィクトール修道院が生まれ、メネルブ〔訳注・アヴィニョンの東南方〕の修道院がアプト司教カストールによって建設されている。これらプロヴァンスの最初の修道院が受け入れたのは、学校で充分に知的教育を受けた人々であった。そのよい例が、恵まれた家庭に生まれながら、四九〇年にレランス島の修道院に入ったカエサリウスである。このタイプの修道院は、すぐに北部ガリアにも広がり、四五〇年ごろにはジュラ地方にコンダ〔サン＝クロード〕修道院が建設されている。

修道生活は、完徳と神の観想に到達するための行程であり、その前進を支えるために、修道士の生活は、祈りと典礼、手仕事、読書、そのほか《苦行ascése》と呼ばれているもので埋められていた。この修道士の精神性と男女の修道者の規範を明らかにしたカエサリウスの修道院規則は、プロヴァンスとブルグンドで模倣されていった。

このような修道院のなかで《文化・教養》にどのような位置が与えられていたか？　子供たちは六歳から十歳で修道院に入り、規則によって読み書きと聖書のなかの『詩篇』朗誦を義務づけられた。『詩篇

Psaumes』は、中世の大部分を通じて、基礎的教育の根幹になっていく。コンダでも大修道院長オワイアンは、カエサリウスの教えに従って、食事の間、詩篇を朗誦させ、また、一人でいるときも、聖書はもちろん、修道院規則、カッシアヌスの霊的著述、教父伝（Vies des Pères）、エジプトの先輩修道士たちの物語などを読むよう勧めている。この「lectio」（読唱）の実践により、謙虚と服従、思いやりの精神が刻みこまれ培われ、ついで「oratio」（祈り）によって真の「meditatio」（瞑想、神の観想）へ導かれることになるというのである。

こうした第一世代の修道生活のなかには、修道士の二つのカテゴリー、二つの文化が姿を現している。一つは、古代の学校で教育されたあと、修道的禁欲によって古典文化を放棄した知識人たちであり、もう一つは、幼くして修道院に入り、ここでテキストの朗誦によってすべてを学ぶ修道士たちである。ただし、後者が学ぶのは、ラテン語の古典ではなく、詩篇そのほかの幾つかの聖書、先輩修道士たちが書いた物などである。こうして、六世紀のガリアでは、修道士になった知識人たちの文化と、修道士としての訓練によって文字にめざめた人たちという二つのタイプの文化が積み重なっている。

二、聖職者的・修道士的文化への収斂（五〇〇―六五〇年）

六世紀、ガリアは「フランク人のガリア」になる。五〇七年、クローヴィスはロワール川を越えて、アクィタニアを奪取。五三六年には、彼の息子たちがブルグンドを手に入れるが、その後は、こうして獲得したガリアの分割をめぐって、クローヴィスの息子たちや孫たちの間で抗争が繰り返される。次の世紀にダゴベルト（629-639）のもとで、一時的に統一が実現するものの、彼が亡くなると、争いが再燃。これらの抗争が生んだ結果は、けっして過小評価すべきではないが、その暗黒ぶりについてのトゥールのグレゴリウスの記述は、おそらく宗教的観念のゆえに誇張的表現になっており、同時代人たちからさえ手直しされているほどである。五九〇年、彼がその『歴史十巻』を完成したとき、アイルランド人修道士、コルンバヌスがガリアに上陸し、修道院文化は一つの新しい活力を示していく。他方で、グレゴリウスが体現していた晩期古代の文化は、南ガリアで間違いなく維持されていたし、北ガリアでもある程度保持されていた。

ここでは、まず、この晩期古代の文化とはどのようなものであったかを見るとともに、ガリアの文化的生産活動の唯一の場として聖職学校と修道院学校がどのように確立され、フランク人たちがどのように利用したかを探ることにしよう。

南ガリアにおける晩期古代文化

ガリアでは、六世紀になっても、ラテン語の重要な著作が幾つか生まれている。わたしたちは、前章で、五〇三年にアルルの司教になり、五四二年に死去するまで、その地位にあったカエサリウスについて述べた。彼が遺した何百という説教はきわめて質が高く、長い間、アウグスティヌスが著わしたのではないかとさえ考えられてきた。『歴史十巻』だけでなく多くの聖人伝を著したトゥールのグレゴリウス（538-593）のラテン語は、しばしば古典文法に照らして間違いが話題にされてきたが、その文章は生き生きしており『アエネース』を思わせる叙事詩的息吹を湛えている。彼自身はウェルギリウスを「人を欺く」として非難したが、その作品からの引用は三十か所を超え、深い影響を受けたことが窺われる。

フォルトゥナトゥス（五〇三年ごろ生まれ六〇〇年ごろ亡くなった）も、ラヴェンナの古代学校で学び、ウェルギリウスに傾倒した。彼は、五六〇年代、ランゴバルド人のイタリア侵入にともなって北方のメッツに移り、メロヴィングの宮廷お抱えの詩人になり、その後、ポワティエの司教になっている。多くの詩や典礼賛歌を書いたが、そのなかの『ヴェクシラ・レジスVexilla regis』『パンジェ・リングァPange lingua』は、二十世紀の今も教会で歌われている。〔訳注・『ヴェクシラ』は、十字架称賛の祝日の聖務日課で歌われ、『パンジェ』は聖金曜日の十字架礼拝のときに歌われている。〕

テウデベルト一世の肖像入り貨幣 ©BnF

フランク人たちがガリア南部を征服したときには、ブルグンド族やアクィタニアの西ゴート族の貴族たちはガロ＝ローマの元老院議員たちと融合していた。この地域を治めたテウデリックの息子、テウデベルト一世（五四六年没）は、多くの文化人を身辺に集め、彼らの影響でローマ皇帝の肖像に代えて自分の肖像を入れた貨幣を造り、ビザンティン人たちを憤慨させている。また彼は、ローマ貴族の娘を娶り、アルルの円形闘技場で闘技を復活させたりしている。五六一年、ブルグンドのフランク人王、グントラムは、血統貴族アグリコラの代わりに、元老院議員の家系で雄弁と法律の知識で名声のあったケルソスなる人物を登用している。

プロヴァンスの多くの知識人たちのなかでも、六世紀末のマルセイユのディナミウスは、その遺した手紙で知られている。彼の妻エウケリアも詩作をよくし、彼らの孫は、この祖父母を称えて韻文の銘を墓碑に刻んだ。わたしたちは、この碑文のおかげで彼らのことを知ることができるのである。そのほか、当時のプロヴァンスの文人としては、元老院議員のフェリクス、ルプス公、血統貴族のヨウィヌスなども挙げることができる。

このような教養豊かな俗人世界から出た修道士や聖職者たちは、世俗を捨てたのちも、文学、とりわけ詩を捨てることはしなかった。ユゼス司教のフィルミヌスも、その甥のフェレオルスと同じく詩を作った。トゥールのグレゴリウスの叔父でラングルの司教になったオータン伯のアッタロスや、同じくオータン出身でヴィエンヌの司教になったデシデリウスも、世俗文学に造詣が深く、デシデリウスにいたっては、自作の詩を公衆の前で読み上げたことで、グレゴリウス大教皇から手紙で「司教にふさわしい行動にあらず」と厳しく叱責されている。

プロヴァンスに較べるとアクィタニアは、古代文化が維持されていた痕跡は薄いが、フランク王の臣下になった伯たちは、ガロ＝ローマの名門貴族たちであったことが確かである。アポリナーリス家、レオンティオス家、スルピキウス家、そしてトゥールのグレゴリウスの家門がそうである。これらの伯たちは、司教になった弟たちや従兄弟たちと同じように、高い教育を身につけていた。グレゴリウスによると、ブールジュの司教、スルピキウス一世（五九一年没）は修辞学と詩作に通暁していた。次の世代のブールジュ司教スルピキウス二世（六三〇年没）やカオール司教デシデリウスもやはり古典についての豊かな教養を身につけていた。このころには学校は消滅していたから、おそらく家庭のなかで教育を受けたのであった。六四〇年ごろに生まれ、クレルモンの司教になったボネトゥスは、おそらく、このタイプの教育を受けた最後の証人である。

したがって、古代学校の文化は、少なくとも南ガリアでは、七世紀半ばまで維持されていたが、それ以後は、過去の残滓を残すのみとなり、いかなる教育制度も、いかなる権力も、もはや、これを維持することも復活させることもない。《家》に伝えられるだけであったため、世代を経るごとに内容が貧弱化していったのであろう。

北部ガリアにおけるフランク人のローマ文化への同化

フランク人が五世紀から定着し、彼らの密度が高かった北ガリアは、当然、ゲルマン化が進んでいった。もともと、北部ガリアへのローマ文化の浸透は、考えられている以上に表層的であったが、それでも、南ガリアとの落差は次第に和らいでいったことは確かである。

おそらく、北部では、ローマ時代からの学校は、四世紀には姿を消していた。しかし、トリエルはローマ帝国の首都〔訳注・正確にいうと、帝国が四分割されたうちの一つの首都〕になっていたし、ローマ文化は、モーゼル川とライン川に挟まれた地域にまで拡がっていた。フランク族がガリア北部に定住したころ、ランス大司教のレミギウス（五三三年没）を筆頭に、何人もの文化人がいた。このレミギウスについては、洗礼前のクローヴィスに宛てた手紙が二通遺されているが、いずれも、文章は修辞学の規範に則ったすばらしい

肖像入りシグネットリング ©BnF

もので、レミギウスは説教でも名声が高く、シドニウス・アポリナーリスもレミギウスの説教を原稿を所望しているほどである。その同じシドニウスは一方、トロワ司教のルプスとも文通している。正確なラテン語を書いたことでは、トリエルのフランク人伯、アルボガストが際立っている。

　フランク人（広くいえば西ゲルマン人）は、ガリアに定住する以前は、ゴート人（広くいえば東ゲルマン人）に較べてそれほどローマの影響を受けていなかった。しかし、すでに述べたように、クローヴィスの父、キルデリックは、それ以前からローマに仕えていたし、彼が遺した宝物からは、ローマ風に自分の肖像と印璽を入れたシグネットリング（anneau sigillaire）が見つかっている。この指輪は、法令や証書を封印するのに使われた可能性があり、したがって、トゥルネに中心を置いた初期フランク王国では文書による行政が芽生えていたことの証拠と見られる。クローヴィスは、間違いなく、ローマ人のやり方を必須の手本とした。彼は、五〇七年に皇帝〔訳注・ビザンティンのアナスタシウス一世〕から授けられた《執政 consul》の称号を大事にしたし、西ゴート族に対する勝利のあとローマ人の慣習にならってトゥールで行った凱旋式では、王冠を戴き、紫のマントを着て、馬で街路を練り歩きながら、金貨、銀貨を民衆に撒き与えている。

　のちに「アウストラシア」となるランスからライン川にいたる地域は、フランク人の密度が最も高かった地方であるが、そこでさえも、この時代のローマ人の墓碑（もっと一般的にいえば考古学的発掘物）がたくさん見つかっているし、この一帯では、地名学が明らかにしているように、ローマの影響とゲルマンの影響が鬩ぎあっていた。

付け加えていうと、五〇七年のフランク人による西ゴート族に対する勝利とアクィタニア併合によって、逆に南の文化の北上が促進された。クローヴィスによってパリに建てられたサン＝ザポートル教会〔訳注・のちに、現在のパンテオンの場所に移され、サント＝ジュヌヴィエーヴになった〕では、ピレネー地方から運ばれた大理石が使われている。同じことは、サン＝ヴァンサン教会（のちにサン＝ジェルマン＝デ＝プレとなる）やサン＝ドニ、シャルトル、ソワソン、ジュアールでも確認されている。トゥールーズやブルグンディアで製作されたベルトのバックルがガリアの北部や東北部で幾つも見つかっており、物資の交流と、したがって、人々の交流が行われていたことが明らかである。

五三四年、テウデリック王は、オーヴェルニュの司祭たちをトリエルへ連れてくるとともに、アクィタニアからも、フリドリヌスとゴアールの二人の修道士を招き、モーゼル川の谷に修道院を建設させている。六世紀中ごろ、トリエルの司教、ニケトゥスは、多分、彼自身アクィタニアの人であったが、ロワール以南の地から何人かの聖職者を呼び寄せている。他方、アウストラシアの大きな教会（ランス、メッツ、トリエルのそれ）は、ロワール以南の地に資産を所有した。ダゴベルト王の時代（629-639）、彼の身辺に仕えた福音伝道者たちは、南フランスの出身者であった。フィリベルトゥス〔訳注・ジュミエージュとノワルムーティエに修道院を設立〕はエオーズ（ジェール県）の出身であり、エリギウス〔ノワイヨン司教〕はリモージュ、アマンドゥス〔フランドルの布教で知られる〕は、のちに「ヴァンデー Vendée」と呼ばれる大西洋岸地方の出身である。

注目されるのは、フランク王たちが、ガリアにやってきた直後から、それまで無縁であった文書による行政を採用していることである。キルデリックの指輪についてはすでに述べたとおりであるが、息子のクローヴィスもローマ属州の行政機構で残っていたものを巧みに再利用した。彼の尚書局（chancellerie）から出された証書は今では残っていないが、彼の施策にあとから言及したものや、クローヴィスの後継者たちのもとで出された多くの法令だの遺言状、契約書、売却証書、贈与証書などからもこのことは明白である。クローヴィスはガロ＝ローマ人たちを「フランク王の客人」と呼んで重用し、サリィ系フランク人に伝えられた口承の法律をローマ人法学者にラテン語で『サリカ法典』として成文化させている。

そのフランク王クローヴィスが四九六年ないし四九九年に洗礼を受けてローマ人たちの宗教であったカトリックの信徒になったことは、フランク人におけるゲルマン文化とローマ文化の融合を象徴していた。クローヴィスが個人的にどんな信念をもち、どのような教養を身につけていたかは、ランス司教レミギウスやヴィエンヌ司教アヴィトゥスの手紙を受け取っているということ以外は、はっきりしたことは言えない。六世紀後半のフランク人宮廷の文化についてもう少し確かなことを教えてくれるのが、アウストラシアやネウストリア〔訳注・アウストラシアの西側に位置し、のちにフランスとなる地域〕に滞在したことのある詩人フォルトゥナトゥスが書いた物である。彼は王子たちのために詩を作ったし、彼がメロヴィングの宮廷に残ったこと自体、彼の作品を評価できる人たちをそこに見出していたことの証左である。

彼が書いたものから、シギベルト王時代（五六五年ごろ）のメッツの宮宰であったゴゴンのことが知られている。この人物は、自分の主君の配偶者としてブリュヌオー〔訳注・『ニーベルンゲンの歌』のブリュンヒルデのモデル〕をイスパニアへ迎えに行ったし、次のキルデベルト二世（575-595）の息子たちの家庭教師も務め、フォルトゥナトゥスからは、詩才はオルフェウスに匹敵し、修辞学に関してはキケロに比肩すると讃えられている。グレゴリウス大教皇（590-604）も、ブリュヌオーに宛てた手紙のなかで、彼女の息子に施された教育の質の高さを称賛している。しかし、トゥールのグレゴリウスとフォルトゥナトゥスに言わせると、最も教養のある王子は、クロタール一世の息子で、フレデグンデの夫であるネウストリア王、キルペリック一世（561-584）である。彼は、ミサ曲を一つ、頌歌を幾つか作り、さらに三位一体について論文を書いたうえ、正書法の改良まで試みている。

したがって、フランク人の王や貴族たちは、多かれ少なかれ、ローマ文化とラテン文学の教養を身につけていたのであって、ガリア北部は、文学は南部に較べてそれほど発展しなかったが、ローマ文化への関心は高く、征服した南部から採りいれ、再活性化しようとした。しかし、七世紀半ばになると、ローマの伝統を引く文化は、それを支えた学校の消滅とともに消えうせてしまう。こんにちに遺されている証書類を見ても、自筆で署名している事例はなくなり、俗人貴族たちは、自分の名前を書くことさえできなくなったことが分かる。

聖職学校の誕生と発展

法律に関わる知識は学校でなければ習得できなかったから、古代の学校は、おそらく、トゥールやリヨン、クレルモン、オルレアン、パリ、メッツといった幾つかの大きな都市では、もう少し後まで生き延びたが、公的学校のほとんどは六世紀のうちに消滅した。学校が七世紀以後も生き延びたと考える歴史家は一人としていない。とはいえ、どんな形の学校も消滅してしまったわけではなく、聖職者を育成するための学校が発展する。

わたしたちは、どうしても現代的感覚から、当時のフランクでの聖俗の抗争を「競合concurrence」と錯覚する危険性があるが、これらの間には根本的な違いがあり、古代の学校が崩壊したのに対して、聖職者の教育は堅固な制度的形態をとった。

〔聖職学校〕

五世紀には、『Statuta ecclesiae antiqua』の名で知られる教会法集において、司祭職にいたる七つの階級が定められている。いわゆる「守門portier」「読師lecteur」「祓魔師exorciste」「侍者acolyte」の四つの下級品級と「副助祭sous-diacre」「助祭diacre」「司祭prêtre」の三つの上級品級とである。しかし、そうした技術的・職業的教育を施す学校があったわけではなく、古典学校で教育を受けたあとは、現場での見習いによって昇進していった。

このことは、五二九年、ブルグンド王国のヴェゾンで開催された宗教会議で「田舎の小教区の司祭は、おのおのが自分のもとに朗読係りを何人か擁し、詩篇朗誦と聖書と神聖法を読むよう教えなければならない」旨が定められていることで明らかである。要するに、司祭が見習い生を採用し、そのなかから自分の代理を務め、やがては職務を継承できる人間を育成したのである。この決議は、アルルのカエサリウスが推進し、古代の学校の伝統とは独立的に、田園世界の異教的現実に立ち向かうための聖職教育を行う意志を明確にしたもので、フランス田園部の学校の基盤の一つとなった。

こうした《小教区学校》は、南部ガリアだけでなく北部にも広がっていった。そうした小教区学校の例としては、隠者パトロクレスによってモンリュソンに近いネリに一つ、のちにパリの聖ゲルマヌス（五七六年没。聖ジェルマン）も頻繁に訪れたブルゴーニュのアヴァロンに一つ、オーヴェルニュのイソワールに一つ、さらにクレルモンに一つあったことが分かっている。北部ガリアでも、シャルトルで一つ、五五〇年ごろに聖ガウゲリク（saint Géry）が現れたアルデンヌのカリニャンに一つ見つかっている。リジューにも一つあったが、司祭の悪行がもとで司教によって閉鎖されてしまった。こういう事態は珍しくなかったようで、司教たちは、ときどき田舎を訪ねて司祭の行状を調べなければならなかった。『聖ガウゲリク伝 Vie de saint Géry』には、トリエルの司教が田舎を訪ね、生徒の子供たちと懇談したとき、ガウゲリクは幼い生徒の一人だったが、詩篇の一つを完璧に暗誦できた。それに対して司教は、次に訪問したときに詩篇全部を暗誦していたら、助祭に抜擢すると約束したことが書かれている。

聖ガウゲリクがガリアの田舎育ちだったのに対し、カエサリウスが活躍した舞台は都会の学校である。彼はアルルの司教になると、この司教座都市の司祭たちを集めて、ヒッポのアウグスティヌスの教えを基本に一種の共同体を作り、若い候補生たちに教育を施して、助祭職（diaconat）、司祭職（prêtrise）をめざして勉強させた。助祭になるためには、旧約の幾書かと新約聖書を四回繰り返し読んでいなければならなかった。

六世紀から七世紀前半にかけてのガリアには、このタイプの学校が二十ほどあったこと、それらは、ブールジュ、クレルモン、リヨンなど南部ガリアにも、ヴェルマン、ランス、メッツ、トングル、パリなどの北部ガリアにもわたっていたことが知られている。若い生徒たちは、《司教館 domus ecclesiae》で共同生活を送りながら、司教のもとで十歳ぐらいから勉強を始めた。すでに十歳を超えている場合は、読師たちの指導のもとで聖書を読み、聖歌隊に入って詩篇の朗誦（modulatio davitica）を習うなど、読師になるために必要な知識と技能を身につけた。次には、文字を書く技法を習得したが、これは、司教区の行政書類の作成にも役立ち、公証人（notarii）になることもできた。最後の段階で聖書の講義の仕方や、殉教者や聖人たちの伝記を講ずる《神聖な文学lettres sacrées》（ラテン語では、「sacrae litterae」、「divina scientia」、「doctrina ecclesiastca」などと呼ばれる）を副司教や司教自身から学んだ。

ガリアでは、この新しい学校が誕生したために古代からの学校が消滅したわけではなかったし、両者の間に競合が生じたわけでもなかった。教会にとって重要だったのは、古代の学校とは別に、古代の学校が授けることのできない宗教的・聖職者的訓練を施すために、固有の教育機構を整えることであった。

〔それは聖職的文化だったか？〕

わたしたちが問題にしている一世紀半ほどの間に聖職者文化によってガリアで生み出されたもののなかで、最も活気を呈した分野が二つある。《教会法》とさまざまな人によって執筆された数々の《聖人伝》である。《教会法》は、クローヴィスがその没年（五一一年）にオルレアンに召集した会議と、その後数回開催された宗教会議によって、古代の法律が再吟味され新しい条件に合わせて改良されることによって明確化された。司教たちの多くは王に仕えた役人でもあり、会議に集ったのは、宗教的文化という点で最も恵まれた、北はセーヌ川渓谷から南は中央山地に挟まれたガリア中心部の地域、具体的にいうと、パリ、シャロン＝シュル＝ソーヌ、リヨン、クレルモンなどの町の司牧たちである。これは、サンス、ブールジュ、リヨンの三つの教会管轄区（provinces ecclesiastiques）に対応している。フランク教会の規範は、神学者や聖書注釈学者たちによってではなく、これらの宗教会議によって確立されたのである。異端については、宣告は行われたが議論は行われなかった。そのような議論は、ガリアの司教たちには出来ることではなかった。トゥールのグレゴリウスは、自分の同僚、カオールのマウリリオを「聖書注釈学者」と呼んでいたが、それは、旧約聖書に書かれているたくさんの氏族の名をそらで言えたからであった。当のグレゴリウス自身、聖書で注解したのは、今日では伝わっていないが、詩篇だけである。彼は、また、ヒエロニムスやアウグスティヌスのことより、聖マルティヌス伝を書いたスルピキウス・セウェルスのことに詳しかったし、カトリック信仰の真実を証明するためには、弁証法の論議ではなく奇蹟の力を重視した。

この時代に本当の意味で発展を示した唯一の文学ジャンルで、聖職文化のもう一つの領域へわたしたちを導いてくれるのが、《聖人伝 hagiographie》である。トゥールのグレゴリウスも、六、七世紀のあらゆる文人たちも、自分が尊崇する聖人たちの伝記と奇蹟話を書いた。これらの聖人伝は、その規範や探求スタイルは古代ギリシア・ローマの英雄賛美文学を引き継いでおり、叙述は修辞学の古典的教育に多くを負っている。

このように、聖職者教育を基盤に発展した聖職文化のなかで最も生産的な分野がこれら教会法と聖人伝であったのを見て分かるように、宗教会議の権限を守るための法的なものであれ、聖人たちの伝記のための修辞学的なものであれ、あくまで古代文化の伝統に依存した一つの文化であった。さらにいうと、後者の聖人伝は、多くの場合、教会ではなく、むしろ修道院で生まれている。ということは、わたしたちが見てきた教育は、修道院、とくにレランス島から始まって、アイルランド人修道士たちのガリア到来によって六世紀末に引き継がれ、それが、並外れた発展を示したということである。

フランクの修道院制度

修道院は、アイルランド人たちが五九〇年にやってくる前から何十と設立されていたが、五世紀にはほんの幾つかあったに過ぎなかったのが、七世紀には二〇〇以上の修道院が見られるようになる。

〔レランス修道院の伝統の活力〕

六世紀に設立された修道院は、レランスの伝統を継承した修道院である。後に聖人(saint Seine)となるセクアヌス〔訳注・五八〇年没〕は、レオメのヨアネス〔四五〇年ごろ没〕によって創設されたブルゴーニュのムーティエ＝サン＝ジャン修道院で、ヨアンネス・カッシアヌス〔v.360-430/435 ルーマニアで生まれ、エジプトで修行し、コンスタンティノープルを経てローマで司祭になり、マルセイユに修道院を建てた〕が定めた修道士規範を読んでいる。オータンの修道士たちも、エジプトの聖アントニオスの規則とカッパドキアのカイサレアのバシレイオス(330-379)の規範を拠りどころにした。この二つの規則は、ドロクトヴェアなる人物によってオリエントからパリのサン＝ヴァンサン修道院にもたらされたもので、そこでは、修道士たちは、詩篇を習い、食事にみんなで集まっているときも、個室にいるときも、規則書と殉教者の行伝を読むことを義務づけられていた。

『パウロとステパン』と名づけられたある規則書を見ると、幼い子供たちは、「ディクタトール dictator」と呼ばれる教師のもとで文字の読み書きを教わったことが分かる。ユゼスの聖フェレオルスの規則では、農作業に従事しない修道士は、写字と挿絵の仕事を義務づけられている。トゥールのグレゴリウスは、マルムーティエの修道院で、レオバルドなる修道士が「邪悪な妄想に囚われないため」に写字に打ち込む姿を述べている。グレゴリウスも、修道士たちと同じように、詩篇を読んで瞑想し、また、カッシアヌスの『共住修道者の綱要ならびに八つの主たる悪徳の治癒』(De Institutis coenbiorum et de octo principalium victorum remediis)十二巻や『教父たちの生涯』(Vies des Pères)を取り寄せて読んでいる。

聖ルビヌス(五五六年没)は、レランスとアルルに滞在したあと、ペルシュ〔訳注・ノルマンディーからボースに広がる丘陵地帯〕に修道院を建てる一方で、昼夜を問わず読書に励んだことが伝記に述べられている。そうした聖典の精読と厳しい修道生活によって育成された修道士たちは、トロワでもメーヌ地方でも見ることができた。これらは、いずれも、レランスを経て西欧に伝えられたオリエントの禁欲主義的伝統に属するものであるとともに、その底流には学問的伝統があり、だからこそ、聖書のテキストと修道生活の伝統に触れることができたのであった。

〔アイルランド人たちの果たした役割〕

コルンバヌスに率いられた十二人のアイルランド人修道士がバンゴール〔訳注・同じ地名はウェールズにもあるが、これは北アイルランドのほう〕の修道院を去って、ガリアに到着したのが五九〇年である。彼らは、北部ガリアを回って、ヴォージュ山地の南、ブルゴーニュのリュクスイユに身を落ち着けたのであったが、彼らがもたらした修道生活の様式は、禁欲主義という点は同じであっても、レランス修道院のそれとは全く異なっていた。

彼らの規範は、文字の学習にはあまり重きを置いていない。コルンバヌスは、手仕事より知的作業を好む修道士に対して、それが一種の《誘惑 tentation》でありうることを指摘している。彼は、永遠の救いのために禁欲を実践する《修道士学校》を勧め、音楽や医学、哲学は魂の救済には役立たないとしている。ただし、《文学の慰み delectatio litterarum》が、肉体的欲望を克服し魂の葛藤を解消するために有用であることは認めている。ここで彼がいう「文学」とは、なによりも《聖書》であり、その注釈であることはいうまでもない。彼は、グレゴリウス大教皇宛に「エゼキエル書」と「雅歌」の注釈書を送ってくれるよう要請した書簡が示しているように、おそらく古典の教養も身につけていた。というのは、それと名を挙げることはしないが、ウェルギリウスやホラティウスを時に引用しているからである。しかし、後進の修道士たちには、世俗文学については決して語らなかったし、修道士としての訓練のなかに入れようとはしなかった。

さらにいうと、コルンバヌスの修道院制度は、少なくとも、その初期においては、聖職者よりも世俗的世界を対象にしていた。このアイルランド人たちのもとに近づいたのが、その禁欲主義に惹かれた若い貴族たちであったのに対し、フランクの司教たちは、自分の司教区のなかに信仰生活を変革するような風変わりな慣行が持ち込まれるのではないかと警戒し、そのため、ときには、暴力的な確執を生じることさえあった。他方、カロリング家の祖であるアルヌルフは、六二〇年ごろ、メッツの司教になっていたが、自分の都市にコルンバヌス派の修道院を建設し、エリギウス〔訳注・北フランスのノワイヨンに生まれ、もとは金銀細工師であったが、ノワイヨンの司教になった〕は、リモージュの近くにソリニャックの修道院を設立している。クロタール二世（613-629）の国璽尚書、ダドンは、ウアンの名でルーアン司教になる前に、ブリィに修道院を設立している。

コルンバヌスが有名になったのはクロタール二世やダゴベルトといった宮廷人らのおかげであったが、その名声は、南フランスへも広がった。コルンバヌスの修道院制度と精神性によって、ガリアの文化的統一が一歩進められたことは確かである。ガスコーニュのエオーズ生まれのフィリベルトゥスは、ノルマンディーのジュミエージュ修道院を設立するために、ダゴベルトの宮廷とルベー修道院を味方にしている。すでに触れたアマンドゥスも、ブールジュで十五年間過ごしたあと、北ガリアのリールに移り、コルンバヌスの規律をもとにしたエルノン修道院（のちに、彼の名をとってサン・タマンSaint-Amand修道院となった）を設立した。ルマークルも、アクィタニアの生まれであるが、アルデンヌ地方にスタヴロ修道院とマルメディ修道院を設立している。

六四〇年ごろには、コルンバヌスの流れを引く修道院が網の目のようにガリアを覆い、その地平線は、後続のアイルランド人たちによってさらに拡大された。新しくやってきたアイルランド人たちは、とくにルベー修道院を拠点にしたが、アウストラシアの宮廷に招かれてやってきた人もいた。アギルベルトゥスという一人のフランク人は、勉強のためにイングランドへ渡り、そこでドーチェスターの司教になり、その後、フランスに戻ってパリ司教になっている。彼の遺体はジュアールのコルンバヌス派修道院に埋葬され、ひときわ見事な彫刻の施された墓碑が今も保存されている。

コルンバヌス自身は、北イタリアのボッビオに修道院を設立し、そこで亡くなった。この修道院は、ガリアからローマへ向かう旅の中継地であり、フランク人巡礼者が最も頻繁に訪れる巡礼地になった。したがって、このボッビオを経由してたくさんの本がローマからガリアに運ばれたが、そのなかには、モンテ・カッシーノで五三〇年代にまとめられ、こんにちにいたるまで西欧の修道士の基本的規範になっている聖ベネディクトゥスの規則書もあった。この規則は、しばしばコルンバヌスのそれと対比されてきたが、これを広めたのは、部分的にはアイルランド人たちである。

事実、わたしたちが述べている修道院で適用された規則は、しばしば混合的なものであった。エリギウスもソリニャックの修道院のために混合的な規則を勧めているし、彼のやり方は、クレルモン近くのシャマリエールとオルレアンの近くのフルーリィ（のちのサン＝ブノワ＝シュル＝ロワール）修道院に引き継がれた。ガリアで最も早く聖ベネディクトゥスの戒律を採用した修道院は、六二〇年から六三〇年のころにアルビの近くに設立されたオートリヴ（Altaripa）修道院と考えられている。しかし、北部ガリア、とりわけ六四九年ごろに設立されたノルマンディのフォントネル（こんにちのサン＝ワンドリル）修道院と六五四年設立のジュミエージュの修道院では、ベネディクトゥスの戒律は聖コルンバヌスの規則と結びつけて採用されている。アイルランド人修道士の本拠であるリュクスイユでも、大修道院長のワルドベールは、混合型の規則を採用している。こうして、アイルランド人修道士たちが、個人的と集団的を問わず読書に励むことを推奨し、子供たちの教育の重要性を強調した聖ベネディクトゥスの戒律を採用したことは、聖職文化の発展に寄与した。

アイルランド人修道士の第一世代がフランス文化の歴史にもたらした影響について考察するなら、直接には《宗教的自覚》であったが、それが行動化されることによって聖書テキストへの回帰を促し、したがって、読み書きを盛んにし、最後には、聖書の釈義にまでいたらせた。この意味で、アイルランド人修道士たちの活躍が六世紀末から七世紀にかけてのフランス文化史に与えた影響は決定的であったといえる。

芸術分野における伝統と文化的変容

これまで、文化のなかでもとくに学校教育について、ローマの伝統がキリスト教を通じて保持されたことを述べたが、これは、芸術の歴史についても当てはまる。たしかにこの分野でも、ゲルマン人の侵入とその独特の形態が衝撃を与えたことも確かであるし、修道制度が決定的影響をもたらしたことも明白である。しかし、蛮族侵入が衰退を招いたとする決めつけは、他の分野についてと同様、打破されるべきで、ここ三十年来行われた発掘調査とその科学的検証によって、建造物にせよ、そのほかの物品ついても、旧来抱かれてきた知識は一新され、より首尾一貫した脈絡のなかに位置づけられるようになっている。

メロヴィング時代の墓の発掘によって、着衣・武装の戦士の遺体とともに、衣服の留め金や装身具が出てきた。それらは幾つかの系列化までされ、留め金にも、鳥の形をしたもの（aviformes）や掌型のもの（digitées）、円形あるいはそれに対称的な取っ手のついたものなどが種分けされている。バックルにも、剣やスクラマサクス scramasaxes〔訳注・戦闘用の片刃の短剣〕を下げたベルトや肩帯のためのバックルや靴ひもを留めた小さなものまでいろいろなのがあり、これらは、長い間、古くからのゲルマン人の特有の風習と考えられてきたが、注目すべきは、四世紀以前のゲルマン人たちは、火葬が普通で、土葬するやり方は古来の伝統ではなかったことである。おそらく西方への移動が始まり、社会が不安定化するなかで軍事的階層の立場が上昇し、それにつれて土葬が見られるようになり、とくに六、七世紀、フランクの地において盛んになったと考えられる。

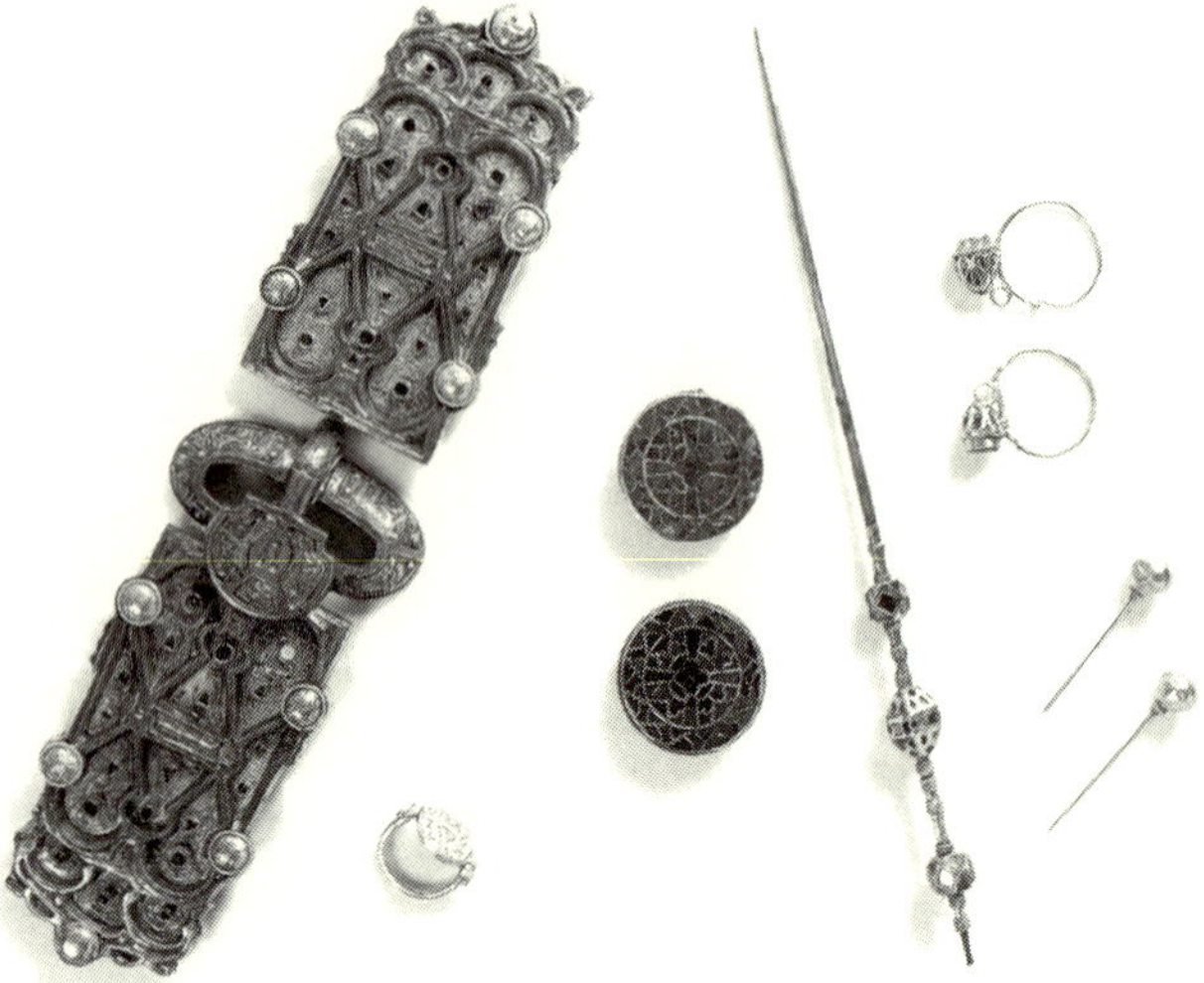
王妃アレグンデの墓から発見された装身具

五世紀末（四八一年ごろ）のキルデリックの墓には、ガーネットを散りばめた黄金の装身具が副葬されている。六世紀後半にサン＝ドニに埋葬された王妃アレグンデ（クローヴィスの息子クロタールの妃）のものと考えられている墓から発見された装身具（円形のバックル、ヘアピンなど）は、金銀、ガーネット、ガラスでできており、メロヴィング時代の金銀細工技術の高さを示している。おそらく、大部分の墓から出てくる品は、それほど豪奢ではなく、せいぜいブロンズに金メッキや象眼細工を施したもので、さらに多くは鉄製である。しかし、そこにも、金属を扱う技術の伝統の確かさが表れている。

それとともに、フランク人たちは、ローマ・キリスト教に改宗したことによって、諸都市に宗教的な呼称を付け、ローマの伝統にならって礼拝用の建物を建設した。こうして初期キリスト教時代にローマ時代からの都市の郊外地に建てられたカテドラルや教会堂は、その多くが今にいたるまで存続している。アンジェやリヨンでは、六世紀から七世紀にかけて、列柱を外側に配した四世紀北イタリアのローマ風教会堂が建てられている。アングロ・サクソン人修道士、ベネディクトゥス・ビスコップ（六八四年没）は、六七五年、ガリア人の石工を呼んで自分の修道院と付属聖堂を建てさせている。この建造物は、残念ながら、いまでは消滅してしまっており、その出来映えを評価することは不可能であるが、グルノーブルのサン＝ローラン教会のサン＝オワイアン地下納骨堂の石造りの丸天井には、すばらしい技術的手腕が窺える。

しかし、この時代の建設活動の主役の座を占めたのが、何百という修道院の建造である。フランクの貴族階級は、おそらく信仰心からとともに、息子の一人を修道院長に据え、彼を通して霊的救いの保証を手にし地域全体をコントロールできると考え、とりわけ熱心に修道院を建設した。フランク人貴族が強大な力をもっていた北部ガリアで修道院の密度がとくに高いのは、このためである。ブリィ地方のシェルとジュアール、アミアンの近くのコルビー、あるいは、ノルマンディーのジュミエージュなどの名高い修道院が建設されたのは、七世紀である。ジュミエージュに六五四年に建てられた建物は、残念ながら八四〇年にヴァイキングによって破壊されてしまったが、八世紀のある文献に当時の様子が記されている。

それによると、教会堂が三つあり、中心の教会堂は、小礼拝室を付設した十字型プランで建てられていた。また、噴水を備えた回廊を中心に、貯蔵庫が一つ、食堂が一つ、長さ九七メートル、幅一六メートルの共同寝室といった幾つもの建物からなる一つの巨大な複合体になっていた。ジャン＝ピエール・カイエは「初期キリスト教建築は古代末期の際立った特徴の一つと合致しており、古代文化がキリスト教に改宗した蛮族の国家のなかに延長して入り込んできた観がある。キリスト教化の進展と修道院の増加によって、田園地方の風景はモニュメンタルな光景に一変した」と書いている。

柩に施された彫刻にも、東方ビザンティンで息を吹き返したローマの遺産が採り入れられている。七世紀

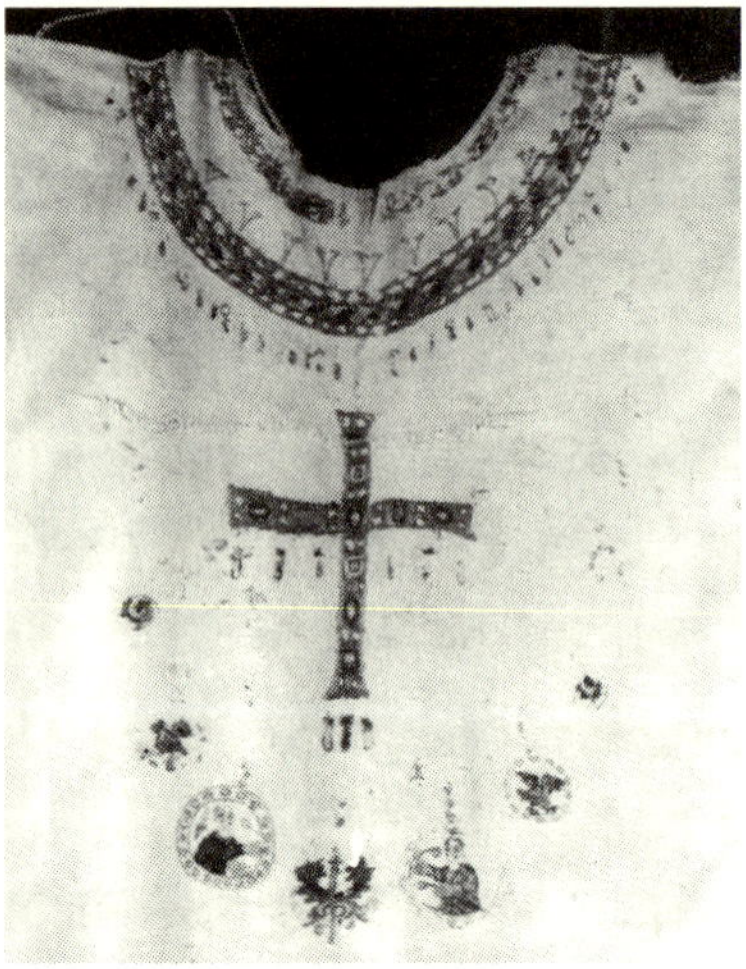

刺繍で宝石飾りを再現した衣服

後半、ジュアール大修道院にあるアギルベルトゥスの墓碑の上部板石には、福音史家〔訳注・マタイ、ヨハネ、マルコ、ルカ〕を表す四つの象徴に囲まれた威厳に満ちたキリストが描かれている。四人の福音史家は、テッサロニカの教会後陣のモザイク画やコプトの聖堂を飾る絵に見られるように、そして、のちに慣行化するように、キリストのほうを向くのでなく、別々の方向を向いている。ところで、アギルベルトゥスは、ドーチェスターで司教を務めた後、パリ司教になったが、アイルランドで学んでおり、そこには、オリエントのさまざまな影響が感じられる。しかしながら、ジュアールの彫刻群には、前例のない造形上の特徴がある。この時代の石棺は石灰岩で造られており、表面には、浅浮き彫りか、鉄串で彫ったような簡単な十字架や幾何学的模様の装飾しか施されていない。これに対して、石膏が豊富に採れるパリ地方では、鋳型による装飾付きの柩が造られ、ポワティエのメルボード大修道院長の墓〔デューヌ地下墓室〕にも見事な浅浮き彫りが施されている。

王妃バティルド〔訳注・クローヴィス二世の妃〕が建てたシェルの修道院は、アイルランド人修道士たちの系統を引いており、そこに保存されている彼女の亜麻の上着には、刺繍によって宝石飾りが再現されており、胸のところの首飾り、ペンダント、とくに宝石を散りばめた十字架には、初期キリスト教の典型的な様式が表われている。

ローマ文化と蛮族文化の出会いが最もはっきり現れているのが金銀細工においてである。『聖エリギウス伝 Vie de saint Eloi』には、一介の金銀細工師からダゴベルト一世の財務官そして顧問になったこの人物の生涯が物語られている。彼の手になる、サン＝ドニ修道院の装飾や、聖人たちの遺物筐、さまざまな典礼用具を保護する遺物箱は、大革命の際に破壊されてしまったが、十五世紀に描かれた絵と合致している十字架の断片の一つが今もロンドンに保存されている。ガーネットとガラスを使った象眼技術は、すでに六世紀には完成していたが、エリギウスのこの十字架の断片では、魚鱗模様や四つ葉飾り、市松模様のようなギリシア・ローマ起源の図柄が優れた象眼技術によって再現されている。

三、保存された文化（六五〇—七五〇年）

古代の学校が七世紀半ばに姿を消し、世俗の貴族たちが文字も書けなくなったとき、唯一の文化の拠点として残ったのが、聖職者の学校、とりわけ修道院の学校であった。このため、聖職者教育以外の学校教育はなくなり、教会文化以外の文化はなくなって、教育を受けた人間といえば必然的に聖職者か修道士しかいなくなる。これ自体は中世の大部分に当てはまることであるが、ここで言っておかなければならないのは、文化的レベルが最も低下したのが、とくに八世紀前半だということである。

ここでは、まず、どういう点で、そして、なぜそうなのかを見よう。十九、二十世紀の歴史記述は、多分、この時代とそれに続く《カロリング・ルネサンス》との間のコントラストを過度に強調してきた。わたしたちは、すでに修道院が「文化の貯蔵庫」になっていたことを示したが、その修道院が、六、七世紀のさまざまな創造活動のなかで、いかに活力と生産性を保ったかを、これから示そう。とくに、アウストラシアの宮宰たちは、政治だけでなく宗教、文化などあらゆる領域にわたってフランクの権威を復興させ、カロリング王朝の大事業へ向かって、この知識の鉱床を巧みに活用していった。

暴力と無教養

絶え間ない抗争に明け暮れ、たくさんの王族たちが成年を迎えることもなく死んでいき、全般的に「無為faineants」と渾名された非力なメロヴィングの王たちは、文化の発展に有利な条件など作り出せるはずもなかった。かつてローマ属州であった南部ガリアは、八世紀にはイスラム教徒たちによる襲撃と、その反撃のために南下してきた北方フランク人たちによる一種の征服によって苦しめられる。アクィタニアは、サラセン人たちによって蹂躙され、そのサラセン軍を七三二年、ポワティエで撃破した宮宰カール・マルテルによって、そのまま征服されてしまう。プロヴァンスも、サラセン人たちによる掠奪とフランク人による征服に痛めつけられる。こうして、アクィタニアでもプロヴァンスでも、文化の発信源となる都市は、ほとんどなくなり、レランスの修道院さえ全く輝きを失う。リヨンやヴィエンヌといった司教座都市も権威は失墜し、司教座自体が空席勝ちとなる。オータンは、七世紀後半は、レデガリウス（660-678）という輝かしい司教を戴いていたが、七三一年にはイスラム教徒たちによる劫掠に遭い、カテドラルも文書館も焼失した。カール・マルテルは、オーセールと同様、ここにも、一人の伯を配置し、その後も、アウストラシア人に支配させた。その息子のピピン三世の時代にはバイエルン人が統治している。

こうして、南部ガリアでは、サラセン軍の襲撃に対抗するためとはいえ、北部ガリアの貴族軍によって暴力的フランク化政策が採られた結果、かつて花開いた世俗文化は、見る影もなくなった。

事実、北部ガリアの勝ち誇る軍隊を率いていたのは、肩書きは貴族だが、証書の下部欄にも、署名の代わりに十字の印を書くことしかできない、無教養な男たちであった。当時の文書資料のなかには、七三一年にアルザスのエベルハルト伯が署名している証書のほかにも、プロヴァンスの主任司祭アッボ、宮宰のピピン二世、カール・マルテルなどが署名を遺しているものがあるが、これらは例外中の例外でしかない。世俗の貴族で文字を書ける人はいなくなり、したがって、聖職者以外はもはや行政に携わることはできなくなる。これは、俗人の行政官が多く見られた六世紀から七世紀初めと大きく異なっている点で、六五〇年から七五〇年という時期は、フランス文化史においても重大な転換期の一つとなっている。

では、聖職者の教養程度はどのようなものだったか？　彼らも、全般的にいうと、文字が書けてなんとか書式どおりに書類を作成できる程度であった。書式は重要で、ブールジュやサンス、トゥール、クレルモンなどの各地には、幾つかの証書見本集や書式集が残っているが、そうしたものが必要とされたこと自体が、彼らの法律的教養の限界を雄弁に物語っている。まして、文学の分野では、聖職社会の混乱と低迷状況を反映して、創造的な活動は見るべくもない。

すでに実質的君主であった宮宰たちは、自分に忠誠を尽くした戦士たちには大きな職責、とりわけ、司教区の統括を任せた。司教職といっても、当時は司牧の役目を遂行するための職務ではなく、単なる収入源でしかなかった。メロヴィング朝の司教団は教会法の整備においては大きな功績を残したが、六九六年から七四二年までは宗教会議もまったく開催されていない。しかも、『ル・マン司教たちの行状 Actes des évêques du Mans』にも「無学にして無知な坊主 clerc illettré et inculte」と書かれているル・マン司教ゴジオレーヌや、『フォントネル大修道院長の事績 Gestes des abbés de Fontenelle』に「先輩のグリゾンやギィに劣らず無知である」と太鼓判を押されているルーアンのラーゲンフレドのような人間までいる。

要するに、メロヴィング末期のガリアでは、俗人たちも、司教を含めた聖職者たちも、同じように無学であった。宮宰たちが中央権力復活の主導権を握るようになると、その行政上の事務遂行のために必要とされた書記たちは、下級聖職者のなかからなんとか供給されたが、《文化のルネサンス》へとつながる改革のために頼りにできたのは、専ら修道士たちであった。

文化的生産力を維持した修道院

この混乱の時代のなかで、変わることなく芸術・文学・立法の各分野で創造の場であり続けたのが唯一修道院であった。アイルランド人改革者の後を引き継いだ新世代の修道士たちは、いまや財政的にも裕福になり、禁欲精神を忘れて建物を美しく飾り写本蒐集に情熱を傾けた。

アイルランド人たちの大陸での優勢は続いた。七〇六年、ケラヌスなる人物がペロンヌ〔訳注・北フランス、サン＝カンタンの西北西〕に建てた修道院は、その後も「ペロンナ・スコトールム Peronna scotorum」〔訳注・スコトールムとはスコットランド人の意であるが、アイルランド人のこと〕の名で呼ばれた。学究的目的で各地を歩き回るアイルランド人たちは、アングロ・サクソン人たちのそれと合流してローマへ向かい、多くの写本を手に入れて帰国した。ベネディクトゥス・ビスコップやウィルフリドだのウィリブロルドゥスといった修道士たちは、何度もローマへ旅をしたが、その中継地となったのがオーセール、ラングル、リヨンなどであった。宮宰ピピン二世は、フリージア〔訳注・現在のオランダ北部〕教化の目的でやってきたウィリブロルドゥスのために、エヒテルナハ〔訳注・現在のルクセンブルグ〕に修道院を設立している。

この時代に修道院が生み出したもののなかで筆頭に挙げることのできるのが、彫刻を施したモニュメントである。それらには、前にも指摘したポワティエの大修道院長メルボードの地下墳墓、ジュアールの大修道院地下納骨室の墓碑、さらには、ソワソンの司教ドラウシウスの石棺などがあり、これらは、芸術家たちの活躍を証明している。

しかし、なんといってもこの時代の芸術を代表しているのは、写本を飾った図像芸術であろう。メロヴィング朝の画風は、オリエントの織物とコプト芸術に触発されて発展したもので、そこでは、複雑に絡み合った曲線や幾何学模様、動物を象った文様で飾られた頭文字が使われている。おそらく七〇〇年ごろに製作された『リュクスイユの読誦集Lectionnaire de Luxeuil』にはアングロ・アイルランドの伝統が反映しており、フレデガリウスの『年代記』の挿絵入り写本は東部ガリアで製作された。『エヒテルナハの抄録福音書Evangériaire d'Echternach』は、六九〇年にはすでに存在していたし、アミアンの近くのコルビー修道院では、七〇四年より以前から挿絵入り写本が作られている。

この同じコルビーの修道院で、リュクスイユの写本から派生し、アングロ・サクソン的要素とローマ的要素を結合し調整した新しい書字法が生み出される。《スクリプトリウム Sproctorium》〔写字室〕が充分な発展を示すのは、八世紀半ば、ルーチェル大修道院長の時代であり、写本製作が特に盛んに行われたのが、ラン、シェル、サン＝ドニ、モーなどの修道院と、ロワール川流域のフルーリィである。トゥールのサン＝マルタン修道院で本格的な《スクリプトリウム》が組織されるのは、七二五年から七五〇年のころである。古文書学（paléographie）では、一冊の写本を書写するのに、少なくとも二十人の手がかかったと見られ、書くスピードを上げるために考案されたカロリング・ルネサンスの特徴的書体である《カロリン小字体》はコルビーとトゥールにおいて仕上げられた。

修道院では、さまざまな著作が書写され、それを飾る挿絵が画かれたが、なんといっても最大多数を占めたのは《聖人伝》である。この時代には、「著者」という近代的概念はまだ存在せず、文章を書写し挿絵を画く人が、「これは、こう改良したほうがよい」と考えれば、そのように改良しながら書写した。こうして、北部ガリアでは、《写字生 scribe》は同時に《著述者》でもあり《挿絵画家》でもあった。これは、すでに高い名声を誇っていたコルビーやリュクスイユだけでなく、ルベー、フォントネル、ニヴェル、ルミルモン、ランでも同様であった。

この時代の独創的作品として挙げておきたいのは、六六九年以後にニヴェルで書かれた『聖女ゲルトルーディス伝 Vie de sainte Gertrude』、ルベーで書かれた『聖アイユル伝 Vie de saint Ayeul』、六八八年以前にフォントネルで書かれた『聖ヴァンドリル伝 Vie de saint Wandrille』、六七〇年ごろルミルモンで書かれた『聖アメ伝 Vie de saint Amé』、七〇七年以前にランで完成していた『聖女サラベルジュ伝 Vie de sainte Salaberge』である。北部ガリアの修道院では、少なくとも八世紀の初めには、文学的創作が行われていた。そうした活動は、そのあと何十年か、フォントネル、ロブ（エノー地方）、ラン、サン＝ドニで引き継がれていった。

アクィタニアでも、八世紀にサラセン軍による劫掠とフランク人による蹂躙を受けるまでは、盛んに聖人伝が作られた。ブールジュ司教区のサン＝シランでは、六七八年ごろ、一人の修道士によって、中世最初のあの世への旅物語『バロントゥスの幻視 Vision de Barontus』が書かれた。それとほぼ同じころ、ポワティエ司教区のサン＝メクサンでも、修道士ユルジヌスが、亡くなって間もないオータン司教レデガリウスの伝記『Vie de saint Léger』を書いている。レデガリウスが、七世紀後半の数少ない注目すべき人物であることは前にも書いたが、ここに、それを説明してくれる要素の一つが看取される。

レデガリウスは、叔父の一人であるディードが司教を務めていたポワティエの学校の教師となり、アイルランド人たちの影響下で自分の司教区の修道院を再組織し、手塩にかけて育てた修道士の一人に自分の生涯を書いてくれるよう託した。『聖プリスト伝 Vie de saint Priest』がオーヴェルニュのヴォルヴィックで一人の修道士によって書かれたのも、『聖ボネ伝 Vie de saint Bonnet』が同じくオーヴェルニュのマンリユーで、やはり一人の修道士によって書かれたのも、同じ脈絡である。これらを読むと、執筆者たちは、ヒエロニムスやスルピキウス・セウェルス、グレゴリウス大教皇といった聖職の大著述家だけでなく、カエサルやウェルギリウスといった世俗的な著述にも習熟していたことが明らかである。

ポワティエに近いリギュジェ修道院では、七〇〇年ごろ、修道士デフェンソールによって『星の書 Livre des étoiles』なる独創的な著作が作成された。これは、初期キリスト教会の教父たちの伝記から、禁欲や純潔といったテーマごとに抜粋し編集したもので、いわゆる「詩人たちの嘘」に対抗して、聖職文学のなかで伝えられた「真実」を永続させるために作られた。今もベルンに保存されているラテン語文法の写本も、この時代のものである。

したがって、六五〇年から七五〇年のメロヴィング末期の時代は、世俗教育も聖職者の教育もひどい低迷状態にあったが、そのなかで《文化の保存所 conservatoires》の役割を果たしたのが修道院であったこと、そして、それとともに忘れてならないのが、七四〇年代から始まった《ルネサンス》において、その本質的役割を宮宰ピピン家の人々が果たしたことである。

フランクの宮宰たちが果たした主導役

ピピン家の人々は、貴族たちを率いてさまざまな戦いを有利に進めることとともに、その戦争の収穫物の活用法もよく心得ていた。彼らは、戦士たちのなかでもとくに忠誠を尽くしてくれた人々には、報酬として聖職者の職席、とくに司教職や大修道院長職を分配した。それらは戦利品であるから、受け取る側も、自分が司牧としてふさわしいかどうかなど心配する必要はなかった。このため、カール・マルテルは、聖職者が書いた著述のなかでは、教会資産を俗用に戻したとして悪名を残すこととなった。これが、宗教的生活と文化的活動の調和ある発展にとって好ましいことでなかったのは確かである。

とはいえ、父親のヘリシュタールのピピン二世は、六八七年のテルトリ〔訳注・前出のペロンヌの近く〕の戦いでガリアの大部分における権力を手に入れたあとは、七一四年の死去にいたるまで、比較的平和を維持し、フリージア人の国に対しては、征服戦争と並行して、この地の野蛮な人々に対するウィリブロルドゥスの宣教活動を支援した。すでに見たようにピピンは、ウィリブロルドゥスのためにエヒテルナハの修道院を設立する前に、七〇〇年、彼をローマへ派遣している。この七世紀から八世紀への転換期にあたって彼が推進したのは、ローマ・キリスト教の拡大にフランク王国の力の増強を重ね合わせ、相乗効果をねらった政策であって、その一環としてこのアングロ・サクソン人伝道者のために盛んに修道院を設立したのである。そこに、カロリング王朝の政治を予示するものが現れている。

ピピン二世に倣って息子のカール・マルテルも、同じくアングロ・サクソン人修道士、ウィンフリド（のちのボニファティウス）によるチューリンゲン、ヘッセン、バイエルンでの宣教活動を支援した。ウィンフリドすなわちボニファティウスは、ローマ教皇の信頼が厚く大司教に叙階された人物で、カール・マルテルはボニファティウスのためにマイン川の谷にフルダ大修道院を設立した。

この宮宰の宮廷は、フランク族の伝統を引き継いで、貴族の子弟を集めて戦士としての訓練を施したが、それだけにとどまらず、ある種の精神運動にも力を入れた。事実、そこには、ボニファティウスの弟子になり、フリースラントの宣教に努め、やがてユトレヒトの司教になるグレゴリウスのような人物もいたし、宮廷の財務官を経て、七四二年にメッツの司教になったクロデガングもいた。

カール・マルテルの実の弟であるキルデブラント、ついで甥のニーベルングは、フランク族の歴史に関心を寄せ、フレデガリウスの年代記の続編を作成させている。それと同時に、『サリカ法典』の写本が作成され、注釈とフランク族の栄光を称える序文が加えられるなど、法律の整備も行われている。さらに、サン＝ベルタン、ヴィッセンブルク、オーセール、オータンなど各地で、《書式集 formulaires》が作成されているが、それらは、この低迷期にもローマ法が完全には忘れられていなかったことを物語っている。アラーリックの『聖務日課書 Bréviaire』の要約版も作られている。

カール・マルテル自身の教養がいかほどのものであったかについては、署名ができたこと以外は、なにも分かっていないが、息子たちについては、サン＝ドニの修道士たちに託して教育を受けさせている。彼が修道院文化を重視していたことは確かである。そのうえ、彼自身、サン＝ドニ修道院のメロヴィング歴代王の墓所に埋葬されていることは、自らの家門をメロヴィング王家の伝統のなかに組み入れようとの意図を抱いていたことの表れである。サン＝ドニには蔵書館と《スクリプトリウム》（書写室）もあり、フランク王国の公的歴史である『Liber Historiae Francorum』は、この作業場で書かれた。

カール・マルテルの息子、ピピン三世は、七五〇年、いよいよメロヴィングから王冠を奪取するときが到来したと判断し、そのクーデタを教皇ザカリアスによって正当化してもらうために、サン＝ドニ大修道院長、フルラドゥスをローマに派遣した。翌七五一年にボニファティウスによって行われたピピン三世の聖別は、この教皇によって事後承認されたが、七五四年には、後継教皇のステファヌス二世が、改めてガリアを訪問してサン＝ドニで聖別を行っている。このように、新しいカロリング王朝は、サン＝ドニ大修道院との緊密な関係のなかで誕生した。

これに先立つ十年間、サン＝ドニで訓育を受けたカール・マルテルの二人の息子、カールマン（七五四年没）とピピンは、フランク教会の刷新をボニファティウス（七五四年没）に託して、これを推進している。ボニファティウスは、六九六年以来開かれないでいた宗教会議を再開し、聖職者の育成と彼らの任務に関する規則を定めた。たとえば、聖職者は、とりわけミサなど秘蹟授与の典礼において、祈りの文句を正しく唱えることができなければならず、したがって、最低限の文法教育を受ける必要があるとされた。ボニファティウスの弟子であるメッツ司教、クロデガングは、在俗司祭を育成するための規則書を作り、そのなかで、六世紀のアルルのカエサリウスに倣って一種の学寮で司教と寝食を共にして訓育することを推奨している。

こうした宗教界での新風が文化の再生をもたらしたことは、宮廷文書のラテン語のレベルが向上していることで分かる。聖職者の知的レベルも向上し、七六七年、パリ近郊のジャンティイで開催された教区会議では、コンスタンティノープルから来たギリシア人司教たちとフランク人司教たちの間で、三位一体の教理や図像礼拝の是非に関して討論が行われている。

こうした修道院文化とピピン家の改革意欲の出会いから生み出されたのが、《カロリング・ルネサンス》にほかならない。

第四章 《カロリング・ルネサンス》と文化

一、《カロリング・ルネサンス》

七五一年、宮宰ピピン三世は、メロヴィング最後の王、キルデリック三世をある修道院に閉じ込め、自らが王として聖別を受ける。この事件は、「カロリング家」と呼ばれることとなるこの宮宰の家門によるフランク社会の占有という全般的変動の鎖の一つの環でしかない。なぜなら、前章で見たように、ピピン一族は、それ以前から宗教と文化に関して主導権を把握していたし、その後も、彼らの末裔の王や皇帝たちによって大きく発展していったからである。わたしたちは、これを、まず検証し、ついで、シャルルマーニュが、その軍事力によってヨーロッパの大部分を掌中に収めるとともに、いかにイタリア、イスパニア、とりわけブリテン諸島の多様な文化の影響をフランク帝国に摂り入れたかを見ることとしよう。そのとき、わたしたちは、九世紀のフランク人の国を文化の中心とする一つの地図を描き出すことができるであろう。

カロリングの王たちの文化的主導権

カール・マルテルも、息子のカールマン、ピピン三世も、ローマ・カトリック化政策を推し進めた。カール・マルテルは、七三二年ポワティエで、南仏に進出してきたアラブ軍を撃破し、イスラム勢力の西欧への侵入を食い止めたことで、キリスト教世界の守護者とみなされるにいたった。カールマンとピピンは、ボニファティウスを後押ししてローマとの関わりのなかでフランク教会を改革した。七五一年と七五四年のピピンの聖別において教皇たちが果たした役割については先に述べたとおりで、ローマとフランク宮廷の間では頻繁に書簡が交わされ、ローマ教皇庁からピピン三世に宛てた書簡が今も四十三通残っている。ローマの高位聖職者でガリアの司教になった人も多い。七六八年にはノメンタナ〔訳注・現在のメンタナ。ローマの東北〕のウィルタールはサンスの司教になり、オスティア〔訳注・ローマの南西〕のゲオルギウスはアミアンの司教になっている。

ローマの典礼がフランク王国じゅうに広まったのは、メッツの教会のおかげであった。当時、メッツの教会は、フランク王国でも屈指の活力に満ちた教会で、最初のミサ典書の一つである「ゲラシウス典礼書 sacramentaire gélasien」を仕上げるうえで重要な役割を演じた。〔訳注・ゲラシウスは五世紀末の教皇で、皇帝権に対する教皇権の優位を説き、後世に大きな影響を与えた。〕メッツの聖職者たちは、ローマ教会の聖歌を教えるために各地に出かけていった。そのミサ合唱団（schola cantorum）の責任者、シメオンは、ルーアンの聖職者たちを伴って、典礼に関する研修の仕上げのためにローマへ赴いている。ローマを基軸とするこのピピンの宗教政策は、シャルルマーニュによって一層推進され、のちに見るような多くの文化的成果を実らせることとなる。

〔シャルルマーニュの文化政策〕

シャルルマーニュ個人がどの程度の教養を身につけていたかについては、彼の伝記作者、エジナール〔訳注・ドイツ語ではアインハルト〕が述べていることしか分かっていない。エジナールは、王が礼拝には必ず参加したこと、ラテン語を話すこともできたと述べているが、かなり努力したにもかかわらず文字を書くことはできなかった事実も隠してはいない。シャルルマーニュは、祖父のカール・マルテルや父のピピンに較べて間違いなくしっかりした教育を受けていたが、まず何よりも政治的才能に恵まれた頑健な戦士であることに変わりなかった。

彼は何度もローマへ赴いたが、七七四年、七八一年、七八六年は軍事的遠征のためであり、皇帝の冠を授けられた八〇〇年のときも、教皇を守るためのローマ訪問であった。これらのイタリアとローマへの旅が《カロリング・ルネサンス》にとって重要な基盤になったことは確かで、七七四年のときから、助祭（diacre）であり文法学者で、彼にとってラテン語の師であったピサのピエトロを同行させ、ファルドゥルフという名の学者をフランクの宮廷に連れ帰っている。七七六年には、このグループにアクィレーアのパウリヌスが加わる。しかし、フランク王国の文化の歴史に最も建設的な影響をもたらすことになったのが、七八一年の遠征の途次、パルマを通った際に、アングロ・サクソン人助祭、アルクイヌスに遇ったことである。シャルルマーニュは彼をガリアに招き、以後、このアングロ・サクソン人がシャルルマーニュの文化政策を推進する中心人物となる。同じく《カロリング・ルネサンス》の推進役として、文法学者であり歴史家であるパウルス・ディアコヌスがガリアにやってくるのも、この七八一年の遠征のあと、七八二年のことである。

それから三年後、教皇ハドリアヌス一世からシャルルマーニュのもとに、ディオニシウス・エクシグウス（497-550）が編纂したものにハドリアヌスが補足した『ディオニュシオ゠ハドリアーナ法令集』と呼ばれる膨大なローマ教会法集が贈られ、フランク教会法の基盤となっていく。芸術家たちもイタリアからやってきたことが、《戴冠 couronnement》と呼ばれる福音書の挿絵によって明らかである。この挿絵には、ビザンティンで修業した画家やモザイク絵師たちによって当時のイタリアでもてはやされていたギリシア絵画の伝統が反映されている。

シャルルマーニュは、ローマの伝統の影響を受けて、人民の救済は教会の使命であるとともに帝国の使命でもあり、皇帝である自分には宗教面でも文化面でも、その役目を果たす責任があると考えていた。

人々が神の御心にかなって救いに到達するためには、祈りの言葉を正しく唱える必要があると考えられた。そのため、シャルルマーニュは、ピピンの時代にメッツのクロデガングがローマを手本として始めた典礼の統一化を推進した。古代からの礼拝用の建物は、変わることなく利用されたが、新しく教会堂を建てるにあたっては、キャロル・ハイツがセントゥラ大修道院（ソンム県のアブヴィル北東にありサン゠リキエ教会となっている）についての研究で明らかにしているように、建築と典礼の関係から《西構え massif occidental》〔訳注・ドイツ語で「Westwerk」といい、教会の建物を西向きに建てること〕が重視された。建物の西端部分は幾つもの階で構成され、まず地階には殉教者の聖遺物が安置され、二階は広間になっていて救世主の祭壇が設けられる。三階は、まわりが聖歌隊席になっており、各部分は二つの階段塔で繋がっていて、複雑だが表現力に富んだ復活祭の典礼が展開できるようになっている。反対側の東部分には内陣が設けられ、使徒たちと聖リキエが祀られている。この文化的二極性はカロリング時代のモニュメントの特徴をなすとともに、大勢の人が行列を組んで堂内を練り歩く場合、スムーズな人の流れを確保できるようになっている。《西構え》は、のちのロマネスクとゴシックの教会に特徴的な、左右に塔を備えたファサードへと発展していく重要な革新であり、ロマネスクとゴシックに共通する後陣も、その最も直接的な起源をここにもっている。

シャルルマーニュは、父親よりはるかに体系的に聖職者の育成と訓練を進めるやり方を心得ていた。彼は学校を増やしたが、それは、お勤めを正しく行い、秘蹟を授け、人々を教えることのできる立派な聖職者を育てるためであると同時に、文書行政を発展させるためでもあった。彼は、章に分けられていることから『capitulaires』と呼ばれている法令集を遺したが、このためには、文章化することのできる人間が必要であったし、《polyptyques》と呼ばれる財産目録を作成したり、種々の報告書を書いたりすることのできる人々が必要であった。こうして、《祈り》と《行政》という今世と来世の両方の救済において重要なのが教育の質的向上であった。したがって、教育機構の確立は、まず第一義的には宗教的理由から、付随的に行政的理由から、皇帝の責任なのである。この意味で最も有名な文献が、七八九年に出された『アドモニティオ・ゲネラーリス Admonitio generalis』〔訳注・『一般訓令』と訳される〕と名づけられている法令である。

「聖職者各位に切にお願いする。ただ被支配階層の子供たちのみならず貴族の子弟をも各位のもとに集められよ。子供たちが読み方を習うための学校を作られよ。それぞれの修道院や司教座ごとに、詩篇・楽譜・歌・算術・文法・カトリックの書物を立派に改訂・編纂されたい。けだし、しばしば見られるとおり、ある人々は神に祈ろうとしながらも、書物が改訂されていないために立派に祈ることができない。なお、子供たちが各位のもとで読み書きに携わる際、それらの書物を傷めることのないよう配慮されたい。福音書や聖歌集やミサ典書を筆写する必要のある場合は、年齢的にも充分に成熟した者たちが精魂込めて筆写するようにされたい。」

（E・ガレン『ヨーロッパの教育』近藤恒一訳）

ここには、司祭（小教区）の学校だけでなく、司教座学校も充実させようとした彼の意志が現れている。それは、アルルのカエサリウスと五二九年のヴェゾン宗教会議が初めて奨励して以来、修道院が努力を重ねてきたことであったが、シャルルマーニュの時代になっても、たとえば七九四年のフランクフルトの宗教会議などを通して何度も呼びかけが行われたことが証明しているように、実現には程遠いものがあった。この同じ年、シャルルマーニュは「文芸の鍛錬 Pratiques des belles-lettres」に関して一通の書簡を出している。これは、おそらくアルクイヌスが王の指示を書き取ったものであろうが、正直に生きることと、正しく話すことによってこそ、神に喜んでいただけるのであると述べている。

「規則正しい生活が風習を変えるように、教え学ぼうとする努力が会話を支配し美しくする。神のお気に召したいと願う人々は、有徳の生き方をめざすとともに、さらに神に喜んでいただくために優雅な話し方を大切にしなくてはならない。」

シャルルマーニュは、死去する前年の八一三年にトゥール、シャロン、マインツ、アルルで開催された宗教会議でも、聖職者育成事業を仕上げるためには学校の創設が重要であることを重ねて訴えている。彼にはまだ為すべきことがたくさんあったのである。

皇帝のまわりでは、学者たちの集まりが一つの《宮廷 cour》を形成しており、これをアルクイヌスは「アカデメイア Académie」になぞらえた。パウルス・ディアコヌスやエジナールによると、この文人たちの宮廷では、皇帝自身、文法の重要な諸点について説明し、科学についてもピサのピエトロに教えを求め、神学上の大事な問題についてはアルクイヌスの講義に耳を傾けた。アイルランド人のドゥンガルは八一〇年に起きた日蝕について説明し、フリデュジーズなる人物は《闇 ténèbres》と《無 néant》の存在について述べている。しかし、より好まれたのは、文学的気晴らしであって、詩人のアギルベルトゥスはホメロスを自称し、アルクイヌスは自らを詩人ホラティウスになぞらえて、その名前（Quintus Horatius Flaccus）のなかのフラックスを名乗った。シャルルマーニュは旧約聖書の王たちのなかで最も威信のあるダヴィデになぞらえられた。食事のときもプールで水泳に興じているときも、宮廷のさまざまなところで、学問的な会話だけでなく、もっと軽い知識に関する会話が飛び交った。

皇帝を中心とするこの第一の輪の外側には、書記たちや法律家、合唱隊、写字生のグループがあり、さらに、フランク人の伝統にしたがって宮廷で薫陶を受けるためにやってきていた貴族の子弟（pueri palationi）〔訳注・pueri は少年、palationi は宮廷の意〕がいた。この子供たちのグループが「schola」（学校の意）と呼ばれたことから、歴史家たちは間違って「école du palais」（宮廷学校）と呼んだのである。

この宮廷では、さまざまな起源をもつ学者たちの流れが錯綜し競い合った。四十五年にわたったシャルルマーニュの治世（768-814）のあいだに、最初に推進役を演じたのはイタリア人たちで、ついで七八二年にアングロ・サクソン人のアルクイヌスがやってきて、七九六年にトゥールのサン＝マルタンの大修道院長になって去るまで、彼が《文化大臣ministre de la Culture》を務める。代わって、イスパニアから来たテオドゥルフとともに、アイルランド人のクレメンス、ドゥンガル、ディキュイルが指導的な位置を占めた。したがって、シャルルマーニュの宮廷は、おそらく常に必ずしも調和的とはいえない文化の対決場という様相も呈した。

しかし、それがもたらした結果は明確である。七九五年、アーヘンの宮廷に、典礼と教父たちに関する文献を備え付けるべく一つの図書館が建設されたが、古代の詩人たちに自らをなぞらえ、自分たちの集まりを《アカデメイア》と呼んだ文人たちが、この書棚に並べたのは、サルスティウス、キケロ、クラウディアヌス、ルカヌス、スタティウス、テレンティウス、ユウェナリス、マルティアリス、ティブルスといったキリスト教以前のラテン語古典作品であった。これは、その後の他の図書館でも同じで、ラテン語の古典作品が重要な場所を占めていった。

まさにシャルルマーニュこそ、《カロリング・ルネサンス》の推進者であった。八一四年に彼が亡くなったときに実現されていたものは、まだ僅かであったが、九世紀のあいだは、帝国は目に見えて破綻していったが、文化再生の成果はその価値を発揮していった。

〔九世紀に実現されたもの〕

シャルルマーニュのあとを引き継いだルートヴィヒ敬虔帝〔訳注・フランス語風にいえばルイ一世〕は、父の宮廷で教育を受けるとともに、その文化政策の遺産も受け継いだ。彼の宮廷には、フランク人のエジナールやワラフリド・ストラボンとともに、アイルランド人のディキュイルやトマスもいた。ルートヴィヒは八一九年にバヴァリア女性、ユーディトと結婚したが、彼女は、この宮殿に詩と音楽への嗜好をもたらした。学者のワラフリドとエルモルドは、そうした彼女を称賛した。

十九世紀の歴史家たちは、ルートヴィヒを「お人好しle Debonnaire」と呼び、宮廷にますます宗教的偏向を持ち込んだ結果、文化的後退をもたらしたと批判した。しかしながら、これは、九世紀には宗教的と文化的とのあいだには様々な関わりがありえたことへの無認識から生じている。たしかにルートヴィヒは、父親または父親の時代の人々ほど世俗文学を大事にせず、宗教的典礼に関する本を多く作らせ、セプティマニア〔訳注・ガリア南西部〕の修道院からアーヘンの近くのインデン修道院にやってきたアニアーヌのベネディクトゥスに助けを借りて、教会改革に力を注いだ。

このアニアーヌのベネディクトゥスが考察し、八一六年から八一七年にかけてインデンで開かれた宗教会議で成文化されたのが、いわゆる『ベネディクト戒律』であるが、この戒律から着想され、バーゼル司教でライヒェナウの大修道院長、ハイトが同僚のザンクト＝ガレン大修道院長、ゴスベルトのために理想的修道院として羊皮紙に描かせたのが《ザンクト＝ガレンの図面》である。そこには、共同生活を営む修道士たちのための教会堂を中心にした主要な建物の配置が示されており、幾つかの可変部分はあるが、その後何世紀にもわたって修道院の雛形として引き継がれた。

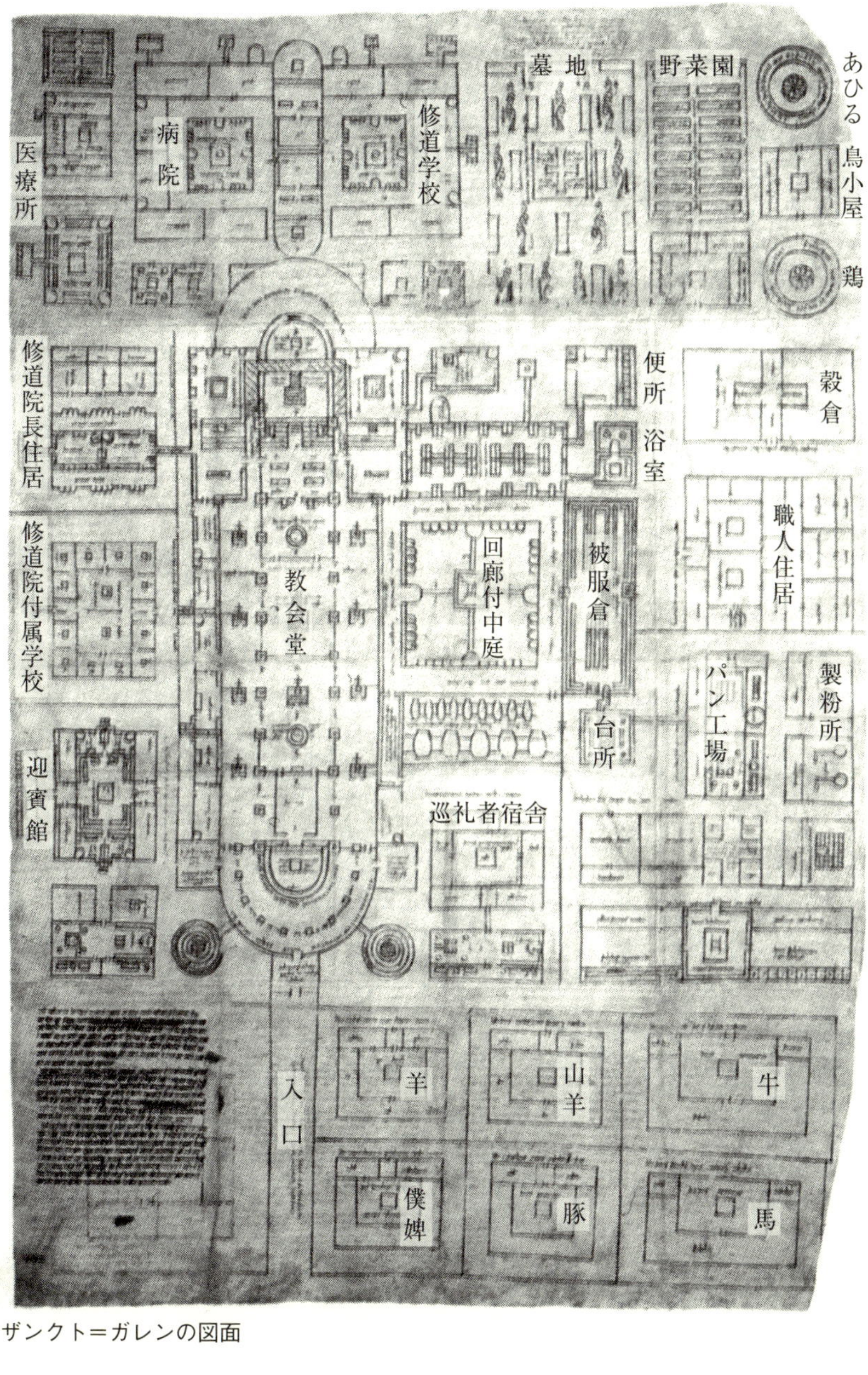
墓地
野菜園
あひる
鳥小屋
鶏
医療所
病院
修道学校
修道院長住居
修道院付属学校
迎賓館
教会堂
便所
浴室
穀倉
回廊付中庭
被服倉
職人住居
パン工場
製粉所
台所
巡礼者宿舎
入口
羊
山羊
牛
僕婢
豚
馬
ザンクト＝ガレンの図面

おおまかにいうと、教会堂の南側に接する回廊の東翼は、地階が暖房のついた休憩室で、二階は共同寝室になっている。南翼は食堂、西翼は食糧の貯蔵庫になっている。これらを中心にして、そのまわりに、さまざまな建物が配置されている。教会堂の北に大修道院長館と学校、そして迎賓館がある。教会堂の東には、医務室と薬草園、果樹園、墓地が配置されている。教会堂の南側には、工作場、農具置き場、その西には、豚、羊、山羊、牛、馬の飼育場があり、修道院の自給自足的生活を保証している。

同じくベネディクトゥスの示唆のもとに八一七年にアーヘンで開かれた宗教会議では、七五〇年ごろメッツにおいてクロデガングの主導で定められたモデルに基づいて、都市の聖職者たちも、司教区ごとに司教を中心に集合的生活を営むべきことが確認された。クロデガングは、修道院にヒントを得て、メッツのカテドラルの脇に共同寝室と炊事場、医務所、参事会員のための特別な部屋を備えた回廊つきの複合的建造物を建てており、これは、のちに一般化するカテドラルの参事会聖務区の草分けとなった。これらの参事会グループは、聖職者を育成するために司教座学校の伝統を維持した。それに対し修道院では、聖職者と俗人を区別しないで修道士の訓練が行われたのであるが、ルートヴィヒの治世には、教会のためにも修道院のためにも、教育の場を維持する必要性を訴える法令が、八二二、八二五、八二九年と相次いで出されている。

カロリング帝国は、八三〇年以後、ルートヴィヒ敬虔帝に対する親不孝な息子たちの反逆によって引き裂かれ、弱体化し、八四〇年にルートヴィヒが死去したあとは、息子たち同士の熾烈な抗争が続く。帝国は、八四三年の《ヴェルダンの分割》によって三つの王国に分かれる。このため、《帝国》という政治的構築物が元の統一性を回復することはなかったが、《文化的ルネサンス》は継続された。アーヘンの宮廷には、ロタール一世（840-855）のときも、同二世（855-869）のときも、人々が頻繁に訪れた。しかし、ロタールが支配した領域は、「ロタリンギアLotharingie」と呼ばれた中央フランキアで、しかも、これは、ますます狭められていった。ラバヌス・マウルスとセデュリウス・スコトゥスは、このロタール王たちに自著の「概論traités」を贈ったし、ロタール一世は彼らの庇護者として振る舞った。また、彼はプリュムのヴァンダルベルト大修道院長に詩的な殉教者録の執筆を、リュクスイユのアンゲロムスには『ソロモンの雅歌』の縮約版作製を依頼している。

しかし、これ以後、フランスの文化史が関係するのは、シャルル禿頭王（840-877）のものになった西フランキア（ネウストリア）だけである。ルートヴィヒ敬虔帝とユーディトの息子であるシャルルは、ワラフリド・ストラボンについて学んだ教養豊かな王子であり、《聖体の秘蹟eucharistie》、《三位一体Trinité》、《救済予定説prédestination》といった神学上の大論争にまで加わった。ランス大司教ヒンクマールは彼に、自ら書いた概論を献呈し、サン＝ジェルマン＝デプレの修道士、ウスアルドゥスが彼のために作製した殉教者録は、のちに、フランスの聖人暦のもととなる。シャルルはまた、聖人伝の写本作製を奨励し、ギリシア語聖人伝をラテン語に翻訳させている。コンピエーニュにあった彼の宮廷には、アイルランド人のヨハンネス・スコトゥスも、偽ディオニュシオス（六世紀後半の人としかわかっていない）と証聖者マクシモス（580-662）の《天上のヒエラルキー》についての著作をギリシア語からラテン語に訳するために招かれている。この《天上のヒエラルキー》は、世界についての中世人のイメージに重要な役割を演じることとなる。

「シャルル禿頭王の最初のバイブル」には、トゥールのサン＝マルタン大修道院長ヴィヴィエヌスがこの聖書を王に献上している場面が描かれている。王は、頭上に描かれた神の手の下で、玉座に坐り、そのまわ

シャルル禿頭王の「聖書」に描かれた王と臣下たち ©BnF

りで高位の聖職者たちが讃辞を捧げていて、絶頂期にあったカロリング朝の理念を表している。七五一年のピピン三世の聖別以来、カロリングの君主たちは、旧約聖書のなかの王たちと同じ神聖な塗油を通じて神と人々を仲介する存在になっていたのである。

シャルルはたくさんの法令を出したが、そのなかに、学校に関わるものは、もはや全く見られない。楽観主義的な仮説では、学校は幾つも存在していたから、その必要性を訴えるまでもなかったからだと言い、その根拠として、ガティネにあるフェリエールの大修道院長ルプスが、一通の書簡において、フランスで学問が再興されつつあることを喜んでいること、オーセールの修道士へイリクスが、シャルル王の宮廷を学校そのものであると賛嘆していることを挙げる。しかし、実態に迫るためには、この種の熱狂的讃辞は割り引いて読む必要がある。

とはいえ、カロリング時代に文化が再生したことは明白である。この《ルネサンス》は、人民を救済へ導くために《知》を重視したカロリングの王侯たちの政治的意志によってもたらされたのであったが、彼らがこの目的のため活用することができたのは、修道院に貯えられていた古代の文化的遺産と各地に残存していたモニュメントであった。このルネサンスをリードした司教や修道院長たちは、彼ら自身が古代文化の産物であると同時に古代文化を次の世代へ引き継ぐ職人であった。だからこそ、その推進の役目は、帝国や政治に制約されることなく、《ヴェルダンの分割線》を越えて広がったのである。

この文化的原動力として、さまざまな地から移住してきた人たちが大きな役割を果たしたことは、すでに見たとおりであるが、こんどは、そうした外国人を受容することによってカロリング・ルネサンス期のフランク文化がいかに活気づけられたかを検証しよう。

《カロリング・ルネサンス》に寄与した外国人たち

最も早くからシャルルマーニュのもとにやってきたピサのピエトロやパウルス・ディアコヌスといったイタリア人の果たした役割については、すでに述べたとおりで、それを繰り返すつもりはない。北イタリアはシャルルマーニュの帝国の一部であり、皇帝は「ローマ人たちのパトリキウスpatrice」〔訳注・パトリキウスとはコンスタンティヌス帝が創設した非世襲制の高官〕としてローマと教皇領諸国に対し庇護権を行使した。

まず、わたしたちの目を惹くのは、七一一年に北アフリカから上陸したイスラム軍によって征服されて以後、大部分がキリスト教世界の枠外になっていたイベリア半島である。シャルルマーニュが軍事力をもって北イスパニアに介入したのに対し、イスパニアからは多くの学者たちがフランクの国に逃れてきた。他方、ブリテン諸島からフランク王国にやってきた聖職者と修道士も、さまざまな局面で《カロリング・ルネサンス》に決定的に寄与した。

〔イスパニアとフランク世界〕

イスパニアが、八世紀から十三世紀まで（部分的には十五世紀にいたるまで）、イスラム世界に属していた事実は、ヨーロッパ文化の歴史に一つの広がりをもたらした。イベリア半島では、イスラムの支配下にあってもキリスト教を信仰していた《モザラブ mozarabes》と呼ばれた人々の共同体が維持されていたうえ、半島の北西部では、アストゥリアス諸王国がキリスト教徒の王国として残っていて、半島南部から来たキリスト教徒たちとフランク人巡礼との避難所であるとともに出会いの場になっていた。シャルルマーニュについていえば、彼はエブロ川にまでいたる半島の北東部を征服し、バルセロナにフランク王権を樹立した。「イスパニアの境界地帯 Marche d'Espagne」と呼ばれた地中海側のバルセロナ地域では、《ウルヘル司教区》が一つの重要な位置を占めていた。司教のフェリクスは、同僚であるトレドのエリパンドゥスが展開した「キリストは神の実子ではなく養子（fils adoptif）に過ぎない」とする説を受け入れ、庇護した。この《養子説 adoptianisme》は、フランク王国内でも激しい論争を呼び起こし、最終的には、七九四年、フランクフルト宗教会議で異端説ということで決着がつけられたが、これも、イスパニアがフランクの国に与えた影響の一つの表れである。

他方、ルートヴィヒ敬虔帝時代の偉大な司教であり政治理論家でもあったオルレアンのヨナスが七九九年、アストゥリアスに滞在したことがある。ヨナスより先にオルレアン司教を務め、シャルルマーニュの宮廷の最も輝かしい学者の一人であったテオドゥルフは、もともとイスパニアから逃れてきた西ゴート人であった。

したがって、八世紀以後のイスパニアとフランク人の国との間ではかなり頻繁に交流が行われていたのであり、この交流は次の九世紀には、さらに拡大した。カロリングの宮廷はサラゴサの太守（émirs）と使節を交換していたし、とりわけ九世紀初めにガリシアのコンポステラで聖ヤコブ（saint Jacques）の聖遺物が発見されたことによって、その後何世紀にもわたる巡礼の大きな動きが始まった。

〔訳注・イエスの弟子にヤコブは二人いるが、ここでいうヤコブは「大ヤコブ」または「ゼベタイの子ヤコブ」と呼ばれ、ガリラヤの漁師の子で、弟のヨハネとともにイエスの弟子となり、イエスの死後はエルサレム原始教会の創設者の一人となった。四三年ごろヘロデス・アグリッパスの迫害にあって殺されたとされているが、イスパニアの地に布教にやってきて、ここで殺されコンポステラに埋葬されたともいわれている。〕

また、サン＝ジェルマン＝デプレの修道士ウスアルドゥスは殉教者名鑑を書いたことで知られるが、八五八年、大修道院長からイスパニアで殉教した聖人たちの遺物を探すよう頼まれてサラゴサとコルドヴァに旅している。

しかし、イスパニアから逃れてきた人で《カロリング・ルネサンス》に痕跡を残した最も有名な人がテオドゥルフである。七六〇年ごろイスパニアで生まれた彼は、フランク王国に移って九八年にシャルルマーニュによってオルレアンの司教に任命され、フルーリィの修道院の大修道院長にもなった。彼は、詩も幾つか遺しているが、その名声を決定的にしたのは、聖書の注釈と神学上の功績である。彼は、書写による誤りが累積していたラテン語聖書をヘブライ語原典と照合して改訂し、また、《聖霊 Saint Esprit》について論文

イタリアやビザンティンの影響が表れた「聖書」の写本 ©BnF

を著し、『カールの書 Libri carolini』を改定し、神と聖人たちについての教義を西欧のために確定する神学を展開した。また彼がイスパニアから来た芸術家たちを動員して装飾させたオルレアンの近くのジェルミニー＝デ＝プレの教会は、いまも完全な形で保存されているフランス唯一のカロリング期の教会堂である。その後陣を飾っているモザイク画もガリア唯一で、威厳に満ちた神の姿の代わりに《契約の箱》が描かれている。これは、聖画像をめぐって起きた論争、とりわけ、東方教会の第二回ニケア宗教会議（七八七年）と、あらゆる図像崇拝を異端とした七九四年のフランクフルト宗教会議との間でフランク王国内に起きた図像崇拝の正当性をめぐる激しい論争を反映している。この絵は、幸いにも、その芸術的創造性のために、論争に左右されることは、ほとんどなかった。

テオドゥルフの同時代人で、イベリア半島から逃れてきた人々のうち特筆しておかなければならないのが、トリノのクラウディウス（もっとも彼はイスパニア人である）であろう。彼は、同国人たちとともにリヨン大司教、レイドラドゥスのもとに滞在しながら、図像使用の合法性をめぐる論争に参加し、また、シャルルマーニュからは、異端を宣告されたあとのウルヘル司教フェリクスの監視役を命じられた。

最後に、七六九年にイスパニアで生まれ、レイドラドゥスのあとリヨン大司教になったアゴバルドゥスも挙げておこう。彼は、神学上の著述とユダヤ人に対する激しい敵意で知られているが、こんにちも遺っている最古のキリスト教著述家、テルトゥリアヌス（160-170年?）の著述の写本をイスパニアからもたらしたことでも知られる。ことほどさように、人間の移動とともに、さまざまな本が旅をしたのであって、イスパニアで作製された本は、アルビでもオータンでも、ザンクト＝ガレンでもリヨンでも見つかっている。それが移動する人々によって運ばれてきたものか、移動してきた人がガリアに来てから書いたものかを識別することは難しいが、そのようにしてガリアに入ってきた著作としては、何人かの初期教父たちとセヴィリアのイシドールスやトレドのイルデフォンススとその弟子ユリアヌスなどの著作、古代ラテン詩の選集、さらに教皇ハドリアヌス一世がシャルルマーニュに贈った『ディオニュシオ＝ハドリアナ法令集』を補完する「ヒスパーナHispana」と呼ばれるものがある。

このように、イスパニア文化は、ときにより暴力的なことも平和的なこともあったフランク人たちのイスパニア侵入により、あるいは、その逆のイスパニア人学者たちのフランク宮廷への接近によって、《カロリング・ルネサンス》に参画したのであった。とはいえ、貢献度の大きさにおいて、アングロ・サクソン人やアイルランド人のそれに及ぶものはない。

〔アングロ・サクソン人とアイルランド人たち〕

大陸における修道院制度におけるコルンバヌスなどの活躍、八世紀のフランク教会再興へのウィリブロルドゥスやボニファティウスといったアングロ・サクソン人の貢献、シャルルマーニュの傍らにあって文芸のルネサンスのためにアルクイヌスが果たした役割については、すでに述べた。こうした学者たちとともに、あるいは、彼らの仲介によって、さまざまな写本もフランク人の国にやってきた。ボニファティウスの弟子であり、フルダ大修道院長として後を継いだルルスは、写本を求めてブリテン諸島へ人を送り、その結果、タキトゥス、スエトニウス、コルメラ、ルクレティウスといった古代の著述家たちの多くの写本がもたらされた。アルクイヌスは、トゥールのサン＝マルタン大修道院長になったあと、アングロ・サクソン人の写字生を何人もイギリスから呼び寄せており、フランク人の写字生たちが不安を覚えて抗議したほどであった。彼は、ヨークから何冊もの本を運ばせただけでなく、自ら三回（七八六、七九〇、七九三年）も、写本を求めてブリテン島に出向いている。

絵画においては、ずっと早くからアングロ・サクソンの影響が感じられる。写字生ゴデスカル（この人は七八一年から七八三年にかけてシャルルマーニュのために仕事をした）の名が付けられている『抄録福音書』があり、彼は、《生命の泉》を描いた挿絵とそれに向かい合うページに、アイルランド芸術に特徴的な複雑な線の絡み合いによる装飾を施している。この写本では、様式化された唐草の葉飾りと棕櫚の葉模様と古典期ローマに伝統の大文字とが混然と一体化している。また、アルクイヌスがトゥールに作ったアトリエからは、非常に豪華な挿絵入り聖書が何冊も生み出された。

大陸で活躍したアイルランド人（スコットランド人）たちの多くは、各地を転々とした修道士たちで、その風貌は不安を抱かせたが、その知識の豊かさは定評があった。シャルルマーニュの宮廷には、すでに述べたクレメンスやドゥンガルといった人のほかに、ジョセフという謎に包まれた人物もいる。彼らがとくに重要な役割を演じたのは、アルクイヌスが七九八年にトゥールへ移ったあとのことで、ルートヴィヒ敬虔帝の時代になってからも、スコットランド人のクレメンスとトマスは、王家の子供たちの教師になり、ディキュイルは、その天文学の知識をもって『世界の大きさ』なる本を著している。

八四三年の帝国分割のあとも、アイルランド人たちの役割はますます増大している。彼らが活動の拠点としたのはザンクト＝ガレンの修道院であるが、ミュルタッシュという文法学者は、司教ドロゴの招きでメッツに迎えられた後、オーセールに移り、「オーセールのカロリング学校」を設立、この学校は九世紀後半も権威ある教師たちに引き継がれた。他方、セデュリウス・スコトゥスという人物は、リエージュ、ケルン、メッツの司教たちの顧問を務めたし、ランの司教座学校では、教師の座の大部分をアイルランド人たちが占めた。

彼らのなかでも最も著名なのが八五〇年から八七〇年にかけてコンピエーニュのシャルル禿頭王の宮廷で活躍したヨハンネス・スコトゥスである。彼は、四世紀にマルティアヌス・カペラが知を分類して体系化した《三教科 trivium》と《四学科 quadrivium》を再興し、西欧ではギリシア語の消滅とともに消え去っていた諸学問とくに弁証法（dialectique）の研究を蘇らせただけでなく、カロリング時代唯一の哲学的・神学的著作というべき『De divisione naturae』（自然区分論）を著している。彼は、この意味で「中世西欧最初の哲学者」ということができる。

ヨハンネス・スコトゥスはギリシア語を知っていた点でも、カロリング朝の大部分の文人たちに一歩ぬきんでていた。エジナールはシャルルマーニュがギリシア語を解したといっているが、これは疑わしい。カロリング時代の写本を見ても、ギリシア語は幾つかの語彙が見られるだけで、しかも、それらはなべて「学者ぶろうとした文法家たち」の写本である。コルビーだのサン＝ドニだのといった大修道院でも、ギリシア語はほんの少ししか知られていなかった。ピエール・リシェによると、七六〇年、偽ディオニュシオスの何冊かの著作が教皇パウルス一世からピピン王に贈られ、それがサン＝ドニ修道院に下賜されたとき、大修道院長ヒルドゥイヌスがそれらのラテン語版を作成したが、出来栄えはきわめて拙劣で、彼がギリシア語テキストをよく理解していなかったことは明白である。ヨハンネスはシャルル禿頭王の要請で、この偽ディオニュシオスの著作を見事な文章に訳している。証聖者マクシモスやニュッサのグレゴリオス、ナジアンズスのグレゴリオス、エピファニウスといった教父たちの著作も、彼が訳したことによって初めてフランク人の文化に採り入れられたのであった。

〔訳注・「偽ディオニュシオス pseudo-Denys」とは、パウロに随行してローマにやってきたディオニュシオスの遺著は、真偽が疑われたことから、このように呼ばれた。ディオニュシオスはパリの近くで殉教し、彼を祀ってサン＝ドニ Saint-Denis 修道院が誕生したとされる。〕

ボニファティウスやアルクイヌスを代表とするアングロ・サクソン人たちが八世紀の宗教改革と文化的ルネサンスを推進したのに対し、アイルランド人たちは、六世紀末以来、ずっとガリアの文化を支えただけでなく、このように、九世紀の文化史のなかでもギリシア語に眼を開かせるという重要な役割を演じた。こうして、フランクの文化は、ギリシア語によって弁証法と諸学問を再発見したのである。

《カロリング・ルネサンス》の舞台の地理的分布

カロリングの文化的中心になった地は、理想的な場合、教養人たち（教師と生徒）、写本を集めた図書館、

カロリング文化の中心地の分布地図

写本が作製される《スクリプトリウム》、そしてさまざまな著述家たちの生産活動という四つの要素を包含していた。もとより、ある一つの場所がこれらすべてを包含していることは稀であったが、それでも、その多くが収斂する地があり、そこから、八、九世紀における文化の中心舞台の分布図を描くことができる。この地図は、おおまかにいって、カロリング朝の王（皇帝）たちの実効支配が及んだ領域のそれと合致する。古代末期以後、西欧の政治的重心が地中海地域からモーゼル川やライン川の谷に移ったように、文化面で最もローマ化された中心も古代にはガリア（プロヴァンスとアクィタニア）であったが、カロリング期には北部ガリアに移った。

《学校》がたくさん集まっていたのは、帝国の心臓部であったソンム河口のサン＝リキエから、北はサン＝タマン、東はメッツ、南はリヨン、西はトゥールを含む区域で、現在のフランス語圏に収まっている。しかし、カロリング帝国がもっていた凝集力を考慮すれば、この境界線は、ヘッセンのフルダやコンスタンツ湖畔のライヒェナウにまで広げなければならない。したがって、当時の文化の中心地は、ランス、サンス、リヨン、トゥール、さらにフランス語圏の外では、トリエル、ケルン、マインツといった教会色の濃い各州のなかに点在している。

さらにいえば、当時、南フランスは文化的に荒廃していたが、その先には学問が活発であったセプティマニアの地があり、これらも無視するわけにはいかない。それらは、イスパニアとの境界地域からフランスの国土の中心部に向かって延びた形になっており、マグロンヌ、アニアーヌ、ジェロンヌ（こんにちのサン＝ギレム＝ル＝デゼール Saint-Guilhem-le-Désert）、そしてサルモディの大修道院がある。

北部ガリアの文化の中心は、基本的にはサン＝タマン、サン＝リキエ、コルビーの三つの大修道院である。サン＝タマンは、学識ある大修道院長たちを輩出したことで知られている。その一人のフクバルドゥスは、九世紀後半を代表する詩人であり音楽家である。サン＝リキエを指導したのは、シャルルマーニュの娘婿のアンジルベールで、彼もすぐれた詩人として有名である。八世紀前半から写本製作のセンターとして名をは

軽快な筆触で描かれた「ユトレヒト抄録福音書」の挿絵

せたコルビーの《スクリプトリウム》は、マウドラムヌス（七九一年没）やシャルルマーニュの従兄弟でもあるアダルハルトなどの修道院長のもとでも引き継がれ、九世紀には、パスカシウス・ラドベルトゥス、ラトラムヌスといった神学者によってさらに輝きを増した。このコルビーの図書館については、九世紀半ばに修道士ハドアルドが作成した蔵書目録が遺っている。

北東ガリアでは、二つの司教区が学問の大きな中心として姿を現す。まずランスでは、大司教エッボ（815-835）のスクリプトリウムからカロリング期絵画の傑作が生み出された。エペルネに保存されている『抄録福音書』やユトレヒトに保存されている『詩篇集』の挿絵は、描線と筆触の軽快さによって、動きをみごとに表現しており、これは、その後も引き継がれて、西欧芸術を特徴づけていく。ランスでは、大司教ヒンクマール（845-881）が、西欧でも最も美しい蔵書の一つを蒐集する一方で、自身でも幾つかの概論書と、六世紀の先輩であるレミギウスの伝記（Vie de saint Remi）を著述し、フランクの各地に文通相手を持っていた。すぐ近くのランの司教も、ランス司教の甥であるもう一人のヒンクマールなど学識豊かな司教たちや名声の高い教師たちからの指導のもと、多くの美しい写本が生み出された。そうした人々のなかでは、ベルナルドゥスやアデルヘルム、サン＝ヴァンサン大修道院のスコットランド人〔アイルランド人〕たちが知られている。

ロタリンギアでは、すでに述べたようにメッツが文化の発信源であり、ここには有名な歌唱学校があり、クロデガング〔七六六年没〕による典礼改革の発祥地となった。司教のアンジルラムヌス〔七九一年没〕はパウルス・ディアコヌスに命じて先輩司教たちの歴史を書かせたが、その一人にカロリング家の祖である聖アルヌルフがいる。メッツは九世紀においても文化の重要な中心地で、ルートヴィヒ敬虔帝からこの司教座を託された弟のドロゴは、典礼儀式を描いた象牙板装丁のすばらしい本にその名を遺している。サン＝ミエル大修道院〔ソンム河畔〕は、《善き君主》の手引き書の一つである『君主の鑑 Miroir du prince』を著したスマラグドゥスによって有名である。ミュルバックの修道院〔ヴォージュ地方〕については、幾つかの規則書と図書館の蔵書目録が今も遺されている。〔訳注・ミュルバックの修道院自体は、九二九年、ハンガリー人の劫掠にあって破壊された。〕ロタリンギアの写本は、ドロゴの典礼書に倣って装丁がしっかりしており、表紙を飾る象牙板は、ランスのエッボの写本に代表されるそれとは異なる形象的流れを表している。ここでは、人物は、ずっと静止的で、そのシルエットは、ときとして緻密である。これは多分、四世紀の原初キリスト教徒の柩に施された装飾画を模倣したもので、「ロマネスクの作品の主要部分を予示したものが見られる」(J. P. Caillet)。

本来の意味でのフランスの国土からは離れるが、記しておかなければならないのがリエージュ司教区である。ここには、八四五年ごろセデュリウス・スコトゥスが滞在した。次にユトレヒト。ここでは、九世紀末、ラドボドゥスのような詩才のある人が司教を務めた。アルデンヌのスタヴロ大修道院は、神学者の修道士、クリスティアヌスで有名である。さらに東、ドイツに入ると、フルダ、ザンクト＝ガレン、ライヒェナウなどの大修道院が、すでに述べたフランス各地の文化的中心地と緊密な関係を維持していた。フルダの学校は、八二二年から八四七年まで修道院長を務めた神学者ラバヌス・マウルスによって再興された。ラバヌスはアルクイヌスの弟子であり、ライヒェナウの大修道院長、ワラフリド・ストラボンの師である。

フランスの中心地域でまず挙げなければならないのが、パリと、その周辺のサン＝ドニ、サン＝ジェルマン＝デプレの二大修道院である。サン＝ドニでは多くの豪華な写本が製作された。サン＝ドニ大修道院長たちは、カロリング王朝の歴史のすべてに間近で関わった。八一三年、のちにランス大司教になる若いヒンクマールは、ここで修道士になった。サン＝ジェルマン＝デプレは、すでに挙げたウスアルドゥス、八八五年のノルマン人によるパリ攻囲について詩を作ったアッボなど、多くの文人や学者を庇護した。十世紀、クリュニー大修道院長になるオドも若き日、ここで修業した。

東南フランスでは、ガティネにフェリエール大修道院がある。アルクイヌスも、ここの大修道院長を務めた。この大修道院を代表する人物がラバヌス・マウルスの弟子であったルプス（八六二年没）で、彼は、文法学者であるとともに聖書の注解に勝れた神学者でもあり、大修道院長となって多くの蔵書を蒐集した。弟子のなかにはオーセールの修道士、ヘイリクスもいた。

オーセールには、サン＝テティエンヌのカテドラル付属の司教座学校とサン＝ジェルマン付属の修道院学校とがあり、サン＝ジェルマンからは、前述したスコットランド人文法学者、ミュルタッシュのあと、聖書注解学者にして説教でも有名なハイモが出た。このハイモやフェリエールのルプスの教えについて、わたしたちに情報をもたらしてくれるのが、八六五年ごろハイモのあとを継いだヘイリクスである。ヘイリクスの後は、ヨハンネス・スコトゥスの薫陶を受けたレミギウスが引き継いだ。レミギウスは、ボエティウスやマルティアヌス・カペラ、ドナトゥスといった晩期古代の著作に注解を加えている学者である。彼が八九三年に大司教フルクによってランスに呼ばれたのは、それより何十年か前にヒンクマールによって開設された学校を再興するためであった。

リヨンは、一貫して学問の大きな中心であった。ここには、八〇〇年、大司教レイドラドゥスによって読み書きと聖歌合唱のための学校が創設された。その後も、リヨンの学校と図書館は、アゴバルドゥス（八四一年没）、アモロン（八五二年没）、レミギウス（八七八年没）といった歴代の大司教のおかげで、九世紀を通じて発展を続けた。ここで育った助祭のフロールスは、その時代で最も偉大な学者の一人で、彼が注解を施した法律・典礼・聖書注解・教父神学など広い分野にわたる写本四十二冊がいまも遺されている。彼は、八六〇年、セプティマニアを別にすると南ガリアの文化の中心であったヴィエンヌの司教になっている。

西部地域とロワールの谷について見ると、のちにノルマンディーになる地域では、フォントネルの大修道院（Saint-Wandrille）の学校は、修道院長ゲルヴォルド（八〇六年没）によって一新された。この修道院には、大修道院長アンセギス（八三三年没）のころまでは図書館があったが、その後どのようになったかについては、何も知られていない。シャルトルにも、司教ジルベルトゥス（八一九年没）の時代から幾つかの写本があったことが分かっているが、この方面における文化の大きな中心は、ロワールの谷のオルレアンとフルーリィ、そしてトゥールである。

オルレアンには、司教テオドゥルフのもと、少なくとも三つの学校があった。司教座学校とサン＝テニャン修道院、サン＝リファール修道院の各学校である。テオドゥルフはフルーリィの大修道院長であり、ここで彼が作製させた豪華なバイブルの写本は有名である。しかし、オルレアンとフルーリィは、司教、ヨナス・ドルレアン（八四三年没）のあとは、文化の中心としては嗜眠状態に入ったようである。

トゥールでは、アルクイヌスが七九六年に大修道院長になって以後、サン＝マルタン修道院の学校が特別の輝きを放つ。彼は、アングロ・サクソン人シグルフの助けを得て図書館を充実させ、カロリング第二世代の学者たちをこの学校から輩出した。サン＝マルタン修道院の《スクリプトリウム》の名声は、九世紀に入っても、修道院長アダルハルド（八四三年没）、ヴィヴィエヌス（八五一年没）のもと、変わることなく続いている。

しかしながら西部地域の文化的活力は、九世紀後半以後は、ノルマン人の侵略によって急速に衰退していった。ル・マンは、かなり文学活動が盛んであったが、アルドリク司教（八五八年没）のあとは活力を失う。リジュー司教、フレキュルフは、「世界史Histoire universelle」の執筆を企てたとき、すでに自分の都市のなかでは『バイブル』が見つからないことを嘆いている。

その反対に、アルモリカ（ブルターニュ）では、九世紀を通じてある種の学問の復興が見られる。八三三年にはルドンの修道院が設立され、ランデヴェネク、ドル、アレ、ルオン〔訳注・ディナンの近く〕で、ブリトン人聖人たちの伝記が書かれている。これらの中心地では、キリスト教的詩人だけでなく、ときには異教的詩人ももてはやされているし、文法や暦法計算に関する著作も書写されている。

このようにカロリング時代の文化の中心地がどのような分布を示していたかを概観すると、これ以後は、北半分に重心が移動する《一つのフランス》の文化地図が浮かび上がる。しかしまた、ある所で一人の教師のもとで教育された生徒が、こんどは別の所で教師になり、これらの中心地同士の間で人的交流が行われることによって、相互間の依存関係が生まれている点も注目される。こうした人々は、移動に伴って、所有する写本も一緒に持って行ったから、これらの多様な中心地の間に《カロリング・ルネサンス》に特徴的な一つの文化としての統一性が生まれることとなる。

このような文化の中心の地理的移動は、当時の人々も意識していたことで、彼らは《レノヴァティオ renovatio》(刷新)について語り、世界の知の中心をギリシア・ローマからフランクの国へ移す(translatio studii)のだという感情をもっていた。アルクイヌスは、アーヘンを「新しいアテナイ」と呼び、ザンクト＝ガレンの修道士、ノートケルは「ガリア人すなわちフランク人は、ローマ人やアテナイ人と対等になった」と書いている。

二、カロリング文化

《カロリング・ルネサンス》がフランス文化の歴史にもたらしたものを綜合すると、《書字écriture》と《文法grammaire》の二つに集約される。一方は、一つの素材のうえに記号を記すことであり、他方は、一つの言葉の正しい規範を確立し、それを適用することで、二つともいかにも地味である。しかし、この書字法の完成と文法の再発見によって、晩期古代の知識の全体がそのままで西欧の中世文化に組み入れられたのであり、いわば、カロリング時代の学者たちは、《書字》と《文法》によって古代の知識の重要な部分をフランス文化に伝えたのである。

そこで、カロリング文化における《書字》の位置と《文法》が果たした役割、そして、この後者が《自由学芸 arts libéraux》の名のもとに統合された知識の総体への通路をどのように開いたかを調べてみよう。

《書字 écriture》

「書く」という行為は、幾つかの物質的素材を必要とする一つの技術的動作である。字は一枚の材質の上に書かれるが、古代においては、その材質はパピルス（papyrus）であり、なによりも実務的書類を作成するために利用された。メロヴィング朝の尚書院（chancellerie）の書類は、七世紀になってもパピルスが使われているが、すでに五世紀ごろから、長く保存される文書、とくに本のためには、次第にパピルスに代わって羊皮紙が、値段は高いが美しく丈夫であることから、使われるようになっていた。本書で述べてきたカロリング時代の文献は、すべて羊皮紙に書かれたものである。ただし、メモのような一時的な書き物――数の計算や連祷の文句、文章の下書き――は、板の上に引いた蝋の表面に鉄筆（stylet）で書き、終われば表面を均して消すやり方が用いられた。こうした板（tablette）は屏風のように二枚、三枚と繋ぎ合わせることができ、「ディプティック diptyque」（二つ折書板）、「トリプティック triptyque」（三つ折書板）、「ポリプティック polyptique」（多折書板）と呼ばれた。

当時の彩色挿絵には、胡座を掻いて膝の上に書字板をおき、鳥の羽根軸や葦の先を削ったペンで字を書いている様子が描かれている。ペンを持つ手は今日のように台や紙の上に載せるのでなく宙に浮かしている。幾つかの写本には、余白に写字生の感想や考察の書き込みが見られることがある。ときには、《スクリプトリウム》の寒さや身体の疲労への苦痛、あるいは、別の何かになりたいなどといった願望が書かれていることもある。書字は一つの身体的行動の産物であり、文化史が考察しなければならない物質的対象である。

九世紀においては、「本 livre」といえば、何枚かの羊皮紙を綴じた《codex》（冊子本）と呼ばれるものが普通である。古代においては巻物形式の《volumen》（巻子本）が一般的であったが、一世紀ごろから冊子本への移行が始まる。これは、知識を後世に伝える書物の歴史のうえで、印刷術の発明以前の最も重要な革命である。というのは、ある文章を探す場合、巻子本だと初めから順に開きながら辿り着かなければならないが、冊子本は、ページをめくることによって一挙に行き着くことができるからである。しかも、とくに文字と挿絵を豪華に配した典礼用の大判の本と、仕事のための扱いやすい小型本というように、用途に応じて使い分けることができるようになった。

書物のタイプによって、異なる書字が用いられるようになるのは三世紀以後である。重要な著作のためには楷書体の大文字（majuscules）が用いられ、実用的な書物のためには草書体の小文字（minuscules）が使われた。四世紀には、この両方を綜合した《オンシアル onciales 字体》〔訳注・丸みを帯びた大文字〕が開発されている。これに、説教を書き取るためや余白に注を付すための、一種の速記用の字体が加わる。「ステノグラフィ sténographie」とか「タキグラフィ tachygraphie」と呼ばれるのがそれで、キケロの書記、ティロンにちなんで「ティロン式ノート notes tironiennes」などと呼ばれることもある。

こうして、《カロリング・ルネサンス》が始まったころには、いろいろな著作の写本が現れていた。カロリングの君主たちによる教育推進への努力のなかで、写本はますます数を増やし、読みやすくて間違いのないものが求められた。この脈絡のなかで現れたのが《カロリン小文字 minuscule caroline》で、それが、どこで作り出されたかについては、ローマ教皇庁かカロリングの宮廷だろうとか、トゥールとかコルビーの修道院の《スクリプトリウム》だろうと、議論が分かれているが、いずれにしても、そこで重視されているのは「読みやすさ」で、合字を避け、語彙と語彙の間に余白を置いている。この《カロリン小文字》は、ルネサンス時代、最初のユマニストの印刷者たちが採用したことから、現在のわたしたちにも親しみ深い。

カロリング時代には、何十年かで膨大な量の書写が行われた。こんにちでも当時の写本が八千点ほど遺っているが、これでも、当時写されたものの、ほんの一部分でしかない。

では、書写の作業をしたのは誰か? 《書記 scribes》あるいは《秘書あるいは公証人 notaires》である。最も多く書き写されたのは、なんといっても「神の言葉 Parole de Dieu」すなわち聖書であり、ついで典礼用の本、そして偉大な著述家たちの著作であった。手本としては、より古い写本が用いられたが、「忠実に書き写すこと」は必ずしも重要ではなかった。テキストの改変は、写字生の注意力の散漫や理解不足からだけでなかった。現在のわたしたちとは異なる判断基準によって意識して改められていることもある。

カロリング時代の君主や司教たちの手紙は、ほとんどが本人の口述を書記や秘書が筆記したものである。文人や学者も、自分で書くよりも、書記に書き取らせることが多かった。当然、口述が筆記されるなかで間違いが生じることもあり、筆記のあと訂正が加えられることもある。司教の秘書を指した《notaire》という呼称は、走り書きで取ったノートを意味する先述の「notes tironiennes」から来ている。《カロリング・ルネサンス》に先立つ文化的渇水期に彼らが担った役割の重要性は、しばしば指摘されるとおりである。文書による法令が遂行され、社会の基盤が維持されたのは彼らのおかげであり、七世紀には、主要な文書の手本というべき《書式集》が現れている。

文化の歴史において《書字》という技術的身体的活動は、不可欠の位置を占めており、印刷術が発明されるまでは、古くから伝えられた本にせよ、新しく著述されたものにせよ、様々な著述が世に広められ後世に伝えられたのは、まさに、この《書字》によってであり、あらゆる学問的文化は、これに依存している。しかし、書字とは一つの言葉を書くことであり、したがって、言葉とそれを説明する学問（すなわち文法）の歴史は、この《書字》の歴史と緊密に結びついている。

《文法 grammaire》

カロリング時代の著述家と写字生たちを、文法的に正しいラテン語を書くよう促したのが、読みやすく念入りに校訂された写本への欲求である。この「文法的に正しいラテン語」とは、古代末期に明確化された古典ラテン語の文法規範に合致しているラテン語をいう。とくに広く拠り所とされたのが四世紀のドナトゥスによる文法書で、このドナトゥスのラテン語文法の学習と教育が中世ヨーロッパで盛んになるのが九世紀後半である。

シャルルマーニュの要請でガリアの宮廷に文法の学習を導入したのは「外国人たち」であった。その最初がランゴバルド人であるピサのピエトロとパウルス・ディアコヌスで、彼らは、古典的ラテン世界の源泉に比較的近い北イタリアの出身であった。そのあとを引き継いだクレメンスはアイルランド人、アルクイヌスはアングロ・サクソン人で、いずれも、かつてローマ化されたことのない文化のなかで育った人たちであったが、アルクイヌスはドナトゥスを手本に『文法論 De grammatica』を書いただけでなく、アーヘンの宮廷で、ついで、トゥールのサン＝マルタン修道院でラテン文法を教えた。このサン＝マルタン修道院が写本製作の重要なセンターになったのは、偶然ではない。

カロリング期の学者たちは、ドナトゥスの文法を基準に、古代やメロヴィング時代から伝えられた写本のテキストを見直し、「野卑な言葉」や「劣悪な言葉」を排除した。アルクイヌスも、そのあとのテオドゥルフも、この考え方から、ラテン語訳バイブルまで見直している。聖人伝や教父たちの説教も、同じやり方で見直された。こうして八〇〇年ごろには、中世ラテン語の規範が仕上げられ、それが、十四世紀まで（あるいは、もっとあとまで）学者たちの著述とコミュニケーションの言葉として残っていく。しかし、フランス語の始まりについての章で見たように、書き言葉と話し言葉の間の隔たりは大きく、後者の話し言葉は、八一三年のトゥール宗教会議で「野卑なローマ語 rustica romana lingua」とまで決めつけられている。

九世紀には、著述家たちの文章を暗誦することを基盤にした文法教育法が樹立される。とくに聖書のなかの詩篇は、文法の学習を始めるころには暗誦できることが求められた。学校用には、そのほかにも、さまざまな詩句や諺、寓話も重視され、それらを集めた《詞華集 florilèges》が作成された。その代表的なものとして『生のための勧告 Praecepta vivendi』があり、これは聖コルンバヌスが編んだとされているが、実際は、アルクイヌスが編集したものである。同じく『荷を積んだ船 Facunda ratis』は、十世紀初めにリエージュの司教、エグベルトが編集したものである。カトーの『Distiques』（二行連句）のような古い作品も利用されたことは、幾つもの写本が遺されている事実が裏づけている。教師用に広く用いられた手引書は『colloque』

（討議）で、これは、質問とそれにふさわしい答えを入念に練りあげた言葉で連ねたものである。最後に、語彙を豊かにするために種々の《難語解説glossaires》や《語彙集lexiques》があり、生徒たちは、これらを暗記させられた。

これで本格的な文法の学習に進み、名詞、代名詞、動詞、副詞、接続詞、前置詞、間投詞などの区別を明らかにして、言葉の機能の仕方について学ぶのであるが、ドナトゥスの『文法小論Ars minor』は、そのための基本的手引き書とされ、生徒たちは、これによって、名詞や形容詞の文法上の性を確定し、語尾変化、動詞の活用を習得し、さらに韻律法と詩法を学んで、どのようにアクセントをつけ、休止を置くかを修得した。こうして『小論Ars minor』が終わると、次に、同じくドナトゥスの『大論Ars major』に進むのであるが、これは、カロリング時代の文法学者たちが拠りどころにしたもので、いまも三十以上の写本が残っている。九世紀には、六世紀コンスタンティノープルの文法家、プリスキアヌスの著述や、オーセールの教師たちを教えたアイルランド人たちの著述が再発見され、用いられるようになる。

このプリスキアヌス、ドナトゥス、マルティアヌス・カペラについては、九世紀の写本がいまも残っており、オーセールのレミギウスが余白に書き込みしたものもある。おそらく、これは、生徒に教えるための書き込みで、オーセールのサン＝ジェルマン修道院学校でも、この書き込みを見ながら教えたのであろう。一般的にカロリング時代の教師たちにとって「読む」とは、生徒たちを前に、テキストを読んで説明することであって、聴く生徒たちは、教科書のテキストもなければノートを取る余裕もなく、教師が口で述べたことを丸暗記しなければならなかった。

しかも、読み、解釈し、模倣するにふさわしい手本は、古典期の偉大な著述家たちのさまざまな文章であったから、《文法》の習得を通して、わたしたちが文学とか歴史、地理と呼んでいる多様な分野の知識も吸収された。とくに九世紀の学校でラテン語学習の手本とされた大著述家たちといえば、散文ではキケロとサルスティウスであり、詩についてはホラティウスとウェルギリウスであった。十世紀になると、これにテレンティウスが加わり、プルデンティウス、アヴィトゥス、ユウェンクス、セデュリウス、アラートルなどキリスト教詩人たちも読まれるようになる。ラバヌス・マウルスはセヴィリアのイシドールスを採りあげて「文法とは詩人や歴史家たちを解釈する技術である」と書いている。

カロリング時代に繰り返し書き写された歴史家としては、ローマ史に関してはサルスティウスとカエサル、ユダヤ人の歴史に関してはフラウィウス・ヨセフス、そして、キリスト教徒の歴史についてはエウセビオスとオロシウスがいる。これらの著述家たちの作品は、教育用に抜粋されて「選集」として編纂された。地理学に関しては、実証的なものでは全くなく、たとえばイシドールスが列挙している町や山、河川、海の名称を覚えるというやり方であった。したがって、いずれの著述家を選ぶかが重視され、オロシウスが常に参照されるとともに、地理を学ぶための最も重要な古代のテキストとされたのがソリヌス（二三〇年ごろ）の『Collectanea rerum memorabilium』〔訳注・プリニウスの『博物誌』からの抜粋〕であった。

地理学に限らず、カロリング時代になされたこれら古代著作家の選択は、フランス文化史において大きな重要性をもった。というのは、こんにちにまで残っている古代ラテン語の著作の大部分は、カロリング期の写本によって伝えられたものだからであり、わたしたちが知っている《古代》とは、カロリング時代の教師たちが選んでくれたものだからである。

自由七学科

自由七学科を定義したマルティアヌス・カペラとボエティウス〔訳注・いずれも五世紀の人〕も、カロリング時代に読まれ書写された古代の作品のなかで重要な位置を占めている。こうして《三教科 trivium》(文法・修辞学・弁証術)と《四学科 quadrivium》(地理・算術・天文・音楽)という知の区分が再確認されたのであるが、これらすべての教科が等しく教えられ学ばれたわけではない。

《三教科 trivium》

自由七科の最初である文法についてはすでに述べたので、繰り返すことはしない。ただ、ここでは、文法は言葉の学問であり、あらゆる知にいたる手段であるから、多様な知の分枝を包括する特質をもっていたことを再度強調しておくにとどめる。修辞学は、文法の延長部分である。修辞学を身につけるには、文法の修得の場合と同じく、古代の著述家たちを学び、模倣したが、とくに修辞学の手本とされたのが、クィンティリアヌスやキケロといった人たちの著作で、九世紀、フェリエールの大修道院長、ルプスは、この観点からキケロの著述でも最良の写本を探し求めている。

修辞学では伝統的に、論述を「前置き」「叙述部」「論証」「反論への応答」「結び」という幾つかの部分に分け、たとえば、ある人物を称賛した文や弔辞、自然を礼賛する文章などさまざまな例文によって演習を重ね、言葉を完璧に使いこなせるようになると、さらに、演説文を起草し、論争を戦わせた。

カロリング時代には、文法と修辞学は必ずしも区別しないで学ばれ、教えられ、訓練されたが、《三教科》の仕上げとされた弁証術（dialectique）については、ラバヌス・マウルスが「弁証術こそ教科のなかの教科である。なぜなら、教え方を教え、学び方を教えるのが弁証術だからである」と意義づけているように、大事ではあったが、教える人も少なく、実地での活用も限られたままであった。

カロリング時代の学者たちが弁証術を学ぶために重視したのはボエティウス（480-524）であったが、それは、彼がアリストテレスの『カテゴリー論』と『解釈論』をラテン語に訳するとともに、ポルフュリオスの著作『エイサゴーゲー Isagoge』も訳していたからである。〔訳注・『エイサゴーゲー』はアリストテレスの『カテゴリー論』の入門書兼注解である。〕中世の西欧がギリシア哲学とつながりをもつことができたのは、ボエティウスによってであった。ボエティウスは、以上の三つに加えてキケロの『トピカ Topiques』も注解している（ただし、これは断片しか遺っていない）。この四つは、中世哲学において「いにしえの論理学 logica vetus」と呼ばれ、学問研究の合理的方法を提示した基本書とされた。

神学論争のなかで弁証法が活用されたのではないかと期待する向きもあろうが、カロリング時代の《神学者たち》にとって「神学」とは基本的にはテキストを解釈することであって、そのために利用されたのは文法学者のそれであって弁証家のそれではなかった。彼らは、二十世紀の言葉でいえば《注釈家》であって《哲学者》でも《神学者》でもなかった。

九世紀後半において唯一「弁証家」の名に相当したのがヨハンネス・スコトゥスである。ラバヌスやヒンクマールは、修道士ゴットシャルク Gottschalk〔ゴデスカルクス Godescalcus とも〕の二重予定説（決定論的救済予定説とも呼ばれ、救済を予定された者のなかにも、さらに遺棄される者も予定されているとする説）の異端性を明確にするために、聖書のテキストと注釈を集めたが、ヨハンネスは、弁証術によって、このゴットシャルクの説が聖書の教えに反するだけでなく、理性にも反することを明らかにしようとしたからである。彼によって育てられた何人かの弟子のなかで、ヘイリクスとレミギウスはオーセールでボエティウス訳のアリストテレスの『カテゴリー論』とポルフュリオス『エイサゴーゲー』に注解を施している。それから一世紀半後の九七二年、オーリヤックの修道士ゲルベルトゥス〔訳注・のちの教皇シルヴェステル二世〕が、カタローニャとローマに滞在し文法と修辞学だけでなく《四学科》についても修得したあと、さらにランスに向かったのは、西欧で知られていた唯一の弁証法教師、ゲラヌスがランスにいたからであった。

以上のことから、弁証法は、カロリング時代には一部の人々からは重要性を認められ、この教科の基盤になる著作も書き写され注釈されていたが、まだ、実際の教育は行われていなかった、ということが明らかである。

《四学科 quadrivium》

弁証法が稀にしか教えられなかったように、《四学科》が教えられることは、さらに少なかった。両者も、ギリシア語の知識と結びついていたので、その西欧における運命は相関関係にあった。いうなれば最後の弁証家であったと同時に最後の数学者だったのがボエティウスで、彼が亡くなると、六世紀から八世紀まで、幾何学、算術、天文学、音楽は相次いで忘却の淵に沈んでいった。

まず算術についていうと、当時の人々が数の問題に寄せた関心は、数自体よりも、個々の数の象徴的意味についてであり、数が使われたのはもっぱら暦の計算（comput）と経済的勘定のためであった。同様に、天文現象も、解釈の対象としてであって、一つの知識体系とか《教科》として生徒に教えられることはなかった。天文学〔astronomie〕も、九世紀におずおずと再び姿を現したものの、むしろ占星術〔astrologie〕としてであり、ほんとうの意味で天文学が再発見されるのは、十世紀の終わりの四半世紀、ゲルベルトゥスとその生徒たちによってである。しかも、これはフランスの国土では例外的で孤立的現象でしかなかった。

幾何学は、実務的にはアーヘンにおける宮殿の建設に携わった建築家たちにとって不可欠であったし、とくにアーヘンの礼拝堂のプランは、測量や計算法をマスターし、古代のウィトルウィウスの建築論についても確かな知識を持つ技師たちによって描かれたことが明らかである。しかし、幾何学の理論家となると、ゲルベルトゥス以前は知られていない。幾何学と不可分の算術も、尊者ベーダの『時の計算について De temporum ratione』〔「潮汐論」とも訳される〕以来、暦の計算に限定されていた。ゲルベルトゥスは《アバク abaque》〔訳注・そろばんの一種を指すとともに、計算早見表を意味する〕を使って算術の教科を一新した。天文学は暦の計算を通じて算術と結びついていたが、ゲルベルトゥスは、天球儀を使って天体の動きを示している。

音楽に関していうと、カロリング時代においては、学科としての《音楽 musica》と典礼での《歌唱 cantus》とは区別される必要がある。この二つの関係は《文法》と《読み書き》のそれと同じであって、《音楽》はあくまでも《歌唱》のための理論なのである。

ローマの《聖歌教習所 schola cantorum》を手本にしてメッツに《歌唱》が導入されたのが八世紀半ばで、この改革はルーアンやリヨンなどガリアの他の教会に波及していった。しかし、次の世紀になっても、ローマ人司祭のヨハンネスが「蛮族どもの声帯はローマ聖歌の転調を習得するのには向いていない」とけなしているように、ローマ聖歌隊とフランク聖歌隊の間では、しばしば解釈上の争いが繰り返されたようである。聖歌隊員になるには、何年にもわたる訓練が必要であった。なぜなら、ラテン語を正しく読めるようになるのにアクセントや休止の置き方を習う必要があるのと同じく、聖歌を正しく歌うためには、音律についての基礎的知識が必要だからである。他方、歌唱は、九世紀後半より以前は音符化されなかったので、耳で覚える必要があった。「ネウマ neumes」と呼ばれた音符記号が広まったのは、サン＝タマンの修道士、フクバルド（九三〇年没）のおかげで、九、十世紀には、合唱用のたくさんの歌唱集（tonaires）や先唱句集（antiphonaires）が作られていった。

したがって、「chantre」（聖歌隊員）というのはあくまで実際に歌う人であって、彼は、学問的教科としての《音楽 musica》は知らなかった。この教科としての《musica》を学ぶために最もよく読まれ、注釈された著作が、ランの学校周辺で九世紀後半に書かれた『Musica enrichiriadis』〔訳注・「音楽提要」〕である。この本には、のちに「オルガヌム organum」と称され、こんにち「多声音楽 polyphonie」と呼ばれているものへと発展する最初の理論が見られる。教科としての音楽は、他の《四学科》が教えられている学校、とりわけリエージュ、フルーリィ、シャルトル、ランスの学校で学ばれた。ゲルベルトゥスがボエティウスの『De musica』を注解し、《振動》を学ばせるために単弦の楽器を作り、またオルガンのパイプについての理論を書いたのが、ランスにおいてである。

わたしたちの知りうる限りで、四学科すべてに通じていた唯一の学者がゲルベルトゥスである。彼はオーリヤックの修道士であったが、ランスで神学教師、ついでは大司教になり、北イタリアのボッビオ大修道院長、ラヴェンナ大司教、最後には九九九年、シルヴェステル二世の名で教皇になった。彼は、わたしたちが考察している時代の最後に位置しているが、その特異な人間像からして《カロリング・ルネサンス》に結びつけるには少々無理がある存在である。《三教科》のなかの弁証術と同様、《四学科》の多様な分枝は、カロリング朝の学者たちには、やっと瞥見されただけであった。彼らが、その重要性を認識したのは、とくにボエティウスを読んでからで、歌と計測、算術について、ある程度の習得はしたが、幾何学、数学、天文学、音楽にまで考察を進めるにはいたらなかった。

《医学 médecine》

医学は《七教科》に入れられていないが、カロリング時代のある詩人は、ためらうことなく、医学を第八の学芸としている。ただし、この場合の医学も、音楽や地理学と同じく、実証的学問ではなく、あくまで本のなかで学ばれるものであった。その本とは、古代の医師たちの著述をカッシオドールス（490-585）が集めたもので、九世紀から十世紀にかけて盛んに書写され、こんにちもフランスの図書館に百五十部ほど保管されている。ラン、ランス、コルビー、サン＝タマンといったカロリング時代の大きな中心地では、ヒポクラテス、ガリエノス、オレイバシオス、マルケルス・エンピリクス、ディオスコリデスといった人々の著述の写本が見つかっている。シャルトルには、西暦一〇〇〇年ごろ、フランスでも最も有名な医学の学校があり、ゲルベルトゥスの弟子であるランスのリシェは、師匠も知らなかった知識を手に入れるためにシャルトルを訪れている。

テキストと本の文化

「読む lire」「書き写す copier」「注解する gloser」——これが、カロリング時代の主たる文化活動で、三つとも、聖俗いずれにせよ《テキスト》というものと緊密に結びついていた。

そのため、《本》は特別の価値が付され、保存と伝承のためにあらゆる注意が払われた。書写にあたって、文字は入念に書かれ、美しい挿絵が付けられ、大事に保管された。とくに典礼書は、豪華な装丁のために芸術と技術の粋が注がれた。表紙は、打ち出し細工で絵柄を描いた黄金板や浅浮彫りを施した象牙板を、宝石の飾り鋲で留めた額で縁取られている。チューリヒに保存されているシャルル禿頭王の時祷書は、象牙板に細密画を浅浮彫りしたもので、その豪華さは比類がない。

「読む」ということは、《神の言葉》や《人々の言葉》を読み解くことを前提としていたので、カロリング朝の君主や顧問たちは、「読む」ことを習得できる場を増やすことに努めた。しかし、読んで理解するには、言葉を習得しなければならない。カロリング時代に文法が「諸学の女王」とされたゆえんがそこにある。文法を習得することによってこそ、難しいテキストも読み解くことが可能となるからである。しかし、「読むこと」ができるためには、前提として、読まれるべき本が集められていなければならない。カロリング文化が栄えた中心地には、幾つもの時代の災厄を免れてきたあらゆる古代の本と最近の本が集められた。

こうして、多くの写本がカロリング期の写字生（scribes）によって作製された。彼らは、すぐれた素材（羊皮紙）に丁寧な字（カロリン小文字）で、それが聖書であろうと世俗的な本であろうと、テキストを尊重する批判的意思をもって書き写し、それに価値を付そうとした。そこから、文頭の一文字を複雑な飾りを入れた大文字にしたり、ときには、皇帝の象徴である紫に染めた羊皮紙に金文字で書写したりした。同じ著者の著作でも、よりよい写本を求めて、それを書き写そうと努力し、入手できるかぎりのテキストを集めて比較検証した。その結果、九、十世紀は、フランス文化の歴史のなかで、それ以前の著作についての決定的選択が行われた重要な時代となった。いまわたしたちが知っている古代および初期中世の著作リストは、カロリング時代の写字生たちの選択によるものである。

こうして《カロリング・ルネサンス》は、写本を読むことと書写することに注いだ努力によって、フランス文化史における「収集」と「仲介」の偉大なモーメントとなったのであるが、では、「創造」の点では、どうだろうか？　それには、「読む lire」「書き写す copier」について「注解する gloser」が持つ意義を考察する必要がある。

カロリング時代の学者たちにとって《仕事》とはテキストを注釈することであり、幾つものテキストを照合することによって論証することであった。これは、聖書に関してだけでなく、古代の文法書やボエティウスの書いたもの、あるいは法律集にも当てはまる。独創的な仕事や学問的探求の領域を広げることは重要ではなかった。大事なの

宝石をはめこんだ装丁の「ゴスラン福音書」

は、より古いテキストを使って、よりよく理解できるようにすることである。そこで頼りにされたのが、まず文法学の方法であり、付随的に修辞学のやり方である。

学問の目的は「神を認識すること」である。聖書を説明するためには、文法学者のやり方によってテキストを確定し、注釈し、そして議論することが不可欠である。このようにして、文法から修辞学へ、さらに例外的に弁証術へと進むのであるが、それは、聖書のテキストを知るためであり、したがって、神を知るためである。アルクイヌスは、その文法論のなかで「神の認識こそ賢明な学問の頂点である」と書いている。こうして《カロリング・ルネサンス》は、聖書を読むために文法を用い、本来、世俗的であった《自由学芸》を次第にキリスト教化して、フランス文化のなかに組み入れたのであった。

だが、弁証術から可能なかぎりの分け前を引き出し、これまで述べたカテゴリーにはなかった偉大な中世の学問である《神学 théologie》が創り出されるのは、次の時代である十一世紀から十二世紀においてである。

第二部　創造の時代（十一―十三世紀）

アニータ・ゲロ゠ジャラベール

第五章　知と社会

学問的文化の発展と学校の発展とは、当然のことながら、緊密に重なり合っている。カロリング時代に創設された学校制度は十一世紀から十三世紀まで維持されたが、教育の権利は、直接的にせよ間接的にせよ、キリスト教会が独占した。しかし、この分野でも、幾つかの顕著な進展が見られる。学校の数が増え、文字の使用が広範になり、卑俗語も文字化されていったことである。これによって、文字の実務的価値は高まり、書字を習得した人々の社会的立場と役割は向上した。しかしながら、文字を書ける人は、相変わらず少数派で、まさに、そのことによって、その能力を尊重されたのであった。しかも、そうであるだけに、変革は社会の底辺には及ばず、文字は神聖な領域に結びつけられ、《聖書》がすべての基準とされた。

とくに強調しておかなければならないのが、基本的に女性は学問的教育から排除されたことで、フィリップ・ド・ノヴァールが『人生の四つの時 De quatre tens d'aage d'ome』のなかで書いている「女は文字の読み書きを学ぶべきにあらず」は、当時の人々に共通の観念であった。支配階層の女性でさえ、一般的には、キリスト教の信仰と教理にかなった社会的道徳的資質の涵養に結びつく基本的教育しか受けていなかった。このことは、世俗的生活をし、若くして結婚生活に入った人々だけでなく、修道女たちにも当てはまる。修道院に入った女性たちは、その最低限の知的教育にふさわしい立場しか認められず、その知識は、最も完成された場合でも、ラテン語が書けることぐらいで、それは、聖職者の俗人に対する、男性の女性に対する支配を支えるものでしかなかった。

一、教育機構——司教座（修道院）学校から大学まで

十一、二世紀の学校

〔よく分かっていない十一世紀の学校〕

カロリング時代以来そうであったように、十一世紀も、学校といえば修道院のそれと、多分、司教座参事会の学校である。しかし、その大部分は茫漠としていて、痕跡も残っておらず、わずかに幾つかの学校が一人の教師の名声とか卒業した有名人のおかげで存在したことが知られるだけである。

ベネディクト会修道院は、ある人数の子供たちを《オブレート会員oblats》として受け入れた。《オブレート》とは「捧げもの」の意で、《オブレート会員》とは、両親によって修道士になることを運命づけられ、修道院が教育を引き受けた子供たちを言い、その目的は、将来修道士にするための教育を施すことであった。ほかにも、必ずしも修道士ではなく聖職者の道を約束された貴族の子弟もいて、何年間か寝食を共にしたが、

彼らの場合は、生まれた邸で司祭の錫杖のもとで始められた教育の仕上げをするためであった。たとえば一〇三四年に設立されたノルマンディーのベックの大修道院には、パヴィアのランフランクスが創設し、やはり北イタリア人の聖アンセルムスが引き継いだ学校があった。この二人は、相次いで大修道院長職を受け継いだあと、イングランドのカンタベリーの大司教になっている。

《オブレート会員》のための寄宿学校と外から通う学校との間には区別があり、おそらく不平等にならざるをえなかった。ほとんどの大修道院では、教育は「読む」「書く」「ラテン語の読解」「暦法の計算」「歌」など、修道院生活に必要とされる基本レベルを超えることはなかった。この点で、ギベール・ド・ノジャン〔訳注・初期の十字軍について歌った『フランク人の武勲』や『聖者の遺物』などの詩を遺している〕がその自伝で述べている証言は意味深い。

――一〇五三年、ピカルディーの貴族の家に生まれた彼は、まず母親に雇われた一人の司祭によって教育された。この家庭教師は、あまり学識はなかったが、かなり荒っぽいやり方で生徒を教え、なんとかラテン語を覚えこませた。子供が十二歳になったとき、この家庭教師がフレイのサン＝ジェルメール修道院に入ったことから、ギベールも一〇六六年、そこに入れられた。しかし彼は修道士になるのに充分な教育を受けていると判断され、この旧師から離されて、個人的に読書に打ち込み、作詩に熱中した。その後、ベックのアンセルムスの指導で、よりふさわしい課題に関心を向けるようになった。ベックの学校が到達していたレベルは、十一世紀としては例外的なもので、その名声に惹かれて、ヨーロッパの各地から若者たちが来ていた。

同じように司教座学校もカロリング時代にすでに設立されていたが、十一世紀には次第に低迷し、かつては有名であったラン、ランス、ソワソン、オーセールなどの司教座学校が闇のなかに沈んでいった。それに対しシャルトルでは、大法官から司教になったフルベルトゥスの存在が十一世紀初めのこの司教座学校に生気を吹き込んだ。フルベルトゥスは、多くの書簡、説教、詩を遺した人で、その生徒のなかで傑出しているのが、トゥールで神学教師を務め、アンジェーの教会では宝物庫を管理したほか、一〇五〇年から一〇七〇年にかけては、《聖体の秘蹟eucharistie》をめぐる論争でランフランクスに対抗する一方の立役者になったベレンガリウスである。

司教座学校も、その閉鎖性では、修道院学校とあまり違っていなかった。教育法や教科内容は、本質的に教師次第であったから、優れた教師によって名声があがっても、長続きすることはなかった。後で見るように、学校の脆弱さの根底にあったのが、テキストの生産性の低さであった。

一つの重要な発展を示すのが十二世紀であるが、その変化は、一〇八〇年ないし一〇九〇年には始まっていた。都市的枠組のなかでの教育の場が増えていったことである。

〔十二世紀の修道院学校の凋落〕

修道院学校の衰退は、《オブレート会員》を受け入れなくなったという修道院自身の選択の結果であって、不可避的にそうなったのではない。とくにシトー会修道院は、十五歳にならない子弟を修練士novice〔訳注・修道誓願を立てる前の者〕として入れることはなくなった。十五歳といえば、若者の大部分は勉強を修了している年齢である。読み書きのできない者については、《無品級修道士convers》(雑用係り)として受け入れられた。聖ベルナルドゥスの末の弟が、ほかの兄弟と一緒にシトーに入らなかったのは、若過ぎて、文字の読み書きから学ばなければならなかったからである。クリュニーでも、尊者ピエール（一一二二年から一一五六年まで大修道院長を務めた）の規則によって、修練士になれる年齢を二十歳以上と定めた。《オブレート会員》は六人に限定され、彼らだけは十五歳まで教育を受けた。

修道院の考え方は、知的関心に対し敵対的ではなかった。シトー会修道院の図書館には各地の《スクリプトリウム》から写本が集められていたし、自らの《スクリプトリウム》からも様々なテキストを生み出した。とはいえ、その知的活動は修道士たちの精神的成長に資するものに限定され、しかも、活動は、組織化された教育の形ではなく、個人的努力に重点が置かれていた。たとえばギベール・ド・ノジャンや聖ベルナルドゥスが教育を受けたのはシャティヨン＝シュル＝マルヌの参事会学校であり、修道院に入ってからは、一人でにせよ数人の友人たちと一緒でにせよ、思い思いに聖書を読んだり、瞑想したりする日々を過ごしている。

〔都市学校の発展〕

反対に、司教座聖堂参事会では、一一〇〇年代以降、その仕事のなかで教育機能の占める比重が増し、そのため、都市的環境との結びつきが緊密化していく。

司教座参事会には原則として一つの学校が付設されることが、一〇七九年、グレゴリウス七世によって義務づけられた。参事会メンバーの一人が司教座学校の学校長になり、しばしば副司教（archidiacre）、書記（chancelier）、聖歌隊の仕事も兼務した。ある規模の学校になると、学校長が《高等教育》を担当し、《初等教育》は司祭たちに任せている。たとえば、一一〇〇年ごろ、ランのアンセルムスは弟のラウールをそうした補佐役にしているし、ランスのアルベリックは、教え子のロテュルフを助手にしている。

同じ時代、教会法学校（école canonial）〔訳注・聖職者を育成するための学校〕も、一つの大きい発展を遂げる。それは、部分的には、ヨーロッパ全体の教会改革と関連していた。フランスの場合、最もよく知られているのが、パリのサン＝ヴィクトール修道院参事会の例で、変革はここを起点にフランスじゅう、さらにはフランスの外にまで広がっていった。その変革の元になったノートル・ダムの参事会員、ギヨーム・ド・シャンポーは、一〇七〇年ごろに生まれ、ラオテンバハのマネゴルド、ランのロスケリヌス、アンセルムスといった著名な教師たちのもとで学び、ノートル・ダムで弁証法と神学を教えた。その生徒の一人であったアベラルドゥス（アベラール）の彼に対する評価は例によって否定的であるが、それにもかかわらず、十二世紀初めのラテン語と神学の教育における彼の寄与は無視できないものがある。ギヨームは一一〇八年にはノートル・ダムの教師の座を去って何人かの弟子を連れて対岸のサン＝ヴィクトールに移って教育の仕事を続け、一一一四年に「大修道院」の資格を受けるまで育て上げると、以後は自らシャロン＝シュル＝マルヌの司教になり、一一二一年ごろに亡くなった。

このサン＝ヴィクトールの改革は、この世紀の半ばにはサント＝ジュヌヴィエーヴの参事会にも影響を及ぼしただけでなく、十二世紀じゅうを通して大きな力を発揮した。文法と弁証術という言葉の技術と歴史についての知識の上に聖書注解と神学を築き上げようとするその伝統のなかから、フーゴの『学習論Didascalicon』、リカルドゥスの『抜粋Excerptiones』、ゴドフロワの『哲学の泉Fons philosophiae』など多くの概論書が生み出された。ギヨーム・ド・シャンポーは、サント＝ジュヌヴィエーヴでも学校長の権限をもっていたので、外部の人たちにも教鞭を執らせた。前述のアベラルドゥスもその一人であった。

〔教師資格の拡大〕

十二世紀初めから、教師の数も生徒の数も急激に増大し、『教師資格licentia docendi』を持つ人が大量に生まれる。公認の学校長たちは、教会権力（司教たち）によって定められた範囲（司教座都市の全体とか一部、あるいは一街区とか一つの町のこともあった）のなかで独占権をもっていて、自分で需要に応じきれなくなると、教皇庁の指針で認められた「資格証licentia」によって委任する形で教師を増やすことができた。このライセンス取得の具体的手続きは、この時代については明らかではない（次の世紀のように試験によったのだろうか?）が、教皇アレクサンデル三世は、第三回ラテラノ宗教会議（一一七九年）で、資格を持つ人には教える権利を与えることを定め、ためらうことなく教師の数を増やせるようにした。

アベラルドゥスの自叙伝的著述『わざわいの記Historia calamitatum』を読むと、十二世紀初めには教師に任命されることがいかにも難しかった印象を受ける。しかし、彼の場合は、その特異な性格から、まわりに心配の種を植え付けていたから、全面的には手本にはなりえないうえ、ギヨーム・ド・シャンポーとは師弟関係にあったものの個人的に不和であったため、パリでは認可を得ることができなかった。そこで彼は、ムラン、ついでサンスの司教区、さらにコルベイユへ行った。やがて、ノートル・ダムの学校長が代わったので、この新しい学校長からパリで教鞭を執る許可を得たが、サン=ヴィクトールに隠退していたギヨーム・ド・シャンポーが、自分のこの古い生徒との間で論争を開始したうえ、学校長を交代させたので、アベラルドゥスは、独立的校長権限をもつサント=ジュヌヴィエーヴ修道院に避難せざるをえなかった。ついで、有名な神学者であるアンセルムスの講義を聴くためにランへ行ったが、そのアンセルムスとも衝突し、パリに戻ったのであった。なんとかノートル・ダムの学校に受け入れられたものの、ここも、有名なエロイーズとの恋愛事件が原因で逐われることとなる。人生の最後にいたって、サント＝ジュヌヴィエーヴの管轄地であるパラクレで教育を再開したが、サンスの宗教会議で有罪宣告を受け、クリュニーに身を寄せ、ここで生涯を終えるのである。

教皇庁が学校のあり方を規定するのは十二世紀末になってからであるが、学校のありようは常に教皇庁の判断のもとにあった。第三回ラテラノ宗教会議（一一七九年）は、《教師資格》に関することだけでなく、各司教座に一つは学校を開設するよう呼びかけ、教師の給与は司教参事会禄から支給するよう定めている。これは、教育費の無償を別の形で保障したものであった。もっとも、パリなどの重要な中心地では、教育施設も多く、教師たちは生徒たちが納める学費から支給を受けることができたが、それとともに、学校運営のあり方に関して種々の問題が生じ、教師と学生たち自身によって規律を樹立しようという機運が高まる。この点については、このあと見ていく。

〔不均等な学校網〕

教育内容とそのレベルは、それ以前の時代と較べてもずっと不均一で、大部分の学校は、初歩的教育を施すのがやっとであった。生徒たちが学校に通うのは十五歳までが普通で、さらに上級の教育を求めても、そうした要求に応じられる学校は、十二世紀には、ロワールの谷でいうと、オルレアン、トゥール、アンジェ、それ以外では、シャルトル、ラン、ランスといったごく少数の中心地しかなかった。そのなかで、ずばぬけて活発な知的中心地になっていったのが、すでにヨーロッパ有数の大都市になっていたパリであった。南フランスでは、トゥールーズのサン＝テティエンヌの司教座学校が知られているが、この学校については、十一世紀末、参事会改革が行われたときの何人かの学校長の名前が知られているのみである。南仏で唯一際立っているのがモンペリエで、ここの学校は、医学教育と法律の教育で名を馳せた。

いずれにせよ、学校長も教師たちも独立的な立場であったうえ、その力も知識内容も多様であったため、教師は自分を受け入れてくれる教壇を求めて、学生たちも、学びたい教科と名声の高い教師を求めて、あちこち移動してまわった。こうして、重要な学校には、諸外国からも、さまざまな人々が集まってきた。高等教育は、一般的に長い年月を要し、《教育 enseignement》と《養成 formation》とは混然としていた。その例の幾つかを挙げよう。

〔移動する聖職者たち〕

ギヨーム・ド・シャンポーは、アンセルムスの神学講義を聴くために、パリのノートル・ダムでの弁証術の授業を休んでランへ出かけている。ナントの近くで生まれたアベラルドゥスは、ロシュでロスケリヌスを聴いたほか、多分、シャルトルでテオドリクス、アンジェでウルヘル、そしてパリでギヨーム・ド・シャンポーの講義を聴くなど各地を転々とした。教鞭を執るようになってからも、ランでアンセルムスを聴いて神学にのめりこむ。十歳の年の差があるギヨームとアベラルドゥスでは十歳の年の差があるが、この二人が学問のために歩んだ道は、意味深いやり方で重なり合い、交差し合っている。今では、シャルトルの一部の教師たちはパリでも教えていたこと、とくにシャルトルやランで学んだギルベルトゥス・ポレタースも、パリで教鞭を執ったことが分かっている。

もっと若い人たちでいえば、ソールズベリーのジョン、ジルベール・ド・トゥルネも、複雑な経歴を辿っている。ジョンは一一一五年から一一二〇年のころにイングランドで生まれ、一一三五年ごろパリに出て、アベラルドゥス、ランスのアルベリック、ロベール・ド・ムラン、ギヨーム・ド・コンシュ、シャルトルのテオデリクス、司教リカルドゥス、ピエール・エリ、ギヨーム・ド・ソワソンといった人々の講義を聴いている。三年間教鞭を執ったあと、ロバート・プレン、ポワシーのシモンとともにパリで神学を研究し、一一四七年以後、教会での聖職活動に入り、ランスのサン・レミ大修道院長、ピエール・ド・ラ・セルのもとで働き、ついでカンタベリーの二人の大司教、テオバルドとトマス・ベケットのもとで秘書を務め、最後はシャルトルの司教（1176-1180）として生涯を終えている。教会法学者として知られるエティエンヌ・ド・トゥルネは、一一二八年にオルレアンで生まれ、その司教座学校で学んだあと、ボローニャで法学を学んだ。一一五五年ごろオルレアンの参事会員になるが、シャルトルへ行って神学を学び、一一七六年にパリのサント＝ジュヌヴィエーヴ大修道院長になり、最後はトゥルネの司教になっている。

これらの事例からも明らかなように、彼らが歩んだ道は互いに交差し合っているが、それは重要な知的中心地が数も少なく、狭い地域に集まっていたからである。この点では、学校から学校へ移り歩いた人の実数について幻想を抱いてはならない。他方、こうした激しい移動のなかから、《ゴリアール goliards》と呼ばれた「放浪学生たち」が出現した。わたしたちが彼らについて知ることができるのは、彼らが遺した詩によってのみで、それらは、愛とよき生の礼賛に社会的秩序への批判を交えたものである。土着の言葉で作られた詩も幾つか見られる。

パリ大学の誕生と発展

十二世紀末から十三世紀は、高等教育の場が集中していったことで注目される。そうした幾つかが《大学université》になっていったのであるが、これは、都市地域で教師と学生の数、学校としての登録が増えたことによるもので、フランスでその典型が見られるのがパリである。その基本的要素をジャック・ヴェルジェの研究によって示すこととする。

〔パリ大学の設立〕

およそ一一八〇年から一二一〇年の間に、詳細は分かっていないが、大なり小なり自然発生的に、職人組合を手本に、教育のための一つの組織が形成された。そこで重要な役割を演じたのが、一方では学校教育の現場と司教座当局、他方では町のブルジョワたちの間の緊張関係であった。一二〇〇年に教師たちの最初の組合がフィリップ・オーギュストの特許状を受けている。これは、学生たちとブルジョワたちの衝突事件のあと、《パリの学校当局scolares parisienses》に王室裁判による保護と裁判特権を与えたもので、これは、彼らに聖職者としての身分を認めるものであった。教師と学生たちの組合は、その後も何年にもわたる司教座当局との確執を経て、元神学教師で教皇特使のロベール・ド・クルソンによって一二一五年に与えられた規約が承認されるにいたる。そこで重大な軋轢の焦点になったのは、《教師資格licentia docendi》の認可と集団内部の組織の問題であった。学生たちと王政府警吏の乱闘のあと一二二九年から一二三一年までストライキが起きて、教師たちの大部分がパリを去ってオルレアンに移った。ようやく一二三一年に《大学》の独立性とその特権が、聖ルイ王と母后のブランシュ・ド・カスティーユによって認められ、同年、教皇（グレゴリウス九世）から公開勅書『パレンス・スキエンティアルム Parens scientiarum』（訳注・「諸学の親」）が与えられた。さらに大学の規約は一二四六年の『国璽法 droit de sceau』によって一新され、これは一二五〇年ごろまでに補完された。

このとき大学内部で俗人教師と托鉢修道会に属する教師たちとの間で確執が生じ、一二五二年から一二五九年までを頂点に、この世紀の後半に何度も抗争が繰り返された。一二三〇年ごろから次第に教師の席を占めていったドミニコ会士とフランシスコ会士たちがさまざまな特権を持っていること、彼らが修道会をバックに無償で教育に当たり、ストライキなどでも一般の教師たちと歩調を合わせようとしないことに対して、俗人の教師たちから非難の声が上がった。とくに一二五七年、教皇（アレクサンデル四世）が勅書『クアシ・リグヌム・ウィタエ Quasi lignum vitae』（生命の樹のごとく）を発して托鉢修道会の立場を強化したことで俗人たちの不満が頂点に達し、大学は分裂した。争いの焦点は、貧しい人々に奉仕しようとする托鉢修道会の活動の合法性という別の次元に移り、参事会員で神学教師、ギヨーム・ド・サン＝タムールによって激しさを増し、大学の枠を超えて聖ルイ王やその側近まで巻き込んだが、最終的には、托鉢修道士たちの勝利と大学の諸特権が確認された。一二九二年、教皇ニコラウス四世は、キリスト教世界全体に効力をもつ《教授資格》をパリ大学に授けている。

この時代、ヨーロッパ各地で次々と大学が産声をあげた。フランス以外でも、たとえば法学で名を馳せるボローニャ大学、神学ではオックスフォード大学など、最も重要な大学が誕生する。フランスでは、モンペリエの医学学校が一二二〇年に大学の資格を受けたうえ、アルビジョワ十字軍のあと（一二二九年）、教皇庁は、カタリ派に対する戦いのためにトゥールーズに大学を創設したが、この企ては、法学以外の分野ではうまく機能しなかった。その反対に、十四世紀には、オルレアンとアンジェの法律学校が大学になる。

北フランスでは、パリの諸学校と大学の隆盛を前にして、十二世紀には輝きを放っていた学校の大部分が、田舎の地方的学校に格下げになってしまった。このような一極集中は、南フランスでは起きなかった。たとえば、モンペリエが発展したからといって、カオールやベジエ、ナルボンヌ、アレース、アヴィニョンの学校が衰退することはなかった。

〔大学の組織〕

大学を特徴づけているのは組織化の度合いであるが、それほど誇張すべきではない。たとえば、大学は固有の場所を占めているわけではなく、授業は教師が賃借りしたホールだの教会で行われた。他方、この組織化は、結果として、教育と教育環境の聖職的性格を強化した。教師も学生たちも、聖職者として規定され、聖職者の特権を与えられた。司教座権力との関係では独立性が獲得されたが、それと釣り合いをとるように教皇庁の介入は維持された。教皇庁は、学校制度を強化すると同時に、これをコントロールして、社会のなかで教会の力をより確固たるものにするイデオロギーを鍛えることに特別の利益を見出したのであった。教皇庁がパリ大学の教育を自由学芸（arts libéraux）と教会法、神学に限定したこと、パリ大学と托鉢修道会の絆を強化しようとしたのは、このためであった。そもそも托鉢修道会は、《キリスト教徒民衆》の枠組を改良するために「教会の先鋒部隊 fer de lance」として作られた（あるいは、存在を認められた）もので、一二三〇年から一二四〇年以後、最も優秀な神学者を輩出している。

大学システムによって、それ以前にはなかった幾つかの要素が確定された。たとえばパリ大学は、幾つかの学部（facultés）に分けられたが、《自由学芸》は神学と法律、さらには医学へ進むための準備課程に位置づけられたことによって、教科間の階層性が明確化された。各学部は教授会の指導下に置かれ、この教授会を主宰する学部長（doyen）はとくに授業編成の権限を握った。学芸学部の運営を円滑にするためと学生たちの相互扶助を推進するために、学生たちは出身地によって《同郷団nations》に分けられた。（パリ大学の場合は、パリ周辺の「フランス」とノルマンディ、ピカルディ、イングランドの四つの同郷団に分けられた。）最後に大学を管理するとともに、対外的にこれを代表する立場として《学区長officiers》（パリ大学の場合は学長recteur）が選ばれた。

それ以前に較べてよくなった点は、幾つかの基本的テキストの講読から成るプログラムが確定されたことである。たとえば、十三世紀前半のさまざまな規定を見ると、サン＝レミの日（十月一日）からお告げの日（三月二十五日）までの間にドナトゥスとプリスキアヌスの文法書を修得するよう定めている。同じように、一二五五年の学芸学部の規定には、アリストテレスの著述の講読プログラムが、日限つきで定められている。その具体的進め方もはっきりしており、読んで注解するのが「lectio」、なんらかのテーマをめぐって教師が選んだ問題（quaestio）について、定められた議論の原則にしたがって論議するのが「disputatio」である。最後に、年齢制限がついているが試験を経て称号が確定される。年齢制限というのは、たとえば学芸学部を修了して上級の学部へ進むためには二十一歳になっていなければならなかった。これは、学問には、それだけ長い歳月を費やさなければならなかったということであり、理論的にいって、とくに神学を三十五歳以前に修了することは不可能であった。

〔職業組合としての大学〕

したがって、大学の教育システムは、前の時代に較べてずっと体系化され、レベル・アップされているが、個人を精神的兄弟愛の基盤の上に再編成した《信心会confrérie》という典型的に中世的な枠組みにはめこんだものとなる。この共同体の始まりを指し示す「communitas」「communio」「societas」「consortium」「universitas」といった呼び名は、中世的な信心会に共通しているものであるが、この最後の「universitas magistrorum et scolarium Parisiensium」(パリの教師と学生の共同体)という呼称が《大学université》という特殊な呼び名の元となるのである。したがって、仕組は複雑であるが、ほかの組合と同じく、メンバー相互の防衛のための組織体であり、この職業的集団は、本来は《精神的愛caritas》をその組織と社会的関係の機能のなかに投影したものであり、あらゆる信心会の規約(statut)と同じく、大学の規約も、相互扶助と病人の介護、亡くなった場合の葬儀、死者のための祈り、お勤めと行列への参加、守護聖人への供養を規定している。

貧しい学生たちを保護するために幾つかの《学寮collèges》が創設されたが、その根底にあるのも《カリタス》である。そうした学寮は、聖俗いずれにせよ金持ちからの寄付によって維持され、学生たちを収容して、その生活を保障し、必要な本まで供給した。十三世紀には、むしろソワソンのようにつつましい町の学校に、そうした学寮が増えている。とくに数が多いのがパリで、その最も有名なのが、当時の著名な神学教授であり、聖ルイ王とも近しかった参事会員、ロベール・ド・ソルボンによって一二五七年に設立された

「ソルボンヌ学寮」である。この学寮は、神学の勉強をめざす貧しい文学士たちのための学寮で、その組織によって、托鉢修道会だけでなくシトー会によって教育と盛式修道会との絆を強化するために作られた学問所「studia」に似たものになっていき、図書館もずばぬけて充実したものになっていった。

二、社会のなかでの教師と知識人

大学は、教師と学生の増加に結びついて誕生した。それは、キリスト教会内部だけでなく外部にも、読み書きのできる人間の育成をもたらした。この現象が真っ先に感知されたのはパリにおいてであったが、社会全般に資したことから、十二世紀初めにはフランス全域だけでなく、イギリス、イタリア、そして少し遅れてドイツといった西ヨーロッパの他の国々にも広がった。当時文字を読める人がどれくらいの比率を占めたかを算出することは不可能であるが、増加したといっても、人口全体に較べれば相変わらずきわめて少数であり、《リテラーティ literati》すなわち読み書きできる人（学ばれたのはラテン語であった）と《イリテラーティ illiterati》すなわち読み書きできない人々との区切れ目は厳然として残った。

しかし、この「区切れ目」も、わたしたちが問題にしている時代の間に、部分的ながら社会的再定義をもたらす。というのは、カロリング時代以来、教会組織のメンバーである聖職者と《読み書きできる人 literatus》とは一致させることができた。読み書きできる人は、身分がどうであれ、また、たとえば尚書院で俗人権力者に仕えている立場であっても、聖職者であることに変わりはなかった。ところが、一〇八〇年ないし一一〇〇年ごろから、この等式が厳密には当てはまらなくなる。たしかに学校は相変わらず聖職者的枠組のなかに組み込まれたままであり、学校で教える教科も聖職者的伝統を引き継いだもので、教師の大部分は教会のなかに役禄と職席を持っていたし、学生と聖職者とは同類であった。ところが、この一一〇〇年ごろから、数は不明だが部分的に、俗人あるいは半ば俗人で学校教育によって利益を得る人々が出てくる。そのなかには、騎士階級の貴族も何人かいるし、下級品級しか受けていないので結婚し、医者などの職業活動で稼いでいる人もいれば、文書への依存度を高めた行政機構のなかで自由学芸や法律の知識・技能を生かして働く人もいる。

知識人の起源と社会的位置

まったくの初歩的レベルの教育はともかくとして、さらに高度な学問を身につけた人々は、その立場と文化レベルによって、多様化を示していく。最も長い修学期間を要したのが神学であったが、そのようにして神学者となった人たちが教会人となり、一般社会の規範に考察を加えてイデオロギー的原理を練り上げ、その社会を支配しているキリスト教会を動かしていったのは当然であった。そのほかの人々も、身につけた知識に応じてそれぞれのジャンルの実務家になり、その活動によって社会のさまざまなレベルに席を占めていった。

十一世紀から十三世紀のフランスにおいて、商人や職人たちが文字の読み書きにどれくらい触れていたかは何も分かっていないが、俗人の貴族階級にあっては、おそらく「読む」だけの力を身につけた《半知識人semi-lettrés》は次第に増えていた。一一〇〇年代に騎士や王侯の世界に出現した《宮廷風文学》から、彼らがどのような教育モデルを描き、どのように現実化していたかが浮かび上がってくる。そうした騎士や王侯が重視したのは戦闘技術と狩猟技術の修得であり、学問的知識はせいぜい一つの補足でしかなかった。さまざまなロマンのなかでも、「犬と鳥についての知識」(つまり猟犬と鷹の扱い方)が貴族に欠かせない教養とされている。俗人にとって子弟の教育とは、その属している社会の価値と行動の規範を叩き込むことであり、文字が占める比重は些末なものでしかなかった。

どのような出自の人々が学校教育を受けたかを教えてくれる一般的資料は遺されておらず、教会のなかで重職に就いたり事績を遺した人々が、個別的に知られるだけである。アンセルムスからアベラルドゥス、聖ベルナルドゥス、シュジェ、尊者ピエールあるいはペトルス・カントールを経てトマス・アクィナスにいたるまで、十二世紀だけでなく十三世紀になっても、彼らのなかで目立つのは、貴族階層、とりわけ中小貴族であるように見える。

長い間流布してきた一つの考え方にもかかわらず、この時代には、社会的出世のためには、教会は副次的手段の一つでしかなかった。社会史を学ぶと、そうした貴族と教会との力関係は明白である。貴族の家門にあっては、支配体制を維持するために、世代ごとに自分たちのなかの一人あるいは何人かを教会のなかに入れるのが慣習であった。信仰心から子供を教会に「奉納」したというのは、一面でしかなかった。しかしながら、教会に入れられた子が教会の責任あるポストに到達するためには、社会的出自だけでは充分ではなく、しっかりした知的教育を身につけていることが当然必要であった。したがって、一人の子供がどのような経歴を歩むかは、受けた教育で大体決まった。

教会人と知識人

ジャック・ル・ゴフは、十二世紀に生じた構造的変化に着目し、知的活動が特有の活動として認知され、それまで聖職的構造のなかに沈んでいた人々が、そこから自らを解放し、相対的な自立性を獲得することによって《知識人》が誕生したことを初めて明らかにした。この現象は、職業分化の進展と都市の発展（それ自体、経済の発展と結びついている）、文字使用の増大を特徴とする全般的進展から生じた。修道院ではなく都市という枠組のなかでの学校の増加が、十三世紀には大学の職業的組織化に到り、知識水準の向上と聖職者たちの知的装備の豊富さをもたらしたのであって、教育環境の構造的進展と知的進歩とは相携えて進んだ。こうして、文字の普及と世俗文学の誕生とが同時に進行したのであるが、それについては、あとで述べよう。

しかしながら、わたしたちが扱っている時代には、知識人と教会の関係はきわめて緊密なままであった。したがって、これらの知識人たちは、二十世紀の知識人たちの直接の先祖ではない。当時は社会全体がキリスト教と教会の支配体制のもとにあり、文化的領域だの宗教的領域、経済的領域あるいは法律的領域それぞれの自律性といったものはなかったからである。ラテン語のテキストを作ったり教えたりする人も全て教会人であり、歴史に記述されているかぎりでは最も精神の自立性を付与されている人々でさえ、教会の支配下にあった。たとえば、非順応主義的精神の代表ともいえるアベラルドゥスも、人生の一部は自分の考えのままに生きたが、その彼も、パリのノートル・ダムの神学教師という責任を担い、サン＝ドニでは修道士であり、ヴァンヌではサン＝ジルダ・ド・リュイスの大修道院長という責任を担った。ジャン・ジョリベによると、彼は、サン＝ジルダでは、聖ベルナルドゥスを思わせる辛辣さをもって俗人たちの生活を非難し修道生活を宣揚する説教を行い、しかも、配下の修道士たちには、耐え難い改革を押し付けている。一二七七年、パリ司教エティエンヌ・タンピエによって有罪宣告を受けたパリ大学学芸学部教師たちのなかで、シジェ・ド・ブラバンはリエージュのサン＝ポールの参事会員であり、ダキアのボエティウスはおそらくドミニコの戒律のなかで人生を終えている。〔訳注・シジェすなわちシゲリウスはアリストテレスをキリスト教と切り離して解釈したために断罪された。ダキアのボエティウスは『哲学の慰め』のボエティウスではなく、北欧の生まれで、「デンマーク（あるいはスウェーデン）のボエティウス」と呼ばれ、パリ大学で哲学を教え、ドミニコ会士としてダキアに派遣された。〕

十二、三世紀の教師たちの大部分は、聖職ヒエラルキーのなかで高い責任を担わされた。一一七五年から一二一五年のパリの教師たちについてのジョン・ボールドウィンの研究によると、神学教師二十四人のうち八人が司教座に登り、三人が枢機卿になり、それ以外の人々も、参事会員や大法官（chanceliers）、カテドラルの主席司祭（doyens）、聖歌隊、教区法務者（officiaux）、大修道院長になっている。学芸学部の教師の大部分も、これと同様であった。

十三世紀の知的世界とそれが生み出したもののなかで、托鉢修道会（ドミニコ会やフランシスコ会）のメンバーがどのような席を占めたかという問題も興味深い。異端に立ち向かうために直接に教皇権に結びつき、また、都市機構に組み込まれた信徒を幅広く取り込む必要性から作られたこれらの修道会は、自分たちのメンバーの知的育成に力を入れ、とくに一二三〇年代以後、ドミニコ会士、フランシスコ会士とも、神学の進展に寄与するとともに、彼らの教育によって供給された多くの、しかも、質の高い人材が、大学においても聖職ヒエラルキーにおいても、さまざまなポストを占めていった。フランシスコ会士で一二五三年から一二五七年までパリ大学で教授を務めた聖ボナヴェントゥラは、フランシスコ会の総長になっている。サン＝ジャック修道院学校の担任教師（régent）を務め、ケルンのドミニコ会の「学校長studium generale」を務めたアルベルトゥス・マグヌスは、パリ大学で教鞭を執ったあと、一二五四年から一二五七年までドイツ修道管区長になり、レーゲンスブルクの司教を二年間務めている。同じくドミニコ会士で、パリ大学神学教授を務めたピエール・ド・タランテーズは、一二七二年にリヨン司教になり、一二七六年には教皇ケレスティヌス五世になっている。さらに例を挙げれば、フランシスコ会士で、パリ大学神学教授であったウード・リゴー（1215-1275）は、ルーアン大司教、一二五四年以後は聖ルイ王の顧問になっているし、アウグスティノ会士でパリ大学神学教授であったエギディウス・ロマーヌス（1243-1316）は、一二九二年、アウグスティノ会の総長（prieur général）、一二九五年にはブールジュ大司教になっている。彼は、フィリップ美男王（1268-1314）の若き日の師であり、この王子のために執筆した『君主論De regimine principum』はさまざまな言語に訳され、もてはやされた。

三、文字の価値と利用

十一世紀から十三世紀の間に（厳密な区切りは分かっていないが）、文書に関連する幾つかの慣習に変革と発展が起きたことが観察される。素材の面では、ヨーロッパのなかでもアラブとの接触があったイタリアやイスパニアで紙が現れている。しかし、こんにちフランスになっている領域では、紙はまだ製造されておらず、ほとんど専ら羊皮紙が利用され、南フランスのトゥールーズとラングドックで、十三世紀中ごろの記録簿に輸入紙が使われた最古の痕跡が認められるのみである。羊皮紙は製造に費用がかかり、量的にも容易に増やせないため、文書の需要の増大に対し、手書き作業につきまとう限界性に加えて、羊皮紙そのものの品不足が深刻な制約になった。

実務的文書と本の増大

すでに十一世紀には、実務的書類の分野でも本の分野でも、羊皮紙あるいは紙の需要が急増していた。十一世紀から十二世紀にかけて開墾地が全般的拡大し、それにともなって修道院への土地の寄進が増えるが、そうした土地の権利証書は修道院の《文書室 scriptoria》によって単葉の羊皮紙に書かれ、記録簿や地券台帳と一緒に保存された。

バーバラ・ローゼンウァインは、現在のフランスの領域で最古の文書を伝えているクリュニーについて、初代のベルノ大修道院長時代（909-927）の証書が九九、二代オド時代（927-942）のものが一七五、三代エマール時代（942-964）のそれが五四六、四代マヨールス時代（964-994）のものが一〇二二、五代オディロ時代（994-1049）のそれが九七八あることを明らかにしている。

ドミニク・バルテルミは、ヴァンドーム地方のトリニテ修道院とマルムーティエ修道院に遺されている証書について、十世紀のそれが九通であるのに対し、十一世紀前半は一二六通、同後半は四〇二通、十二世紀前半は一五一、同後半は一四八通、十三世紀前半は二六三、同後半は一七五通あることを示している。これは、こんにちまで保存されている証書の数であるから、当時作成された数と必ずしも等しいとはいえないが、少なくとも、保存率に大きな変動がなければ、時代ごとの比較の根拠にはなりうるであろう。

数字は、時代による聖俗間の交渉の変動を反映して変化しているが、それでも、文字で書かれた文書の利用が、それ以前とは変わったことが確かである。文字の使用が俗人世界に広がったのは十二世紀以後で、それまでは俗人たちが文書に接する機会といえば、自分が寄進した土地の証書を書いてくれる修道士たちを仲介にしてしかなかったのが、これ以後、王室尚書や大貴族の書記たちが出す文書も増えていった。同じ時代、都市の文書館に遺されているものからも、町の運営のさまざまな面で文書が使用されるようになったことが観察される。北フランスでは、町の助役が私人間の合意や取引を文書化し保存する役目を引き受けるようになる。南フランスでは、同じ仕事を公証人が引き受けた。この点で具体的に示せる資料は充分ではないが、俗人たちが、自身で文字を書くにはいたらないまでも、文書と関わる機会が増えていったことは明らかである。

《本 livres》について見ると、カルラ・ボゾロとエツィオ・オルナートの研究のおかげで、北フランスやベルギーで作製された本がかなりの量にのぼったこと、その多くは、バイブル、初期教父たちの著した神学のテキスト、聖人伝などで、十、十一世紀の落ち込みのあと、十二世紀、十三世紀と急激に増えたことが明らかになっている。学校で使用された基本的な本について見ると、九世紀の写本で残っているのが五二二点であるのに対し、十世紀は三三〇に減り、十一世紀も五八六点にとどまるが、十二世紀は二七七六、十三世紀は三九四九点と増える。十二世紀から十三世紀の増加率は四〇％から六〇％で、しかも、それはパリに集中しており、パリだけで、すべての修道院で作製された分量を大きく超えている。この十二世紀のめざましい発展をもたらしたのは、修道院の製本所であった。

文書使用の増大をもたらした要因は二つある。一つは書字法、もう一つは本の作り方の変革である。

大学で生まれた《ペキア》

ブリテン諸島から西部フランスに持ち込まれたもののなかに《ゴシック》と呼ばれる折れ線による独特の書法があり、これが十二世紀じゅうにカロリン小文字に取って代わる。これは、羽根ペンの先を左右対称でなく斜めに削いで使うもので、多分、審美的意味もあるが、より引き締まった文字が書けることで好まれた。それが、十三世紀初めには草書体（écrture cursive）の出現となるのであるが、こちらは、大法官の法廷や商売、金融、大学というように文字が使用される分野が多方面に拡大したことと結びついている。

とくに大学は、本の製法の顕著な変革の源になった。というのは、十二世紀まで、本を多く蓄えていたのは、自発的寄進だけでなく命令による献呈で多くの本が集まってきていた司教座聖堂の図書館と、製作所である修道院であったが、いずれも、蔵書の主役は集団であったから部数を増やす必要はあまりなかった。ところが、大学では、たえず入れ替わる大勢の学生が使うため、この多部数の供給ということが切迫した問題になってくる。学生たちは教師の「レクティオ lectio」に遅れることなくついていくためには、その著作をそれぞれが手にしていることが必要だったからである。その問題を解決するためにパリ大学当局が採用したのが、いわゆる《ペキア pecia》である。「ペキア」とは「バラにした断片（pièces）」の意で、テキストを複製する場合、教授たちによって構成される委員会でミスがないかどうか検査が行われたあと、四ページ分（一折ずつ）が《本屋 stationeris》に渡されたが、本屋は、これを自分で写したり人に写させようという人々に「バラで」貸与したのである。

「この《ペキア》の手法によって、ある著述を学校で使うために冊数を増やす問題の解決が、少なくとも原理的に容易になった。一折ずつバラになっているおかげで、写す側は、一人で一冊丸ごと写す場合に比べ、たとえば六十折から成る本であれば、六十分の一の時間で済んだ。他方、その写字生みなが《exemplar》の断片の同じエキストを写すのであるから、大学はこの《exemplar》の誤りの有無について監視する必要がなく、あらゆる写字に宿命的に生じる異同以外は相互に違いのない写本をそろえることができるわけである。」

(J.Destrez)

こうして、教師たちにとって、自分が教えようとすることの広まり方が変わったのに加えて、前の世紀には独立した職人としては存在していなかった《写字生 scribes》が、これ以後、都市的環境のなかで認知されるようになった。とはいえ、《写字生 scribes》や《挿絵師 enlumineurs》、《装丁師 relieurs》が《出版業者 stationnaire》お抱えの形で働くようになるのは、この次の世紀になってからである。

土着語の文字化

こうした物質的条件の変革のほかに、一一〇〇年前後に起きた革命が、もう一つある。それが、土着語の文字表記の発展である。

〔さまざまなレベルの言葉と文字化〕

カロリング時代の改革によって、ロマンス語やゲルマン語といった話し言葉と、教父神学の言葉を基盤に構文的・語彙的・語形論的修正を加えたラテン語とは厳格に区別されるようになったが、これが逆に、土着語の誕生と認知に結びついたと考えることができる。しかし、この認知の結果、土着語は被支配的立場に落とされ、さらにいえば隠蔽された。要するに、文字に書かれるに値しないと判断されたのである。ゲルマン人やアングロ・サクソン人の世界では、土着語で書かれたテキストが稀にあるが、フランス語の領域では、そうしたものは例外的である。といっても、とくにラテン語に近い南フランスの言葉には、実務的文書に書かれたものがないわけではない。

カロリング改革によって、暗黙裡にではあるが極めて現実的に、ラテン語が聖書の神聖な言葉でありキリスト教会のものとされた。この「文書の神聖化」は、ラテン語の秘教的性格と文字を書く人の人格によってさらに推し進められた。土着語は、十三世紀になっても、あるいはもっとあとの時代にもなお、聖職者たちからすると、文法的考察に値しない劣った言葉であった。神学者であるエギディウス・ロマーヌス（一三一六年没。アウグスティノ会総長、ブールジュ大司教）は「完全無欠な土着語などというものは存在しない」と断じている。このため、哲学者たちも、自分の考えを表明するのにふさわしい慣用表現はラテン語のなかに見出さざるを得ない。幾つかの中世的概念の淵源になったギリシア語およびヘブライ語と同じくラテン語こそ、「神の言葉という同じ一つの実体が時間を通じて現れたもの」（Serge Lusignan）で、その本質からして記録されるにふさわしい言葉と考えられた。

このような社会言語学的構造を揺るがす一撃が、一一〇〇年ごろの社会的秩序のなかに生じた。それは、俗人世界が力を増大した結果、とくに貴族たちの要望によって、聖職者である写字生たちが、南仏オック語圏においては《愛の歌》、北仏オイル語圏では『ローランの歌 Chanson de Roland』など、本来キリスト教的主題でない俗語の作品を文字で書き写すようになったことである。この動きのなかで土着語も非キリスト教的主題も、新しい強力な価値を獲得した。というのは、文字を媒介することによって、神聖化された領域のなかに入ってきたからである。

それと同時に、この文学の生産者であるとともに消費者でもある貴族世界は、暗黙のうちに聖職者のそれに似た立場を占めるようになる。クレティアン・ド・トロワが『クリジェス Cligès』の冒頭で述べているように、これ以後、この生産者たちとその作品は、騎士的とともに聖職的身分を要求する。この社会的評価の変化に伴って、古くからの《君主礼賛》にも変化が生じ、伝記作者から偉大な君主たちに捧げられる多くの美徳のなかで書物に親しむ聖職者タイプの教養が重きをなすようになる。ジャン・ド・マンは『薔薇物語 Roman de la Rose』のなかで、こう述べている。

「学識のない王侯たちにくらべて聖職者たちは、より優雅で賢明になりうる可能性をもっている。なぜなら、聖職者は、道理にかなった証明済みの学識をもっているので、避けるべきあらゆる悪と、求めるべきあらゆる善とを知っているからである。彼は、古人の物語のなかで、あらゆる小人たちの卑賤さと偉大な人の振舞いと雅びをすべて読んでいる。要するに、本は彼に人の為すべきことと避けるべきこと全てを教えてくれているのであり、聖職者たちは、教師であれ生徒であれ、その知識によって高貴になれる可能性をもっているのだ。」

こうして、学識ある人々の道徳的社会的優越性が中世社会のなかで認知された結果、一見したところ軽薄な物語（roman）や短詩（lai）の宮廷風文学であっても、作品の意図が人々の教育と道徳的向上に寄与することにあるならば、俗人支配者たちに受け入れられていった。なぜなら、文書と知と力とは、緊密に結びついているからである。

〔バイブルはラテン語のままでなくてはならなかった〕

十二世紀には、土着語の領域が、抒情詩、叙事詩、ロマン、寓話といった固有の意味での文学だけでなく、道徳的教訓や年代記、歴史といった分野にも広がっていった。しかしながら、教会は『バイブル Bible』については土着語への翻訳を禁じた。それは、神の言葉を読み、伝え、解釈し説明する自分たちの専権を失うことになるからであった。

たしかに、聖書のなかでも幾つかの書（livres）は卑俗語に訳されていた。その最も古い証拠は、十二世紀のアングロ・ノルマンやオイル語地域に見ることができる。詩篇（Psaumes）につづいて雅歌（Cantique）、祈り（prière）の言葉が土着語に訳された。専門研究者たちは、そうした土着語による写本の主な例として『Chanschon des chanschons』（雅歌）、『Apocalypse』（黙示録）、フィリップ・オーギュストの腹違いの妹であるシャンパーニュ伯夫人のために作られた『韻文創世記』などを挙げている。しかし、それらはいずれも断片であり、とくに『詩篇』は、読み方の学習のために教訓文学のなかに挿入されたもので、しかも、遺されている数の少なさから見ても、あくまで副次的な現象であった。唯一広く流布したのは、十二世紀の『神とその母御の物語 Roman de Dieu et de sa mère』、とりわけ十三世紀末の『聖書の歴史 Bible historiale』といういずれも歴史ものである。後者は、十二世紀のパリの教師、ペトルス・コメストルが『Historia scolastica』（スコラ的聖書物語）を書いた手法に倣って、ギアール・デ・ムランという参事会員がバイブルのなかの歴史に関する諸書をラテン語からロマンス語に訳したものである。

聖書のテキストを俗人たちのために翻訳することへの教会の反対が鮮明に現れたのが、一一八四年のワルドー派（vaudois）に対する異端宣告である。ワルドー派の運動は、バイブルを訳し、説教する権限を俗人の手に移すことによって、社会におけるキリスト教会の役割を根底から揺るがす危険性を秘めていた。これはギャンブル熱と当局の禁止の応酬に似ており、同様の応酬は、十六世紀の宗教改革にいたるまで何度も見られる。十三世紀、カタリ派（cathares）に対する戦いを背景に南フランスで開かれたトゥールーズ宗教会議は、この問題に対する教会の姿勢を端的に示している。

「われらは、旧約・新約ともに聖書の諸書を俗人たちに持たせることを禁ずる。もし、敬虔なる信仰心から、聖なるお勤めのため、詩篇あるいは聖務日課あるいは聖母日課書を手にしたいと熱望してのことでないかぎりは。しかし、上記の諸書も俗語で持つことは厳に禁ずる。〔……〕そのように聖書を手にしたいとの誘惑に負けた者どもについては、その住まいも粗末な小屋も、地下の隠れ家であっても、あますところなく破壊しつくされなければならない。」

（トゥールーズ宗教会議　一二二九年）

教会がこの姿勢を崩さなかった結果は、おそらくあらゆる形の「書かれた文字 escrit」と「書字 escripture」に託された象徴的価値を強化することとなった。なぜなら、禁止は、バイブルだけでなく、そのほかの書にも当てはめられたからである。

〔実務的文書における土着語〕

北フランスで実務分野における文書化が広がるのは、ようやく十三世紀になってからである。知られているかぎり最も古いのが一二〇四年のドゥエの法令であるが、十三世紀初めというのは例外的で、文書が増えるのは、パリ盆地の北と東についていえば一二四〇年代以後であり、フランス中央部についていえば一二五〇年代に入ってからである。とくに土着語文書について見ると、地域と階層によって区々で、教会の行政機関は、教区裁判所（officialités）で俗人のために証書を作製するときでさえ、ラテン語を使いつづける。シャンパーニュ伯の尚書が一二三〇年にはフランス語で文書を出しているのに、王室尚書局がフランス語で文書を書くのは一二五四年以後で、それまでラテン語に固執した。ブルジョワ階層も、土着語化の推進力にはならなかった。パリでもルーアンでも、フランス語の文書は、十三世紀末にいたるまでほとんど存在していない。トゥールーズにおけるオック語文書についても、同様である。これには、さまざまな要素が作用しているが、とりわけ影響しているのは、書類を書く人間の個性であって、受取り手だけの問題ではない。土着語の使用が実務分野で定着するのは、文学作品の登場より約百年遅れたうえ、その後もラテン語が使われつづけた。

この現象は、何にもまして文書の実務的価値と象徴的価値の間の関係について考えさせる。実務的価値が優先されていたら、俗人たちのあいだでは、おそらく土着語の使用が一般化していたであろう。しかし、もし、書かれた証書が、永続的に繰り返し使用されるだけでなく、ある出来事への記憶のよりどころになるべきものであるならば、その文書は、やはりラテン語で書かれていなくてはならなかった。ラテン語は、記号の一種でありながら、ちょうど印璽に権威のイメージが刻まれているように、聖職的神聖さを湛えており、その文書に優れた価値と特別の重みを付与してくれたからである。最近も、ブリジット・ブド＝ルザックのような専門家たちは、現在の文書に対する関係を過去に投影して、これらの文書を法律的観点のみから読むことの有効性に疑問を呈している。

本と言葉

これまでに明らかにしたような進展によって、さまざまな場面で文書が作られるようになったが、中世社会における文書が規格化されたわけではなかった。それまでは本質的に修道院に閉じ込められていた文書作製が一一〇〇年代以後、ますます広がった結果、明らかに多様化していく。

〔俗人貴族における文学と書字〕

土着語の文字化が最初に進行したのは、十一世紀の南フランスの貴族階級においてである。富と権力を増大した人々のまわりに形成された優雅な宮廷生活に結びついて、トゥルバドゥール troubadours（吟遊詩人。北フランスのそれを「トゥルヴェール trouvères」という）が現れた。貴族たちは自分の宮廷に吟遊詩人を歓迎しただけでなく、自らも詩を作った。知られている最初の貴族身分のトゥルバドゥールは、当時最大の領主であった、アクィテーヌ公にしてポワティエ伯、かのアリエノールの父であるギヨーム九世（1071-1126）である。つづく何十年か、さまざまな人々が《トゥルバドゥール》として作品を生み出した。そのなかには、ジョフレ・リュデル、ランボー・ドランジュ、ヴァンタドゥールやウッセル〔訳注・どちらもコレーズの近く〕の諸侯といったさまざまな家門の貴族たちもいれば、ブルジョワや聖職者、さらにはヴァンタドゥールのベルナールのような下層階級の人や「トロベリッツ Trobairitz」と呼ばれた女性たちもいる。しかし、これらの詩人たちについては、その教養の程度も、言語能力についても分かっていない。おそらく、そのようにして生まれた作品が、文字に書かれたものにせよ口で謡われたものにせよ、各地に容易に伝えられたのは、人々の出会いと移動の機会が増えたためで、いわゆる《社交性 sociabilité》の増大と結びついているのであろう。

これに比較できる現象が北フランスに現れるのは十二世紀後半になってからである。アンジューの出身であるイングランド王ヘンリー二世の宮廷を別にして、当時最も活気のあった宮廷が、ルイ七世とアリエノール・ダクィテーヌのあいだに生まれたマリ・ド・シャンパーニュとその夫シャンパーニュ伯アンリ・ル・リベラルの宮廷である。十二世紀末の多くのトゥルヴェールたちが、この宮廷に出入りした。宮廷楽人のギオ・ド・プロヴァンやユオン・ドワジー、ガース・ブリュレのような騎士であり詩人であった人々、さらにナヴァール王でありシャンパーニュ伯のティボー四世（1201-1253）自身、この次の世紀の偉大な詩人として名を残している。この時代の詩人にして最も偉大な物語作家、クレティアン・ド・トロワの活躍も、この宮廷と結びついており、彼は、一一九一年に亡くなったフランドル伯フィリップ・ダルザスからも庇護を受けている。そのほか、コノン・ド・ベチューン、ブロンデル・ド・ネール、クーシー城主やゴンティエ・ド・ソワニーといった騎士や貴族たちも「詩を歌う trouver」技に秀でていた。

シャンパーニュの貴族たちとフランドルの貴族たちは血縁と同盟によって結ばれていたが、同じオイル語圏でも、両者の間に挟まれた地域は、たとえばマコネではギシャール・ド・ボージュー、フーゴ・ド・ベルゼ、ルノー・ド・バジェの作品を挙げることはできるにしても、その輝きは、劣ると言わざるを得ない。フランス全土で土着語文学が発展を見せるのは十三世紀のことで、伝統的な封建貴族だけでなく、新興の都市貴族もこれに参画する。

俗人世界と文書との関わりを証明しているものとしては、文学作品のテキストだけでなく、むしろ実務的文書の存在が重要である。これは、貴族階級に新しい手段を付与した経済的飛躍と十一世紀以降貴族たちが自分の土地に定着するようになったことで力の場が増大したことから生じたと考えられる。土地の領有と支配の権利を法的に裏づけた実務的文書とともに、俗人支配者の意志を文学化し、正当化したところに宮廷文学が秘めているきわめて強力なイデオロギー的価値がある。それこそ、貴族や騎士たちが自ら詩作に打ち込んだ理由であることについては、あとで述べることとしよう。

しかしながら、文字と俗人たちとの接近には限界があった。彼らは、教養程度がどうであれ、読み書きは専門家の仲介に頼るのが普通であったし、手書きの本は読むのが困難であり、高価で所有することも容易ではなかった。十三世紀まで「読む」とは教会での儀式のように、一人の聖職者に大きな声で読んでもらってみんなで聴く集団的行為であった。一人一人で黙って読むようになったのは、おそらく十四世紀以後である。ましてや、「書く」ということは、それ以上に専門的な仕事で、自分の名前が書けるからといって字が書けるということではまったくなかったし、文書も、その筆跡の不器用さを見ればアマチュアかどうかが歴然としている。商人たちのこの分野での能力については、あまりわかっていないが、フランスでは、商人たちは、明らかに大して向上していなかった。

指摘しておくべき最後の手がかりは、本に親しむ俗人支配者たちも出てきたといっても、蔵書の規模はどれくらいだったかである。よほど名のある人でも、蔵書の数は聖職者のそれに較べてはるかに少なかった。歴代フランス王たちについて見ると、十二世紀までは、ほとんど本を所有していなかったようである。十三世紀になって宮廷に宗教書の図書館が出来るが、その主役は女性たちであり、ついでは聖ルイ王であった。

王室図書館の規模は、十三世紀末になっても小さなもので、所蔵されていたのは信仰に関わる書と宮廷風ロマンで、せいぜい何十冊といった程度であった。

〔聖職世界における図書館と本〕

本との関係は、聖職者の場合、俗人に較べてはるかに緊密で持続的である。典礼と説教を始めとして彼らのあらゆる活動にとって、文書、文字は不可欠であった。古い修道会が学校的教育に頼らなかったのは、日々の活動自体が本とそれを読むことに結びついていて、特別の教育という形をとる必要がなかったからである。その典型がシトー会で、彼らは、新しく修道院を設立した場合、その基金を本の購入に当て、《スクリプトリア scriptoria》〔写本室〕の活動によって、この基金を殖やすよう特に配慮した。神の言葉を重んじたシトー修道会の伝統は、典礼的活動だけにとどまらず、個人的にも共同体としても、精神的書物を読む機会を増やさせる基盤になった。前にも引いたカルラ・ボゾロとエツィオ・オルナートの調査によって、十二世紀の教会資産の増大が、こうした活動の成果であることが明らかである。この姿勢は、次の世紀に形成された《大学》と托鉢修道会（とくにドミニコ会）の《学問所 studia》といった別の枠組のなかでも維持された。シトー修道会の総会と支部で定められた規則には、修道士たちの育成と教育に必要な本を手に入れることと本の利用のための厳格な仕組についての規定がある。たとえば、学生に所持を義務づけた本のリストのなかで、ペトルス・ロンバルドゥスの『神学命題集 Sentences』とペトルス・コメストルの『スコラ的聖書物語 Historia scolastica』、そして時には『注解付き聖書 Bible glosée』は重きを成していたが、購入するとなると高くついたので、多くの学生たちは自分で書き写した。

中世には蔵書は棚に寝かせて置かれていた（十四世紀初めの絵）©BnF

最後に《学寮collèges》の図書館がある。当時は、大学全体の図書館というものはなく、各学寮の蔵書がその役目を果たしたのであるが、最も有名なロベール・ド・ソルボン学寮の図書館も、当初はきわめてつつましいものであった。これは、この学寮の設立にはいかなる修道会からの支援もなかったからで、その後、さまざまな人からの寄贈によって蔵書数が増えていった。たとえば、一二五八年には聖ルイ王妃マルグリット・ド・プロヴァンスの侍医、ロベール・ド・ドゥエが寄付しているし、一二七二年には神学主任教授、ジェラール・ダブヴィルが、アミアン司教の尚書で医師であり詩人であったリシャール・ド・フルニヴァルから譲り受けた三百冊あまりの本を寄付している。こうしてソルボンヌ学寮は、この世紀の終わりにはヨーロッパでも屈指の充実した図書館を有するまでになっていた。

蔵書の一部は貸し出され、なかには流出したものもあるが、一部の本は書見台に鎖でつながれていて、その場でしか閲覧できないようになっていた。写本製作は中世全体を通じて行われ、それを専門にする人々の仕事であったが、学校や大学では、共同作業で行われた。本を読むことも、十三世紀になると、黙読が普通になり、著述も、口述して人に筆記させるのでなく、著者が自分で原稿を書くようになり、筆記道具も、洗練されたものになっていった。

〔十一世紀から十三世紀の書字と口述〕

このように、文字使用が俗人世界へも広がったことから、中世社会を特徴づけていた書字との関わりは、形態に変化はあったが消滅することはなかった。教会人たちは、十一世紀から十三世紀の間にその独占的権限は失われたものの、文字に関する知的・象徴的・実務的権限はしっかり保持していた。加えて、土着語が書字の領域に入ってきたことは、キリスト教の言葉を伝播するうえで、いわば補助的な替え馬を彼らにもたらした。信仰と教育に関わる著作は、中世末にいたるまで、俗人たちの蔵書において非常に重要な位置を保ったし、なにより女性たちの心を捉えた。中世の男たちで文字が読めたのは、きわめて少数であったことを忘れてはならないだろう。これは、さまざまな影響をもたらした。大多数の人々にとって、本がもっていたのは、その内容よりも美的な価値であった。そのため文字は、典礼の対極にあった幾分か魔術的行為のなかで異端的に使用された。教会に刃向かったことから異端宣告された運動のなかで、何人かの聖職者や半知識人が仲介的役割を演じたのはこのためで、たとえば、リヨンの金持ちの商人でワルドー派の運動を起こしたピエール・ワルドーは、一人の僧と文法学者にバイブルそのほかのテキストを訳させ、それを暗記して説教している。

最後に、中世文化のかなりの部分は、口承的性格をもっていて文字に依らなかったため、歴史学研究の埒外にあることも忘れてはならないだろう。知識人の世界でも、文字が存在したために口承が重みを減じることはなかった。文学的テキストは、読み上げられ、あるいは歌われることによって俗人世界に広まった。ミシェル・ジンクは「少なくとも十三世紀末まで、中世の著作物は、どのようなものも、声によって伝えることが求められた」と述べている。

聖職者の世界でも、口で述べることは非常に重要な席を占めていた。そこでは集団的読誦が原則であった。修道院でも学校でも、教育とは教師が著作を「読み上げ」て話すことが主であったし、生徒たちは、ノートをとるのでなく、原則的には、その場で記憶した。とはいえ、みんなが優れた記憶力に恵まれていたわけではないから、聴講内容をまとめた「reportationes」（講義ノート）が学校の著作として出回っている。

試験も口頭で行われるのが本来で、生徒に講義や議論をさせたり、質問に答えさせたりして、評価が下された。教育の目的自体、聖職をめざす者には説教の実力をつけさせること、法律家を志望する者には弁護し議論し、あるいは判決を下す力を身につけさせることであったからである。

中世社会は、無文字社会ではなかったが文字教育の徹底した社会でもなかった。文字は対象物を指示する力があり、行政においても知的領域においても、間違いなく実際的有用性をもっていたが、より重要なことは口で発する言葉とジェスチャーで伝えられた。文字（écrit）の習得が俗人貴族階層にとっては、社会的支配力の強化に役立ったとしても、聖職者にとっては、口で話すこと（parole）が《宣教 prédication》という神聖化された（したがって、最も合法的な）形の強力な道具であることに変わりはなかった。だからこそ、俗人の身で説教する権利を要求することは、神の言葉を解説し伝える専権をもつ教会の支配権に対する異議申立ての一つの形にさえなりえたのである。

中世社会における話し言葉と文字言葉の関係を考察すると、《神の言葉》は『聖書』として文字によって伝えられたが、典礼の秘蹟では、口で述べられることに有効性が付され、宣教においても話し言葉に戻された。社会的次元においても、話し言葉は文字に表現されることで一種の社会的非存在の状態から脱して、より一層価値を高める場合があるが、土着語文学が文字に書かれたからといって、《伝播》と《消費》における話し言葉の役割が減じたわけではなかった。

いずれにせよ、文字も本も、この社会にあっては、単なる物体でも仲介物でもなく、さまざまな象徴的役割と実際的価値を集約した総体であり、それを操作し所有することには、歴史家もいまなお容易には把握しきれていない大きな意義があった。とりわけ、それが聖書の文字となると、そこには物質性と精神性が結びついていた。そのことを浮き彫りにしているのが、ノルマン人年代記者、オルデリクス・ヴィタリス(1075-1141)が語っている、罪に穢れた修道士が聖書の書写に打ち込むことによって、死後の裁きの庭で、その文字のおかげで、悪魔の手を免れて救われることができたという物語である。

——天使たちは、彼が神の家(修道院)で書いた本(バイブル)と、その膨大な数の文字を丹念に並べて、その一つ一つが彼の過ちの一つ一つに対する贖宥になっていることを示し、最後に、たった一つの文字が、罪の数を上回った。悪魔たちは、なんとか罪になる悪行を挙げようとしたが無駄であった。このとき、裁判官(神)は、この修道士を赦し、しばらくの間、その魂に身体を取り戻させて、彼が生命を改めることができるよう計らったのであった。(Walter Cahnによる引用)

本と同じく、建物、とりわけ《教会堂églises》という残存物にも、ちょうどエキゾチックな世界に投げ込まれた人類学者のように、歴史家をして、いやでもその先入観から脱却するよう迫るものがある。たしかに、今も教会堂はわたしたちの日常的風景の一部をなしている。しかし、このなじみ深さに欺かれてはならない。建物は同じで変わらなくとも、それらが組み込まれていた物質的・社会的・観念的脈絡は、こんにちのそれとは大きく異なっていたのであり、いま知覚されるようなものではなかった。——こんにちのそれは、住民のごく一部が礼拝に参加しているだけの過去の痕跡であり、審美的情念の対象でしかないが、中世においては、まったく違っていた。

四、中世の教会

「教会の白いマント」

十一世紀から十三世紀にかけては、西欧にとってめざましい建設ラッシュの時代である。とくにその主要な舞台になったのが、こんにちフランスになっている地域である。この時代は、人口の大幅な増加と、支配階層（とくに教会）の富裕化と教会制度の社会全体に対する支配の強化、小教区網の稠密な組織化とその枠組のなかでの地方的コミュニティーの固定化によって特徴づけられる。これらもろもろの現象が結合して、修道生活の中心地の増加や都市の発展とあいまって、ますます多くの、しかも大規模な建物の建設を引き起こしたのであって、そこでは、人々と神の間で儀式的な絆が結ばれ、《天上の教会》の不完全な通過的イメージである《地上の教会》をめざす一つの社会の統一性が具現化された。

西欧の十世紀は、長い間想像されてきたような暴力と武力が支配する「鉄の時代」ではなかった。とくに十世紀も後半になると、重要な意味を持つ幾つかの建設が行われている。九六〇年から九八〇年にかけ、聖マヨールス〔訳注・第四代のクリュニー大修道院長〕の推進のもとクリュニー第二教会堂が建設され、サン＝ミシェル・ド・クシャ大修道院〔訳註・東ピレネー県〕の建設工事が行われ（956-975）、オルレアン、クレルモンのカテドラル、トゥールニュのサン＝フィリベール教会が建設された。これらの建築の大部分は、その後の建て替えで消滅し、わたしたちが見分けることができるのは、改変された全体のなかに取り込まれた遺物としてでしかない。したがって、それらの観察と分析と年代確定は微妙な問題を孕んでいる。

しかしながら、つづく十一世紀の建設運動に見られるのは、質よりも規模の変化である。これは、《ロマネスク芸術 art roman》と呼ばれるものの発展と一致しており、この世紀初めの何十年かのイタリアとガリアの教会堂の再建を指して言った修道士ラウル・グラベルの言葉はあまりにも有名である。

「各地の教会堂が建て替えられていった。それらの大部分は、堅固で建て替える必要はなかったのであるが、それぞれのキリスト教信徒グループが隣のグループより立派な教会堂を持ちたがった。それは、あたかも全世界が身体を震わせて古い殻を脱ぎ捨て、教会の白いマントで全身を覆ったかのようであった。このとき、ほとんどすべての司教座教会と、それぞれの聖人たちに捧げられた修道院教会、そして田舎の小さな礼拝所までも造り替えられ、改良されたのであった。」

この言葉につづけて、ラウル・グラベルは、城と要塞の建造についても述べている。

ロマネスク芸術が最初の発展を見せたのが、ブルゴーニュ、ポワトゥー、オーヴェルニュからカタローニャにまで及ぶ南フランス一帯である。こんにち残されているそれらの建物は、規模はさほど大きくなく、非常に厚い壁で築かれ、開口部は少なくて光は少ししか内部に射し込まない。しかし、さまざまなタイプの丸天井が工夫されており、装飾も、当初は壁龕と拱廊に施されただけだったが、柱頭や入口の上部も、さまざまな彫刻で賑やかになっていった。

十一世紀の第2四半期から後半になると、フランスを中心舞台に、斬新な建築様式が試みられた。さまざまな修道会、とくにクリュニー修道会本部の活動は、この点で傑出していた。フランス各地からイスパニア北西端のサン＝ティアゴへ向かう巡礼道筋に沿って、ほぼ等間隔に新しい修道院が建設され、それらには聖遺物が納められ、礼拝できるようになっていた。たとえばリモージュのサン＝マルシアル修道院、トゥールーズのサン＝セルナン教会などである。〔訳注・聖マルシアルは西暦二五〇年ごろこの地にキリスト教を伝え、殉教した聖人。聖セルナンは、同じく二五〇年ごろに布教し、足を牡牛に縛り付けられ殺されたサトゥルニヌスSaturninが変形した名前。〕

領主や城主たちも、豊かになると、自らの救いを求めて大修道院や修道院分院、参事会教会を、より立派に建て替えるために寄進し、それによって特別な精神的絆を維持しようとした。その結果、グザヴィエ・バラルが述べているように、「交差廊と後陣を備え、横断アーチの上に半円筒ボールトの丸天井で覆われた身廊から成る、調和のとれたロマネスク教会が西欧で完成をみるにいたった。しかし、この丸天井の重みを支え全体の均衡を保つためには、非常に厚い壁と二重の隅切りをもつ狭い窓を必要とした。ただし、北部フランスは別で、ここでは、建物の骨組は、相変わらず木材であった」。

この動向のなかから、一一〇〇年ごろには、フランス西部から南部にわたって、規模と構想だけでなく装飾の豊かさでも印象的な建物が生み出されるにいたる。この動きの一つの頂点を示しているのがクリュニーである。残念ながら、いまは交差廊の一部しか遺っていないが、その第三教会の規模は、十六世紀にローマのサン＝ピエトロ聖堂によって初めて凌駕されたほどであった。一〇八八年、大修道院長フーゴによって始められたこのクリュニー第三教会の建設工事は、一一二一年まで三十年間に及んだ。クリュニー修道会の並外れた財力を注ぎ込み、行われる儀式の豪奢さに対応して建てられたこの大教会堂について、アルシャンボーのガブリエル・デミアンは、こう述べている。

「この建物は、西欧のあらゆる数学的審美的理論を結集した成果であった。だが、それが、技術的可能性の限界を極めたものであったことは、一一二五年に主アーチの一部が崩落した事実が示している。」

この建物の影響は、クリュニー修道会の組織拡大によってブルゴーニュだけでなく、最も遠く離れた地にも及び、その建築上の飛躍は、さまざまな地域で枝分かれし、多様な技術的処方が試みられた。このことは、ロマネスク芸術の統一性と多様性を同時に説明してくれる。そこから、石壁を飾る壁画、彩色ガラス、とりわけ彫刻が発展した。彫刻は、一一〇〇年ごろには「柱頭、ファサード、回廊など随所に」施されるようになり、さらには「建物全体に及んだ」（Xavier Barral）。クリュニー修道会が最も完成度の高い作品を作ったのは一一四〇年から一二〇〇年ごろまでの時期である。

こうした建築上の進展を特徴づける多様性の一つとして現れたのが、最初のゴシック芸術である。それは、まさに、とくにフォントネーやトロネなどのシトー会修道院、南仏でサン＝ジル・デュ・ガール、アルルのサン＝トロフィームといったロマネスク芸術の頂点を画する建物が造られている最中に現れた。

このゴシック芸術の発展の口火を切ったのは、一一三〇年から一一五〇年にかけてのサン＝ドニ大修道院の建て替えである。ルイ六世および七世の政治顧問でもあったサン＝ドニ大修道院長のシュジェ（1081-1151）が技術的・形態的解決法として選んだ結果が、ゴシック芸術の誕生をもたらしたのであった。カロリング時代に建てられたこの大修道院の聖堂が建て替えられることになったのは一一三五年で、身廊の完成を見ないまま、シュジェは亡くなったが、プランは引き継がれた。その様式はいずれかの建築に先例を見つけることができるにしても、ゴシック様式としての本質的要素を構成しているのが西向きファサードと後陣である。とくに、二つの塔を備え均斉のとれたファサードは、「ロマネスク建築の隅切りに施された人物像に代わって、そのポーチの円柱人像（statues-colonnes）によってゴシック芸術の最初の決定的完成を示している」（Xavier Barral）。

事実、これを模倣した建築は、たちまちイル＝ド＝フランスだけでなく、その先まで広がっていった。オジーヴogive（交差リブ）を活用して放射状祭室と二重の周歩廊を連結した内陣（chœur）は一一四四年に完成している。この技法によって支柱は減り、開口部が拡張されてステンド・グラスの窓が大きくなったことから、色彩豊かな光が大幅に採り入れられるようになった。

こうしたゴシックの特徴は、光と色彩についての神学的考察に対応しており、この新しい様式は、幾つかのカテドラルの建て直しとともに急速にパリ盆地にひろがっていった。サンスでは、十世紀の教会堂が壊され、一一四〇年ごろから再建が始められた。ノワイヨンでは、一一五〇年ごろに再建工事が始まり、その建物は巨大な規模に達した。パリのノートル・ダムは、司教のモーリス・ド・シュリの推進によって一一六三年に建て直し工事が始まり、一一八〇年ごろに内陣が、一二〇〇年ごろにファサードが完成している。

ブールジュの大聖堂（幅50メートル、奥行125メートルある）

ゴシックは十二世紀後半にはノルマンディー、アンジュー、ブルゴーニュから、さらにイングランドへも広がる。十三世紀に入ると、シャルトルとブールジュのカテドラルが建設され、北方でも、ソワソン、ランス（1210）、アミアン（1220）、ボーヴェ（1223）と続く。とくにボーヴェのそれは群を抜いており、かつてクリュニーにおいて見られたように、限界に達した観がある。高さ四十八メートルに達した内陣の丸天井が、完成後数年という一二八四年に崩れ落ちたのである。

この一帯では、一二三〇年ごろから《レーヨナン rayonnant 様式》〔訳注・放射状の窓の飾りを特徴とする様式で、中期ゴシックに位置づけられる〕への進展が始まる。このなかで壁はさらに後退してステンド・グラスが大きい面積を占め、建築の《垂直方向化 verticalisme》が強まる。南フランスでは、ゴシックは托鉢修道会の拡大と結びつき、特殊性を帯びたものとなる。アルビのカテドラルが、その例証である。

これらの建物はすべて、共通の形と独自の処方との混合によって成っている。その統一性の基盤になっているのが、尖塔アーチ（arc brisé）と交差オジーヴによって支えられた丸天井、飛び梁（arcs-boutants）の活用であるが、これらは、アルシャンボーのガブリエル・デミアンの言う「とどまることを知らない軽快化と内部空間の拡大、明るさの追求と垂直方向への延伸」という課題を技術的に解決したものであった。それは、同時に、他にぬきんでた装飾性をもめざす。正面入口から始まって建物の頂上にいたるまで彫刻群で埋め尽くされ、ステンド・グラスで飾られた窓はますます大きくなり、壁が占める面積は、それだけ狭くなる。

このゴシックの発展は、二つの世界の対立を際立たせたように見える。フランスの北半分で生まれ、カテドラルと大規模な建物の建設のなかで姿を現した都市的芸術としてのゴシックと、南フランスの田舎の修道院に結びついているロマネスクという対照である。たしかに、そこで使われている技術的力量と建設作業場の機能の仕方は、もはや互いに同じではなく、したがって、両者を対峙させることは根拠のないことではない。しかしながら、托鉢修道会のテコ入れで行われたゴシックのより全般的な拡大と、都市部でも、ロマネスク建築からゴシック建築への入れ替わりの時期にかなりのずれがある事実も無視するわけにはいかない。

ゴシックの都市的性格は、異論の余地のないところで、それは、都市の発展とその物質的・人間的組織の変革、それらがもつ社会のなかでの新しい役割と結びついているように思われる。同様にして、ロマネスク芸術の発展は、ラウル・グラベルも強調しているように、小さな田舎の礼拝所でも司教座聖堂でも大修道院でも同じように見られ、それは、まず田園で起きた《アンセリュルマン encellulement》〔訳注・小部屋に閉じこもること〕という空間的・社会的再組織化の動きと結合していた。わたしたちの眼からすると、中世の教会堂は、芸術作品さながらの《アンタンポラリテ intemporalité》（非時間性）の印象を与えるが、だからといって、そこにも特定の場所や特定の時代に刻み込まれた一つの社会構造と進展が反映されていることを見逃してはならないであろう。

《教会 ecclesia》の概念

ここ百年来、芸術史家たちによって、建物の形態が年代的にどのように推移したかが明らかにされているが、歴史家につきつけられているのは、そうした建造物に与えられた意味と役割、そしてその建物を考え、作り出した社会のなかの多様な要素が分担した役割と意味を追究することである。

一つの教会堂を建設しようと考え出したのは、その教会組織を代表する人々であった。修道院の建設において、新しく建設しようとか建て直そうとイニシアティヴをとったのは、大修道院長とその取り巻きたちであった。都市の教会やカテドラルについても同じで、それらを発案し、工事を進めたのが民衆の情熱と信仰心の盛り上がりであったなどとは、もはや、ほとんど信じられていない。明らかに、司教たちや参事会員たちが計画を立て、資金を調達し、建物のデザインや装飾プログラムの基本線を定めたのである。だが、だからといって、信徒たちに財政面で貢献するよう呼びかけが行われなかったわけではなかったし、信徒たちも、それに応えたことは確かである。

これらの建物に表れているのは、まず「キリストの身体」という神学的秩序の観念であり、《エクレシア ecclesia》すなわちキリスト教的共同体の組織を具現する建物とそれが作り出す神聖な空間という考え方である。そこで、歴史家たちによってもこれまで部分的にしか開拓されてこなかった幾つかの道筋を簡潔に示そう。

神学的概念と建物の形態のつながりを示す痕跡は、文献のなかにも建造物のなかにもたくさん見つけることができる。すでに古くから行われてきた研究によって、中世のごく初期の教会堂についても、その物質的構成要素を象徴的に読むよう示唆した文書が明らかになっている。そうした構成要素の意味は、何人かの芸術史家たちの言外の示唆はあるものの、全般的には、建物を直接理解させてくれるものではないため、多くの人は、これらの考察にこだわる理由を理解できないできた。

教会堂が基本的に共通して表現しているのは、多分、《物質的な教会堂》と《キリスト教共同体》と《天上のエルサレム》の間の対応関係である。ディーター・キンペルとロベルト・ズッカルは「原始キリスト教時代以来、資金提供者たちと建設者たちは、《天上のエルサレム》との象徴的関係を明らかにできるやり方に熱中した」と指摘し、付け加えて、こう言っている。

「大きな教会堂が《天上の都市》を表していることは、すでに人々も気づいていた。中世が宗教的建築に結びつけたのは、美しさと文化的有用性だけではなかった。教会堂は、その全体においても部分においても、一つのシンボルであり、建物の随所に、寓意的に聖書を投影させたのである。」

これが中世人の思考法のなかに刻み込まれている中心的理念であって、神学も宮廷文学も、この思考が形を変えて表れたものにほかならない。建物は、建てた人の世界像を表しており、それが、ちょうど聖ベルナルドゥスとシュジェの対立のように、相異なり、ときには、正反対の見方となって表れたとしても、そこで対立したのは、人間が神と連絡をとるためにもっている手段についての考え方の違いである。シュジェが遺した文書には、彼が主導したサン＝ドニ大修道院改築において基盤となった諸原理が記されていて、光についての考察、この聖書釈義家に映った昇天の理念が表れている。

「ステンド・グラスや宝石の地上の光は、見る人を天上の光へ導いてくれる。建物も、そうでなくてはならない」。

この聖書釈義家が聖書のテキストによって霊的な意味へと導かれたのと同じように、キリスト教徒は、建物の物質的な美しさを眼にすることによって神とその美へと引き上げられるのだ。それを思い起こさせるのが、最も象徴的な場所であるこの大修道院聖堂の入口に刻まれた「盲目の魂も、物質的な光を眼にすることによって、それまでの蒙昧から覚め、真理へと浮上する」との言葉である。

ここには、中世思想の中心的要素である、物質的なものを低い位置に置き、非物質的なものを高く位置づける考え方が見られる。建物としての教会の建設は、信徒個々がその一片である《霊的教会》を建設するための手段にほかならない。

「わたしたちの建てようとしている地上の教会が、より高く、より立派であれば、それだけ、わたしたち自身が神の住まいのなかで聖なる霊へと変わるのである。」

この方向をめざして推し進めたのが、一世紀後の、やはりイル＝ド＝フランスでの《レーヨナン・ゴシック様式》の進展である。アラン・エルランド＝ブランデンブルグはこう記している。

「サン＝ドニの内陣によって、石とステンド・グラスで具象化された物質と非物質との対話が開始され、一つの新しい段階に到達した。」

このように審美性と道徳的神学的意味を不可分とする考え方を表わしたサン＝ドニの色彩の生気と豊かさに対して聖ベルナルドゥスは真っ向から異議を唱えた。めざすところは同じでも、ベルナルドゥスは「物質的装飾はキリスト教徒を霊的目標から逸らさせる」として、建物の絶対的簡素さを推奨した。エリアーヌ・ヴェルニョルは「曲線を排除し平板な後陣を選択したシトー派建築の特徴は、神を手本に創造された人間のまっすぐな進み方という霊的価値の選択と合致している」と分析している。

アーウィン・パノフスキーは、スコラ的思想とゴシック建築とが同じ地域で同時並行的に発展したことに注意を喚起し、「これは偶然の一致ではなく、同じ支払い命令と精算とが二つの別々の帳簿に記入されたものであり、同じ知的原理が異なる音域で表れたものである」と解釈し、「カテドラルにおいてと同じく神学大全においても、当事者たちは、すべてに対して調和的かつ位階的支払いを命じられたのである」としている。これは、聖トマスの《美le Beau》についての思想に関してウンベルト・エーコがその重要性を強調している「秩序と均斉の観念」に合致している。

ロマネスクの小さな教会もゴシックの大きなカテドラルも、教会堂の《プラン》（平面的配置）と《エレヴァション》（立体的構築面）の規模についてのアラン・ゲローの研究のおかげで、その容姿は（計測法自体は現在のそれよりはるかに複雑だが）単純な数学的比率によって造作なく割り出せる。その様式（ordre）と規模と比率は「世界のヴィジョンを表わしており」（J・ル・ゴフ）、最初の構想段階で幾何学も投影図も使わないで立てられた基本プロジェクトは、どんなに工期が長引いても、ずっと尊重されて引き継がれた。

そのうえ、この建物において、構造的に重要なのは内部空間であって、建物自体が神聖化され高い価値を附されるとともに、すべてを神聖化するのは内部であり、無秩序（したがって、容易に悪魔に侵蝕される）な外側とは、厳しく対峙する。この対立図式は、町と森、キリスト教世界とそれ以外の世界という空間についての中世的表現の基本的図式と重なり合う。

教会とその物質的社会的空間

教会堂にあっては、これらの要素がキリスト教的世界観を表現しているのであるが、その表現されている意味について理解できたのは聖職者たちだけで、俗人たちは無知なままであったと考えるのは間違いである。ちょうど本が、聖職者と俗人の共通の表現対象であり所有対象であったように、教会堂は、内部も周辺も、典礼だけでなく人々の日常的活動が繰り広げられた場であった。加えて、ル・ゴフが指摘しているように、《文字の読めない人々》も、聖職者ほどではないものの、その抽象的図式を通して、自分たちのいる世界を知覚していたと考えられる。

聖堂建設運動は、西欧の人口増加や富裕化と密接に結びついていただけでなく、十一世紀から始まった物質的・社会的空間の再組織とも緊密に結びついていた。教会は、生きている人々だけでなく死者も集まっている、土地と共同体組織化の中心という様相を呈した。同じ理屈で、十二世紀の都市の発展に伴って、小教区が急増し都市の教会堂が次々と建てられた。アンドレ・ヴォーシェは「新しい建設と建て直しによってカテドラルの建築技術が飛躍を遂げ、そのスタイルが一新しただけでなく、キリスト教会はその枠組構造の発展によって、都市的空間での支配権を強化することができた」と強調している。なぜなら、教会堂が増えることによって、それまで何百年も固定されていた小教区網が再編され、稠密になったからである。すでに二百年早く、ラウル・グラベルは、教会堂の建て直しの理由が、それまでのものの老朽化だけではなかったことを指摘し、同様の現象について証言している。

ワイン造りの職人組合が献げたシャルトル大聖堂のステンド・グラス

教会堂とその囲い地が、その地域のコミュニティーの機能に結びついたさまざまな社会的活動の枠組になっていたことは、多くの資料によって明らかである。それらは、多分、人々にとってキリスト教世界に属していることを確認するのに必須の儀式——ミサや洗礼、子供の生長を刻む祭儀、結婚、さらには、キリスト教のカレンダーに書き込まれている祭日——への参加が行われるこの場所の基本的価値と不可分の関係にあった。それと同時に忘れてならないのは、教会と信心会の間のつながりである。信心会は「カリタスcaritas」と呼ばれる精神的愛の絆によって互いを結び合わせるもので、十三世紀から盛んに編成され、キリスト教的社会原理の示威集会のような性格をもっていた。

俗人たちが聖堂建設に参加したのは寄進によってであるが、これも、信心会という枠組のなかで行われた。そうした寄進は、都市の貴族階級に属している個人によるにせよ、職人の信心会によるにせよ、多くはステンド・グラスに、その功績が表されている。たとえば、シャルトルでは、十三世紀のほとんどすべてのステンド・グラスに、聖人の物語に関わる形で、寄進した人々が示されており、聖ルビヌス〔訳注・六世紀のシャルトル司教〕を描いたステンド・グラスは、「ワイン商人たちのステンド・グラス」とも名づけられていた。こうした表現は、物語のなかのもう一つの物語として発展したもので、この二つを結びつけているのが《聖体の秘蹟》である。聖ルビヌスが司教に叙階されたとき、祝福のミサにおいて司祭が司教のために注いだのは、ワイン商人たちが寄進したものであった、という具合である（J＝P・ドランブル、C・マース）。そこには、教会と典礼への俗人たちの関わりが示されており、王や王族、貴族といった支配階層の俗人たちについていえば、彼らが修道会に寄進した土地や資金によって多くの修道院が設立されたことは、周知のとおりである。

これらの要素はすべて、わたしたちからすると、宗教の領域に属している。しかし、全面的にキリスト教的であった当時の社会にあっては、神の言葉が響いている教会のなかで俗人たちが占めた部分は、社会構造のなかで各人が担った役割の一つの表れでしかなかった。そこで重要なのは、ちょうど《地上の教会》と《天上の教会》のあいだに打ち立てられた絆がそうであるように、おそらく、それが一つの共通観念であることであった。教会の建物はキリスト教会とキリスト教世界の結合の象徴であり、神と人々の間の交感は、聖遺物を囲んで聖体の秘蹟を受けることにより、聖書が伝え聖職者が中継する神の言葉が示現するなかで行われた。だからこそ、社会的秩序に異議を申し立てる運動は、教会制度と秘蹟と教会の建物に特有のすべての価値を否定するものとなるのである。カタリ派が隆盛を示した一一四五年のアクィテーヌで聖ベルナルドゥスが見出した状況がそれであった。

「教会に信徒たちの姿はなく、信徒たちに司祭はおらず、キリスト教徒たちにキリストはおられない。教会はユダヤ教のシナゴーグとなり、神の家が神聖な場であることが否認され、秘蹟は、もはや神聖なものではなくなり、厳粛な儀式は行われなくなっている。」

中世においては、本と同様、聖堂の建物も、今わたしたちが見ているより以上のものであった。中世の人々は、建物が創り出す空間の豊かさを圧倒的量感をもって際立たせ、そこにさまざまな表現物を付することによって、社会的関わりの調音点を構成したのである。堂々たる建造物によって、まず王侯貴族たち、つづいて都市のコミュニティーが、社会のなかで自分たちが占める席を示そうとしたのは、おそらく理由のないことではなかった。

第六章　教会文化

教会文化は学校教育と緊密に結びついていた。十一世紀から十三世紀の間、この教育の基盤になっていた知的典拠は、キリスト教のテキストと古代のテキストを組み合わせたもので、これは、聖アウグスティヌスの『キリスト教の教義』（De doctrina christiana）のなかに述べられ、カロリング時代に実践化された原理の延長線上にある。ただ、十一世紀から十三世紀のこの時期の目新しさは、絶え間なく写され、広く知られ、利用される古代ギリシア・ローマの原典が増えたことにあり、このことは、聖職者たちの知的装備の充実と思考の発展に影響しないでは済まなかった。しかしながら、これを、単純に古代に対する関心の高まりと深まりの表れと信じるわけにはいかない。古代人たちの言葉は、必ず、キリスト教のプリズムを通して読まれ解釈され、受け入れられたからであり、十三世紀に頂点に達する中世文化の知的綜合は、元のテキストが書かれた社会的・精神的背景とは全く異なる背景のなかで古代文献を解釈し直すという代価を払って実現されたものだったからである。

この教会文化は、さまざまな性質をもつ作品のなかに姿を現しているが、そのなかで最も複雑で意味深い要素が多分、神学である。古代都市においては哲学者たちが行ったように、中世において、微妙であるとともに決定的な思考を練り上げたのが神学者たちであった。しかし、その本来の歴史的意味のほとんどを、わたしたちはまだ捉えることができないでいる。

一、自由学芸

教育の全体的枠組は、十一世紀から十三世紀の時期も、《三教科 trivium》と《四学科 quadrivium》のままであるが、これは、現場においては強制的ではなく、それぞれの教師が自分のやり方で自由に教科を選んだ。教育プログラムを掌握しているのは大学当局のみで、全体としては、《三教科》が優先的位置を維持し続けた。

文法

十二世紀にいたるまで、文法が修辞学と結びついて諸教科の女王の座を占め、すべての聖職者が共有する共通知識の全体と教会文化の基盤を形成していた。ラテン語は日常生活では使われなかったが、学校教育では、幾つかのラテン語著述の講読と詩篇集の朗誦が不可欠の基礎になっており、そのうえで、古代およびカロリング時代の伝統にしたがってドナトゥスとプリスキアヌスの手引き書をよりどころに記述的文法を学んだ。その規範的指導書としては、ヴィルディユのアレクサンドルの概論（一一九九年ごろ）とベチューヌのエヴラールのそれ（一二一二年ごろ）が使われた。

現場では、文法という言語の技術的側面だけでなく、歴史・地理・自然学・道徳教育の土台を習得するために、幾つかのテキストを注解しながら読む手法が採られた。こうしたテキストのなかで、歴史地理学の習得のために特に採りあげられたのがウェルギリウス、ホラティウス、オウィディウス、キケロ、セネカといった詩人や散文家の著述であった。しかしながら、さまざまな痕跡から見て、これらの著述家は、学校では抜粋や断片でわずかに触れられただけで、実際に《レクティオ lectio》（講読）されたのは、十六世紀以後は古典研究家たちから見向きもされなくなって陰に追いやられてしまったが、アラートル、ユウェンクス、プルデンティウス、セデュリウスといった四世紀から六世紀にかけてのキリスト教的詩人たちである。それに加えてボエティウスの『哲学の慰め』があり、この作品の注釈付きテキストがたくさん遺されている。アンリ・ダンドリは、『七学芸の戦い』と題した詩のなかで、十三世紀に文法が敗れた戦いを想起しながら、文法の陣営を立て直すのに動員すべき面々として、ユウェナリス、ホラティウス、ウェルギリウス、ルカヌス、プロペルティウスらとともにアラートルらの名を挙げている。そこから、古典古代と教父時代のテキストが雑然と引き継がれていたこととともに、《三教科》主体の教育が十三世紀に一つの変革にぶつかったことが分かる。

このとき、論理学の影響のもとに、文法においても、意味論的構文論的考察が記述的規範的見方より重んじられるという一つの重要な転換が起きていたのである。こうして文法は、「意味を表明するやり方」の概念を中心に構成され、言葉の特性を「存在と思考の多様な局面を説明するもの」（I・ロジエ）として学ぶことを目的としたもの、言い換えると、文法教育は論理学を学ぶ入口として行われるものとなる。

弁証術（dialectica）は、《カロリング・ルネサンス》の人々からは《学芸artes》のなかに数えられたが、すでにカロリング時代にも、聖職者たちの精神的道具一式のなかでは有効な存在ではなくなっていた。さまざまな概念を操り論理学のテキストに注釈を施す力をもった聖アンセルムス（1033-1109）のような著述家が現れるのは、十一世紀も後半のことである。アンセルムスの『文法論』（De grammatico）は、文法の概論書ではなく、アリストテレスの『カテゴリー論』の一節についての注釈書である。

十二世紀半ばにいたるまで、論理学を学ぶのに利用されたのは、「logica vetus」〔訳注・「古い論理学」の意〕と名づけられた古代のテキスト集であった。そこには、必ずアリストテレス論理学に関するボエティウスの著述の一部と注釈の幾つかが収められていた。これを一一二〇年から一一六〇年のころに全面的に改めたのが「logica nova」（新しい論理学）である。ここでもボエティウスが仲介的役割を演じているが、幾つか新しく翻訳されたものが、かなり大きな位置を占めている。そのなかには、ギリシア語から直接訳されたものもあれば、アラブ文化やユダヤ文化とラテン文化が接する地域、すなわちイスパニア、イタリア、シチリアなどでアラブ語版から訳されたものもある。

十二世紀には、アリストテレス論理学の立論の概念と方式が神学の思考と論議のなかに一挙に入ってきた。ペトルス・アベラルドゥス（1079-1142）は、明らかに「古い論理学」しか知らなかったが、神学的思考の一つの優れた手本を提供し、以後、論理学が神学的思考にとって欠かせない道具となっていく。知名度は

し合っていく。

ずっと劣るが、パリのさまざまな学校の教師たちが同様の能力を示しており、文法と論理学は、次第に錯綜

アリストテレスの著作集

アリストテレスの全著作が、アラブ人のアヴィセンナすなわちイブン・スィーナー（一〇三七年没）とアヴェロエスすなわちイブン・ルシュド（1126-1196）の注釈つきで広まるのが、次の世紀（十三世紀）である。この著述は、自然諸学と物理学、心理学、形而上学、道徳学にまで関わる驚くべき豊かな内容をもっており、《学芸》の伝統的枠組のなかにも納まりきれないものがあった。このおかげで、それまで全体的に発展の少なかった《四学科》が急に豊かになった一方で、伝統が伝えてきたのとは異なる考え方も持ち込まれた。アリストテレスは、注釈のおかげでキリスト教的哲学者として容認されたものの、ユダヤ的アラブ的な啓示的一神教と広い意味でのプラトニズムを刻印しており、そのため、プロクロス（v.410-485）の『原因論 Liber de causis』のネオ・プラトニスム的概念がアリストテレス哲学の名のもとに流布される。〔訳注・プロクロスはコンスタンティノープル生まれで、キリスト教に反対しギリシア思想を擁護した。〕

しかしながら、これらのテキストは、論理学の概論書がそうであったように、言葉と演説についての新しい考察手段を提供しただけでなく、キリスト教社会を成り立たせているシステムとは必ずしも合致しない「世界と人間と神の表示システム」の要素も持ち込んだ。このため、アリストテレスの著作の導入には、当初、教会当局も躊躇し、禁止までしたが、十三世紀末には、キリスト教神学の基盤と合致しているかぎりに

おいてという条件のもとで、アリストテレスの厖大な著述の注解が、学芸学部の教師たちや神学者たちによって堂々と行われるようになる。

古代の著作のキリスト教文化における位置

歴史家たちは、カロリング時代以降の中世教会文化のなかで非キリスト教的典拠が次第に大きい位置を占めていったことに眩惑され、この現象が十一、二世紀の知的興奮と結びついていったと考えがちである。しかしながら、キリスト教教義と聖書釈義、典礼あるいは説教が重視された環境のなかで人々が関心をもったのはキリスト教的秩序であって、古代の遺産への関心が高まったと認めるには、いくばくかの困難を感じないわけにはいかない。中世の知的領域を現代的基準で考えようとする傾向性に対しては、古代の著述家が活用された前提として幾つかの確認事項があったことを思い起こす必要がある。

〔聖書の言葉〕

第一に、《三教科》に特に大きな関心が向けられたのは、文法と修辞学と弁証術がいずれも言葉を操る技術を教えたものであったことによる。それは、言葉によって示された《啓示 révélation》がキリスト教的西欧の精神的・社会的構築の基盤になっていたことと結びついている。この《啓示》を伝える権利を独占し、その役割のゆえに社会のなかで優越的な位置を占めた聖職者たちにとって何より重要だったのは、聖書に記されている神の言葉を理解し解釈することであった。

カロリング時代に行われた改革は、なによりもこの神聖な言葉に近づくためであり、古代の言語モデルを模倣するばかりで、文法学はほとんど発展しなかった。十一世紀末になって「古い論理学」の概論、さらに、「新しい論理学」が伝えられると、聖職者たちも、アリストテレスが提供してくれる分析道具によって、正しい言語表現（énonciation）のための要素や条件についての認識を深めた。こうして言葉の技法に論理学による刷新がもたらされたことによって、古代の文法とボエティウスの意味論、そしてアリストテレスの記号論の三つを典拠とした意味論的考察と理論が仕上げられていく。

しかしながら、聖アンセルムスのケースが示しているように、これらの要素と神学的考察との間にあった内在的つながりも無視することはできない。十二世紀に、たとえば「人間」とか「動物」とかいった普遍的概念をめぐって《唯名論》と《実在論》の議論が起きたのは、このためである。伝統的に《唯名論者 **nominalistes**》と呼ばれている人々が、そうした普遍的なものは言葉でしかなく実在するものとは一致していないと主張したのに対し、《実在論者 réalistes》は、「それらは各個体に現実的に内在している思考の対象であり、したがって、各個体は一つの共通の本質essenceをもっており、互いに違っているのは偶然性によってである」（J・ポール）と反論した。この論争が活発化したのは十二世紀であるが、その後も繰り返され、言語の本質、語彙と概念の規定をめぐって様々な考え方がそこから生み出された。それには神の名前に関する考察も含まれている。神の種々の呼び名は実在するものを指しているのだろうか、それとも、人間が神的ペルソナ、いわゆる「声の息吹 flatus vocis」につけた単なる名前なのだろうか？　という議論である。

十二世紀と十三世紀には、《三教科》の教育自体は、前の時代ほど力が入れられなくなったように見えるが、言葉についての考察は、ますます磨かれ、記述的・規範的レベルから抽象的思弁のレベルへと移ることによって、啓示の判読によって提起された難解な問題の脈絡のなかに組み込まれながら発展を続ける。直接的にせよ、翻訳を通じてにせよ、利用された古代のテキストの大部分は、この考察に必要な道具を提供する役割を果たしたのであった。

〔用いられた古典の著述家たち〕

しばしば中世の著述家たちから「哲学者philosophi」と呼ばれた古典ラテン語の詩人や散文作家たちが占めた位置と彼らが果たした役割も、注目に値する。彼らが中世の学校文化のなかに入ってきたのは、カロリング改革に伴ってであったが、それらが学ばれたのは、第一に言葉を扱う技術における権威あるモデルとしてであり、副次的に、さまざまな質の知識と教育の可能性を秘めた源泉としてであった。

しかしながら、第一の言葉の手本という点については、彼らの影響は、割り引いて考える必要がある。カロリング時代以来、ラテン語は、中世の言葉の構文法と語彙論が持っている特殊性によって語形論的変容を加えられてきた。聖ベルナルドゥスや尊者ピエールが書いた散文とキケロのそれとは明らかに異なっているし、ゴーティエ・ド・シャティヨンのような作詩法について優れた知識をもった十二世紀の詩人であっても、ウェルギリウスのような詩が書けるはずがなかった。この古典ラテン語の要素と教父時代の詩や散文のそれらを統合した学校共通語の形成と、ウェルギリウスから十二世紀の詩法への移行のプロセスにおいて決定的な仲介役を演じ、後者の手本となったのは、聖ヒエロニムスや聖アンブロシウス、聖アウグスティヌス、聖グレゴリウスの文章であり、シドニウス・アポリナーリスのようなキリスト教詩人たちの作品であった。

第二の、古代の著作の中身に向けられた関心がどのようなものであったかは、どのような古代の作品が教材として選ばれたかに注目すれば、自ずと明らかになる。これまで全ヨーロッパに保存されている古典ラテン語写本についてビルガー・ムンク＝オルセンが作成したカタログは、その点で重要な資料を提供してくれる。それを見ると、聖職者文化の共通基盤を構成していた古代の作品は、ごく僅かで、しかも、時代と地域によって、好まれた著述家も異なれば、同じある著述家でも、好まれた作品に偏りがあることが分かる。この時代全体を通じて、最も好まれ、恒常的に書き写されたのはウェルギリウスで、作品名でいうと、『アエネース Enéide』が一番で、『牧歌詩 Eglogues』と『農耕詩 Géorgiques』の人気は落ちる。この三つが十二世紀に製作された写本の数を較べてみると、六五対三八対三六となっている。

ホラティウスの著作は、写本の数では、すでに十世紀からウェルギリウスに迫るものがあり、とくに『随想詩 Satires』は、十二世紀には六五を数えた。その反対にオウィディウスは、ムンク＝オルセンの研究とそのカタログについてのエツィオ・オルナートの統計的分析によると、当時は第一級の重要性をもつ著作家ではなかったようである。彼が最も写本の多い著作家たちのなかに顔を出すのは十二世紀も後半のことで、それも『転身物語 Métamorphoses』によってで、その数は二八、『祭事暦 Fastes』が一二、『黒海だより Pontiques』が九、『哀詩 Tristes』が三である。『転身物語』は、十二世紀末から十三世紀初めの写本で保存されているのを数に入れても第二十四位で、このころのフランスでのオウィディウスの人気は、ルカヌスやスタティウスに較べて大したものではなかった。

これらのことから、一般的に言われてきたように、十二世紀には、オウィディウスのためにウェルギリウスの光が翳ったなどということは全くなく、《オウィディウスの時代》という考え方は信用に値しない。しかも、愛のテーマに捧げられた作品の写本は、数も少ないうえ、時代もずれる（十二世紀の時点で『恋の治療法Remedia amoris』が三、『恋の手管Ars amatoria』が一、『恋愛Amores』も一）ことからすると、オウィディウスの作品が《宮廷風恋愛amour courtois》の発展に影響したということも疑わしくなる。

ウェルギリウス、ルカヌス、スタティウス、オウィディウスのなかでも、十二世紀になっても聖職者たちに好まれた古典詩人とは、まず、中世の西欧が自分たちの起源をそのなかに認めた古代の歴史を思い起こさせてくれる人々であり、付随的に、『転身物語』のように中世人の寓話好きに合致し、道徳的解釈を加えさせてくれる物語であった。

〔寓意的読み方〕

ウェルギリウスやオウィディウスは、中世においては、とくにマクロビウスやフルゲンティウスといった晩期古代のネオ・プラトニズムやキリスト教的釈義家の見方のなかで読まれた。ウェルギリウス（前七〇―一九）は、その『第四牧歌詩』のなかでキリストの到来を予言したということから、中世においても、詩人、哲学者、予言者、神学者として通用した。オウィディウスも、同様の精神のなかで読まれたが、これらの著作家たちにしてみれば、自分がキリスト教徒と考えられるなどとは想像もしないことであったろう。

ごく稀にだが、『アエネース』と『転身物語』について遺されている注釈のなかに、これらの物語の背後に隠されている真理（veritas）を見抜くことが注釈家の務めであると述べているのがある。読むということは、テキストの被膜（integumentum）の下から、秘められた神秘的・道徳的意味を見つけ出すのでなくてはならないというのである。たとえば、十二世紀前半のトゥールの教師、ベルナルドゥス・シルヴェストリスは、『アエネース』のなかに「さまざまな誘惑と試練に満ちた生のなかで、ゆっくりと知恵と知性と徳を身

につける人間の歴史」の道程表を見出している。（P・ドウマ）

オウィディウスの『転身物語』について『寓意Allegoriae』と題する注釈書を著したオルレアンのアルヌールは、オウィディウスをプラトン主義的神話記述者として描き、神々が次々と転身したとする物語は魂の動きと変化をあらわすと説明している。

次の世紀（十三世紀）の文法学者、ジャン・ド・ガルランドの『道徳家オウィディウスOvide moralisé』に再び見られる寓意的・道徳的読み方においては、アエネースはキリストとさえ見なされている。この著者は、近親相姦を犯した女、ミュラのなかに聖母マリアのイメージを見、彼女の息子、アドニスのなかにキリストのそれを見ている。これは、マリアを神の娘であり妻であり母であるとするキリスト教神学の思考に関連づけたのである。

わたしたちにとっては驚くべきことであるが、これらの解釈は、事実（そのなかでも、まず神の言葉）を象徴的に理解するやり方を示しており、聖書の注釈だけにとどまらない中世の思考法の一端を知らせてくれる。古典的著述のこうした象徴的読み方は、不適当と判定された作品をキリスト教化しようとしたのではなく、学者たちにとって生得的で、教父時代からの長い伝統に則った一つの手法なのである。中世の聖職者たちは、哲学的・歴史的に読む手法など知らなかっただけでなく、多分、そんなことにはなんの関心も抱かなかった。彼らは、現実の中で解決しなければならない中世社会特有の問題と困難に対応するのと同じやり方で、バイブルを読み、その内容を解釈したのであった。

〔一つの文化への綜合〕

古代のテキストについての知識は、初めの頃は選択的なものであったが、次第に広がりをもつようになり、それに伴って、二つの並立的な知的・文化的総体が、一つのほんものの総合へといたる。そのなかで古代の著作は、キリスト教的表示システムによって包摂され、再解釈されて、過去は、人類と人間精神が終末へ向かって進展する終末論的展望のなかで一つの段階として包含されるようになる。これらのテキストは、すでに文字の重みで権威ある価値を付され、その一部は、キケロやセネカが著した幾つかの概論書のように、初期教父たちによって正当化され、キリスト教的知識のなかに統合されていた。

十三世紀には、アリストテレスの形而上学や、倫理学、政治学の著作も、同様の読み方がされる。それらは本来の知的・社会的文脈から切り離され、世界と社会の秩序についてのキリスト教的考察の基盤となる諸観念の貯蔵庫として議論の根拠を提供する。たとえば《政治的〔ポリス的〕動物としての人間》と《福祉》といったアリストテレス的観念（それらは、ローマの伝統によって採り上げられ、教父たちも再び採用していた）を、十二、三世紀の著述家たちは、キリスト教世界における教皇の優越性を裏づけるためや、その反対に、王侯権力の優越性を保証するために用いている。そこでアリストテレスが提供しているのは語彙だけであって、それらの本来の観念は、古代都市とはまったく異なる社会的実体に合わせようとした場合は歪められてしまうことが自明であるのに、そのことは、中世においては、全くではないにせよ無視されたのである。

〔古代とキリスト教の二つの伝統〕

聖職者の文化のなかで古代の伝統とキリスト教的伝統のそれぞれが占めた重みを、数値的データによって割り出そうとすることは、多分、無益なことではない。今に遺されている十一世紀から十三世紀までの蔵書カタログを体系的に調べてみると、自由学芸三教科の文書が四分の一を占めているのに対し、非キリスト教的テキストが占めているのは五％から一〇％で、その残りは、聖書関連と教父、神学、聖人伝などである。一三三八年に作成されたソルボンヌの蔵書目録も、解釈上の問題はあるにせよ、全体的にいって、それほど違っていない（J・ヴェルジェ）。四分の一が聖書関係であり、四分の一が教父と神学関係、四分の一が信仰と司教関係、残りの四分の一が、四学科や自然現象の研究に結びついたものの比重が増えるが、自由学芸関係の書である。

バイブルの注釈とウェルギリウスやアリストテレスの注釈書の数を対比できないのは残念である。また、聖アウグスティヌスや聖グレゴリウス、ボエティウスの概論書とキケロやウェルギリウスの作品で遺されている写本の数を比較することも簡単ではない。しかしながら、北フランスのラテン語写本についてのカルラ・ボゾロとエツィオ・オルナートの調査によっても、九世紀から十二世紀までのラテン語写本の八〇％が聖書と教父、神学関係、聖人伝で占められることが分かっている。そのうち四〇％はアンブロシウス、ヒエロニムス、アウグスティヌス、グレゴリウスという四人の主要な教父が占めている。エツィオ・オルナートはラテン語古典についての研究のなかで、この時期には写本数全体が増えるが、その主力は教父たちの写本であり、少なくともフランスにおいては、比率的にも並外れて多い、したがって、九世紀から十二世紀のフランスでは、その後の数世紀にイタリアで起きたのと違って、古典の過大評価ということはなかったと結論している。

中世の知的・文化的現象の分析にあたって、このようなデータには、どれほど注意を向けても、行き過ぎることはない。歴史の記述にしばしば見られる「十二世紀ルネサンスの人間主義的理念と十三世紀の思想家たちはアリストテレス主義の影響を受けた」という考え方は、少なくともかなり割り引いて受け止める必要がある。そこには、中世文化についての時代錯誤的見方と実際の社会におけるキリスト教の重みと意味についての無認識がある。とりわけ忘れてならないのは、知的活動は常に社会的実態を明確に把握し表現するシステムがあってこそ発展するという事実である。この表現システムが知的活動の性質と限界、意味合いを決定しているのであり、したがって、歴史の分析にあたっては、これらの全体を考察しなければならない。

二、教会文学

とくに十二、三世紀には、多様な教会文学、聖職者による作品が生み出された。共通点としては、作品の大部分はラテン語によるものであるが、十三世紀以後は、自由学芸と神学以外の分野では土着語も増えていく。加えて、これらの著作の作者たちは、学校文化から大なり小なり距離を置いている聖職者である。したがって、彼らの活動した世界は多様で、ベネディクト会の修道院、参事会や托鉢修道会といった都会的環境、さらには王族や大貴族の出身者が司教を務めている司教座宮廷などである。著作のジャンルも、歴史物語や教訓的・道徳的著述などさまざまであるが、土着語が使われている事実は、彼らが俗人世界と頻繁に接触し交流していたことを物語っている。しかしながら忘れてならないのは、これらの聖職者たちは、同じ土台をもつ文化と考え方や同一の価値観の全体に属しており、中世においては常にそうであるように、環境的にも《ジャンル》的にも、明確な分け目を探そうとしても無駄であるということだ。

修道院で産まれた十一世紀の文学

こんにちに遺されている十一世紀のテキストの多くは、フルーリィ（Saint-Benoît-sur-Loire）、クリュニー、リモージュのサン＝マルシアルなど幾つかの大きい修道院で作られたもので、聖人伝、奇蹟物語、自伝的著作、そして歴史と年代記が主である。たとえばフルーリィでは、「サン＝ブノワ＝シュル＝ロワール」の名が示しているように、聖ベネディクトゥスの聖遺物の多くが保存されていることもあって、彼の奇蹟に関する本が多い。修道士エモワン（一〇〇八年以後に没）は、フランク歴代王の歴史であるとともに聖ベネディクトゥスの事跡を語った『フランク史Historia Francorum』をここで書いた。また、ヘルガウドという修道士は、この大修道院の寄進者であるロベール二世（敬虔王）の伝記を執筆している。クリュニーでは、オディロとフーゴが大修道院長であった時代に、典礼書のほかに、列聖された大修道院長たちの伝記が著されている。ラウル・グラベル（一〇四七年没）は、クリュニー滞在中の一〇三〇年代に有名な『歴史Historiae』を著した。これは、基本的には「世界史」をめざしたが、九九〇年から一〇三〇年の時期について特に饒舌である。アデマール・ド・シャバンヌ（988-1034）は、アングレームのサン＝シバール修道院とリモージュのサン＝マルシアル修道院を拠点にして、説教を行うとともに『聖マルシアル伝』を書いたが『歴史Historia』も一冊著している。この著も、「世界史」をめざしたが、とくに十一世紀初めのフランスの中部と西部について詳しい。最後に、ヴァイキングの首領たちと初期のノルマンディー公たちの歴史について語っているのが、サン＝カンタンのデュドンである。彼は、参事会員であったが、ノルマンディー公リシャール二世の礼拝堂付司祭も務めた。

歴史家たちは、これらの年代記作者たちを特徴づけている歴史の語り方、年代の厳密さに対する無関心ぶり、事実の故意の歪曲、伝説や奇蹟、異常現象への嗜好などについて不満を言うのが常である。しかし、この時代だけでなく、そのあとの何世紀かも、歴史の語り手たちは、「客観的な歴史」というものには興味がなかったのであって、写実性に興味を抱いたのは、むしろ、あとで述べる物語作者（romanciers）たちであった。年代記を書いた修道士たちにとっては、キリスト教の価値を高めるさまざまな兆候や、全能の神の意思と世界の終末論的ヴィジョンのなかで意味を持つ事実や現象を集めて示すことが重要で、彼らは、明らかにわたしたちのそれとは異なるこうした基準から、聖人たちの伝記や奇蹟の物語を《歴史》のなかに組み入れたのである。

十二世紀と十三世紀の多様化と充実化

十二世紀と十三世紀には、作られるテキストの数も増え、そのジャンルも、年代記と歴史、聖人伝と奇蹟物語、説教、典礼詩、続誦（séquences）だけでなく、書簡、百科事典的著作、《模範例 exempla》、典礼劇、愛の詩、風刺詩、喜劇、ラテン語の叙事詩など、多様化した。

〔歴史物語〕

各地の修道院で作成された年代記、年譜、事績録（Gesta）はかなりの量にのぼる。それらは、「普遍的世界史」たらんという意図のもとで書かれていることもあれば、そうでないこともあるが、その土地で起きた出来事にとくに力がこめられている。王侯貴族の世界では、ある王朝や家門が採りあげられているが、とくに際立っているのがオルデリクス・ウィタリスとランベルトゥス（アルドルのランベール）の十字軍に関する物語と年代記である。

オルデリクスは、一〇七五年にイングランドで生まれ、その生涯の重要な時期をノルマンディーのサン＝テヴルー大修道院で過ごした。一一〇〇年ごろ、院長から命じられて『教会史Historia ecclesiastica』の執筆を始め、作業は何十年にもわたったが、初めの二巻を西暦一世紀から十一世紀までの「世界史」に充てたあとは、ノルマンディー、イングランド、ノルウェーからシチリアにまでわたったノルマン人たちの活動について詳述しており、その情報量は膨大である。

十三世紀初めにアルドルの主任司祭であったランベルトゥスは、ギーヌ伯の要請で『ギーヌ伯領の歴史Historia comitum Ghisnensium』を執筆した。ギーヌ伯家の由緒正しさを明らかにするために、彼らが力を築いてきた歴史を述べている。〔訳注・ギーヌ、アルドルともカレーの近くにある。〕

第一回十字軍については、目撃による直接証言にせよ、伝聞による間接的証言にせよ、たくさんの物語が作られた。後者のなかに入るのが、ノジャンのギベルトゥス（ギベール・ド・ノジャン）の『フランク人による神の業Gesta Dei per Francos』であるが、彼は、それとともに、ペトルス・アベラルドゥスのそれと並ぶ、数少ない自伝を遺したことで知られている。十二世紀初め以降、十字軍に関与した聖職者たちを俗人たちに結びつけ、土着語の物語をラテン語テキストに結びつけた十字軍の物語が数多く書かれた。ジョフロワ・ド・ヴィルアルドゥアン、ロベール・ド・クラリ、そして、もちろん、聖ルイ王のお供であったジャン・ド・ジョワンヴィルがそれであり、オック語の『アンチオキアの歌 Canso d'Antiocha』〔訳注・作者はグランドール・ド・ドゥエ〕がそうである。

〔教育的著述〕

教育的な著述も、聖職者と俗人たちを結びつけた。聖職者の最も重要な活動の一つが世俗の人々を対象とした説教と道徳的訓諭であったからである。こんにちまで保存されている説教のなかには、専ら修道士や大学人など聖職者を対象にしたものもあり、このジャンルは、細かく分けるとさまざまであるが、多くはラテン語の枠を凝らした散文で、神学論文というべきものになっている。ここで頭角をあらわした人々として、十二世紀ではアベラルドゥス（アベラール）や聖ベルナルドゥス、十三世紀では、ギヨーム・ドーヴェルニュ、ボナヴェントゥラ、アルベルトゥス・マグヌスがいるが、ヒルデベルト・ド・ラヴァルダンという、優れた詩才で知られた司教もいる。

しかしながら、神学についての素養もなければ熱心でもない俗人に説教するには、庶民を惹きつけるような思想内容とスタイルによりながら、俗語で教義と信仰の基礎を語る必要があった。この点で傑出していたのが聖ベルナルドゥスであり、また、パリのノートル・ダム寺院建設を主導した司教、モーリス・ド・シュリィで、彼らの説教は、ラテン語版とともにロマンス語版も遺されており、後者には、民衆に理解しやすいよう工夫した跡がはっきりうかがわれる。同じように、十三世紀にラテン語で書かれた托鉢修道士たちの説教も、道徳的教訓として《例話集recueil d'exempla》が付けられていて、そこには、聖書や聖人伝、歴史、寓話、当時流布していた小咄、さらには説教者の個人的体験など、さまざまな源泉から汲みとられたあらゆる種類の逸話が載せられている。ここでも、固有の意味での聖職的文化と俗人文化が混じり合い、ときには「生きた歴史histoires vécues」となっている。とはいえ、これらのテキストの解釈には、さまざまな種類の難問が伴う。

最近の研究によって、聖人伝と奇蹟話が一貫して人気が高かったことが明らかにされている。とくに俗人たちを惹きつけたのは、ある特定の聖域に結びついたもので、たとえば十一世紀初め、アンジェの神学教師、ベルナールは、『Liber miraculorum sanctae Fidis』〔訳注・「サント・フォワの奇蹟の書」の意〕において、コンクのサント・フォワの奇蹟について述べている。ソワソンのサン＝メダール修道院長、ゴーティエ・ド・コワンシーは、聖母マリアの奇蹟を集めた『Miracles de Nostre Dame』〔訳注・「聖母マリアの奇蹟」の意〕を著し、末尾に歌までつけている。これは、宮廷風の雅びな詩に対抗して民衆の信仰心を掻き立てるためであった。

典礼にかかわる分野でも、賛歌（hymnes）や続誦（séquences）だけでなく重要な祭りの典礼をドラマ化した詩劇（jeux）も作られた。十一世紀と十二世紀には、あらゆる地域で、こうしたテキストがたくさん書かれているが、そのなかには、非常に優れたものもある。最も古いものはラテン語で書かれているが、やがて俗語も混じるようになり、十三世紀になると俗語のほうが優勢になる。

〔百科全書的著述〕

十三世紀には、百科全書的著述が盛んに生み出された。これは学校文化が通俗化したもので、ラテン語と卑俗語が入り混じっている。最も有名なのが、ドミニコ会士のヴァンサン・ド・ボーヴェ（一二六四年没）の『大鏡 Speculum maius』である。これは、『自然の鏡 Speculum naturale』『神学の鏡 Speculum doctorinale』『歴史の鏡 Speculum historiale』から成っており、この最後の書が最も広く流布したことは、遺されている写本の数からも、印刷術の発明まもなくシュトラスブルクで最初の印刷本になっていることからも明らかである。これは古代の著作をはじめトマス・アクィナスまで含む中世のあらゆる著述から引用した文章を集め、当時の知識と理念を総合したである。ヴァンサン・ド・ボーヴェは、晩年は王宮に出入りし、ルイ九世とその側近たちのために啓蒙書を何冊か著したとされている。

同様に注目したいのが、『プラシデスとティメオ Placides et Timeo』（別名『Li secrés as philosophes』）で、これは、散文フランス語による形而上学、発生学、医学、気象学、自然誌、宇宙形状誌などさまざまな分野にわたる百科全書になっている。この著者の名前は知られていないが、おそらくアリストテレス的理論の影響を受けた《人文学者 artien》である。十三世紀末から十四世紀初めに書かれたこの著作はかなりの成功をおさめたようで、シャルル五世は三種の写本を所有していた。

〔ラテン詩〕

「教会文学」あるいは「聖職者の文学」についてのこの簡略な通覧を終えるにあたって、一見したところは聖職者の関心事から懸け離れているが、十二世紀の学校（スコラ）教育と結びついていた作品群に触れておこう。それらは、愛を歌った詩や風刺詩、ラテン語叙事詩あるいは喜劇の分野にまでわたっている。聖職者のなかにも、ラテン詩の韻律法に精通し、古代詩人たちを模倣（あわよくば超越）して「天才的詩人」の名声を得ようと努力する人もいた。そのような詩人はとくにロワールの谷に点在する都市の諸学校から出たが、その代表格が、マン＝シュル＝ロワールで生まれ、サン＝ピエール・ド・ブルゲイユの大修道院長、ついでドル＝ド＝ブルターニュの司教まで務めたボードリ・ド・ブルゲイユである。彼の詩は二百五十編が遺されているが、歴史書や聖人伝も書いた。同じく、よく挙げられるのが、オルレアンの主席司祭、ユーグで、各地の学校で教鞭を執りながら作った詩は、風刺詩やパロディー的な詩、愛や酒を歌ったシャンソンを集めた『カルミナ・ブラーナ Carmina Burana』にも一部が収められている。

この世紀の後半、同じこの地域で互いに張り合った二人の教師兼詩人が現れる。マチュー・ド・ヴァンドームとアルヌール・ドルレアンである。いずれも、ラテン語で喜劇を書き、作詩の技に優れ、愛の詩を歌ったが、一方は聖書にまつわる詩を書いたのに対し、他方はルカヌスやオウィディウスについての注解書『寓喩 Allegoriae』を著し、古代の人々についての稀にみる博識ぶりを披露している。

さらにゴーティエ・ド・シャティヨンは、一一三五年に北フランス、リールの近くで生まれ、ヨーロッパ各地を転々としたあと、ランスの参事会員になり、ついでイギリス王ヘンリー二世（1154-1189）のもとで大法官になった。彼の詩も断片が『カルミナ・ブラーナ』に収められているが、とくに彼を有名にしているのは、中世文学の偉大なヒーローとなった古代のアレクサンドロス大王を扱ったラテン語叙事詩である。この叙事詩は、ランス大司教、ギヨーム・オ・ブランシュ・マンに献呈された。この大司教はシャンパーニュ伯家の出で、ペトルス・コメストルも、その『教会史 Historia ecclesiastica』を献呈している。

三、神学

神学は、教父時代以来行われてきた知識の階層的位置づけにおいても、学校教育や聖職者の育成にあっても、頂点を占めた。神学を学ぶことができたのは少数の人々であり、キリスト教社会のなかで異論の余地のない威信と客観的重要性を帯びていた。大学では、神学部に進むことができたのは自由学芸の修了者のみで、制度的に神学の優位が確立されていた。十三世紀になっても、「sacra pagina」(聖なる書)、「divina pagina」(神の書)、「sacra doctrina」(聖なる教理)などと特別の呼び方をされ、神学を修めることは、高位聖職者と教育者への道に緊密に結びついていた。神学者たちは、人々を導く師(maîtres)であり、彼の書いたものは、神の言葉と啓示を人々に明らかにするものとされた。文書の形で人間のもとに届けられた神の言葉と啓示はしばしば晦渋で、ときに矛盾がなくもなかったため、神学の目的はそれを解きほぐすことであり、そこから、扱う対象も、展開される形式もさまざまであった。

神学の目的と方法

神学が基盤とするのは新旧聖書を含む「聖典scriptura sacra」であり、新約聖書は、サン=ヴィクトールのフーゴによると、三つの等級（ordres）を含んでいる。福音書記者による書（四福音書）と使徒たちの書（使徒行伝と使徒たちの手紙）、そして教父たちの書である。この教父たちの第一列にいるのがオリゲネス、アンブロシウス、ヒエロニムス、アウグスティヌス、グレゴリウス、イシドールス、ベーダで、彼らが書いたものは十三世紀にいたるまで蔵書のなかで代表的位置を占めた。新旧聖書のテキストのなかで、わたしたちが扱っている時代（十一世紀から十三世紀）に最も頻繁に注釈を加えられたのが『詩篇 Psaumes』『雅歌 Cantique des Cantiques』、そして聖パウロの『書簡 Epîtres』である。

〔神学の教程〕

神学の教程は、自由学芸と同じく、まず《講読 lectio》が基礎になる。日常的ケースにせよ特別のケースにせよ、注釈しながらの講読は、テキストから「文字 littera」、「意味 sensus」、そして最後には「英知 sententia」を引き出すのでなくてはならない。しかし、また、さまざまな難問を明るみに出さなければならず、これは、「探究・審問 quaestio」という形式のもとで行われる。このやり方は、十二世紀に大きく発展し、あらゆる手段と権威を使って《講読》と《探究》が行われた。そこで広く使われたのが《自由学芸 artes》のなかでは特に文法と弁証術であり、さらには教父たちの注釈と概論である。スコラ学は、《探究 quaestio》に独立的立場を与え、十二世紀後半には、集大成が行われた。大学では、これを《学的討論 disputatio》と呼び、教師立会いのもと学生同士に討議させる形で行われた。それが「スコラ学の最も典型的な教育の実践法」と考えられたのである。

〔新しい探究手段〕

十二世紀末から、とくに十三世紀に、神学研究のための新しい作業道具が現れる。聖書のなかで同じ語彙が持つさまざまな意味の実例付き一覧表（distinctiones）が作成され、聖書注解学者にも説教師にも使えるようになったのである。作成者は、パリの教師、ペトルス・カントール（一一九七年没）とアラン・ド・リール（一二〇三年没）と見られている。また、十三世紀には、聖書の用語索引が現れる。テーマごとの索引がまず作られ、ついで語彙索引が、パリのドミニコ会修道院で、サン＝シェールのフーゴによって一二四〇年ごろに完成を見た。同じ時代、さまざまな索引で、アルファベット順に配列するやり方が見られるようになる。

一二〇三年、イングランド人で一一八〇年から一二〇六年までパリで教鞭を執り、帰国してカンタベリー大司教になったスティーヴン・ラングトンによって聖書の校訂本が作成された。彼は、旧約聖書の各書をこんにち見られるような順序に並べ、それらを揃った長さの章に分けた。この作業は、サン＝ヴィクトールの修道士、トマス・ガルス（一二四六年没）がさらに小節に分けることによって完成を見る。他方、ドミニコ会士たちは、サン＝ヴィクトールのアンドレアによって前の世紀に始められていた聖書のテキストの校訂を、さらに隅々まで検討を加え、完成させている。これらの企ては、部分的には、ユダヤ人の聖書注解学者たちの協力によって進められた。ギルバート・ダハンの研究をもとに、その幾つかの局面について明らかにしておこう。

〔ヘブライ語の知識〕
西欧のキリスト教世界では、何世紀もの間、聖書はほとんどもっぱらラテン語テキストによって読まれてきた。西欧でも、地域によっては、すでに十一世紀からイスラム教徒やユダヤ人思想家との接触が始まっていたが、フランスは、そうした地域に属していなかった。しかしながら、十三世紀パリで、托鉢修道士たちの間で高まった論争の必要性と、聖書についてもっと知識を深めたいとの願望から、ユダヤ人たちと交流の窓口を開くことが容認された。一二五五年には、ドミニコ会総長、フンベルトゥス・ロマニス〔訳注・ロマンはオーストリアのウィーン教区〕が、イエス・キリストの名を広めるために「アラブ語、ヘブライ語、そのほかの野蛮な言葉についての知識を深めること」が必要であることを容認している。

一二四〇年代から一二五〇年代のころ、パリのドミニコ会の学校（studium）で、キリスト教に改宗したユダヤ人の副修道院長、ティボー・ド・セザンヌのもとにヘブライ語教育がスタートした。とはいえ、ギルバート・ダハンの研究によると、当時は、最優秀のヘブライ語学者も、ヘブライ語を読み聞くことはできても話したり書いたりすることはできなかった。このことは、ユダヤ人たちが土着語（フランス語）を話していたことからも明らかであるとしている。

こうした言語習得の成果は、聖書のテキストの修正に注がれた。十二世紀のシトー派の人々、なかんずくシトー大修道院長、スティーヴン・ハーディング（一一三四年没）が、ユダヤ人たちの協力でテキストの改訂に取り組んだのに対し、ドミニコ会やフランシスコ会の人々は、『校訂表Correctoires』作成に力を注いだ。前述のスティーヴン・ラングトンの改訂本には、余白と補遺に、とくにヘブライ語テキストを援用した考証が入っている。ギルバート・ダハンによると、ラングトンが意図したのは、近代的意味での考証版を作ることではなく、聖書に関して聖ヒエロニムスのラテン語訳〔訳注・いわゆるウルガタ版〕に頼ってきた伝統的な行き方を超えるための資料を提供することであった。

〔聖書注解学〕

神学的考察は、十一世紀から十三世紀の間に、注目すべき飛躍を遂げるが、《聖書注解》と《体系的神学》という二つの方向へ分離する傾向を示す。前者は、教父やその後書かれたテキストを援用して聖書を丹念に解釈していこうとするもので、提起された問題に対しては、《判定sentences》という形で解決が示された。聖注解学者の仕事は、テキストの随所に挿入したり巻末あるいは別冊の形で注解を仕上げることであった。聖ヒエロニムスが「無限に深い意味の森infinita sensuum silva」と表現しているように、聖書の文言には、文面上の意味だけでなく、神秘的・霊的意味が秘められており、それらを明らかにするのが注解学者の仕事であるとされた。とはいえ、聖書注解学は、あくまで文面的・歴史的意味を踏まえたうえで、そこから、言葉や物語の秘めた意味を明るみに出すことである。トマス・アクィナスは、文面的と歴史的以外の最も頻繁に認められる三つの意味をこう定義している。

「旧き法〔旧約〕の事柄が新しき法〔新約〕のそれを意味しているとき、そこにあるのは、寓意的（allégorique）意味である。キリストのなか、あるいはキリストを示すもののなかに実現されている事柄が私たちの為すべきことのしるしであるとき、そこにあるのは道徳的（moral）意味である。同様にして、これらが永遠の栄光のなかにあるものを指しているとき、そこにあるのは、霊的・象徴的（anagogique）意味である。」

こうした聖書のもつ多様な価値は、互いにつながり合ったやり方で認識される。説教のためには霊的意味が重要であっても、十三世紀の神学者たちは文字通りの意味を踏まえることにも注意を払った。修道院の注解学者にとっては《瞑想 meditatio》に到達することが重要であったのに対して、民衆相手の説教や異端者・ユダヤ人との論争を念頭に置いた実践的注解学者にとっては、文字通りの意味のほうがずっと大事だったであろう。十二世紀末から顕著になる論争への関心の高まりは、ペトルス・ロンバルドゥスの弟子で、一一六八年から一一七八年までパリで教鞭を執り、聖書テキストの正確さを重視したペトルス・コメストルの『スコラ的聖書物語 Historia scolastica』の成功と結びついている。

〔訳注・ペトルス・ロンバルドゥスはイタリアのノヴァラで生まれ、ボローニャで学んだあとパリのノートル・ダム聖堂付属学校で教師を務め、『神学命題集』を著した。ペトルス・コメストルは、パリ大学で神学教授から総長を務め、聖書注解に語源的・寓意的・啓示的解釈を導入した。〕

旧約聖書と幾つかの福音書をもとにしたこの聖書物語の集成は、歴史的・伝説的な要素も交えられていて、スコラ的教育の基本教科書の一つになり、参事会員ギアール・デ・モランによってフランス語にも訳された。「ユダヤ人たちとの共同作業が最も活発に行われたのは、聖書の注解に関してで、それは、中世キリスト教の知的歴史に最大の影響を及ぼした」(G・ダアン)。

この作業は、十二世紀、サン＝ヴィクトール大修道院でアンドレアによって始められたが、このアンドレアの教えがペトルス・コメストル、ペトルス・カントール、スティーヴン・ラングトンに影響を与え、さらにその次の世紀には、論争の的になった文節だけでなくもっと幅広い聖書の解釈をめぐって、多くの注解学者たちに影響を及ぼした。

彼らがユダヤ人に助力を求めたのは、本質的には文面上の意味と歴史に関する知識についてであり、「聖書の物語の展開とその考古学的情報」を手に入れるためであった。なぜなら、ユダヤ人たちは、その立場からして、聖書の文面的解釈に通じているが、民族的性格からいって、「物質的 charnelle」解釈しか分からないとみなされていたからである。これは、正しくはなかったし、幾つかの混乱も生じた。

加えて思い起こされるのは、ユダヤ人の大思想家マイモニデスが、この時代の「最も尊ばれるべき神学の権威」のなかに名を連ねていたことである。彼の影響力は、聖書注解学だけでなく神学的考察にも及んだ。アリストテレス哲学と神の啓示思想の綜合を試みた彼の『迷える者への手引き Guide des égarés』は、ラテン語に訳されて多くの人々に感化を及ぼした。

〔体系的神学の発展〕

聖書注解学が古臭い古典的手法に縛られたのに対し、スコラ神学は、聖書を権威のよりどころとしつつも、その枠にとらわれることなく、聖書（sacra pagina）の体系的研究法を発展させた。注解学的な読み方から脱皮して《問題集 Quaestiones》や《論争問題集 Quaestiones disputatae》が出現したことは、すでに指摘したとおりであるが、その例が十二世紀中頃にロベール・ド・ムラン〔訳注・ソールズベリのジョンやトマス・ベケットを教えた教師。一一六七年没〕によって書かれた『聖書問題論集 Quaestiones de divina pagina』である。また、《命題集 Sentences》もさまざまなものが書かれたが、最も有名なのがノートル・ダムの聖堂付属学校の教師で、パリ司教になって一一六〇年に亡くなったペトルス・ロンバルドゥスの『神学命題集四巻Sententiarum libri quatuor』である。この著述は、初期教父たちやそのほかの権威たちの注解を集め、《神性》、《創造》、《受肉》、《贖罪》、《秘蹟》、《終末》などキリスト教の教義を体系的に示しており、大学でも必修の教材とされた。

最後に思い起こされるのは、アルトゥール・ラングラフが「この時代の体系的神学の仕上げであり、その全てを示したもの」と定義する《大全Sommes》と呼ばれる著述群である。その最初のものは十二世紀後半に現れ、その後、パリ大学の神学者たちによって数を増やしていった。トマス・アクィナスは、そのなかの二つ、すなわち『神学大全Summa theologiae』と『対異教徒大全Summa contra gentiles』を著した。思弁的神学においては、基本的権威は聖書に帰せられた。聖トマスの二つの『大全』では、聖書からの引用が二五〇〇〇、教父などキリスト教著述家からの引用が八〇〇〇、異教の著述家からの引用は五〇〇〇を数え、そのうち四三〇〇をアリストテレスが占めている。「聖書注解学も、この聖なる学問（神学）に対すれば召使いの役柄に戻されて、以後は神学が《命題集》や《大全》の体系的説明のなかに最も完成された表現を見出していく」（J・ヴェルジェ）ようになる。十三世紀の何人かの偉大な神学者たちの出現によって、聖書注解学の本よりも、《大全》など神学的集大成のほうが普及したことは、遺されている写本の数が明確に物語っている。

神学学校

一一〇〇年代を転換点として何十年かのうちに都市学校が発展し、神学の中心地は、ランとシャルトル、そしてパリといったごく少数の都市に集約されていった。

〔ラン〕

ランは、カロリング時代には重要な知的センターであったが、その後の沈滞期を経て、一〇八〇年になって、参事会員であり教師であるアンセルムス〔訳注・カンタベリーのアンセルムス(1033-1109)の弟子。多くの弟子を育成し一一一七年没〕が現れて第一級の学校に復活する。彼から感化を受けた人々のなかには、ギヨーム・ド・シャンポー、ピエール・アベラール(ペトルス・アベラルドゥス)、ジルベール・ド・ラ・ポレア(ギルベルトゥス・ポレターヌス)などの錚々たる神学者たちがいる。したがって、アベラールが何と言おうと、ランの町が全ヨーロッパ的に高名になったのはアンセルムスの著述活動と弟子育成のたまものであった。アンセルムスが取り組んだのは、グレゴリウス大教皇の精神を継承して、文法学と教父たちやカロリング時代の注解学者の成果を基盤にした聖書の注解であった。とくに彼の仕事は、のちに「Glossa ordinaria」の名で知られる聖書の体系的注釈の出発点になった。こうしてアンセルムスが開いたスコラ学の主題と方法に関する重要な局面は、弟子たちによって、教父たちの様々な命題についての研究として引き継がれた。その後、ランは、輝きを失うが、十二世紀後半になってもまだ、かなり重要性をもつ何人かの教師たちが現れている。

〔シャルトル〕

シャルトルの名声は、ランよりも長く続き、歴史学者たちからも《シャルトル学派》という名で呼ばれる神学者たちを輩出している。しかし、十一世紀初め、大法官・司教を務めたフルベルトゥスによる興隆のあとは凋落し、シャルトルがスコラ学の中心としての威信を取り戻すには、司教のイヴォ（一一一六年没）や何人かの教師と重要な弟子たちの活躍を待たなければならない。

シャルトル派が名を高めたのは、ネオ・プラトニズムとボエティウスといった古代の哲学に強い関心を寄せたことにある。なかでもベルナルドゥス（一一二六年没。弟子にソールズベリのジョンがいる）は、古代の学問と中世のそれを喩えて、「われわれは、巨人の肩にのった小人に喩えられる」という有名な寸言を遺したとされるが、本当に彼が言ったかどうかは分かっていない。ベルナルドゥスの弟とされるテオドリクスは、ボエティウスの『三位一体論』の注釈を遺した。ギルベルトゥス・ポレターヌスはパリでも教鞭を執り、ポワティエ司教として生涯を終えており、聖書の註解とボエティウスについての神学的論文を遺した。論理学を活用して思弁的神学を展開した彼は、とくに、神についての論議におけるアリストテレスのカテゴリー論の有用性を強調した。その弟子のなかから多くの著名な人が出たが、晩年は、彼らが唱えた三位一体論のためにクレルヴォーの聖ベルナルドゥスによって責められることとなる。

シャルトル学派の人々は《四学科》（算術・幾何・天文・音楽）の教育にも強い関心を寄せた。テオドリクスは、とりわけ創世記をめぐって「宇宙開闢説 cosmogonie」を展開して多くの人に影響を与え、ベルナルドゥス・シルヴェストリス〔訳注・トゥールのベルナルドゥスと呼ばれた〕からは、その著『宇宙誌Cosmographia』の献呈を受け、ヘルマン・ド・カリンティア〔訳注・「ダルマチアの」とも呼ばれた〕からは、プトレマイオスの『平面球形図（地球図）Planisphère』の翻訳書を贈られている。ギヨーム・ド・コンシュは、アラブ語から訳された医学書やセネカの『自然研究』の基本的原理にも通じ、百科全書的著作を二冊著している。こうしたことから、シャルトルの学者たちは、ユマニスムと自然主義、古典文化によって特徴づけられる精神に恵まれ、それが彼らを（仮想上のだが）《十二世紀ルネサンス》の代表たらしめたと言われてきた。これは全くの的外れではないものの、そこには、彼らのめざした目的とは合致しないものがある。

あくまでシャルトル派の教師たちの特色は、多くのテキストに通じた聖職者的文化の豊かさにあり、彼らの諸教混合的モデルは、「自由学芸の内容が聖書に書かれている」との考察を援護しようとしたことから、期せずして生まれたものであった。彼らはパリの教師たちと違って《四学科》に強い関心を寄せたが、論理学を特別扱いすることにはより慎重であった。そこから、何人かは自然学に向かったのであるが、彼らの自然についての考察は、神学における場合と同様、ネオ・プラトニズムの枠から出るものではなかった。彼らはカルキディウスの翻訳によって断片的に知られていたプラトンの『ティマイオス』に並外れた関心を示したが、実際にはプラトンについては無知であったし、『ティマイオス』についてもマクロビウスやボエティウスが述べている範囲のなかでしか理解してはいなかった。

シャルトル派の人々はボエティウスの哲学に強い関心を寄せたが、これは、ボエティウスが、聖アウグスティヌスをはじめとする教父的著述家たちの多くがそうであったように、プラトニズムと《自由学芸》への仲介役でもあったからである。たしかにシャルトル派の人々には一種独自性が感じられるが、彼らが別個に創り出したわけではなく、ほかのスコラ学の世界、とくにパリとの間に維持していた繫がりも無視することはできない。

〔パリの諸学校〕

パリでは、十二世紀の初めごろから、学校教育と、知的活動が活発化し、この世紀の中ごろには神学の領域における支配的地位を確立し、それは次の世紀にも続く。多くの責任ある高位聖職者を輩出し、この時期の神学者で、パリの学校を経由しなかった人は稀なくらいになる。

パリを特徴づけているのは、教育の場と教師の数の多さである。ノートル・ダムの司教座参事会や、サン＝ヴィクトールとサント＝ジュヌヴィエーヴの祭式者会は、《教師資格licentia docendi》を授与したおかげで、たくさんの教師たちをまわりに集めた。その意味で最も堅固で耐久性に優れた仕組みをもっていたのがサン＝ヴィクトールであった。それに対し他の学校は、ペトルス・アベラルドゥスだのアルベリック・ド・パリ、ロベール・ド・ムラン、アダム・デュ・プティ＝ポン（バルシャム）、ギルベルトゥス・ポレターヌス、ピエール・ド・カプアといった特定の人物の名声に依存していた。

何人かの教師は、自由学芸、それもとくに、このパリで最初の重要な発展を見せた論理学を教えた。たとえばアダム・デュ・プティ＝ポンが著した『論述法Ars disserendi』（1132）は、ある人々からは「十二世紀の論理学の最も特異体質的で難解なテキスト」（アラン・ド・リベラ）と評されており、アダムとその弟子たちにおいては意味論がきわめて重要な位置を保持していたことを物語っている。彼以外の人々、たとえばアベラルドゥスとその弟子のロベール・ド・ムランやギルベルトゥスなどは、より明確に弁証家であるとともに神学者であった。

アベラルドゥスは、エロイーズとの不幸な関係による独特の小説的雰囲気に包まれた人物で、世俗世界と修道世界の間を、聖職者とし教師として生きた。彼の弁証法の著述は、アリストテレス、ポルフュリオス、ボエティウスについての注解であるとともに論理学の概論にもなっていて、普遍概念と語彙の規定を巡る論争に重大な寄与をした。しかし、アベラルドゥスは一人の神学者でもあった。彼の『然りと否 Sic et non』は、権威ある先達の相反する説を集めたもので、あくまで聖書注解学の伝統のなかに位置している。彼は、言葉の多様な意味を調べ、そこに秘められた階層的仕組を理解することのなかに《解決》を見出した。その点では、彼はあくまで伝統に忠実であった。その彼が「異端」として告発され、聖ベルナルドゥスとサン＝ティエリのギヨームの煽動によって、一一二一年にはソワソンの宗教会議で、一一四〇年にはサンスの宗教会議で異端宣告を受けたのは、『神学 Theologiae』のなかで展開した《三位一体論 Trinité》のためであった。

サン＝ヴィクトールの学校は、フーゴ、アカルドゥス、リカルドゥスといった一連の教師や大修道院長のおかげで、十二世紀の大半にわたって聖書注解と神学の中心であり、「注解の方法も神学上の手続きも異にし、しばしば折り合うのに苦労した修道士の世界と俗人世界との接合点にあって、これら二つの世界の間に一つの困難な総合を実現することに成功した」(J・シャティヨン)。サン＝ヴィクトールのフーゴの『学習論 Didascalicon』には「読む技術についてDe arte legendi」という副題がつけられていて、自由学芸と「聖なる書 sacra pagina の学」とは、前者が後者に不可欠の道具を提供することによって調和ある連結をすべきであるが、最終的に観想的合目的性を内包しているのは後者であって、聖なる書を読むこと(lectio)が、瞑想と祈り、ついでは観想へ導く入口となるとしている。

こうして、サン＝ヴィクトールの修道士たちが生み出したものは、聖書の注解に文面上の意味とともに霊的意味の発展をもたらした。ペトルス・ロンバルドゥスも、このサン＝ヴィクトールに結びついている。

〔修道士の世界〕

田園地方の修道士たちの世界は、こうした都市学校から距離を置いていたものの、神学の仕上げや論争には、それなりの寄与をした。霊的問題に重点を置いていたシトーの修道士たちの説教や著述も、聖書を読むこと（lectio divina）が基本であったから、注解学に接近せざるを得なかった。シトー修道会第三代総長、スティーヴン・ハーディング（一一三四年没）も、聖書のテキストの《校訂本 Correctoire》を作成しており、次の世紀の初め、クレルヴォーの第九代修道院長、ガルニエ・ド・ロシュフォールは、聖書に出てくる固有名詞の一覧表を作成している。

彼らの説教の多くは、神学上の小論文に相当する内容をもっており、とくに聖ベルナルドゥスは、説教に優れ、論文も幾つか書いたが、キリスト教世界に起きた重要な場面には必ずといってよいほど顔を出し、とくに神学と教理に関して正統説が確定される場では、必ず介在している。彼は、キリスト教教義の核である《三位一体》に関してアベラルドゥスとギルベルトゥスに厳しい非難を浴びせた。同じ時期、クリュニーでは、ペトルス・ヴェネラビリス〔通称・尊者ピエール〕がキリスト教防衛のために、一つはブリュイのペトルス（pétrobrusiens）の異端〔訳注・十二世紀前半にプロヴァンスのオート・ザルプに現れ、幼児に洗礼やミサを受けさせることに異議を立て、異端宣告を受けた〕に対し、一つはイスラム教に対し、さらにもう一つはユダヤ人に対する戦いに取り組んでいる。（注・彼は、イスラム教に立ち向かうために独自に『コーラン』を翻訳させ、ユダヤ人との論議に備えて『タルムード Talmud』も研究している。)

〔大学における神学〕

神学の牙城は、十二世紀後半から一二三〇年代にいたるまでは、パリ大学という世俗世界に移り、ついで一二五〇年以後は托鉢修道会が本拠となる観を呈するなど、推移が見られるが、包括的には、この時代は、長篇の著述が数多く現れ、思弁的・体系的神学が発展したことによって特徴づけられる。神学を学ぶ人々に突きつけられた課題は、いかにキリスト教徒民衆を教えるかであった。ノートル・ダムの参事会員で聖歌隊員であるとともに十二世紀末の主要な神学者の一人であったペトルス・カントールにとって、神学は聖書を読むこと(lectio)だけでは無意味で、《討議 disputatio》によって内容を練り上げ、人々を納得させる《説教 predicatio》として結実しなくてはならなかった。

大学の機構では、自由学芸を学ぶ人々(artiens)と神学者(théologiens)は明確に分離された。《自由学芸 artes》を学ぶ人々にとって仕上げとなる学問は《新しい論理学 logica modernorum》であったが、論理学以外のアリストテレスの著述や、それに関するアラブ人やギリシア人による注釈も学ばれた。しかし、そこから展開された人間と神と世界の秩序についての考え方には、神学の領域に触れるものがあったから、さまざまな緊張と非難の応酬が引き起こされた。

一二三〇年以降、神学者たちのなかで最も革新的に運動を展開したドミニコ会士とフランシスコ会士たちは、大学でも、自分たちの修道院内の《学問所 studia》でも、極めて精力的に活動し、論理学を活用して思索と論争を繰り広げながら思弁的神学を発展させた。そのなかで発展したのが《スコラ的方法》で、これは、とりわけ弁証法を援用して論述したり論争する手法である。中世でも最も偉大な神学者であるアルベルトゥス・マグヌスとトマス・アクィナスは、ともにドミニコ会士として師弟の関係にあり、アリストテレスの著述（アルベルトゥスが特に力を注いだのは『論理学』）に注解を加えた。これが彼らをフランシスコ会士の聖ボナヴェントゥラから区別している点であるが、彼らが二人ともアリストテレス研究の先輩であるアヴェロエスを反駁する論文を書いていることも忘れてはならない。

結局、アルベルトゥスおよびトマスとボナヴェントゥラの間には、さまざまな考え方の違いがあったにしても、西欧社会の変革期にあって、神学イデオロギーを練り上げることとキリスト教会の防衛とその諸機構の凝集力を維持することに関して演じた役割は同じであった。こうして、十三世紀後半以後の最も偉大な神学者たちがドミニコ会とフランシスコ会という托鉢修道会の人々であったことは、けっして偶然の結果ではない。彼らにとっては「本が武器だった」（J・ル・ゴフ）からである。

幾つかのあいまいな概念について

当時行われた神学論争がどのようなもので、どのような社会的意味をもったかについては、それらが展開された知的枠組を確定せずしては提示できない。まず、中世と現代とでは、使われている用語や観念は共通していても、その意味内容は違っており、そうした意味論的問題に注意を払うことも無駄ではない。とくに「philosophia」（哲学）、「scientia」（学問・知識）、「ratio」（理性・分別）について、現代の著述家たちは中世的価値と現代的価値を混交しており、それが正しい理解を妨げているからである。

「哲学philosophia」

中世の聖職者たちも「フィロソフィアphilosophia」という言葉を使ったが、彼らにとっては、ギリシアのソクラテスやプラトン、ヘルメス・トリスメギストル、ストア派の人々も、ローマのキケロ、ウェルギリウス、オウィディウスも、その著作の内容の如何にかかわらず、一様に「哲学者philosophi」であった。それが、十二世紀以後は、他の人々も哲学者であるが、アリストテレスが特別の哲学者になる。同じ論理で、自由学芸の教師たち（artistae）も、古代の著述のなかで特にアリストテレスのそれを得意分野とする人たちは、好んで自らを「哲学者philosophi」と称した。ペトルス・アベラルドゥスは、さまざまな「哲学者たち」の言葉を引用しているが、ほとんどがマクロビウスやヒエロニムス、アウグスティヌスなど教父の著述から孫引きしたもので、彼からすると、これら古代の人々は、すでにキリスト教の基本的真理を予知していた人たちであった。

ここで言われる「キリスト教の基本的真理」とは《唯一神》すなわち《三位一体の神》である。これは、古代の著述に対するアレゴリックな読み方の底辺にある理念で、その典型的事例がジャン・ド・マンである。彼によると、ソクラテスが毒人参によって殺されたのは、「多神教の神々の存在を否定し、唯一神への信仰を唱えたから」であった。そのうえ、上記の古代の人々はキリスト教の修道士的理想と同じ道徳的考え方をもち実践したとされた。《philosophia》は語源的意味でいうと「知を愛する」ことであるが、その《知》とは教父時代以後は、神の言葉（Verbe de Dieu）に他ならず、したがってキリスト教こそ真の哲学であり、モーゼもオリゲネスも最も偉大な哲学者となる。

このように、中世の「philosophia」がカバーしていた使用域は、わたしたちにとってのそれとは違っており、論争の脈絡によっては、形而上学だの論理学、道徳論、さらには神学、自然知にかかわる学など様々に異なる意味をもった。これらの領域は、中世においては、「世界を思考し説明する全体的システム」のなかに挿入されることによって統合された。

論理学自体、聖書釈義や神学から独立した別個のものではなかった。アベラルドゥスからすると、キリストはアリストテレスと同様、《quaestio》（探求）の実践を承認していたし、自然についての哲学的考察は、人間と宇宙の秩序、神や知識についての考察という全般的意味をもっていて、それらはキリスト教的表示のなかに書き込まれているものであった。したがって、「中世哲学の歴史」を担ったのは神学者たちであり、神学者が哲学者となるのである。おそらく、現在の大学で考えられている領域上の区分や考え方に立った哲学と神学の区別は、こんにちのフィクションであって、中世のそれを考える場合は捨て去られる

ボエティウスの『哲学の慰め』で擬人化された「哲学」

べきであろう。なぜなら、このフィクションに囚われると、あとで述べるように「文学」と呼ばれているもののなかにも姿を現す《中世的思考》という知的・社会的で包括的な論理を感知することができなくなってしまうからである。

「学問 scientia」

「スキエンティア scientia」という語彙の起源は不明であるが、それは、まずなによりも、《知》(savoir)を指しており、《技能》(ars)や《訓練》(disciplina)と同等のものである。そこから抽象的な知であるとともに技術的巧みさも包含したものとなる。フランシスコ会士のヘイルズのアレクサンデルは、《science》に「人間の理性による真理の把握と神的な伝達による信仰感情(secundum comprehensionem veritatis per humanam rationem; secundum affectum pietatis per divinam traditionem)」という二重の定義を与えた。この「scientia」という語彙の使い方は、この言葉が伝統的にもつ意味論的価値に結びついており、近代諸科学の発展から生まれた現在の価値と混同するのは時代錯誤である。中世においては、自然についての知識は哲学の一分枝である自然哲学に属していた。

《四学科 quadrivium》と医学は、人類学者たちが「民族誌学 ethnoscience」と呼んでいるもの、すなわち、古代や中世西欧もその一つである伝統的社会における自然知の研究——一つの社会が自然の秩序についてどのような理論を立て、この自然の秩序にどのように物質的・生態学的、とりわけ社会的ファクターによって関係していったかの研究——に属している。キリスト教は、この分野ではあまり生産的ではなく、古代のさまざまな伝統を、聖書によって提供される枠組のなかに挿入し、これを神学的構築物の一部を成す宇宙と人間の表象によって権威づけた。

この手続きに必要な調整には、乗り越えられないような障害は伴わなかった。なぜなら、プラトンの『ティマイオス』やアリストテレスの自然学的著述で述べられている理論は、自然についての象徴的・擬人的・目的原因論的見方を基盤に一つの社会的構造を樹立しようとする「前科学的思考」の産物だからである。同様にして、人間を形成している肉体と精神という要素を階層的に秩序づけ、そこに《秘義 mysterium》を見るキリスト教的人間観も、「教会と霊的原理によって支配される社会」という観念と厳密に対応している。しかも、占星術（astrologie）からまだ分化していない天文学（astronomie）についての議論は、とりわけ人間の自由意志の問題を提起した。人間自身、神および神的力との関係のなかでしか考えられないのである。

「理性 ratio」

「ラティオ ratio」も理性・分別など多義を含む言葉であるが、特に中世の聖職者たちにとっては、人間を動物と本質的に異ならしめている知的能力と、それに結びついたさまざまな形の推論的論理を表していた。この観念は、古代のあらゆる思考システムによってもたらされ、キリスト教の中心的位置を占めていた。

聖アンセルムス以後、神学者たちは教義の真理を論証するのに理屈づけと論証が有効性と正当性をもっていることを認めていた。彼らは、「知をもとめての信 fides quaerens intellectum」と「聖書の権威に頼るのでなく、われわれが信仰によってもっているものを理性によって示す意志」との合致（J・シャティヨン）からスタートし、啓示によって伝えられた信仰の原理をその理屈づけと議論の前提とすることにより、聖トマス・アクィナスとスコラ学にいたって《学問（science）としての神学》という理念に到達した。このようにして、理性（ratio）と信仰（fides）を緊密に関連づけるなかで、神学とキリスト教的表象によって支配された知のシステムの統一性が再確認されたのである。

したがって、これを「合理主義 rationalisme」の名で呼ぶには、最大限の慎重さを要する。現代の「合理主義」という言葉は、中世の「ratio」という語彙とは、その意味が異なるからである。現代的概念では、信仰や啓示の概念と理性の概念とは明確に対立的である。ところが、西欧においてそのように対立的に考えられるようになったのは、十七世紀の啓蒙主義時代、キリスト教的思考システムおよび社会システムの支配体制が問い直されるようになって以後のことであって、中世の思想家たちにしてみると、理性による思惟（intellection）は、あくまで聖霊による啓示に従わなければならないものであった。信仰と教義の諸原理は神聖不可侵のもので、《ratio》という論証装置に訴えることは、真理を明らかにする幾つもある方法のなかの一つでしかなかった。この論証装置が発展し充実していったのは十一世紀末からであるが、当初は、シュニュ師が示しているように、そのために信仰と理性の関係についての考え方に変化がもたらされることは全くなかった。全面的にキリスト教的であった思考システムの文脈のなかでは、信仰と理性は、神および神聖な真理との関わりのなかで、階層的だが互いに補い合う関係にあったからである。これは、ここ二百年来理解されてきているようなやり方では分からないことで、そこには、わたしたちが理解している《合理主義 rationalisme》は、まったく含まれていないのである。

アウグスティヌス主義かアリストテレス主義か？

聖職文化の知的・観想的参照システムは根底的には統一性をもっていたが、だからといって、そのなかで論争や緊張がないわけではなく、ときには激しい争いになった。そうした論争を、現代の歴史家たちは、アウグスティヌスあるいはプラトン主義の信奉者とアリストテレス主義の信奉者の対立という視点から説明しようとした時期があったが、いまは、実際にはアウグスティヌスが中世思想すべての基盤であって、トマス・アクィナスも聖アンセルムスやペトルス・ロンバルドゥス、聖ボナヴェントゥラも全て、アウグスティヌス主義者であったことが認められている。

アリストテレス主義についていえば、これは、ネオ・プラトニズムと混じり合っており、その原因は、テキストを歴史的・哲学的に充分検証することなく、ネオ・プラトニズム的著述をアリストテレスのものと空想的に思い込んだせいであり、また、アラブ人やユダヤ人たちがその唯一神的信仰の枠組のなかで歪めた解釈を通してアリストテレスを理解したためにネオ・プラトニズムと混同されたのであった。中世においては、テキストへの非歴史学的研究法が全般的規範であったように見える。というのは、中世的思考法においては、過去は現在を定式化するためにしか役立たないとされたからである。アリストテレスの論理学関係の著述は、当初、ボエティウスによって伝えられ、十一世紀以後は、古代の文法学者たちの著作と共通のものとして使用されていった。同じく《聖体の秘蹟》における「キリストの現前」の問題についても、ベレンガリウス〔訳注・トゥールのサン＝マルタン学院長。999-1088〕が弁証法によったのに対して、ランフランクス〔訳注・

ノルマンディーのベネディクト会修道院長からカンタベリー大司教となり、アンセルムスらを育てた。1004-1089〕は初めてアリストテレス論理学の《実体substance》と《属性accident》の概念を利用している。この点については、あとでまた触れることになろう。

ギヨーム・ド・サン＝ティエリがアベラルドゥスを非難したのは、「プラトンを参照したため」ではなく、「プラトンという手本に従っていないから」であった。近年では、十三世紀においては、あらゆる神学者たちが論理学の諸概念に与り、命名と陳述、論争の道具として使っていたことが認められている。加えて、十三世紀初めのパリでアリストテレスのテキスト講読が禁止されたからといって、アリストテレス論理学の著述が軽視されることはなかったし、一二七〇年から一二七七年にかけての告発によっても、アリストテレスの著作やその注解者たちの著述を教えることが問題視されることはなかった。

神学的真理

中世の学校で行われていた論争をごく表面的にでも調べると分かることだが、真っ向から対立する神学学派が持論を展開するのに、同じように文法と論理学を道具として活用している。これは、《聖体の秘蹟》をめぐるランフランクスとベレンガリウスの論争にも当てはまる。実在論者たち（réalistes）も唯名論者たち（nominalistes）も言葉の規定については、同じように論理学に頼りながら、異なる結論に到達しているのである。しかし、この論議の基盤が観念世界の秩序の定義にあったことを思い起こせば、そのことで驚くべきであろうか？　論理学に頼ることは、立論（argumentation）と推論（raisonnement）の公式化をもたらしはしても、合理主義（rationalisme）につながるものでは全くなかった。

要するに、中世の神学にあっては、それによって到達する命題（proposition）の中身に較べれば、議論の仕方は大して重要ではなかったのである。なぜなら、到達する命題によっては、教義と信仰の原理が巻き込まれたからで、そのことは、「信仰と啓示された知」を基礎とする学（scientia）にはつきものであった。アベラルドゥスは、当時の物差しではおそらく独創的弁証家であったが、彼が二度も有罪宣告を受けるという苦汁を嘗めたのは、弁証術の実践と教育のためではなく、独特の三位一体論を唱えたためであった。同じ現象は、十三世紀末の《アヴェロイストたち》の有罪宣告にも見られる。アリストテレスの自然学や形而上学的著述とその注釈を読むことは、世界秩序についての包括的説明を提示していると自負している神学の諸問題に抵触し、さらに重大なことには、神学の正統説であるだけでなく社会のなかでの教会の位置と役目を明確にした社会的正統説に反する理論を提起することになりかねなかった。なぜなら、神学は中世キリスト教社会の支配的イデオロギーであり、多くの社会がそうであるように、神と聖なるものについて論じることは、社会的秩序をどう規定するかにも関わったからである。

中世の西欧は、あるべき社会的絆を《カリタス caritas》すなわち霊的本質をもつ愛であると考える。「汝ら、互いに愛し合え」との命令は、個人的価値の問題にとどまらず、人間同士の間の関係の総体を樹立するものである。《カリタス》は神への愛であるとともに、その神を通してキリスト教徒みんなを結びつける絆としての愛でもある。そこから、司祭が洗礼を施すことによって、すべての人をキリスト教世界に組み入れ、その後も、「霊的出産 engendrement spirituelle」である《聖体の秘蹟》を繰り返すことによって、社会の継続的再生産が可能となるのである。

ところで、《カリタス》は聖霊の特性であり、人は、《カリタス》によって、聖霊とほぼ対等な、特別の関係を維持することができるのであるが、その聖霊と人々の仲介をするのが教会であり聖職者であるから、慈善(charité = caritas)について語ることは、教会が聖職者たちを通して社会のなかで占めている、その基盤であり仲介者としての役割を語ることでもある。こうした状況にあっては、神学者たちが聖職ヒエラルキーのなかで高い位置を占めたのは当然であり、同様にして、聖ベルナルドゥスが十二世紀の論争において大きな役割を果たしたことも、異端との戦いと俗人世界の教化を目的として創設された托鉢修道会の代表たちが十三世紀の神学をリードしたことも驚くまでもない。

しかし、また、神学の畑が、何度も凶暴な緊張によって踏み荒らされたことも当然であった。なぜなら、そこは、つねにイデオロギー的抗争の火元になったからである。「異端説を唱える神学者たち」に対しては、異端に対するのと同じ非難が浴びせられた。しかも、そうした非難は、ブリュイのペトルス派(pétrobrusiens)やワルドー派(vaudois)、アルビジョワ派(albigeois)のように聖職者と俗人が混在し、教会の儀式的秩序(その全てであれ一部であれ)を蔑ろにすることによって社会秩序に疑義を投げかけた様々なグループにも向けられた。

しかしながら、聖職者の内輪争いであれ外へ向けての争いであれ、疑義申立が失敗したときは《異端》にされたが、成功したときは《改革者》とされたのであって、これを合理主義やアンチ・クリスト、世俗主義laïcisme〔訳注・諸制度の運営を聖職者から一般人の手に移そうとする考え方や運動〕の示威運動などと混同するわけにはいかない。なぜなら、前者はいずれの場合も、キリスト教的表象システムのなかでの論争であり、《宮廷風文化》が表しているものもそれだからである。

代表的な神学論争

神学者たちが扱ったテーマは、同じものの繰り返しである。といっても、この「文学」が全く画一的だというわけではない。テーマに対する解釈は、著述家により時代によって様々である。同様にして、テキストが注解学者に与える刺激の強さもさまざまなら、問題が喚起する関心の強さも、時によってさまざまである。しかし、神学上の主要問題は常時、神学をなりわいとする人々のうえに降りかかり、最も活力に満ちた論争を起こした。

こうして四、五世紀に暴力沙汰さえ呼んだ《三位一体論争》やキリスト論の問題は、わたしたちが問題にしている時代（十一—十三世紀）においても、相変わらず今日的問題であった。《秘蹟》の問題は特殊専門家にとって根本的問題であるのと同時に、人間の表象ととりわけその本性、魂の構造、物質との接合の仕方に触れる万人の問題でもあった。

《魂》は、人間を神の似姿たらしめている特別の宝であり、人は、その認識のプロセスによって神に結びつけられる。だが、その認識のプロセスは多様で、これが議論の的となる。十二世紀には、《魂》について一連の論文が書かれたし、「異端」として告発されたアヴェロエスの一部の命題と一二七七年に疑義を差し挟まれた聖トマス・アクィナスの幾つかの理論が提起したのも、魂と肉体の関係のなかでの人間の定義であった。古代社会にあっては、《人間》の観念が世界と社会の秩序に関する表象を生み出した母胎であった。《人間》を「ミクロコスモス」とする周知の中世的イメージはきわめて相対的な独創性しかもっておらず、この反転とずれのなかで、世界の諸民族がもっているさまざまな宇宙観と社会観が姿を現してくるのである。

右に記した観察を例証するために、幾つかの論争を簡単に想起することとしよう。一つは、ベレンガリウスとランフランクスの間で戦わされた《聖体の秘蹟》をめぐる論争、一つはアベラルドゥスの三位一体論への批判と告発、そして、パリ大学学芸学部の何人かの教授たちの教えから出た命題に対するパリ司教エティエンヌ・タンピエによる告発である。

〔聖体の秘蹟論争〕

《聖体の秘蹟》の本性と聖別の際に生じるものについては、すでに九世紀にコルビーのラトラムヌスとパスカシウス・ラドベルトゥスのあいだで、文書による論争が起きていた。〔訳注・ラトラムヌスが聖体の秘蹟においてパンに現出するのはキリストの身体ではなくキリストの魂であるとしたことから起きた論争。〕それが一〇五〇年代に再燃したのであるが、このときの立て役者がトゥールの教師ベレンガリウスとル・ベック大修道院長ランフランクスである。〔訳注・ベレンガリウスが聖なるパンとワインに現れるのはキリストの象徴であるとしたのに対し、ランフランクスはキリストの身体と血であると主張した。〕これに教皇レオ九世（1049-1054）とグレゴリウス七世（1073-1085）やノルマンディーの修道士でのちに枢機卿になったアヴェルサのグイトムンドゥス（一〇九〇年ごろ没）も加わった。

ベレンガリウスはラトラムヌスの著述を拠り所に、キリストが現前するといっても、それは霊的なものであって、パンが実体的にイエスの肉に変化するといった物質的な形で現前するのではないと主張し、そのためにさまざまな権威を引き合いに出したうえ、言語的視点でも、あの最後の晩餐のときの「これはわたしの身体である」と言ったキリストの言葉の「これ」とはパンをさしているが、パンという外見上の属性が続いているかぎり、パンの実体的変化を認めることは困難であるというのである。それに対し、ランフランクスは「キリストの身体はパンのなかに実体的に現前しており、それが信者たちの歯によって噛み砕かれるのだ」とし、パンという形をたまたまとっている属性の変化がなくとも、神の全能の力によって実体は変化しているのだと反論した。ベレンガリウスは、何度も聖職者たちの集まりの前に呼び出され、自説を撤回するよう強要され、以後、聖体の秘蹟について人に教えることを禁じられた。

ここには、強調しておくべき点が多々ある。

――これに類する議論は、あらゆる立て役者たちによって行われ、さまざまな権威が利用され、文法学的・論理学的理屈づけがなされた。アリストテレスの《カテゴリー論》が新たにもてはやされたことは、その何よりの証明である。したがって、この論争は、切れ味の鈍った伝統主義者たちに革新的な一人の論理学者が対峙したものではなかった。ランフランクスはアリストテレスを引用していないが、アリストテレスがもてはやされていることはよく知っていた。そのことは、彼の弟子の聖アンセルムスがアリストテレスの《カテゴリー論》の一節に注解を施していることからも明らかである。

――そのうえ、九世紀に正統として認知された立場を守ろうとするあまり伝統主義的に見えているのは、むしろベレンガリウスのほうで、彼は、聖体の秘蹟の「聖なるしるし」の象徴的価値を擁護することによって、教父時代以来の長い伝統のなかに足場を置いたから、自分を援護してくれる《権威》を見つけるのに何の苦労もなかった。むしろ、聖体の秘蹟に新しい解釈を立てたのはライバルのランフランクスたちのほうで、それが、これ以後、唯一の正統教義になっていったのであった。

――しかし、この新しい解釈は、アリストテレスの論理学という新しい道具を明らかに逆説的なやり方で利用したもので、ベレンガリウスからすると、《秘儀 mystère》の観念を論理学によって支えようという全く非合理な手法であった。

「理に適った信仰 ratio fidei」を追求しようとしたベレンガリウスのほうが、論証における権威の重みを軽くするぶん、意味論的・論理学的理屈づけに重みをもたせたほぼ同時代の聖アンセルムス（すでに述べたように、ランフランクスの弟子であった）の思考法に合致していた。このことからも、重要であったのは論証の仕方ではなく、どこに論争の基盤を置き、それがどのような解決をもたらすかという神学的問題であったことが分かる。そもそも観念的問題に論理学を適用しても、なんの確定的な強制力ももつものではない。「聖体の秘蹟における実体の現前」説を信奉する人たちが前提にしたのは「神の全能」という考え方であるとともに、その当然の帰結として、司祭には特別の力が付与されるという理念である。すなわち、司祭だけが儀式のなかで神の全能の力と意志を示すこの変容を現実化させる能力を与えられているのだという理念である。彼らがめざしたのは、教義の正統性を定義し直すことだけでなく、一つの秘蹟の問題を通じて、教会と社会の秩序に新しい定義を与えることであった。

〔アベラルドゥスの三位一体論〕

《三位一体 Trinité》は、キリスト教の中心的教義であり、その公会議での決定は、四世紀にはアリウス派との間で流血騒ぎまで引き起こし、ついでは、東西教会の断絶の因になった。アベラルドゥスは二度にわたって有罪を宣告されたが、一度目は一一二一年のソワソン公会議においてで、《三位一体》の概論『神学要論 Thelogia summi boni』のためであり、もう一度はサンス公会議においてで『神学入門 Introductio ad theologiam』のためであった。非難されたのは、信仰の定義、恩寵と自由意志、受肉の役割、罪の本質をめぐる彼の説に誤りがあるということであったが、それとともに、《三位一体》についても、《全能》を「父」のみに帰したこと、「聖霊」と他の二つの位格との関係、そして、三位一体のペルソナとしてのキリストに「人間であると同時に神である」との二重の本質を立てたことである。

このように《三位一体》の問題はとりわけ厄介であるが、ここでは、この論争について作成された記録から明らかになる側面（その内容は、ジャン・ジョリヴェの研究によって明らかにされている）に限定して述べよう。記録は、アベラルドゥスのテキストと彼を批判したギヨーム・ド・サン＝ティエリと聖ベルナルドゥスなどのテキストから成っている。

アベラルドゥスが特に非難されたのは、《三位一体》を成す各位格の間に不等性と不同性を導入し、「父」のみが全能であり、「子」は智慧においては「父」と同じであるが、それも、真偽を認識し判断する力においてのみで、他方、「聖霊」にはそのような力はないとしたことである。アベラルドゥスは、位格の間の関係を《類似 similirude》という手段で表現しようとしたが、これは、各位格間の《非相互性》と《不等性》を含んでいた。これらの《類似性》は、「属 genre」と「種 espèce」のそれで、素材とそこから引き出される物体、たとえば「ブロンズ」と「ブロンズの印璽」の関係になる。〔訳注・「属」が上位、「種」は下位で、その下に「亜種 sous-espèce」が来る。また、たとえば、犬と狼は同属異種である。〕

ジャン・ジョリヴェは次のように指摘している。

「これらの類似性は、論理学者がそこに非換位的含意〔訳注・主語と属詞が入れ替わりえない命題。たとえば〈人は類人猿である〉とは言えるが〈類人猿は人である〉とはいえない〕を見出す二つの名辞が示しているものと共通している。種は属を含むが、その反対は真実ではない。これは、ブロンズとブロンズ製の印璽のように、物体とその材質の関係についても同じである。……サン＝ティエリのギヨームが、この新しい説に非難を加えたのは、それが、一方では「神性divinité」についての偽りのイメージを、他方では、三つの位格とその相互の関係について間違ったイメージを提示しているからである。神性は一つであるのに、「属」と「種」という論理学用語にせよ、「物体」と「材質」という物理的用語にせよ、別のものであることを想定させる二つの名辞によって示すことは誤解を生じる。位格（Personnes）については、相互間の関係について誤解を生じるもので、ブロンズと印璽の間には、後者は前者の分け前でしかないという不等性がある。しかし、「父」と「子」とは絶対的に同等なのである。」

一つ（une）であって三つ（trine）であるこの《三位一体》の性質は、多くの問題を提示するが、なかでも「同じであるが異なっているeodem et diverso」ものについての文法学的・論理学的タイプのモデルを取り扱うケースにあてはめられる。また、この論争で浮かび上がってくるのが、とりわけ神の呼び名についての相対立する考え方である。アベラルドゥスとそのライバルたちの対立の根源は、前者が穏健で節度ある唯名論を通したのに対し、後者は、位格を実在論的に捉えたことに由来している。多分、《三教科》が教えている技法の操作と意味論的分析の巧みさにおいては、アベラルドゥスのほうが一枚上であった。

しかしながら、弁証術は必ずしもアベラルドゥスに味方しなかった。ロスケリヌスはアベラルドゥスが最初の『神学Theologia』のなかで反論を加えた相手であるが、同じく唯名論に立つこの二人の弁証家がその結論において厳しく対立したことは興味深い。ギヨーム・ド・サン＝ティエリは優れた論理学的論証能力に恵まれていたし、ジャン・ジョリヴェが発掘したある無名の著者のテキストは、堅固な概念的骨組を示している。聖ベルナルドゥスも、好みの音域に偏りがあったにしても、文法学的理屈づけに不案内というわけではなかった。いずれにせよ、アベラルドゥスのライバルたちは「属」と「種」の関係の階層的側面を取り上げて告発するのに充分な論理学的観念を知っていた。

加えて、アベラルドゥスが告発されたのは危険な新奇好みのためであったが、同時に彼の主張が幾つかの古代異端的伝統のなかに基盤をもつものであったためでもある。その一つは、三つの位格を「やせ細らせ」て神の一体性を誇張したサベリウス派（sabellianisme）であり、もう一つは、三位格の不等性を説いたアリウス派（arianisme）である。《三位一体》におけるキリストの二つの本性（神性と人性）の統一性に反論を唱えたネストリウス主義やアダム以来の罪の継承を否定したペラギウス主義（pélagianisme）についてはいうまでもない。これらの非難は、論争のために行われたものであったにしても、常に議論の的になっていた本質的教義の問題についての様々な考え方を呼び覚まさないでは済まなかった。

アベラルドゥスの《合理主義rationalisme》は、ここでは問題にしない。ジャン・ジョリヴェに言わせると、「神に関することを知的に明確化しようとした彼の意図は、教会側の耳には反乱を煽動する鐘のように聞こえた」のである。同じような考えは聖アンセルムスも持っていたが、彼の場合は、神学を守るためにこの野心を封印した。もし、彼が、アベラルドゥスの立場と自分の唯名論的選択の間につながりがあることを認めていたとしても、また、相手が聖ベルナルドゥスのような極めてドグマティックな検閲官ではなかったとしても、彼が導き出した神学上の結論の中身は厄介事の源になったであろう。それこそ、《教会》というキリスト教社会の特定の組織に直接関わるものであった。教会にとっては、「原罪の継承」という問題は、最も簡単であった。というのは、教会は、《洗礼》という霊的お産のなかで、原罪が及ぼす影響を無にし、各人の救いと《ローマの民会ecclesia》と《神の都》をモデルとした社会の建設を仲介する資格を付与されていたからである。《三位一体》のなかで「父」と「子」の同等性が確立されたことで、キリストと同一視される教会は、他の形の権力と社会的規範への服従をすべて拒絶することができた。全能を「父」の独占とすることは、社会のなかで教会の役割に対する一つの異議申立てになりえたであろう。これらの解釈は、さらに磨き上げる必要があるが、これだけでも、これらのテーマをめぐる論戦が示した、暴力的とはいわないまでも激しさを説明できるようにわたしたちには映る。

〔一二七七年の告発〕

一二七〇年、パリ司教、エティエンヌ・タンピエは、アヴェロエスそのほかのアラブ人注釈家の影響を受けて立てられた十三の命題について教えることを禁じた。それらは、世界の永遠性と人間の本性、魂と知性、人間の自由意志と占星術的決定論、神の摂理、この世界に対する全能の神の関わりといった問題について正統教義に抵触するものをもっていたためである。一二七二年、パリ大学は、学芸学部の教師と学生たちに神学問題を扱うことを禁止した。一二七七年、タンピエは、教皇ヨハネ二十一世の要請で、パリ大学の神学者たちと「学芸学部教師artistae」をめざす人々で構成される委員会が練り上げた二百十九の命題を有罪と宣告した。この「学芸学部教師」をめざした人々のなかで最も重要な（あるいは、最も知られている）人物にシジェ・ド・ブラバン〔ブラバントのシゲルス〕とダキアのボエティウス〔訳注・「デンマークのボエティウス」とも呼ばれる〕がいる。前者は、フランスの異端審問官の前に引き出された一二七六年十一月以降は消息不明で、逃亡したか、あるいは司教館の牢獄のなかで人生を終えたようである。

しかし、タンピエの「有罪リスト」にはトマス・アクィナスの幾つかのテーゼも含まれており、『神学大全』を教えることにも制限が課された。フランシスコ会士とドミニコ会士の論争が激化し、前者が『大全』に修正を提示（『Correctoire de Thomas』――ギョーム・ド・ラ・マール）すると、後者は、別の《修正》を示して応酬するという具合で、この争いは一三二三年のトマスの列聖をもって終息するが、有罪とされた一部分のテーゼは実際に教えられなかった。それ以外のテーゼは教えられたことが、パリ大学で、アリストテレスの物理学や形而上学の論述とその注釈が増えている事実によって明らかである。

アリストテレスの著述が読まれるようになったことによって、一二三〇年代以後、ネオ・プラトニズムの刻印を帯びたアヴィセンナの注釈も利用されるようになり、フランシスコ会士、ヘイルズのアレクサンデル〔現在のイギリス出身〕やドミニコ会士、アルベルトゥス・マグヌス〔現在のドイツの地の出身だが、パリ大学でトマス・アクィナスなどを教えた〕などによる内容豊かな論述が生まれた。

トマス・アクィナスはギヨーム・ド・ムールベーケ〔訳注・こんにちのベルギーに生まれ、ケルンでアルベルトゥス・マグヌスのもとで学び、ギリシアへ渡って修学。西欧にもどって教皇の相談役として東西教会の和解に尽力した〕によってギリシア語から翻訳された聖書も、アヴェロエスのテーゼも知っていた。トマスの著作は、古代からの遺産とキリスト教との最良の綜合として多くの著述家によって受け入れられた。「自然の、したがって人間の学は、それ自体のためでなく、創造主たる神へ全面的に向かう万物の側面を明らかにするために耕されるのである」（J・ヴェルジェ）。トマスの幾つかの教理は仲間の何人かによって批判されたが、彼の《綜合synthèse》（大全）の成功は、明らかに、彼が正統派神学を根底的に尊重したからであった。《学芸学部の人々》は、規約に従って「注釈」以上の著述を控えるとの意思を表明したが、エティエンヌ・タンピエからは、《二重真理double vérité》の立場をとっているとして非難された。「彼らは、幾つかの項目は、哲学によれば真実であるがカトリック信仰によれば真実ではないとした。これは、相反する真理があって、聖書の真理は異教徒のテキストの真理によって反論されることが可能だと言っているかのようであった」（アラン・ド・リベラによる引用）。

もっとも、近年の歴史家たちは、学芸学部の人々は攻撃を躱すための別の手段をもっていて、信仰の本義に抗うことはしなかったし、《二重真理》の教理が公に述べられることはなかったとしている。しかし、彼らの教えが、世界についてのキリスト教的表現の重要な側面を問うような考え方をかなり含んでいたことは事実である。それは、まさにジャック・ヴェルジェが記しているように、世界のシステムと自然（人間も含めて）についての首尾一貫した考察のうえに打ち立てられ、本体論（ontologie）と宇宙論として終わる知のモデルを提示したアリストテレスの著述には、正統神学に反するモデルの諸要素が含まれていたからである。《正統神学》という建物も、聖アウグスティヌスによる定礎以来、世界についての全体的で秩序立った説明をめざして築かれたのであって、首尾一貫しない要素が積み重なって偶然にできたものではなかった。その世界観、人間の本性や人類の歴史についての見方は、一つの社会的組織と緊密に連結し、その観念的部分を作り上げていた。

一二七〇年と一二七七年にタンピエによって告発されたもろもろの理念のなかには、人間をどう捉えるものに関わるものがあった。キリスト教では、人間は、肉体と魂、物質的主質と精神的主質とが階層的に連結された合成物として捉えられる。この階層的配置に背いて、肉体が精神を支配しようとしたのが原罪で、そこでは、神の意志に従って霊的愛に全力を傾けようとする人間の意志は肉欲（concupiscence）によって妨げられる。それが、教会の行う秘蹟によって、この世では原罪の結果を免れ、終末のときには《霊 esprit》とある意味で霊化された肉から成る存在として復活することが保証されるのである。——この表現については、絶え間なく議論され、細部に手が加えられた。

しかし、アリストテレスとアヴェロエスの影響を受けた《アヴェロイスト》たちの考え方は、これとは違っていた。それは、人間個人を「物質から成り、感覚機能をもった植物 végétativo-sensitive」とし、それに知的魂が関わるが、これは《個人化》されるものではなく、人類普遍の唯一の精神的実体であり、その一側面がわれわれの抽象的思考の有効成分（principe actif）であり動作主（intellect agent）となるのである。したがって「人間個人個人はすべて滅びゆくものであり、知的魂のみが不死である。ゆえに未来の生の中には個人的応報はない」とする。フェルナン・ファン・ステーンベルヘンによって示されたシジェ・ド・ブラバンの見解の要約は、この有罪宣告を受けた命題と一致している。それに、個人の心理は自然的あるいは占星術的決定論によって左右され、神の摂理も自由意志の行使も役に立たないとする考え方が加わるので、これは明らかにアウグスティヌスの救霊予定説から外れている。

これらの考え方は、正統派の説に較べて、より科学的でもなければ、より非科学的でもない。多分それは、より物質主義的で、とりわけ社会的秩序に関わるイデオロギー的内容をもっており、教会を、人間と神の間やあの世とこの世の間にあって、人類全体と各人両方の生成において必要不可欠の仲介的役割が与えられているとする考えに真っ向から反する。これこそ、アヴェロエス的思想の異端性の一側面であったが、アルベルトゥス・マグヌスやトマス・アクィナスにとっては、「知性の唯一性 unicité」に反論を書くには充分に重要かつ範例的であった。トマスは、正統教義に合わせつつも、この同じ問題に関わったことから、《キリストの身体》（すなわちキリスト教会）を危うくする理論を唱えたとして嫌疑をかけられたのである。

ところで、キリスト教会は、夜になると魔女たちが空を飛び回るという信仰を支持するような表現や、魂と肉体の間に違った仕組みをもっており、それが規則的に結合と離反を繰り返すとするような表現、二重人格的表現などに対しても異端宣告をくだした。このような観念は、学識に裏づけられたものではなく、ジャン・ド・マンは、魂と身体の関係における自然の秩序に反していると一蹴している。彼から見ても神学者たちからしても、そのような信仰は、女、それも特に年取った女たちの無知と狂気の産物でしかありえなかった。

《二重真理》の理論が公然と口にされることはなかったが、「自然の事柄は自然に扱おう」という学芸学部の学者たち（artiens）の主張は、宇宙と自然と人間、さらには神について、万人の見方であり社会的合意である神学的説明と少なくとも部分的に競合する可能性をもっていた。実際、彼ら学者たちは、神学の分野では巧みに振舞ったが、この命題では非難を免れなかった。

ところで、これは指摘しておく価値のあることだが、エティエンヌ・タンピエは教皇ヨハネ二十一世から委託されて上記のような措置をとったのだったが、この教皇は、基本的に反アリストテレス主義者というわけではなかった。彼は、パリとトゥールーズ、モンペリエで学問を修め、ボローニャでは「イスパニアのペテロ Pierre d'Espagne」の名で医学を教えていたのが、司教、枢機卿を経て、教皇になったのであった。しかも、自ら著した論理学の手引書は、十六世紀までヨーロッパの大学教育の基礎教材とされたし、アリストテレスの『魂について De anima』の注解も遺している。

したがって、研究する必要があるのは、イデオロギー的・実践的命題が神学思想の畑を横切ることによって引き起こした緊張を社会・歴史学的にどう解釈するかであるが、この点では、神学についての神学的説明はなんの光明ももたらさないし、心理学的説明も役には立たない。ここで大事なのは、著者たちの個性あるいは、その個性による残念な誤解について観察することである。そこで、神学的思考のもう一つ別の形である《図像 images》の問題に簡略に言及しておこう。

四、図像

さまざまな図像の発展

キリスト教において図像制作が一つの飛躍を示すのは、十一世紀後半以後である。図像をめぐっては、カロリング時代、ビザンティンで激しい論争が起きたが、聖域のなかに図像を掲げることは、それが礼拝の対象ではなく、神へ近づけさせてくれる《印し》であるかぎりにおいて、正当性を認められていた。しかし、カロリング時代の作品は、写本の挿絵という形ではかなり遺っているが、絵画やモザイク画は少ない。おそらく絵画やモザイク画は歳月の経過で消滅してしまったためであるが、それにしても、その数は、その後何世紀かの作品とは比較にならないくらい少なかったようである。

西欧でキリスト教的図像が増えるのは十一世紀から十三世紀にかけてで、その支持体（素材）と表現形式も多様化する。素材面からいえば、一つは写本の細密画で、写本の数自体の増加に伴って増えた。もう一つは壁画で、聖堂の装飾のなかで発展した。さらに、もう一つは彫刻で、これは、当初、浅浮彫りと柱頭飾りとして現れ、ついで彫像へと飛躍的に発展した。最後がステンド・グラスで、とくにゴシック建築によって際立って重要な場所を与えられた。

表現形式のタイプも多様で、十字架像、聖母子像、聖人像は、崇拝の対象として定義づけることができるが、それ以外は、むしろ装飾のためであった。とはいえ、こうした解釈も、最大の慎重さをもって受け止められる必要がある。なぜなら、これらの図像は、見る人によって美的意味づけだけにはとどまらず、さまざまな意味をもったからである。基本的にいって、図像は、写本や聖堂などの建物のなかで装飾的価値を担っただけではなく、図像という形をとった説教でもあった。しかも、そのなかにあっても、たとえば聖書のなかの有名な場面を表したものだけでなく、神学的・教会論的理念を表現したものもある。それらは、言葉の広い意味での教育の役割を担っていて、霊的なものとの特別の触れ合いの支えになっていた。

こうした資料とそれが歴史家につきつける解釈の難しさは簡単に表現できるものではない。ここでは、そうした問題が、これまでいかにいい加減に扱われてきたかを示すのに一つの例を挙げるに止めておこう。その一例とは、近年、ヴァンドーム〔訳注・ロワール川流域でオルレアンの西方〕のトリニテ大修道院で発見されたフレスコ画で、それについてのエレーヌ・トゥベールの解釈を借用しながら、《聖体の秘蹟》という神学上のテーマとの関わりを明らかにしよう。

ヴァンドームのフレスコ画

このフレスコ画は、大修道院の総会室（salle capitulaire）に、ジョフロワ（ゴフリドゥス）が大修道院長であった時代に画かれたものである。ジョフロワは一〇七〇年にアンジェの貴族の家門に生まれ、一〇九三年にこのトリニテの大修道院長になり、一一三二年まで、その任を務めた。アンジェは、当時は高いレベルの学問の中心で、ここで生まれ修学した彼は、キリスト教会の再組織化と教皇の首位権確立をめざしたグレゴリウス七世の運動の推進役として、その一端を担った。彼が書いた書簡、説教、論述はかなりの分量にのぼる。また、同時代のシュジェや多くの大修道院長、高位聖職者たちと同じように、名義上の枢機卿を務めたローマのサンタ・プリスカでもこのヴァンドームでも、建設主としての役割を果たした。

この総会室のフレスコ画は、ひどく保存状態が悪いが、五つの情景が描かれており、エレーヌ・トゥベールは、復活したキリストが弟子たちの前に姿を現したところを描いたもので「一枚は《エマオEmmaüsの晩餐》、一枚は、ペテロがテベリア湖で漁師として続けていくか信徒の首座（cathedra）に就いて責任を担っていくかの選択を迫られたシーン、一枚は、使徒たちが伝道の使命を託された場面（これについては、イエスの復活を容易に信じようとしなかったシーンであるという説もあるが、その可能性は少ない）、もう一枚は、使徒たちが各地へ出発する場面とキリストが昇天する場面である」としている。初めの二枚は、独創的な図像学的処理がなされており、そこに出資者の神学的考えの痕跡が見られるという。

《エマオの晩餐》——聖体の秘蹟の原型

〔訳注・十字架での死から復活したイエスが、クレオパスともう一人の弟子の前にエルサレム巡礼の姿をして現れた。弟子たちは、それがイエスだと分からなかったが、彼がパンを裂くやり方を見てイエスと気づいたというルカ伝福音書の記述に基づいたもの。〕

この図のなかでイエスは、十字の切れ目の入った円盤状のパンを右手で掲げ、これを二つに分けている。この図柄は、ルカ伝福音書二四章一三—三五の記述を反映したものとされるが、当然、これは一つの解釈である。キリストの動作は、通常の図像とひどく違っていて、注目に値する。というのは、普通はキリストの両手はテーブルの上に置かれるか、それとも、会食者たちにパンを分けているのであるが、裂いたパンを厳かに掲げているこの図は、ミサのとき「ホスチアhostie（聖餅）」を掲げる儀式的所作を思い起こさせるからである。この所作が意味を持つようになったのは、《聖体の秘蹟》が単なる「記憶の回復remémoration」の手懸りを超えたものになったときからである。

ところで、ジョフロワは、トゥールのベレンガリウスによって引き起こされた論争に加わっていたが、ベレンガリウスの死後、『聖餐における主の身体を血の神正性について』主イエス・キリストの身体と血の取り扱い方Tractatus de corpore et sanguine Domini Jesu Christi』のなかで、パンとワインの聖変化を《エマオの晩餐》と結びつけて、パンとワインこそ「救世主の身体の主質」であるとしている。ヴァンドームのフレスコ画に見られるキリストのこの所作は、ジョフロワが守ろうとした正統の立場を図像で表現したものと考えることができる。なぜなら、「復活したイエスは終末の時にいたるまで父の右にいるはずであるから、〈パン裂きfraction〉のときに司祭の手で裂かれることも、信者たちの歯で噛み砕かれることもありえない。当然、何千、何万の場所に同時に現れることもありえない」と主張しパンとワインにおけるキリストの現前を象徴にすぎないとしていたベレンガリウスに対し、アヴェルサのグイトムンドゥス〔訳註・ランフランクスの弟子〕は、イエスが十字架刑で死んだ後も、さまざまなところで、さまざまな人物の前に姿を現したことを取り上げていたからである。

《エマオの晩餐》という図像テーマは、すでにカロリング時代に現れていたし、ラトラムヌスとパスカシウスの聖体秘蹟論争によっても注目されていた。それが十一世紀末のヴァンドームで手直しした形で現れていることは、同じ一つのイメージであっても、新しく明快に何かを言うためには変容する余地があることを示している。

《ペテロの叙任》——教会主義の選択

「ペテロの叙任」は、テベリア湖での漁のテーマとつながっており、さまざまな意味を含んでいる。ジョフロワ（ゴフリドゥス）は、文書によっても、十一世紀末に燃え上がった教皇叙任の合法的形態をめぐる論争に積極的に関与しており、このフレスコ画には、そうした彼の立場が容易に見出される。ペテロが使徒たちの乗る船（nef）を肘掛け椅子（cathedra）に坐るイエスのほうへ曳いているのは、ローマ教会という船

〔nef〕をペテロおよびその後継者が導くことを象徴している。〔訳注・「nef」は船であるとともに、教会の身廊を意味している。〕

「肘掛け椅子cathedra」は「キリスト教芸術において、司教、とりわけ最初の司教である聖ペテロの権威を象徴している。――使徒たち（したがって、全司教）の間の平等性を表しながらも、《司教身分ordo episcoporum》の起源であり司教の権威の原理・源泉としてのペテロの優位性を表している」（H・トゥベール）のである。

ペテロがキリスト教徒を導く司牧として叙任されたエピソードを絵で表現するために「肘掛け椅子」によったことは、図像においてもテキストにおいても共通していたようである。多分、院長ジョフロワの示唆によって描かれたこの図像は、ペテロが使徒たちの先頭に立ってキリスト教会をリードする「よき羊飼い」たるべき使命をキリストから託されたことを強調している。このペテロに託された至高の権威と責任は、彼の後継者たちにも託されている。このように、ジョフロワは《キリストの昇天Ascention》についての説教のなかでも述べているが、それと、このヴァンドームの大修道院長が総会室を飾るのに、なぜこのテーマを選んだかということとは無関係ではない。エレーヌ・トゥベールも、このフレスコ画が飾られた場所が重要であるとし、その理由として、聖俗にわたる訪問客たちがここで、キリスト教会のなかでのローマ教皇の優位性と、彼に与えられた《免属特権privilège d'exemption》〔訳注・教皇に認められた特権で、教区司教の裁治権に属することを免除されること〕、そして、この大修道院とローマ教皇の間で維持された特別な関係を想起させるためであったとしている。ジョフロワは、おそらく同じ動機によって、自らの大修道院長としての職務と権威を人々に思い起こさせようとしたのであろう。中世的思考様式の秩序のなかには、さまざまな意味の絡み合いと原理が存在したのである。

いずれにせよ、ヴァンドームのフレスコ画は神学的・教義的命題についての理念を表示するために、文字によるテキストと同じく図像が利用されたことを裏づけており、キリスト教会の組織とその秘蹟に関わるグレゴリウス的考え方を擁護する役目を演じたと考えられる。こうした図像と聖書のテキストの対応関係はキリスト教建築の基本的伝統であり、これが聖書注解学と神学的考察の目的でもある。

第七章　宮廷風文化

中世盛期は、俗人文化についての比較的豊富な証言が得られるようになった最初の時代である。最も多いのが、俗人世界のために俗人世界のなかで生み出された本や文学が提供してくれる証言である。反対に、時間の経過は、建物については寛大ではないし、さまざまな品物については、もっとしみったれていて、今日にまで保存されている品々は、ごく僅かである。したがって、必然的に本や文書記録が注目されがちであるが、これらは、歴史家たちにとって必ずしも利用しやすい資料ではなく、さまざまな問題をつきつけてくる。その第一は、本や文書が結びついていた社会的環境の偏りという問題である。それは、はじめは諸侯や騎士など貴族階級によって構成され、ついで都市貴族（patriciat）やブルジョワへ広がった上流グループで、それ以外の人々については、さっと視線を走らせるだけで、しかも、聖俗の支配者たちが被支配者たちに向ける視線は常にネガティヴであった。庶民の活動やそれを表現したものは、キリスト教社会の枠組のなかに組み込まれてはいるが、文書記録を遺した人々の眼には「空白」としか映っていなかったようで、それらについては断片的で仮説的な結論にしか到達できない。

十九世紀のロマン主義者たちは、中世ロマンの優雅な調子とファブリオーの猥雑さとの落差に衝撃を受けたが、そのなかでジョゼフ・ベディエは、これを貴族の文学とブルジョワの文学の違いであると想像した。

この見方は、十九世紀を制したブルジョワジーが、社会のなかでの自分たちの立場をイデオロギー的に合法化するために作りあげた過去のイメージに結びつけたもので、現在ではもはや受け入れられていない。実際には、《宮廷風優雅 courtoisie》と《卑猥さ grivoiserie》は、同じ一つの産物が見せる二つの顔であって、その意味は、もっと幅広く解読する必要がある。後者の《グリヴォワズリー》（猥雑な文学）のほうは、その言葉遣いと中身によって直ちに分かるように、「二級品 second choix」として作られたものであるが、だからといって、学識面でも劣っていたわけでないことは、とくに、その儀礼的性格とそれが生まれた環境から明確である。

一、宮廷風文学の特徴

土着語の使用

当時、俗人たちが所有していたラテン語の本といえば、聖書の『詩篇』など宗教的なものに限られていた。世俗文化を代表していたのは土着語で書かれたテキストであったが、それらは必ずしも話し言葉をただ文字化したものではなかった。というのは、人々の日常の話し言葉が、固定化する仕組みがないため、近代以降の流れとは逆にますます方言化していったのに対し、文字に記された土着語は、音声面ではその土地ごとの特徴を保持しつつも、方言的枠組を超えて《共通語koinè》〔訳注・「コイネ」とは、ギリシアにおいて前三世紀から後五世紀まで使われた標準語の呼称〕になっていった。

本当のところをいうと、話し言葉がどのように書き言葉として構成されたかについても、また、各地を転々とし多様な言葉を使い分けなければならなかった聖職者や行政官といった人々が行く先々の土着語をどのようにして習得したかについても、確かなことは分かっていない。言語史の研究者たちによるフランスの方言の分布地図は、かなりの部分、信用に値しないが、それにもかかわらず、ジロンド川からアルプス南部を結ぶ線より北側のオイル語、リムーザンを含めた南フランスのオック語に大きく分けられることは広く認められている。この大きな区分けのなかでも、文書記録を言語学的に研究した結果、音声学的法則から、それぞれに幾つかの方言帯があったことが観察されている。まず北フランスではピカルディー語、シャンパーニュ語、アングロ＝ノルマンディー語（これは、イングランドの王宮でも用いられていた）、フランシアン語（イル・ド・フランスの方言で、今のフランス語の元になった）であり、南フランスでは、リムーザン語、オーヴェルニュ語、ラングドック語、プロヴァンス語、カタローニャ語、ガスコーニュ語である。これらをさらに細かく分類できることは言うまでもない。

しかし、書き言葉と話し言葉、オイル語とオック語を含めた方言同士の隔たりは、近代以後に認識されているほど顕著に識別できるものではなかった。ミシェル・ジンクは「当時の人々は、長い間、言葉は《ロマンス語》しかなく、ヴァリエーションはあっても、それは方言的なものだという感情をもっていた」と述べている。

文学上の「共通語」が、どのように形成され、持続的に発展していったかを、わたしたちは知らない。文法学の対象として学校で教えられたのはラテン語だけで、土着語で規範とされるような文書が書かれるのは、中世も最末期の何世紀かである。それまでは、標準化など行われなかったので、トゥルバドゥール〔訳注・南フランスの吟遊詩人〕たちは、先輩の詩人たちの言葉を手本として、自分の言葉を紡いだ。そうしたなかで、リムーザンは、南フランスのあらゆる地域だけでなくカタローニャ人、イタリア人、北フランス人の著述家たちも使った共通語の揺籃であった。同様にして、南フランスの言葉で共通法律語のもとになったのは、多分、トゥールーズの方言である。テキストの言葉とその中身とは、文書のなかで、すでに構築されたものとして突如現れるので、同じ問題を提起し、それが、どのような起源をもっているかは、おそらく、追求しても無駄であるように見える。

形式面の探求と叙述の規範

土着語による文学も、その形式面の洗練ぶりからいって、明らかに学者的である。抒情詩一つとってみても、主題・表現法ともに装飾過剰気味であり、脚韻の選択においても、驚くような妙技をもって響きやリズムを追求し、カロリング時代のラテン詩に匹敵するような省略的表現や逆説的表現法を使っている。そうした傾向は、十二世紀後半の南仏のトゥルバドゥールたちにあっては、「トロバル・クルス trobar clus」〔訳注・「閉じた詩法」の意で、敢えて晦渋たらんとした詩法。「秘歌体」と訳される〕と「トロバル・リク trobar ric」〔訳注・「豊かな詩法」の意〕として追求され誇示されていく。その特徴は、ミシェル・ジンクの表現を借りると「ねじ曲げられた構文、重音の脱落と省略、逆説と撞着語法〔訳注・たとえば「雄弁な沈黙」のような〕、音声による衝撃と作詩の複雑性にあり、大衆に迎合する平易さを拒絶していること」にある。

北仏オイル語の場合、抒情詩も叙事詩のジャンルも、十二、三世紀には、まだ、そのような形式面の追求には踏み出していないが、そこには、一部の聖職者による創作を特徴づけている学者的言葉の豊かさとスタイルの洗練ぶりが見られ、テーマの扱い方の巧みさと、一見すると娯楽的な語り口でありながら、知的でイデオロギー的な本物の建造物に仕上げる才能が発揮されている。

形式面で表すか、それとも内容において示すかの違いはあるが、中世文学の本質的側面を成しているのが晦渋さへの嗜好であり、それは根底において、文字と意味の関係、話し言葉についてのある考え方とつながっているのだが、歴史家にとって一つの深刻な障害となっている。なぜなら、中世の叙述的テキストは、しばしば聖書やキリスト教の話のなかに見出されるテーマをめぐって象徴的な談義を繰り広げ、しかも、論議の展開のなかで、表面上の意味とは別に、本質的意味合いを隠した寓話が頻繁に登場するので、何を言おうとしているのかを捉えることは容易ではないからである。ところが、簡単に言うと、そのような寓喩的な「イメージによる話し言葉」がキリスト教社会における話し言葉のモデルを成しているのだ。

《寓喩parabola》〔訳注・「類似」「対比」の意もある〕という語彙は、聖書の訳者たちによってギリシア語から転用されたもので、「言葉」を指す「parole」は、これを語源としている。人が口で話す言葉（parole）はなんらかの定義によって他の実在に送り返されるので、そこから意味を解読することが重要となる。聖書注解学は、文字づらの意味と精神的意味（これ自体、さらに幾つもの層に分けられる）を関連づけながら、大なり小なり、この考え方を理屈づけ体系化した。しかし、重要なのは、キリスト教が社会的支配権を確立することによって普遍化され生み出された心理的構造である。「真実realia」それ自体、神の啓示のもう一つの形としてしか知覚されえないもので、その真の意味は、外見の背後に隠されている。

この象徴的ロジックを極限にまで押し進めたのが「閉じた詩法」（秘歌体）であり、したがって、中世の語り手（詩人だけでなく）にとって重要なのは、《事実réalité》ではなく、それが担っている意味であり、事実を忠実に再現しようなどという気遣いぐらい彼らにとって無縁なものはない。しかも、その《意味》は、記号化された《しるしsignes》である幾つかの特徴に還元されることによって、よりよく覚知できるのであって、あるものを別のものと首尾一貫した構造物として連結するこれらの《しるし》は、事実に対する忠実さによってではなく、表現システムのロジックによって決定される。

したがって、中世文学が記述している外見的要素を鵜呑みすることはできないのであって、とくに、十九世紀になって行われてきたように、宮廷世界の生活様式を外見的要素から判断することは、しばしば大きな間違いを犯すことになってしまう。文学作品の解読がもたらしてくれるのは、《観念的現実réalités idéelles》の全体であって、それは、社会的関係の仕組と機能のなかに刻み込まれているものでもある。

中世文学は一つか？

本書ではこれまで、適切な説明もなしに、《文学littérature》という概念を何度も使ってきた。中世に関しては、この「文学」という概念は、おそらく幾つか考察を加える必要がある。

わたしたちにとって《文学》は、その扱っている対象によってと、アカデミーや大学の学部組織、専門雑誌によって、かなり明確に定められた一つの分野を指しており、小説や詩、戯曲、そして周辺的にエッセーといったジャンルで規定することも、いわばコンセンサスができていて、哲学的著述や歴史学の著述は別の分野に属している。もちろん、このようにして設けられた境界を乗り越える著述家もいるが、ごく稀である。

中世には、現代のような「作家écrivain」という総称的呼称も、その活動の産物を指す語彙もなかった。十五世紀にいたるまで、《états du monde》すなわち「認められた社会的立場statuts sociaux reconnus」のリストにおいても、結婚生活は《état》の一つとして記載されていたのに、「écrivain」は記載されておらず、いわば《INSEE》〔訳注・国立統計経済研究所〕の社会的・職業的カテゴリーとは無関係であった。「écrire」や「lettre」といった語彙を中心に形成されている語群は、書き写し、あるいは読み書きするこの活動の物的側面に関連している。「著者auteur」が一つの著作（œuvre）を創造した人を指すことは周知のとおりであるが、この「œuvre」という語彙は、十三世紀には、頻度はそれほど高くないが「書かれた作品」を指すのに用いられていたし、そのなかのジャンルを指す用語も（解釈上の問題はあるにせよ）知られていたが、こんにちの「littérature」に合致するものは、そのなかには全くない。

したがって、《中世文学》というものの定義は空洞（en creux）で、どうしても恣意的なものにならざるをえない。これは、「文学史」としての一つのまとまりがなかったことを意味している。行政上の法令や規則、慣習に関する文書、神学上のテキストといった非土着語のものは除いても、おそらく断定を避けたほうがよい厖大なテキストが残っている。それらには、共通した叙述的素材、世界観が見出される。教訓的文学は、その形やテーマによって叙述的文学の広漠たる全体から簡単に切り離せるものではない。たとえば、ピエール・アルフォンスの『聖職者の道Disciplina clericalis』（十二世紀初め）は父から子への教訓を寓話と小咄の形で述べたもので、元はラテン語だが、たくさんのフランス語版が出ただけでなく、同じような物語は小咄

（fabliaux）や短編物語（contes）、中編の物語（nouvelles）にも見られるし、さらには説教師の話のなかで道徳的教訓を引き出すための例話（exempla）としても見出される。

年代記にもラテン語のそれと土着語のそれがある。歴史の物語は、過去についての情報を伝えてくれるとともに、とくに教訓と模範という価値をもっていて、そのため、中世精神にとって「真実の歴史」である聖人伝や《聖なる歴史》と異ならなかった。十二世紀ノルマンディーの聖職者ワース（ヴァース）は、ラテン語の著作をもとに、歴史の分野に属する二つの物語をフランス語で書いた。その一つである『ブリュ物語 Roman de Brut』は、モンムートのジョフロワ（ジェフリー・オブ・モンマス）の『ブリタニア列王史 Historia Regum Britannie』の翻案で、トロイが陥落し、アエネースの子孫の一人、ブリュがブリテン島に到着してからアーサー王が姿を消すまでのブリトン王たちの歴史を扱っている。したがって、そこには、西欧諸国の王たちの起源をトロイに求める神話が見られるのだが、それだけでなく、ロマネスクなアーサー王物語のフランス語最初の証言にもなっている。

ここで思い起こされるのが、フィリップ・ド・ノヴァール、ジョフロワ・ド・ヴィルアルドゥアン、ジャン・ド・ジョワンヴィルといった回想録の作者たちである。彼らの著述は、言葉の現代的意味での歴史家の著述ではないが、中世的思考を研究するうえで不可欠の資料になっている。その反対に、一見したところ、最も取るに足りない短詩（lai）や物語（roman）などの作品も教育的意図をもっており、それらの解釈にあたっては、これらのテキストが世界と社会の秩序についての観念の重要な側面を表していることを踏まえる必要がある。

連続体としてのテキスト

したがって、これまでもそうであるが、注目されるのは、さまざまなテキストが、わたしたちが先験的に定義する境界線を超えて連続体（continuum）を形成していることである。たとえば、前述のワースは歴史書でも有名であるが、信仰に関わる分野でも『聖女マルグリット伝 Vie de sainte Marguerite』、『聖ニコラ伝 Vie de saint Nicolas』、『聖母受胎 Conception Notre Dame』などを遺している。アングロ＝ノルマンの宮廷における彼の後継者であるブノワ・ド・サント＝モールは、古代に題材をとった『トロイ物語 Roman de Troie』のほかに『ノルマンディー公列伝』も著している。そうした多才ぶりをもっと顕著に発揮したのがアラスのジャン・ボデル（1165?-1210）で、彼は、《武勲詩》を一篇、幾つかの《ファブリオー》、《典礼劇》一篇を遺しており、道徳的教訓や寓話、小咄、明らかに教育的価値を付された物語集なども書いている。

結局、中世には、聖と俗の区別にこんにちのわたしたちが与えているような価値は与えられていなかったことも強調しておくべきであろう。説教のさなかに卑俗な話が《例話 exempla》として差し挟まれたし、典礼劇は聖書に述べられている場面を演じたが、その演じられた場所は街路であり、役者も、少なくとも一部は俗人たちであった。修道士ゴーティエ・ド・コワンシーは、トゥルヴェールが城の奥方に対するように聖母に話しかけている。教会の内陣で聖歌隊が歌うテーマは卑俗で、ときには糞尿にまつわるものであることもあった。こうした組み合わせは、わたしたちを驚かせさえするが、その根底には、わたしたちにとって基本的と思われる区別を無視した表現システムの統一性があった。社会自体がキリスト教と教会によって統一的に組織されていたのであって、そのような社会にあっては、「宗教religion」という概念は存在しなかったし、宗教的領域の自立性もなければ知的あるいは文学的領域の自立性もなかった。

このように交差し合っているため、文書の領域は、出所の異なる情報や使われている言葉によって区分けされるが、それは部分的にでしかない。作業もある程度は分化されたが、土着語のテキストの生産に関わった人々には、専門家と非専門家、聖職者と俗人の区別はなかった。

もし、この時代について、俗人の蔵書の中身を検査する手段があったら、おそらく、道徳的教えや信仰と敬神に関する本が占める比重の大きさ、このカテゴリーの広がりに驚かされるであろう（さまざまな社会的階層の人々が個人の蔵書目録を残すようになるのは、このあとの何世紀かである）。したがって、抒情詩や風刺詩、叙事詩、ロマン、ファブリオーといった私たちにとって「本物の文学」である作品のほうに当時の人々がより高い関心をもっていたように思うのは錯覚なのである。

しかしながら、それらは、世俗文化の最も独創的な産物で、ある程度、教会を転覆するような考え方を表現化する仲介役を果たした。そこには、あとで幾つかの例をもとに示すように、社会秩序についての俗人支配者たちの視点が現れている。しかも、そのなかには、貴族集団内部だけでなく、貴族集団と教会とか被支配層との関係によって生み出された社会的・イデオロギー的矛盾の一部を（想像のなかでだが）解消しようとするものもあった。さらにまた、よりよく構築された一つの共通の価値システムが公式化されて広められたのもここにおいてであり、聖職者の畑の外で生まれた新しい作品の尊厳性が確立されたのも、これら俗人の文学活動においてであった。

二、文学的創造の発展

フランス語圏で土着語が文字に記されるのは、十一世紀末以後である。それ以前にもごく僅かの例があるが、それらは、聖人伝的な詩や典礼に関連する短いもので、ほとんど重要性をもつものではなかった。オック語で書かれたものでは《受難劇Passion》や『アジャンの聖女フォワの歌Chanson de sainte Foy d'Agen』、オイル語では『聖女ウーラリの続唱Séquence de sainte Eulalie』と『聖レジェ伝Vie de saint Léger』、『聖アレクシス伝Vie de saint Alexis』、そしてボエティウスの『哲学の慰めConsolation de la philosophie』の一節（ラテン語テキストで二十行ほど）である。これらの作品は、おそらく修道院で書かれたもので、のちに厖大な作品になる口火を切ったものの、このころは、まだ例外的な存在でしかなかった。一一〇〇年ごろにようやく、それぞれの出自も内容も分量も違っているが、オック語では《愛のうたpoésie amoureuse》、オイル語では『ローランの歌Chanson de Roland』が現れる。

南フランスの抒情詩

オック語の抒情詩が扱っているのは何よりも愛のテーマである。トルバドゥールたちは、まったく新しい特殊な言葉によって、自分が心を寄せる貴婦人（dame）に対する癒されることのない愛を謳い、同時に一種の決疑論〔訳注・倫理上・宗教上の規範と実際にとるべき行為とが衝突する際、罪にならないような行為の原則を立てて疑いを晴らすもの〕によって典型的に貴族的価値を宣揚している。このような「宮廷風の愛」は、貴族だけに特徴的な価値観と行動システムに合致したもので、平民にはできないことであった。こうした愛の規範は、それによってはじめて貴族階級の社会的本質を確定し表現できるような複雑なものであるが、キリスト教社会の文脈のなかに論理的に刻み込まれているものでもあった。

周知のように、この詩の淵源の問題は、論議されて久しいが、満足できる答えは得られていない。カロリング朝やオットー朝の宮廷ラテン詩から借りたものだという説もあれば、フォントヴロー修道院を創設したことで有名なロベール・ダルブリッセルとともにトルバドゥールの草分けとされるアクィテーヌのギヨーム九世（1071-1127）と関係づける説もあり、さらには、イスパニアやアラブの詩の影響下で生まれたとする説もあるが、いずれも説得力のある裏づけはない。そこには《フィナモール fin'amors》（純粋で誠実な愛）のテーマに帰せられる社会的感覚があることから、このころ社会的権威を確立した貴族社会との関連も考えられ、この種の詩が突然、羊皮紙に文字で書かれるようになるには、その前の何十年かは口頭で歌われていた可能性があるが、そのことについては、相変わらず不明なままである。

オック語で最も古く最も高貴なジャンルである《カンソ canso》（愛の歌）は、各節が同じ図式の構成をもち、反歌で終わる四〇ないし六〇行の詩である。この《愛の歌》はメロディーを付けて歌われたもので、朗誦や読むために作られたものではない。付けられたメロディーはそれぞれに独特であるが、全般的にグレゴオ聖歌の特徴を示している。こんにちに伝わっているのは、十三世紀にフランス以外の地で書写された抒情詩集に入っている断片だけで、その解釈は微妙である。テーマはいつも同じだが、詩人それぞれが、課せられた図式のなかで、いかに巧みにヴァリエーションを作り出すかで独創性を発揮した。これは、形式のなかに個人的特徴を求めても無駄であるということでもある。

ギヨーム九世の詩は相反する二つの特徴をもっている。一つは宮廷風優雅さで、これは、十三世紀末にいたるまで多くの後継者によって発展していった。もう一つは露骨さであるが、こちらはマイナーな位置しか占めなかった。批評学は、この種の詩について三つの大きな時代的区分を立てている。一つは、ギヨーム・ド・ポワティエ〔ギヨーム九世〕から始まってジョフレ・リュデルとマルカブリュに引き継がれた段階、第二は、一一四〇年から一二五〇年ごろまでで、ベルナール・ド・ヴァンタドゥール、ランボー・ドランジュ、ギロー・ド・ボルネル、アルノー・ダニエル、フォルケ（フーク）・ド・マルセイユ、ベルトラン・ド・ボルン、ペール・ヴィダルなど才能豊かな人々が活躍した時期である。第三の段階を代表するのがペール・カルドナルとイタリア人やカタローニャ人たちである。この詩の発展が止まったのは、基盤である南仏社会がアルビジョワ十字軍によって覆されたためということも一因としてあるが、十三世紀後半には、北フランスでも宮廷詩の創作は下火になっており、このことは、俗人文学の飛躍を支えた社会状況全般に問題があったことを示している。

トルバドゥールたちの社会的出自はきわめて多様であるが、この詩が誕生し生長することができたのは、なによりも、貴族たちの宮廷があったからこそであった。詩人たちの出自の多様さということでいえば、ギヨーム九世、ドーファン・ドーヴェルニュ（ロベール一世）、ベルトラン・ドランジュは有力貴族、ベルトラン・ド・ボルン、ベルナール・ド・ヴァンタドゥールなどは騎士であるが、モントードンの修道士のような聖職者もいる。マルセイユのフォルケは商人であるが、のちにトロネの大修道院長、さらにトゥールーズの司教になっている。ヴァンタドゥールやゴーセル・フェディといったそれほど身分の高くない吟遊詩人たちも、その活動の場は宮廷に結びついており、そこでは、さまざまな作品に接し豊かな知識をもつ人々を相手にしなければならなかったし、そうした人々とのつながりのなかで、支配者グループ同士を結びつける働きもした。彼らの作品は、北フランスに浸透する以前に南フランス全体に広がって、その弁別的で煩瑣な手法がこの種の詩のもつ統一性のもとになり、貴族集団の共同体的イデオロギーを強化するとともに、他方では、多様化することになったことも否定できない。

オック語が《愛の歌canso》のあと本領を発揮したのは、《シルヴァンテースsirventès》〔訳注・中世プロヴァンス地方の政治的道徳的風刺詩〕のジャンルにおいてで、叙述的ジャンルと散文は、オイル語圏に較べて、あまり発展しなかった。かろうじて挙げられるのが、ジョフレの『アンティオキアの歌Canso d'Antiocha』と『アルビジョワ十字軍の歌Chanson de la croisade albigeoise』、そして中篇物語（nouvelle）の『フラメンカFlamenca』である。それとは反対に、北フランスの文学を特徴づけているのが物語的ジャンルで、その代表が今日に遺されている最古の作品、『ローランの歌Chanson de Roland』である。

『ローランの歌』

この作者不詳の叙事詩の最も古い版が書かれたのはおそらく一一〇〇年ごろで、十二世紀前半のアングロ＝ノルマン写本のなかに保存されていた〔訳注・一八三二年に発見された〕。そこには書き写した人の方言的特徴が含まれているが、それにしてもオイル語文学の発展のなかでアングロ＝ノルマン方言が占めた比重の大きさが窺われる。この作品の写本としては、十三世紀末まで年代的に間隔を置いて六種あり、多くのヴァリエーションが見られ、全体の長さが二倍になっているものもある。これは、オリジナルのテキストがどのように構成されていたかは不明であるということである。また、十五世紀末までに、ほかの幾つかの言葉でも翻案されているし、フランス語でも手直しが行われており、中世を通じて、この物語の人気がいかに高かったかが分かる。

このことは、また、中世のテキストにつきまとう幾つかの特徴を思い起こさせる。それは、多くの場合、作者が不明であることである。ときには作者の名前が付されていても、真偽は不明であるし、どういう人物かも分からず、いずれにしても、ほんとうの意味で確定することはできない。しかも、書写の段階でさまざまな方言が入り込み、幾つかの語句や行まで変わってしまっていたり、もとの骨組は変わっていなくても、ある部分は要約されて短くなり、ある部分は膨らまされて長くなり、全く別の版になっていることもあって、《作者》という概念まで怪しくなる。このような現象は『ローランの歌』だけでなく物語体の文学に共通の特徴で、クレティアンの『ペルスヴァル』、『ランスロ』や『トリスタン』など、十三世紀の散文体大型ロマンはいずれもたくさんの異版がある。最後に、作品の制作年代と写本の作製年代のずれも重要な問題で、作者が不明で資料が沈黙を守っている場合、研究者は、しばしば回り道を余儀なくされる。

『ローランの歌』が語っている内容は、周知のように、イスパニアでの戦いに勝利して帰路についたシャルルマーニュ軍の後衛部隊がガヌロンの裏切りによってピレネー山地のロンスヴォーの隘路でサラセン軍

〔訳註・正しくはバスク軍〕の攻撃を受け、全滅した物語である。後衛部隊を指揮していた皇帝の甥で勇将のローランと知将オリヴィエも斃れ、最後の息を振り絞って吹き鳴らしたローランの角笛の音が皇帝の耳に届き、取って返したシャルルマーニュによって、ガヌロンとサラセン軍への報復が行われる。

この物語の淵源になった事件の真偽については、この百年来、ロマンス文学者たちによって、さまざまな答えが示されてきた。シャルルマーニュ軍の一支軍の敗北については、カロリング時代の資料のなかで、ごく簡潔かつ暗示的に語られているのみで、そこにはローランの名前さえない。このように僅かな記述から、どのようにして、この叙事詩が引き出されたのであろうか？　おそらく、これより前にも文書になった幾つかの作品があったと想定されるが、この想像をさらに発展させることは困難であるように見える。オック語圏の抒情詩の場合と同じく、オイル語圏のロマンでも、貴族世界が一つの役割を演じたと考えることができる。戦士をテーマにしていること、騎士的価値システムが、その手がかりである。

武勲詩 (chanson de geste)

《chanson de geste》の「geste」とは、「武勲」の意で、十二、三世紀になって、カロリング時代の英雄たちの武勲について語った詩が盛んに作られ、一つのジャンルとなったのである。そこには、各行が一つの母音の繰り返しで終わる不規則な長さの詩節 laisse〔訳注・吟ずる場合の区切りになる〕から成っているという形態上の特徴がある。これは、《韻 rime》の場合、母音とそれに続く子音の類似性が求められるのと違っている。武勲詩のもう一つの特徴は、「言語の身体的効果」ともいうべきものに訴える表現様式にある。これは、「反復がもっているほとんど催眠的な魅惑力、同じ半諧音〔訳注・詩句の末尾の同一母音あるいは類似母音〕の繰り返しによって詩節全体を共振させ、一行一行を同じ調子で繰り返しながら詩節の最後の半句を拍子に合わせて変奏する朗誦法によって眩暈を起こさせること」である。(Michel Zink)

中世の人々が好んで詠った叙事詩に三つの大テーマがある。バール＝シュル＝オーブのベルトランは『ジラール・ド・ヴィエンヌGirart de Vienne』(十三世紀初め)の冒頭で次のように述べている。

「ゆたけきフランスに三つのジェストありき／こよなく栄えしはフランス王のジェストなり／次なるは、我かく言ふはことわりあることなるが／房々と髯を垂れたるドオンがジェスト……／三番目なるジェストも、いたくすぐれたるものなれど／心たけきガラン・ド・モングラヌのジェストなりき」。

(ベディエ／アザアル『フランス文学史——中世文学I』杉捷夫訳)

この分類は大雑把ではあるが、三つの主要な着想源と物語の作品群があることと合致している。すなわち、シャルルマーニュ自身を主人公にしたものが約二十、ギヨーム・ドランジュとその家系に捧げられたものが二十四、そして、《反逆の臣たち》を取り上げ、王と臣下の間の激しい緊張をテーマにしたものである。《武勲詩》としてのテーマ的統一性も明白である。一方では、外なる敵たる異教徒のサラセン人に対する戦い。ここでは騎士たちはキリスト教世界の唯一ではないまでも主たる防衛者として現れ、彼らは結果的に自分たちがキリストと特別の関係にあることに気づく。というのは、中世的観念のなかでは、社会の支配権とそれを持つ者の神聖化とは表裏の関係にあるからである。他方では、騎士集団内部の錯綜する関係がある。その多くは暴力の絡む厄介なもので、それらが、この騎士社会の二つの本質的問題を核にして展開する。一つは君主と臣下の関係の土台になっている位階制と平等性の問題。もう一つは、現実における重大問題である土地の支配と、手柄に応じて行われる富の配分と世襲の間に存在する緊張をめぐる問題である。司教テュルパン〔訳注・ランスの大司教で『ローランの歌』に登場〕のように聖職者と戦士を兼ねている場合は別にして、聖職者やブルジョワは、この価値システムからは公然と排除されている。その意味で、社会的秩序を樹立し支配しているのは騎士階級であるとのイメージを明確にしているのが武勲詩である。したがって、これらの物語は、俗人支配者たちにとっての基本的問題を扱い、貴族主義的イデオロギーを練り上げるための一つの手段となったのであった。こうして、南仏の抒情詩と北フランスのロマンには、同じ関心が同じ力をもって表れているということができる。

十二世紀後半は、北フランスのオイル語テキストの数が増えることと幾つかの新しいジャンルの出現によって注目される。

宮廷風の歌

北フランスでも、南フランスを手本にしたオイル語による抒情詩が生まれた。一一六〇年から一一七〇年代以後、騎士や貴族のトゥルヴェールたちの活動がまずシャンパーニュ地方で活発化し、ついで、急速にパリ盆地北部のさまざまな宮廷で盛んになり、十三世紀初めには、そのほかの地方にも広がった。この抒情詩の広がりを促進した要因として貴族階級内部の血縁的つながりが考えられる。文学の発展と普及に関しては、南仏の大領主アリエノール・ダクイテーヌと、彼女がルイ七世との間で儲けた娘、シャンパーニュ伯夫人マリーに多くのものが帰せられてきたが、実際に彼女たちが果たした役割はせいぜい末梢的なものにすぎなかった。というのは、明確にイデオロギー的暗示力をもった文学の発展を支えているのは、さまざまな構造的要素であるからだ。

南仏トルバドゥールのオック語の抒情詩と同じく、北仏トゥルヴェールの詩も、テキストと音楽を結び合わせたもので、愛を中心テーマとするが、その社会的要素の重みの現れ方はさまざまである。北フランスの《宮廷風の歌》も洗練ぶりが大事にされたが、南フランスの《愛の歌 canso》ほど形式性を極限にまで押し詰めようとはしない。テーマの点では、北フランスの《アムール・ファン amour fin》〔純粋な愛〕には姦通のテーマは存在せず、貴婦人は一種の抽象化のなかで想起されるのみで、結婚の規範に制約されているような雰囲気も、愛人同士を監視している嫉妬深い輩の存在も感じられない。これらの選択は、時代と環境は同じでも《宮廷風ロマン》が行った選択とつながっていて、社会的関係の秩序についての立脚点の違いが現れている。

《ロマン》

「ロマン」は、その形態もテーマも、全く新しく生まれたもので、一二〇〇年ごろまではメロディーに乗せて謡われることはなかったが、平韻 rimes plates〔訳注・脚韻が男性韻（fleur のように無音の e で終わらないもの）と女性韻（pèreのように無音のeで終わるもの）がaabbの形に並ぶ押韻法）の八音綴詩句で書かれている中世文学最初のジャンルである。ただし、声に出して読まれた、いわゆる《語りrécit》の文学で、現代のわたしたちには容易に見抜けない学者的構造を土台にしており、ほかのジャンルに較べてはるかに知性化されたジャンルである。

〔古代風ロマン〕

年代は確定できないが、最も古い《ロマンroman》は、《ローマRome》すなわち古代にテーマを借り、さまざまなラテン語の資料によって伝えられた古代の素材を学者的・聖職者的に加工することによって中世の物語に仕上げたものである。中世文学でもてはやされ多くのヴァージョンがある《アレクサンドロスもの》や、『ティルスのアポロニオスApollonius de Tyr』をラテン語で翻案したもののほかに、ノルマンディーの聖職者たちが書いたロマン三篇（作者不詳の『テーベ物語Roman de Thèbes』と『エネアス物語Roman d'Eneas』、そしてブノワ・ド・サント＝モールの『トロイ物語Roman de Troie』）がこんにちに遺されている。この最初のは、スタティウスの『テーバイ人Thébaïde』という作品を起源とし、十二世紀に成功を勝ち取った古典的作品の一つである。第二のそれは、ウェルギリウスの『アエネース』を翻案したもの。ブノワ・ド・サント＝モールはプランタジュネット家にゆかりの深いトゥールの聖職者で、『ノルマンディー公列伝Histoire des ducs de Normandie』を著した。ブノワの『トロイ物語』の着想源は、このころの西欧ではまだギリシア語は知られておらず、ホメロスとは無関係である。彼が着想を得たのは、ホメロスより後の時代に、トロイ攻略の目撃証言としてラテン語で書かれ、学校で教えられていた物語の二種類の要約本からであった。

結局、上記の作品のいずれも、古代の作品を、アナクロニズムといった批判など気にすることなく中世社会独特の関心と語り口によって再解釈したもので、ミシェル・ジンクが「これ以後、愛がロマンの大事件となる」と言うように、オック語抒情詩が採りあげた愛の問題が主題となっており、本来、オイル語ロマンの重要な位置を占めていた神話は中世好みの奇蹟話や不思議議話によって置き換えられている。

これまでに挙げたテキストは、一一五〇年から一一七〇年のころの作品で、アレクサンドロスは、このあとも再びもてはやされるが、それ以外は、ほとんど引き継がれることもなくなり、代わってブリトン人とアーサー王が、中世ロマンの中心的位置を占めていく。

〔ブリトン的テーマ〕

この場合も、起源の問題は解決不能である。ノルマンディー人聖職者ワースが一一五五年に書き上げ、アリエノールの二人目の夫でこの前年にイングランド王になったヘンリー二世に献呈した『ブリュ物語』では、アーサー王のために五千行が費やされている。このとき彼は、ジェフリー・オブ・モンマスのラテン語テキストからヒントを得たと言われている。このオックスフォードの教師（ジョフロワ）は『マーリン伝Vita Merlini』〔訳注・アーサー王の物語に登場する魔術師マーリンの物語〕も書いたとされている。おそらく文書資料と口承資料を総合して作ったのであろうが、現在では遺されていない。ワースのテキストは、アーサー王とその騎士たちの冒険談に、その後のアーサー王物語を特徴づける愛と騎士道的色彩を加えた最初のもので、そこには、たとえば騎士たちの平等性の象徴である《円卓Table Ronde》など、物語に欠かせないモチーフと人物の大部分が見出される。

ワースとその後継者たちは、アーサー王を題材に、以前から存在していた素材をもとに一種独特のロマネスクな世界を創出し、そのなかで、何よりも貴族世界に特有のイデオロギー的関心と世界観を浮かびあがらせた。さらにいうと、中世の著作者たちが過去を利用したのは現在を述べるためで、そのヒントになった物語が本来の文脈のなかでもっていた意味は念頭にないし、歴史に忠実であろうとする気遣いも全くしなかった。だからこそ、起源や源泉の問題などは二次的問題でしかないし、わたしたちがそれらに拘ることは間違いのもとでさえある。

中世の物語の研究から得られる結論は、文書であれ口承であれ他の文学から借用したものを繋ぎ合わせ積み重ねたものであって、特定の場所と時代に生み出された一つ（あるいは一群）のテキストを司っている社会的・観念的ロジックは、そこには見いだせないということである。

アーサー王物語群の成功をもたらしたのは、おそらく、奔放な想像力から生み出された不思議で驚くべきテーマの数々にあるが、アーサー王物語の独創性は、そうした不思議の数々と愛の物語とともに、本質的には内因的発展性にある。一般的にブリトン人の物語については、ケルト文化に淵源を求めようとする傾向性があるが、実際には、それらの大部分は作者自身の創造によるもので、たとえば、妖精たちだの聖杯（Graal）だのといった不思議なモチーフは、彼らが知的に編み出したものである。そこには、十二、三世紀の社会的・心理的状況が投影されているとも考えられるが、この問題については、あとで立ち戻ることになろう。

〔クレティァン・ド・トロワとブルターニュの素材〕

ロマネスクな文学ジャンルの仕上げにおいて役割を演じたとされているアングロ＝ノルマン地域では、ブリトン的インスピレーションから幾つかの作品が生まれた。《トリスタンとイズー Tristan et Iseut》についてのベルールやトマのロマン、マリー・ド・フランスの《レ》（短詩）がそれである。

マリーは大陸生まれで並外れた才能をもつ女性で、イングランドの宮廷に滞在したときにブリトン人の物語に触れ、それをロマンにしたのだった。彼女の作った《レ》の一つは「トリスタンとイズー」に捧げられている。マリーはまた、イソップを範とした寓話もオイル語で書いているし、信仰にまつわる伝説をもとに『聖パトリスの煉獄 Espurgatoire saint Patrice』も書いている。後者はヨーロッパじゅうでかなりの人気を博した。

ベルールとトマについては、何も分かっていないが、トリスタンの物語は、十二世紀前半には口承で流布していたことが、幾つかの痕跡から明らかで、トマはブレリ（Brérí）という一人の語り手を権威として引き合いに出している。彼らが幾つかのロマンを作ったのは一一六〇年から一一七〇年のころであるが、こんにちでは断片の形でしか遺されていない。このことは、おそらく狭い地域にしか広まらなかったことを物語っている。この現象は、トリスタンとイズーの許されざる愛が、マルク王の宮廷のなかに複雑な状況を作り出し、そのため、二人の悲劇的な死という最後の破局にいたったというこの物語の内容によると考えられる。こんにちの読者に異論の余地のない魅惑を及ぼしてくるのが、まさにこの側面なのであるが、それは、同じころに大陸で出来上がっていた全体として協調的な騎士世界のイメージとは明らかに相反するのである。

クレティァン・ド・トロワによる《アーサー王ロマン》がほんとうの意味で人気を博したのはシャンパー

ニュ地方においてである。ただし、この作者についても、名前以外はほとんど何も分かっていない。おそらく、シャンパーニュの宮廷ともフランドルの宮廷とも関わりをもっていた聖職者だったようである。というのは、『荷車の騎士ランスロ』はシャンパーニュ伯夫人マリーに献げられているのに対し、『ペルスヴァル』は未完に終わっているものの、フランドル伯フィリップ・ダルザスに献呈されているからである。彼の作品とされているのは『エレックとエニードÉrec et Énide』、『クリジェスCligès』、『荷車の騎士ランスロLancelot ou le Chevalier de la charete』、『獅子の騎士イヴァンYvain ou le Chevalier au lion』、『ペルスヴァルまたは聖杯物語Perceval ou le Conte du Graal』の五つである。クレティアンは『クリジェス』のプロローグで、オウィディウスのテキストの翻案とトリスタン・イズー物語なども作ったと述べているが、それらは今では失われてしまっている。

この作者が中世ロマネスク文学の最も多産な作者の一人であることは確かである。ここで、彼の作品の内容を紹介することはしないが、あえていえば、クレティアンは、一見取るに足りないテーマの連作のなかで、貴族集団の内部的構造化とともに貴族階級と教会との関わりによって生じた問題全般の解決を可能にする真のイデオロギー的総合を練り上げようとしたのであった。詳しくは、あとでまた採りあげるが、ここで簡潔に、《宮廷風結婚》と《聖杯》という二つのテーマについて述べておこう。

〔宮廷風結婚〕

クレティアンは、こんにちに伝わっているものとしては最初のロマン『エレックとエニード』において、ガストン・パリス以後《宮廷風恋愛》と同一視されている《純粋の愛amour fin》と結婚とは両立可能であると断じている。それによって、オック語抒情詩に暗々裏に存在し、トリスタン物語で顕在化し、アンドレ・ル・シャプランの『愛について De amore』では一つの教理にまでなっていたものが覆された。アンドレによると、婚姻関係のなかではいかなる場合も、愛は存在しえない。貴婦人は愛する男とは別の男と結婚しており、そのために生じる障碍こそが真実の愛の基本要素となる、というのである。〔訳注・アンドレは、「真の愛は不義の愛以外にはありえない。なぜなら、人は所有していないものしか愛することはできないのだから」と主張している。〕これに対してクレティアンが導入した構造的逆転は明白である。

普通は、貴婦人のほうが身分的に上位であるのに対し、このロマンのヒロイン、エニードは貧しい陪臣の娘で、身につけている衣服は悲しくなるほど粗末である。それに対し、男のほうは王子である。この物語は、一連の多様な戦士的エピソードを通して、たとえ乗り越えるのに容易ならざる緊張があったとしても、愛と結婚を一致させることが可能であることを立証してみせる。ここでクレティアンは、教会の教える手本に合致した結婚制度を守ろうとしたわけでは全くない。しかし、このロマンスの作者は、男女間の関係を他のさまざまな社会的関係の母型として描くことによって、《純粋の愛》によって特徴づけられる理想的な騎士たちの関係と、北フランスのロマンでも南フランスの抒情詩でも、婚姻関係といいながら実際には君臣関係を作り上げている位階性との間に両立が可能であることを示したのである。こうして、この物語でも、すでに指摘した思考様式にしたがって諸々の意味が積み重なっており、そのなかで、一つの本質的問題が提起され、その答えが示されているのである。

『ランスロ』と『イヴァン』も、同じ問題を採りあげ、微妙な違いはあるが、同じような答えを出している。したがって、そこに現れているのは、まさに当時の最も有力な領主の一人であったシャンパーニュ伯が支持していた《協調的結合》であり《綜合》である。このイデオロギー的談義がめざすのは、貴族階級の結束を固めること、トリスタン物語に見られるのとは反対の、婚姻関係に基づいた結合力を維持することによって内部の位階的亀裂を消し去ることである。
さらに特筆すべきは、クレティアン自身は『クリジェス』のなかで、イズーがマルク王ともトリスタンとも関係を維持していることのなかに表れている心身の分離には反対を表明している点である。この分離は、肉体関係と精神的関係の分離であり、騎士的兄弟愛と貴族世界内部での力関係との克服困難な不調和のイメージと通じ合っている。

〔聖杯 Graal の発案〕

クレティアンは、最後のロマン『ペルスヴァル』で、《聖杯》を発案することによって、騎士的イデオロギーを《神の愛》という精神的モデルへと向き直らせる。ここでは、騎士たちと貴婦人の間の愛は明らかに後景に退いている。騎士的冒険の目標は、神秘的な一枚の容器にまつわる真理である。この容器には一個の聖なるパン（hostie）が載せられ、出家して霊的世界に入った一人の騎士のもとに運ばれてくる。このようにして騎士道と霊性の間に打ち立てられた絆は、クレ

クレティアン・ド・トロワの『ペルスヴァル』に描かれた聖杯の場面 ©BnF

ティアンのあとも、彼を継承し模倣する人々によって固められていく。これ以後、聖杯が表しているのはキリストの血であり、その血をキリストの脇腹から流させたロンギヌス〔訳注・キリストの十字架刑に立ち会ったローマ兵の一人〕の槍も聖遺物として姿を現す。聖杯探求がめざすのは、神の秘密を学ぶことであり、これによって、騎士たちは聖職者と同等になるのである。

十三世紀のロマンは、これらのテーマを発展させ、その内容をさらに充実させていく。クレティアンは、その口火を切るなかで、騎士道内部の同意の新しい表現とともに、貴族による支配体制がどのように神によって合法化されるかをそこに見出した。こうして、巨人や小人、妖精、様々な不思議だの、わたしたちには少々子供じみて映る文学的道具立ての背後で、世界と社会の秩序についての考察が組み立てられているのである。

物語ジャンルのすべてが、《アーサー王》の血を引いているわけではなかったが、十二、三世紀には、大きな作品群としては、これ以外のものは生み出されなかった。しかし、これら多様な内容の物語のなかからは、これに劣らない社会的意味を読み取ることができるに違いない。

《ファブリオー》と『狐物語』

十二世紀後半に生まれたもので注目されるのが、短い語り口による幾つかのジャンルである。その一つである《レ》〔短詩〕がマリー・ド・フランスとともに宮廷という宇宙のなかを動き回っていたことについては、すでに述べた。それとは全く別のインスピレーションが関わっているのが《ファブリオー fabliaux》〔訳注・韻文による滑稽で風刺的な笑い話〕と『狐物語Roman de Renart』である。《ファブリオー》のほうは現代では「笑い話」として定義づけられているが、中世の人々は、もっと幅広い、ときには《例話exempla》やコント、寓話などに見出される道徳訓話的な様々なテーマの小話を《ファブリオー》と呼んだ。これらの物語の多くに見られる露骨さは近代人にショックを与えてきた。ミシェル・ジンクは、次のように指摘している。

「物語のかなりの部分を占めているのは、騙された夫、好色な僧侶、女を誘惑して手足を切断される男、満足することを知らない淫乱な女たちである。ファブリオーの三分の一は糞尿談か猥談であり、現代のようにあまり淑やかでない時代でも、その設定の卑猥さや表現の露骨さに驚かされるほどである。……ファブリオーが語っているのは性に関することばかりで、人々は性器(pudenda)に退縮し、愛情関係は、その接合に要約されるかのようである。」

宮廷風文化とは正反対のこうした滑稽さ、卑猥さ、臆面もない下品さは、ジョゼフ・ベディエ以来、抒情詩やロマンを生んだのとは別種の人々の産物であるとされてきた。しかし、実際には、肉体が精神の補足であるように、卑猥さはクルトワジーの補足であるように見える。そうした《逸脱》は、別の人々のせいにされるべきではなく、異なる形の愛がもつ社会的・イデオロギー的価値のせいなのである。ファブリオーの作者たちが、出身は無名の大衆であっても、聖職者やブルジョワあるいは吟遊詩人であったように、ファブリオー自体、ロマンや抒情詩と同じく吟遊詩人たちの演目一覧のなかに入っていて、ときには、同じ共通の写本のなかに見出される。

十二、十三世紀という同じ時期に、『狐物語』が成功を収め、そこから次々と枝分かれした作品が生み出されている。それらは、「続編」ではなく、一つ一つが独立しており、写本のなかで様々なやり方で接合されている。その枝分かれの歴史についても「再結集」の経緯についてもここでは述べることはしないが、その最も古い作品は、一一七五年ごろ、ピエール・ド・サン＝クルー〔アレクサンドロス物語にも関わったとされる〕によるとされ、これに、この世紀の終わりから次の世紀にかけて、たくさんの連作が加わっていった。

これらの物語の起源にも、学者的淵源をもつものが混じっているのが観察される。教育のなかで用いられたイソップ的寓話や口承の物語などで、いずれも、一つの独創といってよい域に達している。とくに『狐物語』は、一一九〇年以後、ドイツでも採りあげられ、喜劇的冒険談を繰り広げた。その社会的・心理的システムは、フランスのそれと違っているが、それらの底辺にある精神は共通していて、ファブリオーのそれに近い道徳的意図を明白に包含している。いずれにせよ、そこでは、動物的特徴と人間的特徴を結び合わせた登場人物たちによって中世社会のさまざまな面が浮き彫りにされ批判的かつ面白く処理されており、中世独特の思考法と表現法、意味の重層性が見られ、庶民にも親しみやすくするための新しい挿絵の工夫が見られる。

十三世紀の散文ロマン

これまで述べたジャンルは、すべて十二世紀末に現れ十三世紀にも生き続けたものであるが、十三世紀を特徴づけるのは、幾つかの新しい要素——散文の出現、都市社会での文学創作とジャンルの多様化——である。

土着言語による散文体作品が現れるのは、一二〇〇年前後である。この進展は特にオイル語圏で起きたが、それがもつ意味は、ほんとうのところ、明らかではない。聖書や教父たちの著述も散文体で書かれていることから、おそらく散文体のほうが誠実味があるとして信頼されたとも考えられる。しかし、この要素は、おそらく原因として作用するよりは、結果として生じたと考えるほうが妥当である。

注目すべきは、オイル語の散文が発展したのは、聖職者の説教を別にするとロマンの分野であり、とくに聖杯伝説一色のアーサー王物語であったことである。この事実は、一二〇〇年ごろに叙述的ジャンルがもっていた重要性と活力を証明している。こんにちに遺っている最古のテキストは、多分、フランシュ＝コンテの騎士、ロベール・ド・ボロンの作とされている韻文ロマン〔聖杯物語の続編〕を散文体にしたものである。ロベールは聖杯テーマを終末論的展望のなかに組み込むことによってアーサー王の世界の歴史を描いたが、そのなかで、聖杯を守るアーサー王的騎士世界をキリストの血を保持する「真の教会」に仕立てた。しかも、聖書のなかに登場するアリマタヤのヨセフ〔訳注・十字架刑のあとイエスの遺体を引き取って埋葬した人物〕を騎士に作り替え、ミサの執行に不可欠な教えをイエスから直接に授けられたとしている。マーリンの人物像についても、ロベールは、文学的手続きによって最も正統的な聖性を彼に付するとともに、キリスト教会によって異端視された超自然的秩序の力〔魔術の力〕を結合した支配権を彼に付与している。

聖杯探求とマーリン、ペルスヴァルの三つのロマンを一つながりの物語に仕上げたことは、土着語文学による《大全somme》原理採択の口火を切るものとなった。ちょうど同時代の《神学大全》が神に関わるすべてを採りあげているように、アーサー王連作は、アーサー王に関わるすべてを採りあげることを使命としていたように見える。とくにランスロとトリスタンという十二世紀のロマンの英雄たちが、一二二五年から一二四〇年の間に、《霊的騎士》という視点で再度採りあげられる。聖杯を探求するランスロの巨大な連作のなかで、ランスロとゲニエヴァ〔訳注・アーサー王の妃〕の完璧な宮廷風恋愛は、ガラードの精神的純潔のもとに屈従させられる。ガラードは、ランスロの息子で、神の本質である聖杯の秘密を知る能力をもつ唯一の人間である。

この連作は『アーサーの死Mort Artu』をもって終わる。それは、アーサー王的世界の終末を描いたロマンであり、そこでは、騎士的世界が宮廷風モデル〔とりわけ肉欲的な不義の愛〕のネガティヴな性格に結びつけられて、崩壊してしまうことが描かれている。クレティアンのさまざまなロマンによって創始された叙述的・イデオロギー的ロジックが、ここでは、最も明示的かつ最も鮮やかに表現されている。他方、散文体の発展を聖書の言葉に倣ったとする仮説の根拠は、精神的基調をもつテーマが求められたことと、このときロマンが採用した《大全》的形態のなかに見出すことができよう。

しかしながら、他方で、韻文体ロマンも、十三世紀を通じて、アーサー王ものであると否とを問わず、一連の物語のなかで拡がっていく。この世紀の末に大成功をおさめた『薔薇物語』も、韻文を活用していることとを強調しておくべきであろう。

散文体がロマン以外の分野で利用された例としては、幾つかの『回想録』がある。ロベール・ド・クラリとジョフロワ・ド・ヴィルアルドゥアンは、自ら参加した第四回十字軍について回想記を遺した。また、シャンパーニュ伯の重臣、ジャン・ド・ジョワンヴィルは、一二四八年の聖ルイ王による十字軍の思い出を記している（一二七二年）。この回想録は、彼がフィリップ美男王（1268-1314）の妃、ジャンヌ・ド・ナヴァールの求めに応じてまとめたもので、『聖ルイ伝 Vie de Saint Louis』の核になっている。〔訳注・フィリップ美男王はルイ九世の孫で、ジャンヌは、息子ルイ十世のために聖ルイの事蹟を書き残してくれるようジョワンヴィルに要請し、それに応えてジョワンヴィルは、『われらの聖なる王ルイの敬虔なる言葉と良き行いの書 Livre des saintes paroles et des bons faiz nostre saint roy Looÿs』を著したのであった。〕

都市社会――アラス

十三世紀は、文学の創造において都市社会の役割が増大したことでも注目される。たしかに、貴族たちは前世紀から都市のなかに住まいを移しており、その当初から、さまざまな社会階層との交流が行われていた。しかし、北フランスの都市のなかでも貴族と市民の交流のなかから文学の創造的活動が特に際立っていたのがアラスである。

アラスの文学を盛り立てた人物が二人いる。ジャン・ボデル（1165?-1210）とアダン・ド・ラ・アール（十三世紀後半）である。

ジャン・ボデルは今に遺る記録簿が証明しているように、吟遊詩人の信心会に属し、町の裕福な家門の庇護を受けてトゥルヴェールとして活躍した。第四回十字軍に出かけるはずであったが、らい病に罹り、アラスの近くのらい病院で亡くなった。彼の作品は中世文学に特徴的な多様性を示しており、ファブリオー九篇のほか、『Chanson de Saisnes』がある。「Saisnes」とは「ザクセン人Saxons」のことで、これはザクセン人に対するシャルルマーニュの戦いを歌った叙事詩であるとともに、この時代の武勲詩と宮廷風ロマンの影響を示している。また『聖ニコラ劇Jeu de saint Nicolas』は、十字軍のテーマとアラスの市民生活の要素を混ぜながら聖ニコラの奇蹟を謳ったものである。そのほかに、騎士と羊飼いの娘の恋を描いた田園詩が五篇、最後に『暇乞いCongès』という作品がある。これは、病のためにアラスを去らなければならなくなったときに、友人たちに宛てて作った個人的な作品である。

アダン・ド・ラ・アールは、一二四〇年から一二五〇年の間にアラスのかなり裕福なブルジョワの家庭に生まれた。市の助役を務めていた父のおかげで高い教育を受け、おそらく人文学教師の資格をもっていた。人生の晩年、彼は、聖ルイ王の甥のロベール・ダルトワ（二世）に仕え、そのお供をしてナポリのシャルル・ダンジュー〔訳注・聖ルイの弟〕の宮廷を訪れ、おそらく一二八八年に亡くなった。アダンは、最後の偉大なトゥルヴェールの一人で、詩、シャンソン、ロンドー〔訳注・繰り返しのある定型詩〕、劇、訣別の詩、抒情的短詩が知られており、多声音楽への発展においても一つの役割を果たしたとされている。なかでも彼の独創性を示しているのが二篇の典礼劇で、一二七六年にアラスのサン＝ジャン教会で曲芸師の信心会によって演じられた『葉陰劇Jeu de la Feuillée』は一〇〇〇行から成る諷刺的な作品である。さらに彼は、ナポリに滞在したとき、『ロバンとマリオンの劇Jeu de Robin et Marion』を創作した。これは、一人の騎士が農民の娘を誘惑しようとする試みをテーマにしたものである。

このように、十三世紀の都市的環境のなかで、伝統的な抒情詩やロマンのジャンルと並んで、口で歌わない詩、小唄（dit）、ボデルと同様にらい病に罹ったアラスのもう一人の詩人、ボード・パストゥルの『暇乞い』のような個人的、訓話的、風刺的作品など、文学創造の多様化が進展していった。とくに重要なのが典礼劇で、当初はラテン語で書かれたが、その後、土着語で書かれるようになり、都市的環境と市民生活がその内容に反映されるようになった。市民のおそらく信心会メンバーが役者として演じた。《葉陰劇》はその独創的なテーマにも関わらず、実際には、この枠組から出ることはなかった。演劇は、古代以来、とくに聖アウグスティヌスの『告白Confessions』にも見られるように、キリスト教会からは非難されてきたが、それが、キリスト教的基調をもつ特殊な文脈のなかで再び姿をあらわすこととなったのである。

パリ――リュトブフとジャン・ド・マン

リュトブフとジャン・ド・マンという中世最後の作家が生き、書いたのも、都市的環境のなかにおいてであった。リュトブフについては、一二八五年に亡くなったとされるが、明確なことはほとんど何も分かっていない。多分、彼はシャンパーニュで生まれ、おそらくパリ大学で学び、ほかの幾つかの都市、とくにトロワで生活したこともある。エリザベス・ラルーによると、彼の詩のなかには「個人的不満ゆえのパロディー、托鉢修道会に対する辛辣な批判、パリ大学神学部の俗人教師たちへの熱烈な応援、あまり説得力はないが十字軍への勧奨、笑いを狙った小品があり、そのうち五つはファブリオー。また幾つかの宗教的著述も」ある。

リュトブフは、その多様な着想によって一つの伝統のなかに席を占めているが、それとともに、その詩のなかには、十三世紀後半のパリの世界を反映した要素も見られ、近年の研究者からは、この側面で重視されている。とはいえ、彼が、当時やその後の詩人に影響を及ぼした痕跡はほとんどない。

たしかに、ジャン・ド・マンの『薔薇物語 Roman de la Rose』は、大成功を収めた。この作品について何人かの人は別の解釈を示しているが、多分、二人の別々の作者によるものとする点で一致している。前篇約四〇〇〇行は、一二三〇年ごろにギヨーム・ド・ロリスによって書かれ、夢想のなかで、愛する娘を一輪の薔薇の姿で手に入れることが語られている。これは、中世が《イメージによる言葉》として開拓し好んだ寓意文学のジャンルに属し、「愛する技術」を明らかにするため、行為と感情を擬人化することによって、抒情的・宮廷的テーマを採り上げたとされる。それから約四十年後の一二七〇年代になってジャン・ド・マンが、一八〇〇〇行ほど書き加えた〔後篇〕結果、さらに好評を博した。こんにちに遺っている写本は三〇〇を数え、しかも、十五世紀初めには、クリスティーヌ・ド・ピザン、ジャン・ジェルソン、ジャン・ド・モントルイユなどを巻き込んだ活発な論争を呼んだ。

ジャン・ド・マンは、ギヨーム・ド・ロリスとは反対に、大学で勉強を続けた聖職者として知られている。彼は、ウェゲティウス〔訳注・ローマ皇帝テオドシウス一世の財務官で、三九〇年ごろ『戦術論』を著した〕の著作やアベラールとエロイーズの書簡、ボエティウスの『哲学の慰め』、シトー修道士、アエルレド・ド・リエヴォーの『精神的友情について De amicitia spirituali』など多くのラテン語文献の翻訳もしている。彼も、リュトブフに続いて托鉢修道会に対するパリ大学の俗人たちの戦いに参加した。ジャン・ド・マンの知的レベルの高さは、そのロマンのなかで練り上げられている人間と人間社会、宇宙の秩序、神についての考察によって窺い知ることができる。彼の作品は、これらのテーマと登場人物の外面的無秩序、さまざまな形の愛、男女間の関係を軸としながら、それらの背後にある秩序を示している。したがって、この作品は、ギヨーム九世によって創始された伝統に属するが、《クルトワジー》を練り上げたそれとは別の見方を提示している。『薔薇物語』は伝統的な詩の形をとっており、ここでも愛が「ロマンの大事件」であるが、《アーサー王もの》の流れとは一線を画し、宮廷風恋愛に対して批判的である。この作品が勝ち取った成功、この作品における男女の関係をめぐって生まれた論争、『恋する人々の鏡』が一つの世界観の支えになっているという事実は、現代にあっても、愛のテーマの社会的・歴史的意味について問うよう呼びかけてくる。「ロマンの大事件」は、抒情詩やファブリオーにとってだけでなく、まさに「社会の大事件」なのである。

三、中心的テーマとしての《宮廷風恋愛》

これまで土着語文学について述べてきたが、教訓的・道徳的文学や聖人伝、信仰にかかわるもの、さらには百科全書的性格をもつ大量のテキストについては無視してきた。これらのジャンルが発展を見せたのは十三世紀も終わりごろだったからであるが、さらにいうと、この分野は、テーマ的にも、著した人や読む人々からしても、独立した領域を形成しているわけではなかったからである。同様に、このあとのページで明らかにしたい愛のテーマの意味についても、一応はそれだけを切り離したとしても、文学を社会的歴史的に分析しようとするなら、現代的カテゴリー化の結果であって中世の思考様式にそぐわない区切り方をむやみと持ち込むのではなく、叙述テーマの全体と作品それぞれの全体を考慮しなければならないことに変わりはない。たとえば、《リアリズム》と《不可思議》は、わたしたち現代人のように、これらを相反するものとすることは無駄であるように思われる。わたしたちは中世人の《リアリズム》について無知であるため、中世人が《不可思議》としたことについても理解できず、彼らをただ「素朴」と思い込んでいるために、そこに秘められたシンプルな意味を検知できないでいるのである。

《宮廷風恋愛》の特性

宮廷風恋愛は、中世の作家たちが《フィナモール fin'amors》(純粋で誠実な愛)として示したもので、一つに体系化することはできない。十二世紀末に書かれたアンドレ・ル・シャプランの『愛について De amore』は、あらゆる種類の問題を提起してくるが、とくに大事なのは、著者自身の説なのかテキストの解釈なのかで、後者の場合は、あとで行われたものということになる。しかしながら、《純粋愛》の内容は、それを扱っているさまざまな作品から、その本質的原理を引き出すことができる。

《宮廷風恋愛》にあっては、当事者の男女の関係は位階的性質をもっており、男より女のほうが上位にある。彼女の支配権は絶対的で、彼女を愛する男はこの貴婦人(オック語で「ミ・ドンス mi dons」と呼ばれる)に全身全霊をもって奉仕し、何ものも彼を彼女への服従から背かせることはできない。しかし、この関係は、彼女を愛する男の自発的選択の結果である。たしかに、この愛は《情念 passion》のもつあらゆる性格を現しているが、それはまた、意志の発動という魂の特性も示しており、それによって彼は、精神的尊厳性を帯びるのである。この魂の特性が、両者の関係のなかで、無償の全人格的献身を求める《誠実 fides》のなかに現れてくるのであって、これによって、愛し合う人々の間の平等性が再建される。結局、そこでの唯一の基準は《愛》の質であり、完璧なる愛にあっては、平等の献身によって位階的差違はすべて払拭される。

このように考えると、《愛》こそ道徳的・精神的進歩の源泉であり、詩人・騎士・男としての値打ちは、この《純粋愛》が前提とする非常に強い道徳的要請と愛の完成の追求から来るのである。この《愛》を呼び起こした源泉であるとともに《愛》が向かう到達点である貴婦人は、愛する側の男にとって価値の源であって、この貴婦人が完璧であればあるほど、男の値打ちは偉大となる。

この特性の全体から、重要なのは、愛の精神的側面がどこまで確証されているかである。愛する二人が物理的に引き離されているか、あるいは社会的条件から肉体的に結合できないことによる真の禁欲にあっては、それだけ、精神的側面は確固たるものとなる。しかし、《聖体 corps saints》と同一視される貴婦人の純化と彼女に対する崇拝は、肉体の美しさと、パラダイスと同等（あるいは、それ以上）である性的関係の恒常的喚起と相携えて進む。したがって、《宮廷風恋愛》にあっては、非常に顕著な精神性と、それに劣らず明確なエロチシズムとが結合し合っているのであるが、多くの解釈は、二つの側面のうち一つしか捉えないため、区々で不正確な解釈の余地を残してきた。

この男女の関係にあって、後者〔訳注・エロチシズム〕は必然的な形で出てくるため、結局、この関係が不義密通になることは最もよく知られている特徴の一つである。その点で婚姻関係は、自由な選択や自由な献身、引き離されていること、純化の要請、リシャール・ド・フルニヴァルの言う「恩寵の賜 don de grâce」

である純潔の愛の精神性といったものとは相反する。なぜなら、中世社会にあっては、結婚は一夫一婦制で、個人の問題であるよりむしろ家門の問題であったから容易に破棄することができなかった。しかも、教会の教義によれば、夫婦関係は、たとえ精神性が欠けていなかったとしても、あくまで性行為と生殖にかかわることであった。この枠組のなかにおいてさえ、性行為はきわめて厳格に制限されていた。ジャック・ド・ヴィトリ（1160?-1240）のような説教師は、「自分の妻を過度に愛する男は一種の不義を行っているのに等しい」と非難している。アンドレ・ル・シャプランは、抒情詩のなかで暗示的に言われていることを明確に述べたのがマリー・ド・シャンパーニュの功績であるとして、こう述べている。

「愛がその権利を夫婦の間に広げることなどありえないことは、はっきりしている。それに対し、愛人たちは、何ものにも強いられることなく、すべてを無償で互いに与え合う。」

したがって、肉欲的であると同時に精神的、エロチックであると同時に昇華されており、不義であると同時に道徳的、意志的であると同時に情念的、喜びであると同時に苦しみ、病的であると同時に幸福であるといったふうに、一連の矛盾と曖昧さのうえに立脚しているのが《宮廷風恋愛》である。これらの特徴は、撞着語法 oxymore〔訳注・「雄弁なる沈黙」のような〕の趣味をもち、込み入って難解な表現のなかに満足を見出す美学に関連づけられるかもしれない。

しかし、それらも一つの意味体系のなかに組み込まれているのであって、この点から見ると、際立った重要性をもって現れてくる幾つかの要素があるが、ここで強調すべきは、一人の貴婦人に支配的立場が与えられることや精神と肉体の緊密な結合に加えて、ある一つの形の愛と貴族階層の倫理的・社会的本質の定義づけとの間の等価性が明確化されていることである。《宮廷風恋愛》と《礼儀正しさ》という貴族階級を特徴づけている価値の総体とは全面的に繋がっており、礼儀正しく愛するのでなければ、《宮廷風恋愛》ではありえない。それが、宮廷の男女、すなわち貴族として生まれた人々のあるべき生き様である。多くの注釈家が指摘しているように、《愛》は真の社会的理想として出現したのであり、原則として、あらゆる下賤な人々は、そこから除外されるのである。

中世社会における《愛》の意義

こうしたテーマは、それを練り上げた社会のなかでしか意味を見出すことができない。この《意味》は、価値と支配的表現のシステムを作り上げているキリスト教との関連によって（もっと特定していえば、肉体と精神の対立的関係によって）確定する。中世社会にあっては、この肉体と精神の関係こそ、現実の物質的・実践的・観念的側面がそれを通して知覚され思考される「母型matrice」なのである。この関係は、当然、肉体と精神から成る人間存在自体のなかに刻み込まれていて、その合成体という性質のなかで、それぞれの持ち寄ったものが保たれている。こうした神の企てと宇宙の秩序に合致しているのが肉体と精神の上下関係であるが、それを狂わせたのが《原罪》であり、そのため、本来、精神が肉体を支配し、人間同士を結びつけるものであった純粋に精神的な愛と意志の行使が、情念と淫欲によって支配されるようになったのである。

社会の表象と組織も、同じ図式によって接合されている。とくにそれは、両性間の社会的関係についての考え方に当てはまる。男の女に対する関係は精神の肉体に対する関係と同じで、淫欲や悪魔性に結びつけられる後者に対して、前者が優位を保っていなければならない。それは、また、聖職者と俗人の間における差別の根拠にもなる。この差別こそ、中世の西欧が認めた唯一の身分の違いであり、それが、世俗権力を教会の支配下に何としても服従させなければならないという理念を支えている。なぜなら、肉体は常に精神より劣っているからであり、聖職者はこの世から超出していることによって精神化された存在だからである。この世から超出しているということは、肉の支配から脱していることであり、聖職者は、独身（célibat）で性的禁欲を守っていることの代償として、肉によるのでなく《父なる神》による《子》の生成を手本として自己再生する可能性を与えられるのである。

この価値を担っている儀式と秘蹟はたくさんあるが、とくにここで想起されるのが《洗礼baptême》である。この儀式のなかで司祭は、キリスト教徒一人一人を「神および教会の子」として誕生させる。これによって、洗礼を受けた者に、精神と肉体の位階的秩序を復元させる一方で、すべてのキリスト教徒を結びつける精神的兄弟愛の網である《教会ecclesia》の形のもとに社会全体を再生させる。こうして、洗礼のなかで起きる精神と肉体の関係のこの建設的反転は、ある意味では、人類の歴史のなかでキリストの受肉（Incarnation）のときに起きた反転の繰り返しに他ならない。性行為の実践に結びついた肉体的親族的関係と精神的関係との本質的違いが、これによって知られる。前者の親子・夫婦の関係は、社会においてもっている実効的役割がどうであれ、その価値は、どうしても低くなる。それに対し、天上的なもの、神聖なものに結びついた後者が発揮する価値ははるかに高い。洗礼にまつわる人間関係あるいは同業者信心会が力をもった理由はここにあり、それによってキリスト教会が成立し、司祭は《父親père》たりうるのである。同様に忘れることのできないのが、キリスト教社会が、男たちの童貞性を一つの理想とし、それを基盤に教会の社会的支配権を樹立し、教父時代以来、処女・童貞（vièrges）を禁欲者や既婚者の上位に置く社会的位階制のイメージを提示しつづけた数少ない社会の一つであるという事実である。

これと同じく、《穢れのない愛》（カリタスcaritas）と《色欲》（concupiscentia）も、位階的関係に秩序づけられる。《カリタス》とは聖霊によってもたらされる純粋で精神的な愛であり、そのなかでこそ人間の意志を神の意志に合致させることができるのだ。それに対し、後者の《色欲》は肉体のみに由来する愛で、それが意志に作用し、アダムとイヴの堕罪（Chute）以後のあらゆる性的行為を特徴づけてきた。《カリタス》こそ、《父》を《子》に、神を人間たちに、人間たちを神に、そして神の仲介によって人間同士を結びつける絆であり、キリスト教社会のセメントとして与えられたものである。キリスト教徒各人は、洗礼の瞬間にこの《カリタス》を吹き込まれることによって、兄弟愛で結ばれ、完全に平等な権利をもつ集団のメンバーになることができる。純粋で精神的な愛は、「汝ら、互いに愛し合え」という掟が一つの全般的価値をもっている脈絡のなかでは、社会的絆の規範であり、キリスト教への加入が個人的自覚の問題でしかない現代社会の場合のような単なる個人的価値だけをもつものではない。同様にして、原罪の結果も、人類全体のうえに、この世における人間社会の仕組のうえにのしかかってくるのである。

したがって、禁欲にまでいたるほど性行為の営みが社会化され規制されていた世界にあっては、純粋で精神的な愛は《一大事件》であり、社会という構築物において隅石の役割を演じた。このような状況にあっては、貴族階層が文学のなかで築いた自己規定と自己正当化が、一つの特殊な形の愛を実践しようとする意図へと逸脱し、愛を語ることが世界と社会の秩序の本質的位置を占めることにつながっていったとしても、驚くにあたらない。それは、ある形の社会的関係を合法として定義することであり、とりわけ社会の組織化における肉体的絆と精神的絆それぞれの重みを見積もることである。一一〇〇年ごろギヨーム九世によって提示された《純粋愛》のイデオロギーは、キリスト教と教会が築いた社会の内因性の産物であり、十三世紀末になっても、さらにその後も、今日的問題でありつづける。

南仏的《フィナモール fin'amors》

《宮廷風恋愛》は、その特異性を誇示するために、主要な要素を転位し並べ替えることから始めた。貴婦人すなわち女性を優位に置くことは、両性の秩序と同時に肉体と精神の秩序をも覆すことであった。キリスト教は二元論ではないし、肉体を拒絶するものでもなく、性行為の営みと肉体的再生産（つまり生殖）を拒絶するものでもないが、性行為は結婚のなかで厳格なやり方で枠組を嵌められており、肉に触れることはすべて不完全であり、結局は危険であるとする。したがって、教会の正統教義は、肉体と精神、《色欲》と《カリタス》、結婚と童貞の間に明確な位階制を立て肉体的愛の過度の追求を、精神を妨げる悪魔的なもの、罪あるもの（peccamineux）とした。これを一つの新しい配列をもって取り替えたのが《純粋愛》である。ここでは、肉体的愛と精神的愛は、より平等性に近い関係で結びつけられ、肉体的愛の欠陥を補うために精神的愛があるのではなく、むしろ、その反対であるとされる。たしかに、クルトワ的愛の精神的価値が優位に置かれて宣揚されるが、ここでは、性的欲望は精神的進歩を推進する一つの苦行力とされ、性的交渉は、この苦行の到達点となっている。貴婦人との結合は、精神化された身体と魂との結合が行われる精神的パラダイスに近づくことである。貴婦人の身体を《聖体 corps saint》として崇拝するこのイメージは、近年の幾人かの解釈者たちから「冒涜的」と非難されたし、事実、冒涜的であった。しかし、同時に、《純粋愛》の精神性に固執することは、この社会における精神的原理の絶対的支配力を維持するために不可欠であった。宮廷風恋愛についての議論の曖昧さと矛盾の多くは、支配的集団にとって社会的正当性の唯一の保証であることの図式に合わせながら、それとの距離を確定することの難しさに由来している。

自由な選択と《誠意fides》によって支えられた絆のなかで営まれる婚姻外の愛、「子作りのためでなく性的快楽のための性行為」の昂揚は、婚姻モデルへの単なる抗議を超えたもので、社会秩序全般についての貴族たちの考え方を確定しようとした全体的テーマのなかの部分でしかない。そうしたクルトワ作品は、具体的やり方については何も語っておらず、不義密通も、おそらく他に較べて多いわけでも少ないわけでもないし、社会における女性の立場も、抒情詩が与えるイメージほど高くもない。確かなのは、貴族たちは、第一にキリスト教会に対し、第二に被支配者たちに対し、自分たちの特別の価値システムを提示しようと意図したことである。俗人支配者である貴族階層は、自分たちを他と区別する一つの共通イデオロギーを打ち立てて表明する手段をこの文学的表現のなかに見出し、狩りと騎馬試合という、彼らにとって物質的・社会的・空間的支配を確認する二つの大きな祭典の間に組み入れた。それに較べると、文学上の表現はそれほど派手でも荒っぽくも騒がしくもなかったが、儀礼化の一つの要素を含んでいて、貴族階層の一部、それも、身分の低くない人々は、詩人たちの庇護者や後援者であることだけでは満足できず、自ら文学活動を行って注目を浴びようとした。

既存の価値体系を覆すテーマを創り出すことと文筆に訴えることこそ、一一〇〇年代から、聖職者の支配権に対抗して騎士たちの宮廷で起きた競合の二つの側面である。この文化的・思想的分野での競合は、当然のことながら、教会が《聖性》をバックに土地と人間に対する支配力をあらゆる分野で及ぼしていたことから出てきた問題と連結している。土着語文学によるこの対抗モデルは、騎士グループの一体感を強化するセメントの役割を果たした。このことを裏打ちしているのが、大物の領主たちがまずこのテーマに賛同し作品化を先導した事実であり、これは、騎馬試合について起きたのとは違って道理が通っていたので、キリスト教会も過度に気に懸けたようには見えない。

解決されない社会的矛盾

しかしながら、クルトワ的抒情詩のこの目的は、部分的にしか達成されなかった。なぜなら、騎士階級が理想とした平等主義と階層的現実との相克から生まれた構造的緊張は、露呈はされたものの、解決はされなかったからである。現実の騎士たちの生活は、貴族階級内の力や富といった物質的要素の不平等な配分を基盤として営まれていた。土地の所有と相続は、親子関係と姻戚関係によってなされたから、この「物質的要素」は、言葉の広い意味での「肉欲がらみの（charnels）要素」でもあった。貴族たちは、十一世紀以後はその家門の名になっていく土地の上に固定され、相続財産の継承によって《家系lignées》にいわば「構造化」される。権力や財力も「世襲財産化」されたから、社会におけるその家門の位置は、相続財産によって決定された。土地は、父親から息子に伝えられたが、息子がいない場合は、娘とその婿とか甥とかに継承された。このように家門の継承は、それぞれの世代にあって、結婚して子を儲け、その子供の一人（男女いずれであれ）が、世襲財産の主要部分の保持者になることによって行われたから、婚姻は、貴族階級における親族網の不可欠の構成要素であり、土地の継承と取得にとって必要な手段でもあった。カタローニャについてのマルタン・オーレルの研究が明らかにしているように、貴族たちは、娘たちをやりとりすることによって、支配領域を広げ、力を強大にすることができた。

ドイツに起源をもつある家系（もっとも、フランスに起源をもっていても同じであるが）は、その家系図をたくさんの親族の総体としてでなく、たとえばヴェルフ家の当主となった夫婦の連続として示している。抒情詩における婚姻関係の宣告は、嫉妬深い夫による妻の肉体の専有という強制的特徴をもっており、この嫉妬深い夫が一人の領主であるというテーマは、ジャン・ド・マンにも見られる。この宣告は、単なる結婚拒絶ではどうしようもない力をもっていた。婚姻は、社会的盟約と生殖という二重の役割を与えられていたので、結婚制度を問うことは、親族関係と支配手段の不平等な継承を結びつけている家系システムを問うことであった。そこから、家系に縛られた婚姻関係は、平等主義と無償の贈与、寛容、資産の全般的循環を基盤とする道徳的価値、一言でいうと《カリタス》を規範とする精神的価値を重んじる騎士的理想に真っ向から反するアンチ・テーゼとなる。

騎士道が与えるこのイメージ自体は、キリスト教社会の支配的原理に適合していたが、クルトワ的愛が賛美する男女関係は、あいにく、根底的に階級的である現実社会の原理とぶつかり、この矛盾は、とくに南フランスの抒情詩においては、解決されないどころか、逆に際立つ結果になった。

北方文学における《クルトワ的結婚》

これに対して、北フランスでは、一一六〇年から一一八〇年（あるいは一一九〇年）の間に次々と解決策が提示された。クレティアン・ド・トロワの《ロマン》が示している《クルトワ的結婚》と《聖杯探求》がそれである。この現象の背景には、多分、北フランスのこの時代の、より堅固で一貫性をもった封建システムがある。物事の理屈づけに適しているロマンは、南仏の抒情詩とは比較にならないほど、この状況に合致していた。というのは、現代のわたしたちにとっては解釈困難な《不可思議》が詰め込まれ、気晴らし的な外見をもつ《ロマン》であるが、その背後で扱われているのは、社会秩序についての理論づけという知的ジャンルであるからだ。

クレティアンは、今日に遺されている五つのロマンのうち四つのなかで、男女の愛と関係の問題を繰り返し扱っている。そこでは、さまざまなテーマが絡み合いながら一貫性をもつ一つの意味を作り出すというように、複雑な構造をもっているが、その中身は簡潔である。クレティアンが提示しているのは《純粋愛》と結びついた結婚のイメージである。エレックが「s'amie et sa drue」（親しい友）を妻にしているのに対し、イヴァンにとって妻は、《fins amants》（純潔の愛人）とされている。この作者は、『エレック』でも『イヴァン』でも、騎士としての生活と結婚生活を一致させることは、幾つかの障碍はあっても、両方に要請される価値を均衡させていくならば可能であるとしている。たとえばイヴァンは、妻との約束を無視して自分の思うとおりにゴーヴァンやその仲間たちとの冒険を続けたため、困難に陥る。これは、婚姻関係を尊重せず、階級的関係への配慮を欠いたときは、社会で正常な生活を続けることは不可能となることを示している。その反対に、エレックは、妻エニードに対する過度の愛のために騎士としての資格を失う心配すらあったが、一連の冒険の終わりにはエニードの助けもあって、父の王冠を受け継いで勝利の報いを手にする。このカップルに較べて婚姻外の愛情関係の不幸な結末を示しているのが「宮廷の喜びJoie de la Cour」のエピソードである。貴婦人によって、世間から離れた一種の牢獄のなかに閉じこめられた男は、エレックに打ち負かされるまで、何人かの騎士たちを死に至らしめる。婚姻外の純粋愛によって賛美される男女関係のモデルが騎士社会にとっていかにネガティヴであるかをこれ以上厳しく告発したものはないであろう。

クレティアンが提示した妥協のなかでは、中世社会で現実に行われていた正常な結婚のモデルを守ることは全く問題ではない。そもそもクレティアンは、《クルトワ的愛》のテーマ、つまり、自由な選択による愛、無償で与え合うこと、子作りを抜きにして性的快楽をそれ自体のために追求すること、愛と騎士の精神的・道徳的価値の関係といった婚姻関係とは全く別のことを語るために婚姻の絆を採り上げたのであって、この見方は、一見近代的だが現代のわたしたちが抱いているのとは懸け離れた意味の総体へと送り返す。このことから、中世のテキストを無邪気に読むことは、用心する必要がある。

《クルトワ的愛》という反転モデルを打破し、女性を社会的に劣る立場に戻している（ただし、その美しさと道徳的資質によって平等である）エレックの物語の場合は別にして、クレティアンと彼の見方を模倣した継承者たちは、女性を王女や女王といったふうに土地の相続人にしており、土地と婚姻との現実主義的つながりを裏づけている。そこでは、《純粋愛》のもつ価値は、重要ではあるが従属的で、このようにして、位階制を合法化することによって、平等原理と階層的価値、精神的なものと肉体的なものを調和的に共存させているのが、《クルトワ的婚姻》である。しかも、この手法は、肉体的なもののネガティヴな性質を精神的なものによって補うキリスト教徒共通の中世的図式にも合致しており、ここでは、南仏の抒情詩によっては解決されなかった緊張も解消されて社会的組織の決定的側面に有利に作用している。

クレティアンの『ランスロ』では、《純粋愛fin'amors》が中心的テーマとして採りあげられており、そこには、多分、批判的意図も込められているが、その判定はきわめて微妙である。アーサー王の妃、ゲニエヴァに対するランスロの不義の愛は、この恋する男の絶対的服従を強調していて、彼がゴーヴァンより優れた宮廷随一の騎士であるのはこの《愛》によってであることも示されている。しかしながら、物語は、二人のこの関係が外部の世界ではゴールGorreの国にしか広まらないよう気を遣っている。ゴールは少し変わった国で、正常な世界では《フォリーfolie》（狂気の沙汰）とされるこの愛がここでは認められており、愛人それぞれも、そのように認識しているようである。したがって、この作品を引き合いにしてクレティアンの立場に一貫性がないというのは的外れである。しかも、このテーマがマリー・ド・シャンパーニュの注文によるものであるだけに、なおさら、この作品は意味深いものをもっている。

他方、「アンチ・トリスタン」の様相を呈しているのが『クリジェス』である。ヒロインのフェニスは、愛するクリジェスと、彼女の父親が約束したクリジェスの父方の叔父という二人の男の間で板挟みになる。このクリジェスとその父方の叔父がトリスタンとその母方の叔父であるマルク王に対応していることは明らかである。クリジェスの母方の叔父であるゴーヴァンとアーサーの人物像は、その反対にポジティヴである。フェニスの場合は魔法の水薬のおかげで、イズーのような恥辱的な運命を免れて、精神的な心の愛と肉体的な身体の愛とを切り離し、自分の身体を二人の男に分け与える。

クレティアンはトリスタン伝説に関しては『マルク王とブロンドのイザルト del roi Marc et d'Isalt la blonde』も書いたが、テキストが伝わっていないため、彼がこの物語をどのように扱ったかは分かっていない。すでに彼は『クリジェス』でトリスタン的図式を破棄していることから見て、抒情詩的ロマンとは反するものであった可能性もある。触れるべからざるものとして立てられた規範に従う社会的秩序と、トリスタンに担わせられた真の騎士的価値（それは社会の機能を支配し、神の意志に一層合致している）との間の矛盾は解決不能であるように見える。マルク王とイズーの間に人工的に《愛》を作り出すはずであった魔法の媚薬は、階級的秩序を代表する人々が、その合法性に議論の余地のある結合と支配を築くために利用した小細工のシンボルのようである。ここでは、運命は不充分な社会的秩序という容貌を示し、さまざまな緊張によって全体的挫折へと至る。マルク王には不毛の結婚しかもたらさず、トリスタンとイズーには悲劇的な死というように、中心人物たちみんなにとって幸福は実現しない。

クレティアン・ド・トロワによって築かれた異宗派間平和神学的モデルがいずれも成功を博したにもかかわらず、このクレティアンのそれにせよ、トマやベルールのそれにせよ、フランス語の各種トリスタン物語は断片的にしか伝わっていない。その理由は、自信に満ちていた一一六〇年代から一一七〇年代の北フランスの貴族たちにとって、トリスタン物語の厭世的テーマはそぐわなかったためと考えることができる。

クレティアンにおける《聖杯探求》

《聖杯探求 quête du Graal》という独創的テーマが現れたのも、クレティアン・ド・トロワの筆のもとにおいてである。このテーマのもつ重みは、この作品が人気を博したことで明らかである。このテーマはフランス語だけでなくさまざまな言葉、さまざまな作者によって扱われており、そこには、性質の違いもあれば、筋立てにも違いがあり、そのもっている意味を簡単に述べることは難しい。結局、このテーマの意味は、仮定はできても証明できないケルト的あるいはそれ以外の先行作品のなかにではなく、保存されているさまざまなヴァージョンのこの物語の目的物とその探求に与えられている共有財産のなかに探すべきであろう。

クレティアンにあっては、目的物の《杯 graal》は、純金と宝石で出来ていて、すばらしい光を放っている皿として示されていて、それには、幽閉された漁夫王（Roi Pêcheur）の食べ物であるパンが入れられている。この《杯》は、深い神秘感を醸し出すシーンのなかで、血の滴る槍や銀の皿などとともに乙女によって運ばれてペルスヴァルの前を通り過ぎる。ペルスヴァルは、騎士としての基本を教えてくれた師、ゴルヌマンから慎み深さと節度を守るよう戒められていたので、これを見ても何も質問しなかった。もし、このとき彼が質問していたら、漁夫王とその王国は息を吹き返し繁栄を取り戻していたであろう。これ以後、聖杯の秘密をめぐって、アーサー王の騎士たちの命を賭けた冒険が繰り広げられる。

この作品は、おそらくクレティアンの死によって未完のままに終わり、《聖杯物語》の最も重要な部分は欠けたままとなった。ただ、遺された断片と作者について知られていることから、彼の意図は、騎士的冒険と愛の冒険を新しく総合し、その精神的内容について疑問の余地のない新しいテーマを創出することにあったのではないかと考えられる。

物語は、中世ロマンス作家の手法にしたがって、物語の展開につれて無数の些事が並べられており、その細部に立ち入ることはとうていできない。物語は、愛と戦いのクルトワ的テーマと、聖なるパン、行列、秘密の祈りなどといったキリスト教的テーマが錯綜し、そこに、肉体的類縁関係と精神的類縁関係とが絡み合って複雑に展開していく。その無数のエピソードと物語全体の背後から浮かび上がってくるのが、「騎士道にとってクルトワ的モデルは、ネガティヴとはいわないまでも不満足な価値しかもっていない」という理念である。ペルスヴァルは、このロマンの冒頭に述べられているように、騎士世界全体が激しくいがみあっていたなかで、孤児として野に育った。彼が、城のなかで聖杯や血の滴る槍、銀の皿が通っていく不思議な光景を見ながら何も質問しなかったのは、前述したように騎士道を教えてくれた師の教えを尊重したゆえであった。物語の全体を流れているのは、土地も人々も荒廃しているというテーマで、これは、騎士的世界が機能不全に陥っていたことを表している。クルトワ的騎士の模範であるゴーヴァンが相対的に資格を失っていくのも、同じことを示している。

クレティアン後の《聖杯》

つづく何十年かに《聖杯》に付された特徴点は、騎士道が《精神的愛》というキリスト教的モデルに従った理想をめざしていくようになったことにある。このテーマがもてはやされたこと自体、それが空想だけに止まらなかったということである。クレティアンのロマンを引き継いだ多くの作品のなかで、聖杯はますます騎士たちの関心の中心を占めていくとともに、血の滴る槍は十字架上のキリストの脇腹を刺したロンギヌスのそれであることが明らかにされる。しかし、聖杯は、相変わらず謎に包まれていて、聖体拝領のように騎士的糧を分かち与えていく。そこで駆使されるのが、《純粋愛》の仕組の原理にもなっていた「調合

amalgame」と「手違いdécalage」の手法である。

教会史を騎士に有利なように書き換えるという、いっそう大規模な企てに関わったのが、おそらくモンベリアール地方〔訳注・ブザンソンの北東〕の騎士であったロベール・ド・ボロンである。《杯graal》は、パンを載せる皿ではなく、アリマタヤのヨセフが十字架上のキリストの脇腹から流れる血を受けた容器になる。ヨセフは神（キリスト）と直接の関わりをもつ勇敢な騎士となって、ミサに欠かせない教示を授けられる。それとともに、騎士的価値と、存在しうる最も神聖な物を保持していることによって《選ばれし家門》としての資格を与えられたという理念も現れる。

さらにロベール・ド・ボロンは、フランスでのアーサー王伝説では脇役であったマーリンに重要な役割を与えることによって、キリスト教的聖性と非正統的で魔術的・超自然的な悪魔性との結合を強化する。マーリンは一人の処女と夢魔（incube）との交わりから生まれた（これ自体、キリストと対照的イメージをもっている）悪魔的人物でありながら、精神化されて神の意志を仲介する、「アーサー王世界における教会」ともいうべき構造軸になる。

これらの散文ロマンは、本質的には一二一五年から一二五〇年の間に書かれ、アーサー王にまつわる素材を採りあげて総合的視野のなかで連作として組み立てたもので、そのさまざまな錯綜した物語の全体がクルトワ的イデオロギーを変革したものになっている。

さらに、一二二五年から一二三五年に作られた『ランスロ』の作品群では、ロベール・ド・ボロンの作品とクレティアン・ド・トロワのテーマが再度採りあげられる。聖杯の探求は、童貞のゆえに完璧な騎士であるガラードによって引き継がれ、アーサー王の世界の崩壊をもって終わる。アーサー王の世界を支えた騎士

円卓の騎士たちと「聖杯の探求」（十四世紀。フランス国立図書館蔵）©BnF

それぞれがクルトワジーの世俗的価値と実践にこだわるあまり互いにいがみあい、それがこの世界を瓦解させてしまうのである。ランスロは騎士としては完璧であるが、王妃ゲニエヴァに対する無垢ではあるが不義の愛のために完成に到達することはできずに終わる。ランスロの息子である童貞のガラードだけが聖杯の秘密（それは、神の秘密でもある）を知るが、アーサー王の世界の終焉を前に姿を消す。これは、騎士世界の新しい理想にメシア的彩りを添えている。

　フランスでは見捨てられた「トリスタンとイズーの物語」も、同じ視野のなかで再度採りあげられる。十六世紀にいたるまで八十以上の写本が遺されている事実が、この作品がふたたび人気を博したことを物語っている。

　アーサー王ロマンのこの緩慢な変容は、騎士道の精神的理想に一つの明瞭な形を与え、教会との競合関係から「騎士こそキリストの血を保持し神との直接的関係を保っている人々」とする理念へ移そうとする意志の表れでもあった。世俗的貴族階層は、これまでの《純粋愛》や《クルトワ的結婚》といった迂回路を破棄して、《聖杯》によって、直接的で、より強力な自己正当化の手段を手に入れようとしたのである。神に由来するもの以外は正当な力を認めないキリスト教社会にあっては、それが支配権を手に入れる最良の方法だったからである。貴族階層内部の緊張も、道徳的価値と精神的価値を引きあいに出すことによって解消された。アーサー王の騎士たちが姿を消したのは、あらゆる種類の物質的・肉体的欲望によって象徴される世俗的価値から脱却するためには余りにも非力だったからである。

現在のわたしたちからすると、奇妙で真面目さを欠く側面も含めて、これらの物語がすばらしい豊かさを内包しているとは理解しがたい。わたしたちが看取できるのは、騎士道イデオロギーがどのようにして打ち立てられ刷新されていったかであり、社会的理論づけを含めて、それを人々に伝えるべくさまざまな作品が生み出されていったプロセスには、神学的思考に匹敵する複雑で繊細な中世的考察の跡が見られる。

この考察においては、キリスト教の表現システムと社会を構成する関係システムの本質的側面が利用された。その第一が、社会の基本的価値であり霊と肉の緊張としての《愛》であった。《本》は、その象徴的価値によって、世俗の貴族階層が《教会》というこの社会のもう一つの支配的部分に対して自己を主張するための強力な手段になった。しかし、あらゆる点から見て、世俗の支配者たちが自らを認識したのはキリスト教的モデルのなかにおいてであったこと（それ以外のやり方があったろうか？）は明白であり、彼らの文学がめざしたのは、そのモデルとのあいだに特有の隔たりがあることを誇示することでしかなかった。最も体制転覆的な文学テーマも、この音域から出ることは決してなかったし、儀式的上演という手段に訴えることもなかったし、異なる信仰システムの生成に連結することもなかった。キリスト教会も貴族階級が《聖杯》のテーマをもって聖職者を手本にし歩調をあわせている以上は、黙って見ているほかはなかった。

《ファブリオー》に描かれた性愛

《グリヴォワズリー grivoiserie》（卑猥さ）も「愛の社会化された表現」という枠組に戻されるとすれば、大部分のファブリオーを特徴づけている卑猥さは、本当の意味では問題ではなくなる。中世学者ペル・ニクログは、《ファブリオー》もクルトワ的《ロマン》や《ヌーヴェル》も、作者も読者も同じであったとしながら、「外面的・内面的秩序」という論法で「慣習の洗練をめざす傾向性」をもつ少数者と「下品な関心事に固執する」多数者との間で一種の分離が生じたとしている。そして、特定の人々に受容される洗練された慣習は、原始的でアルカイックな俗悪さにまみれている聖職者や戦士の世界に浸透させるのは容易でなく、そのため《戦闘的ドクトリン》として現れたとしている。これは、文学生産がもつ二つの面の間に社会的資質による分離を持ち込んだということである。

事実、《ファブリオー》の卑猥さは《ロマン》のもつ卑猥さの正反対の見方を選択した結果である。ペル・ニクログはファブリオーの三分の二が男女の性的関係についてのエロチックな話で占められているが、それは、より広い意味での肉に関するもの、すなわち、性的なことだけでなく、キリスト教的観念でいえば人間の心と精神のなかの高尚な面と反対の、人間存在の「低い面」に属する全てであり、猥雑さのほとんどはそこに由来していると述べている。《クルトワジー》が見せようとしたもののアンチ・テーゼとして性的関係に関することに観察の眼が向けられ書かれたのである。

ここで、《クルトワジー》と「肉の精神化」とは表現の違いである。男女両性についての社会一般のイメージでは、女は本質的に《肉》と《罪》の側であるから、貴婦人といえども、通常女性に当てはめられる欠点の大部分を背負っている。《クルトワジー》が夫を「やきもち焼き」と決めつけているのに対し、《ファブリオー》では、根本原因は、女の不貞、欺瞞、男を尻の下に敷くことなどにあるとして、結婚を否定的に描く。《純粋愛 fin'amors》の対極とされ、クルトワ的結婚では消し去られたこれらの側面すべてが提示され、肉欲が男と社会のなかに無秩序をもたらしたとする通常の観念が示される。

ところで、ラテン語から土着語への変化を伴うこの見方の変化は、《ロマン》を占めている社会的カテゴリーとは全く異なる社会階層に視線を向けさせる。あらゆる男は好色であるが、《ファブリオー》のなかでは、貴族階級は、不在か、または登場しても脇役であって、全くではないにしてもほとんど、笑いの対象にはなっていない。《ファブリオー》で好んで採りあげられ、ひどい目にあわされる主役は、ブルジョワと百姓、そして坊主たちである。百姓たちは抜け目がないが、ときに獣のように肉欲の世界に結びつけられている。これは、社会的に必然的な一つの見方と一致している。というのは、《ロマン》では、多くの場合、彼らを攻撃的で動物的な特徴をそなえた巨人としているからである。在俗の（つまり修道院に属さない）聖職者たちは、ファブリオーによって見るかぎり、表向きは「精神的に子をなす力」のほうを保持している。その聖職者を肉欲に振り回される芳しからぬ状況に置き、ときには去勢までさせることは、少々残酷なおかしみを引き起こす。これは、教会の支配権を支えている観念的・社会的原理を覆す一つの方法である。

クルトワ的発想によって書かれたテキストのなかには、キリスト教そのものではないが聖職制度に対する全く別の言葉による異議申し立てを見ることができる。《ファブリオー》が作られた十三世紀、世俗の支配者たちが、その文学的想像性のなかで、ほかの社会的グループを肉の領域に結びつける一方で、自分たちの精神的価値を強調したのがそれである。

繰り返していうならば、霊肉の対置は、キリスト教的表現システムのなかでの社会秩序のヴィジョンと合致している。このシステムのなかでは、肉の領域は、それだけ笑いの種になりやすい。しかも、笑いの的になるのは、自分自身よりも他人である。貴族階級は、自らを《精神化されたエロチズム》と《聖杯》によって正当化する一方で、被支配層や聖職者といった他の階層を《肉の領域》に結びつけた。ファブリオーのもつ喜劇味は、できるだけ卑猥に見せているところにあるが、その卑猥さ自体が社会的意味を含んでいるのである。ペル・ニクログは中世文学を「二つの顔をもつヤヌス神」に喩え、その二つの顔の奥に内面的一貫性があるとする。その基盤になっているのが、霊と肉を対置させる表示システムであり、この表示システムが肉欲的愛（concupiscentia）や無垢の愛（caritas）のようなさまざまな形の愛に作用するのである。こうして、都市貴族や上層ブルジョワジーは、社会の支配的グループの一員として認知してもらうための対価として、多様な文学的装置による差別化を享受したのであった。

『薔薇物語』

『薔薇物語』は、筋立ては単純であるが、子細に観察すると、作者のジャン・ド・マンがいうように、さまざまな登場人物によって際限なく多様な愛が語られ定義されている、複雑な「万華鏡」になっており、ジャン・ド・マンの意見は、中心的テーマのうえに投じられた多様な視点の堆積のなかから姿を現してくる。したがって、この作品を完璧に分析しようと思うなら、千差万別のエピソードがこの中心的テーマにいかに連結しているかを示さなければならないし、愛について語ることが、人類およびその歴史、人間社会と世界の秩序、神自身についての考察の出発点になっていることを明らかにしなければならない。

このロマンは、異なるさまざまな物の見方がぶつかりあう一つの戦い、いわゆる神学における「ディスプータチィオdisputatio」（討議）の様相を呈している。作者ジャン・ド・マンの共鳴がどこに向いているかは、発言者たちに割り振られた性格づけによって判断できる。ジャン・ド・マンはボエティウスやアエルレッド・ド・リエヴォーを翻訳しているが、とくに後者においては、精神的愛の優越性が確固たるやり方で示されている。《理性Raison》の口で語られる友情の弁明と、《仔羊の園Jardin de l'Agneau》と《艶事の園Jardin de Déduit》の守り神によってなされる対比は、この点について、ほとんど疑問の余地を残さない。《艶事の園》が一つの幻想でしかなく、すべては脆くて儚く滅びるのに対し、《仔羊の園》にあっては、すべてが美しく明晰で、永遠性への喜びがある。仔羊の園を潤している泉は「甦りの泉」である。神の召使いである《自然Nature》とその礼拝堂付き司祭である守り神は、性の営みが神の命令に合致していることを強く断言する。なぜなら、それによって種の永続性が保証されるのだから、それを拒絶する人々は《自然》の敵であり、神の意志に逆らっているのである。その反対に、《自然》に正しく仕える人々は、他に重大な悪事を犯していなければ、《逸楽の園champ délicieux》に迎えられ、その泉の水を飲んで不死になることができる。

これら二つの領域の間に聖アウグスティヌス以来打ち立てられた機械的相互作用を認める見方は、ここでは破棄されているように見える。神の似姿である人間にとっても、性行為は合理的本性に反するものでは全くないし、救いの妨げになることなどはなく、むしろ、その反対である。神は、最も高い形の精神的愛を知り実行することを禁じてなどおられない。このようにして、『薔薇物語』は、現実の社会的規範への異議申立てを含んでおり、この異議申立ては、結婚に対しても、逆に禁欲や純潔に対しても向けられる辛辣な批判のなかに表れている。そこには、社会において普遍的価値をもつあらゆる要素がある。なぜなら、それらは、俗人たちの規範だけでなく聖職者の規範も定めているからである。このロマンは、人間のあらゆる欠点を認めつつも、その本性に深い信頼を寄せ、聖アウグスティヌス以来の神学者たちが「創世記」の注解のなかで原罪と人類の歴史に与えてきた解釈によって合法化され、社会的組織の基盤になってきた諸要素に攻撃を加えているのである。

そうすることによって、幾つかのテーマについては、《クルトワ的愛》のそれに近い立場に回帰している。たとえば、結婚への攻撃の根底には、財産所有と結びついた結婚、肉欲が支配する体制、黄金時代の自由に対峙する全般的愛欲（cupiditas）の理念への攻撃がある。しかし、そのほかの点では、ジャン・ド・マンはクルトワ的テーマから身を避けているように見える。彼は、肉体と精神の間の機械的関係を断ち切ることによってクルトワ的作品が誇示した精神的性行為への意図を拒否し、性の営みは、それ自体のために価値をもっている自然的行為であり、精神性によって正当化される必要などないとする。この作品の終わりごろでは、クルトワ的テーマの代弁者である《愛の法廷Cour d'Amour》も、《守り神Genius》の説教によって表明されたこの立場に賛同する。肉を精神化する必要性から生じた女性の理想化は、もはや存在理由を失う。女性のイメージは、ポジティヴであるとともにネガティヴなさまざまな面を含んでいる。このように、相反する意見を並列させていることがこのテキストの特徴であり、本書が成功を収めた理由は多分そこにある。

このロマンは複雑な作品であり、自惚れもなければ悲観主義もない視線を人間社会に注ぐことによって、最も厳格な正統教義には距離を置きつつ、キリスト教的社会モデルのために弁護する知的俗人の視点が現れている。この作品は、内容の豊かさと、それが博した成功によって、愛のテーマについての一種の綜合を提示し、それらがキリスト教社会においてもっているイデオロギー的重要性の証言となっている。

クルトワ文学とキリスト教的表現

しかし、それは、十三世紀末になってもぶつかる種々の困難の見本でしかなかった。この作品がどのような背景のもとで仕上げられたかについては何も分かっていないし、どのような人々の間で広く読まれたかについても少なくとも今のところ、不明である。したがって、解明の基本的手がかりとして残されているのは、作品の中身を分析することであるが、物質的枠組や社会構造と馴染みがないことから、中世から遠く隔たっているわたしたちは、その思考方法や書き方について、見当違いに陥りやすい。ただ、考察の助けになる要素が幾つかある。

――ガストン・パリスやシャルル＝ヴィクトル・ラングロワが自らの思い込みから、言葉の乱脈ぶりを中世ロマン作家の通弊であると決めつけたのと反対に、中世社会においては、文字で書くことは重要で、そのためには必然的に強い規定が伴った。過剰なまでに長々と反復的で、子供じみてはいないまでも型にはめられた作品を前にしたときに生じる印象は、その意味を鑑定するには自分は無力であるということであり、中世の作家たちが無駄口を叩いているなどということはまったくない。わたしたちの無理解を正当化してくれるように見える「気晴らしの文学」という観念自体、とくに注意を要する。中世のロマンはジュール・ヴェルヌの小説と同等ではないし、ゴーヴァンはジェームス・ボンドではない。だからといって彼は、スタンダールの主人公でもないし、クルトワ的愛に当てはめられがちな心理学的解釈は、多くの場合、的外れである。

——文字で書かれた作品や図像を「無邪気に」読んでいるだけでは、そこに含まれるさまざまな意味を見抜くことはできない。注釈家たちが下した「まじめなこと」と「ふまじめなこと」という価値判断は、先入観によるもので、ほとんどの場合、とんでもない誤りに到達してしまう。たとえば、土着語の物語で重要な比重を占めている「不可思議」といってよいようなテーマは、しばしばナンセンスな幻想の例とされるが、偉大なクリュニー大修道院長であった尊者ピエールのような、およそ軽々しさとは縁遠い聖職者も『奇蹟について』を書き残していることを思えば、中世においては、《不可思議》は「聖なること」の証であり、考えていることの最も真面目な側面を説明するための一つの方法にほかならず、聖書の解読や、そこに書かれている意味の判読、前兆論的読み方の取っ掛かりになっていることを知らなければならないであろう。

——現代人の考え方や、多分、大学教育で入れられた区切りを捨象して中世のテキストを読むと、思考と知的実践の一つの大きな統一性が浮かび上がってくるし、そこには、中世のキリスト教的西欧に特徴的な一つの社会システムと表現システムの統一性が反映されている。

作品は、その淵源と性質がどうであれ、この全体との関連によってこそ、理解されることが可能であるし、また、理解されなくてはならない。聖職者の作品も俗人の作品も（これを見分けることは、ときとして不可能である）、それぞれのグループが自らの位置を定めている社会的・思想的領域のなかに組み込まれている。

わたしたちは本書で、《クルトワ的愛》のテーマが社会的関係秩序についての考察とどのように合致しているか、それらは俗人の貴族社会のなかで練り上げられたが、だからといって、何人かの聖職者がそのなかに含まれ、かつ関わっていたことを否定するものではないことを示そうとした。それとほぼ同じ時代、同じ問題が、たとえばシトー会士のアエルレッド・ド・リエヴォーによって『精神的友情論De amicitia spirituali』のなかで、あるいは、聖ベルナルドゥスによる『雅歌についての説教』のなかで採りあげられている。《聖杯物語》によって、精神的テーマが《クルトワ的愛》についての論議の第一列に移行したが、これは、聖体拝領の儀式のなかで《実体変化transsubstantiation》の理念が確認されたのと同じ時期である。《カリスcalice》(聖杯)のなかに湛えられているのはキリストの血であり、この杯とワインを保持していること(ワインの消費について聖職者が権限を握るのは十三世紀以後である)が、宇宙と永遠の秩序のなかにおけるのと同じく社会のなかでの聖職者の特等席を確定するのである。ミリ・リュバンが示しているように、同じ時代、《聖体の形色espèces eucharistiques》〔訳注・聖体拝領におけるパンとワイン〕が、キリスト教の象徴体系のなかで重要性を増大するにつれて、これらがユダヤ人たちに対する非難のなかで一つの役割を演じている。〔訳注・ユダヤ人たちはキリスト教徒の幼児を誘拐して、その血をもって黒ミサを行っていると喧伝された。〕

結局、クルトワ文学のなかで宣揚された騎士的価値は、キリスト教的美徳をコピーしたものに他ならず、時間と空間の表示に関しても、聖職者的図式とは距離を置こうとしているものの、結局は一致している。同じことは、《奇蹟》や《不思議》のテーマについてもいえる。しかしながら、貴族階級として支配的地位を占め社会の富を独占していることを隠しながら、《庇護integumentum》という手法によって、聖職者たちを取り込んで、さまざまな伝統と理念をただ受動的に受け入れるのでなく、共通の素材を使って論述を組み立て、キリスト教的表現体系を形成することによって、本質的諸問題についての一つの視点を示そうとしたのである。

教会とキリスト教と社会

十一世紀から十三世紀までの西欧社会の進展のなかから、連続性よりも断絶をその後の展開において示す文化様式の幾つかの要素が現れる。たしかに、この時期は、ロベール・フォシエが書いている「偉大な飛躍grand bond」という印象を与えるのに充分な社会的発展と変革の時代でもあった。

人口と生産の大飛躍、西ヨーロッパの全般的富裕化、その内外へ向かっての拡大能力が、この発展の主な様相を表しているが、それと同時に観察されるのが社会機構の再組織化である。この再組織化は、とくに貴族階級も含めて人々の土地への固定化と、ロベール・フォシエが《encellulement》〔訳注・本来は「修道士を小部屋に閉じ込めること」であるが、封建領土への細分化といってよいであろう〕と呼んでいる一つの動きのなかで、小教区の網目のなかに彼らを集めることとその結果として教会が重みを増大したことによって特徴づけられる。城が住民たちにとって磁極の役割を果たすためには、一つの小教区教会が造られ、生者も死者もこの教会のまわりに固定されなくてはならなかった。こうして、聖職者による俗人のコントロールが強まり、親族関係の分野では、近親相姦の定義の拡大によって婚姻が制約され、しかも成立した結婚は解消できないよう、一夫一婦制がますます強く義務づけられるとともに、《婚姻の秘蹟》によって夫婦関係における精神的側面が重視されるようになる。この聖職者によるコントロールの強化と増大を証明しているのが、十三世紀初めからの《耳聴告白》〔訳注・司祭に耳打ちする形で行われる告白〕と、托鉢修道会の布教、そして異端審問である。

これまで数頁にわたって指摘した現象の多くは、西欧世界の物質的・社会的進展と結びついている。教会堂の建設は、キリスト教会の直接的・間接的富裕化と同時に、小教区網の整備による前述の《細分化encellulement》の表れでもある。祈りと思索の場が都市の中心部に侵入してきたことは、さまざまな物質的・社会的変革と、規範を常に再検討し適応の道を探らなければならない社会の複雑化と関連している。世俗的支配者たちの場合、その権力は地方的基盤の上に成り立っており、彼らは、物質的手段を増大するにつれて、教会に対抗して、自分たちが生み出した文化的成果を羊皮紙の上に遺し、また、社会における自らの支配的立場を正当化し確固たるものにしようとした。彼らの支配権が教会と競合関係にあったことは、土地の囲い込みと人々のコントロールの強化にも看取される。今日も遺されている作品を読むと、彼らが当時生じていた問題に精通していたことが明白である。

十三世紀初めに《聖杯物語》がおさめた成功は、キリスト社会の再組織化においても、貴族世界内部の構造化においても、精神的原理の優位が認識されていたことを示している。精神的親族制をモデルにし肉体的関係性の否認に基盤を置いた騎士叙任式と臣従宣誓の儀式の持つ意味も、ここにあり、十三世紀から始まり、住民全体を巻き込んでいく《信心会confréries》の発展も、同じ意味合いを表している。

文学はスコラ哲学ほど練り上げられておらず、その拠り所となる知的道具も、それほど複雑ではないが、それでも、ある程度、神学的考察と対をなしている。俗人貴族は、教会の建設と改革に絶えず支援の手をさしのべ、貴族出身の若者たちは潮が押し寄せるようにキリスト教会のなかに入っていき、個人の救済においても一族の力の保全においても、教会の仲介を体系的に追求すべく深く教会に参画して、その結果として教会とキリスト教によって支配される社会の組織化に関わった。一二二〇年ないし一二四〇年までの《クルトワ文学》の最初の開花は、キリスト教会と貴族階級の間の緊張が緩まった結果であると考えることができる。

被支配階層のなかで生まれた表現や、そこで重んじられていた価値は、それらを非難するためにしか注目しようとしなかった聖職者や支配層のネガティヴな視線のために、わたしたちにとっては、分解され曲げられたイメージしか得られないものになっている。とはいえ、この場合も、幾つかの痕跡から、座標軸の役割を果たしていたのは同じキリスト教的枠組であったと考えられる。本書でわたしたちがめざしたのは、聖職者のものでも支配者たちのものでもありえない世界の一つのヴィジョンを示すために、キリスト教がそこでどのように理解され修正されたかを把握することである。西欧の民間伝承が永続してきたのは、社会の深層からのキリスト教化を免れてであったという思い込みは、いずれにしても、それらのテキストを検討するうえで最悪のやり方である。

教会と社会の全般的均衡は、たとえば五、六世紀以来の子供の洗礼儀式に表れていたが、それが、何世紀か経って、《カリタス》を基盤とする信心会のもとに個人を再結集する動きとして再び現れたと見られる。しかし、それは、異端宣告された種々の運動のなかにも同じように見ることができるのであって、そこで大事なのは、神学者たちの狭い世界のなかで、見解の相違や勢力争いから生み出された狭い異端ではなく、《ワルドー派 vaudois》や《アルビジョワ albigeois》あるいは《カタリ派 cathares》のように、聖職者とともに都市貴族やブルジョワが核になり農民たちまで巻き込んだ《異端》である。

多様性をもったこのタイプの運動については、さまざまな資料が遺されており、そのなかには、社会秩序全体に及ぶ異議申立てもあれば、部分的異議申立てにすぎないものもあるが、いずれもキリスト教的言葉によってなされたことが明らかである。当然のことながら、社会の組織化にとって、これ以外の根拠となるものがなかったからである。人間と神の関係について、ローマのキリスト教会が教えているのとは別のあり方、別の機能の仕方を提示することは、社会についても別のモデルを提示することである。

これら《異端》と宣告された運動は、キリストがほんとうに伝えた言葉と真理に立ち返ることを主張しつつ、教会が行う《秘蹟》の有効性と教会組織の聖性に対して異議を申し立てた。したがって、彼らは、肉と霊、この世とあの世、人間と神の間の仲介役を独占し、それによって各個人についても社会全体についても救済する資格をもっているのだとする教会の社会における中心的役割を土台から切り崩す可能性を秘めていた。そこに見出されるのが、極限にまで押し詰めると権力による抑圧を引き起こすので、いわば、行動に移すことなく内緒で示すにとどめた《クルトワ文学》の幾つかのテーマである。これらのテーマは、社会的・文化的現象の総体に意味を与える一つの包括的ロジックと合致しているのであるが、これを同じ一つの構造物として考えることを、歴史家たちは、余りにもしばしば等閑に付してきた。

第三部　中世文化の美しい秋（十四、十五世紀）

ジャン＝パトリス・ブデ

第八章　教育環境のダイナミズムと障碍

一、人生の諸段階

「中世の秋」と呼ばれたこの時代にあっては、飢饉とペストが猛威を振るい、人生は全般的に短かった。十四、五世紀のフランス人は、全般的には、考えられてきたほど若死にではなかったとしても、それでも、たとえばランスの住民の平均年齢は一四二二年でも二五・六歳を超えていなかった。フランス全体でも、子供の半分は成人年齢に達しないで死んでいったと考えられる。国立公文書館に保存されているシャルル六世時代（在位1380-1422）の赦免状を調べてみると、「若者」と規定されている人々と「老人」とされている人々との間には約四十歳の差がある。ここから、四十歳を超えれば死んでも例外的とは見られなかったと考えられる。

こうした中世末の現実は、人間の一生について古代の学者たちが描いた構想とはほとんど合致していない。

古代の考え方で最も広まっていたのは、セビリアのイシドールス〔訳注・七世紀初めごろに活躍〕がその『語源集Erymologiae』のなかで図式化したもので、そこでは、誕生から七歳までを「幼児期infantia」、七歳から十四歳までを「少年期pueritia」、十四歳から二十八歳までを「青年期adulescentia」、二十八歳から五十歳までを「壮年期juventus」、五十歳から七十歳までを「威厳期gravitas」、七十歳を超えると「老年期senectus」とし、《老衰senium》をもって終わるとしている。このセビリアの司教の教えは中世文化の基盤の一つとされたが、この人生の段階についての説に対し、少なくとも十三世紀以後は、「人間はいまやイシドールスの時代に較べて短命になっている」という慨嘆に直面する。

バルトロマエウスの著書のリヨン版挿絵

フランシスコ会士、バルトロマエウス・アングリクスは『事物の性質についてDe proprietatibus rerum』を著し（一二四〇年ごろ。一三七二年にシャルル五世の要請でジャン・コルブションによってフランス語に訳され、広く流布した）、イシドールスの図式を踏襲しつつも、「juventus」（壮年期）と「gravitas」（威厳期）については年齢を記さず、「senectus」（老年期）については七十歳で終わるとも死をもって終わるともしている。トマス・アクィナスやジャン・ジェルソンといった神学者たちは、「gravitas」をなくして五十歳以後を「老年期」、七十歳以後を「老衰期 senium」としている。

法曹家のフィリップ・ド・ノヴァールは、一二六五年ごろ道徳と教育について『人生の四季 Des quatre tens d'aage d'ome』なる書を著し、人生の年齢的区切りを四季に当てはめた。誕生から二十歳までを少年時代で春とし、二十歳から四十歳までを青年期で夏、四十歳から六十歳までを壮年期で秋、六十歳から八十歳までを老年期で冬としている。この四つに分ける図式は、中世末に盛んに採りあげられ、興味深いやり方で変化が加えられた。シャルル六世の時代、詩人のユスタシュ・デシャンは、そのバラードの一つのなかで十六年ずつ四つに区切るやり方を示している。一四九三年の『羊飼いのカレンダー Kalendrier des bergiers』は、十八年ずつの四段階に区切り、三十六歳という年齢を人生の象徴的な曲がり角としている。バルトロマエウス・アングリクスの前述の書に十五世紀に入れられたイラストには、イシドールスの図式もノヴァールのそれも反映されている。したがって、年齢上の長さはさまざまであるが、大部分の人が自分の誕生の年をおおまかにしか知っていなかった時代にあっては、青年期といっても、その年齢的区切りは、大して問題ではなかったのであろう。

それまでの何世紀かと同じく、俗人の場合は未婚者、聖職者の場合は学業未了者が「若者」であった。結婚年齢は、中世末には明らかに後退しており、十五世紀でいうと、男は平均二十六歳、女は二十二歳であった。それだけ、「若年期」は長くなり、夫婦が子供を儲ける時期は短くなっている。知識人たち（その大部分は聖職者であった）についていうと、その修学期間はきわめて長期にわたったから、彼らが著作をものするのは、ほとんどがかなりの年配になってからで、たとえば、ベルナール・グネーが十四世紀の歴史家約四十人について調べたところによると、その半分以上が七十歳を超える長寿を保っている。全般的にいって、中世末のフランスで、政治の世界で権威を認められ影響力を発揮した人々は四十歳以上であり、文学の世界で指導的地位を築いた人々は五十歳以上であった。

人口学的に見ても、文学や知識の領域で足跡を残した著述家は、いうなれば年の功を積んだ人々で、平均年齢をずっと超える長寿を保ち、当時のフランスの教育的枠組（とりわけ大学）を特徴づけていた長期にわたる修学から恩恵を得た人たちであった。フランス社会は全体的にいえば若かったが、文化的には、年配者たちによって支配されていた。

いまや、わたしたちは、中世後期のこの教育の枠組について、それが、全体を束ねる中枢機構を欠いていたため、「教育体系」といえるものが全くなかったことについて明らかにしていこう。

二、教育における伝統と刷新

子供の教育の基本的枠組は相変わらず家庭である。十三世紀の神学者や道徳家たちが「分別のつく年齢 âge de raison」と呼んだ七歳に達するまでの期間は、子供は、母親と召使、そして、とりわけ乳母といった女性たちに託された。授乳を乳母に任せるやり方は、あらゆる階層で行われたが、とくに裕福な家庭では普通のことであった。その場合、母親のそれに似た《体質complexion》をもつ若い母親の新しい乳が優先的に求められたが、乳母は里子に授乳している間は、里子の健康を害する恐れがあるとして、自分の子供に授乳することを許されなかった。母乳による授乳は、貧困と社会的堕落の表れとみなされることが多かったが、ニコル・オレームやジャン・ジェルソンは強く勧めている。クリスティーヌ・ド・ピザンも『三つの徳の書Livre des trois vertus』（1405）のなかで、母親自ら授乳することこそ、子供に対する愛情のかけがえのない証であると謳っている。

かつて、わたしは娘と呼ばれ
まるまると育てられ、とても愛されていた
母は、喜びのもとであったわたしを
どんなにか愛し、いとしく抱きかかえ
みずから乳をふくませ
幼いわたしをやさしく抱きしめてくれたことか（永井敦子訳）

十三世紀半ば以降、子供に対して注意を向け、優しく扱おうとする気持ちが増大していくのが見られる。フィリップ・ド・ノヴァールは、家族全員が同じベッドで眠ることによって起きる事故について警告している。バルトロマエウス・アングリクスは、赤ん坊をあやすのに歌をうたうよう勧め、その歌は「優しい声で赤ん坊に心地よい感覚に与えるのでなければならない」と述べている。ジャン・ジェルソンは、子供が話し言葉を習得しやすいよう、おとなはゆっくりと区切って話すべきであるとしている。十五世紀の挿絵には、幼児の歩行補助用の「あんよ車」を描いたものがたくさん見られる。要するに、ジル・ド・ローム（エギディウス・ロマーヌス）がその『君主論 De regimine principum』（1279）に、子供の体液の均衡を守るためには泣かせてはならないと述べているにしても、幼い子供は一般的に、そのありのままで愛された。

幼児から理性が備わり物事の分別ができるようになる年齢（annus discretionis）が七歳とされ、教会法でも、この年齢に達した子供は、やがて結婚し世俗の道を進むか修道院に入るかなど、自らの将来を決定することができるとしている。しかしながら、バルトロマエウスのような、それを危ぶむ人もいた。

「小さな子供は、よく間違いを犯す。彼らは、遊び、はしゃぎまわることが大好きで、将来のことまで考えることができないからである。彼らは、自分のもっていないものをほしがり、大人より子供の姿をしているものを求め、何かを手に入れようとか儲けようなどという気はさらさらなく、無価値なことを何度も繰り返す。親の遺産より一個のりんごを失うことを嘆き、人から親切にしてもらっても忘れてしまうし、目にしたものは何でもほしがる。」

この百科全書家は、そのほかにも、子供が大人をからかい始めるのも、何かを学びはじめるのも躾ができるようになるのも七歳であるとし、人の物を盗んだり、暴れたり、冒涜的な言葉を吐いたりしたときは体罰を用いてでも矯正するよう勧告している。

農民の子供が幾つかの仕事を引き受けさせられるのも同じこの年齢である。ジャン・ド・ブリはその『牧羊者管理論Vray Regime et Gouvernement des bergers et bergeres』（1379）のなかで、自分は七歳で村の鵞鳥の番をさせられ、八歳では豚の世話を任された。それは、ひどくきつい仕事で、自分にとっては耐えがたいものであった。九歳では牛の世話をして犂をつけることや、一〇頭ほどの乳牛の番もさせられた。十一歳では八十四匹あまりの子羊の番をさせられ、ついで百二十匹の雄羊、二百匹の雌羊の番も任されたと述べている。

こうした見習期間は十四歳で終わったと考えられる。教会法では十四歳が成人年齢とされ、男の子は十四歳になると結婚することができた。ちなみに、女の子は十二歳が節目とされた。

都市では、一人の親方のもとに見習い修業に入るのが職人になるための通常コースであったが、その年齢は田舎よりも、かなり遅れた。ランスでは十二歳が平均的で、オルレアンやトゥールーズでは、十五歳から十六歳が平均的であった。見習い徒弟は、給金をもらえるようになるには、職種にもよるが、少なくとも三年ないし四年、召使として住み込み、腕を磨かなければならなかった。それでも、十五世紀には、親方の息子以外は、職人になる道はますます厳しくなる。見習い徒弟として置いてもらえる可能性自体が狭くなっていったからである。この閉塞状況を破って徒弟が技術を身につけることができるよう、賃金労働者の組合によってフランスじゅうを修業してまわる旅が組織化された。一四二〇年のある王令には、「さまざまな言葉を話すさまざまな国の職人や労働者が腕を磨くために町から町へ歩き回り、互いに知り合いになっている」と指摘されているが、これこそ、有名な《トゥール・ド・フランスTour de France》の仲間の出生証明に他ならない。

ジル・ド・ローム（エギディウス・ロマーヌス）は、貴族の子弟について、七歳を越えると、格闘とペロタ遊び〔訳注・毛糸を巻いた球を使ってのテニスに似た球技〕で身体を鍛えるとともに、文法と論理学の初歩を学ぶべきで、それが他の学問を習得する基礎になるとしている。しかし、とりわけ十二歳から十四歳になると、自分の家で父親の指導のもとであれ、親戚の家、さらには君主の館に入ってであれ、武術の修練を開始し、十七ないし二十歳になって騎士として叙任を受けるまで、そこで養ってもらう。

貴族の娘たちの教育については、一三七一年ごろ、アンジューのある貴族がその娘たちに与えた助言を集めた『ラ・トゥール・ランドリの騎士の書 Livre du Chevalier de la Tour Landry』の貴重な証言がある。この本は、かなりの成功をおさめ、フランス語写本十二部が遺されているうえ、十五世紀には英語訳、ドイツ語訳も作られた。この騎士は、二人の聖職者を使って、この本の作成の基礎となる教訓的な話を収集させた。彼は、夫婦にあっては、夫が全権をもつべきで、母親は子供たちに平等に愛情をかけなければならないと説くとともに、妻の不妊のために夫が私生児を儲ける危険性や、近親相姦の危険性についても、かなりあからさまに述べている。

青年期特有の性的問題も、道徳家たちによって考慮されはじめる。一四〇〇年ごろ、ジェルソンは、『老害論 Tractatus de pollutione diurna』のなかで、聖職をめざす青年たちの間で増えていた自慰癖を厳しく指弾している。彼は、その処方箋として、そうした青年たちに対しては告解師から説教すべきこと、この悪習に染まらせないためには肉体を疲れさせる修業を課すよう勧めている。しかし、この処方箋の効き目は怪しい。その反対に、王侯権力や都市政府によって設けられ維持されていた《公娼制度 prostibulum publicum》は、南部および東部フランスの町々で十五世紀に繁栄の頂点を極めた。もっとも、十八歳から三十五歳の独身者や大修道院の若い修道士たちがこの種の施設に出入りすることに対して世俗権力が見せた寛容さは、おそらく社会的制御への意志によってよりも、経済的営利性によって説明されるだろう。いずれにせよ、この公娼制度は、男性にとってはその道の修業の仕上げになるとともに、既婚女性やこれから結婚する女性たちに対する性的暴力を制御することになにがしかの貢献をした。

これから結婚する娘に対しては、より厳格な監視が行われた。『パリの所帯持ちMesnagier de Paris』は、一三九三年ごろこの首都に住んでいた一人の裕福な市民が十五歳の若妻に与えた道徳的心得と家事の切り盛りなどについての教訓をまとめた書であるが、女の貞操を守るための心得として、行動規範についても、かなり細かく言及している。横恋慕してくる男たちや、悪賢い遣り手婆を近づけさせないためには、街なかでは、「淑女prude femme」らしく頭をまっすぐに、視線は四トワーズ（約八メートル）先の地面を見て歩くこと、教会では、「祭壇か御像の前の目立たない席」に坐り、眼は手にした祈祷書から逸らさないこと、など慎み深く振る舞うことである。しかし、観劇などその若い年齢に合った気晴らしに出かけることは、同じ社会的身分の友人グループと一緒にならば構わないとしている。

「たとえば、将来、お前が薔薇造りやすみれの世話に夢中になったり、それで髪飾りを作ったり、さらにはダンスや歌に興じたりしたとしても、それでわたしが不愉快になることはないし、むしろその反対で、わたしたちの友人や仲間の前でも、それをつづけてくれることを願っている。お前は、まだ若いのだから、そうしたことに熱中するのは、ごく自然なことであるし、ふさわしいことだ。ただ、偉い人たちの集まる舞踏会やお祭りには、出たいと思わないでほしい。なぜなら、そうしたことは、お前にとってもわたしにとっても、分不相応だからだ。」

したがって、家門の名誉を守るマスコットというべき役目を担った若い娘たちは、性的領域の演習をしてみるなどといったゆとりは認められなかった。他方、《若者大修道院 abbayes de jeunesse》〔訳注・いわゆる「若者組」〕によって行われた「童貞破りの遠征」は、かなり大目に見られた。とはいえ、承認されたということではなく、フランソワ・ガランなるリヨンの商人は、一四六〇年に息子に宛てて書いた『嘆き Complainte』では、宗教改革時代を思わせるような厳格さを示しており、あまりにも自由放任にしたための失敗例を幾つか挙げて、若者を待ちかまえている危険から息子を守る忠告のために三〇〇行以上を費やしている。まずダンスである。これは、「若さゆえの激しい欲望のために、多くの悪を生み出す元になる可能性がある」。次は、槍試合などの荒々しいスポーツ。これは、戦いを生業とする貴族たちに任せておくべきである。それと、恋愛熱。これは死につながりかねない危険性を秘めている。とくに、おしゃべり女には気をつけよ。そのような女は、お前のどんな秘密もさらけ出してしまうだろう。自身に関して戒めるべきこととして、人を嘲ったり中傷したりすることを挙げている。これらは、結局は自分のところに戻ってくるからである。そして最後に性的快楽に溺れること。そのような生き方はけだものと変わらず、人間なら理性によって威厳ある生き方を守らなければならないとして、次のように述べている。

肉欲に従うは
けだものの生き方に異ならず
あくまで理性によって
品位ある生を生きることを求めよ

欲望は徳に背いてでも
すべてを得たいとねがう
だがおまえの魂を主人とすれば
欲望に立ち向かうことができるだろう　（永井敦子訳）

フランス語による市民教育の最初の概論書というべき『パリの所帯持ち』は、一人のブルジョワが書いたものであるが、貴族の世界でも愛読された。フランソワ・ガランの『嘆き』は、中世の精神的枠組と価値観に密着しつつも時代を先取りするものをもっていて、この普通の商人によって書かれた二三〇〇行の八音節詩句から成る詩は、印刷術の出現より十三年前の、文化的砂漠のように考えられていた一つの町における《中流身分の人々》の道徳的知的教養についての重要な証言となっている。この後の世代としては、オルレアンの司祭、エロワ・ダメルヴァルの『魔性の書Livre de la Deablerie』がある。これは、一五〇八年にパリで刊行されたもので、二万行に及ぶ膨大な詩句の多くの部分を子供の教育に割いており、子供の教育が十六世紀の宗教改革前の聖俗にわたるかなりの人々にとって大きな関心事であったことがわかる。

三、緊密化する学校網

大学以外の中世末フランスの教育がどのようであったかについては、全体的に研究したものは存在していないし、このテーマに関する文献は数も少なく、分散しており、全般的に古い時代についてしかない。したがって、わたしたちは、今後の研究で否定される恐れのある仮説で満足しなければならないが、そのなかで浮かび上がってくるこの種の教育の基本的特徴が三つある。一つは、初級学校（petits écoles）と高等学校（grandes écoles）の間や教育レベルの間で明確な制度的区分が欠けていたこと、もう一つは施設のタイプが多様であるため、この分野で教会が強圧的支配を取り戻すことはなかったこと。第三は、田舎に対する都会とか女子に対する男児というように特権的社会カテゴリーに有利な不平等性があることである。

全体からするときわめて少数派であるが、それでもかなりの数の子供たちが、六歳ないし八歳から学校に通いはじめた。これらの《初級学校》は、その小教区の主任司祭（curé）とかその助手、助任司祭（vicaire）、または礼拝堂司祭（chapelain）、また、もっと多くは聖職志望の書記（clerc）によって維持された。田舎の状況について私たちが得ることのできる情報は、幾つかの例外は別にして特に少ないが、そうした田舎でも、大学校の密度はすでに十五世紀にはかなりのレベルに達していた。シャンパーニュとノルマンディーでは、大部分の田舎の小教区が自前で初級学校をもっていて、九歳から十二歳の子供たちが聖職志望の書記の指導で勉強し、なかには大学へ進学する子もいた。

そのため、教師の取り合いが起き、そうでなかったら歴史家から忘れられていたこの種の学校のありさまが分かっている。一三三六年、ニヴェルネのドシーズという集落では三十五人の住民たちがヌヴェールの参事会に対して、自分たちの小教区学校を賭博場に変えてしまった張本人のフーゴ・ド・ブレなる人物を召還し、代わりに土地の人間である書記のギヨーム・ド・シャニュを任命するよう求めている。この懇願は、土地の名士である親たちの文化への欲求によるものというより、生徒である十三、四歳の若者たちに賭博熱が広がることへの恐れと社会的動揺によるものであった。

都市の初級学校についての文書記録は、田舎のそれに較べて断然豊富である。プロヴァンスでは、初級学校は、十四世紀中頃から、ますます数が増えていく。ブリニョルでは一三五二年、マルセイユでは一三六五年、エクス＝アン＝プロヴァンスでは一三七八年、リエでは一三八一年、シストロンでは一三八八年にはじめて初級学校についての記録が現れる。カルパントラには、ペトラルカが一三一四年から一三一八年まで通った学校があったことが知られている。〔訳注・ペトラルカはイタリアのアレッツォの生まれであるが、父が仕事の関係で、生活の場を南フランスに移していたのである。〕

教育の基本はキリスト教的道徳とラテン文法で、生徒たちは土着のプロヴァンス語を使うことを禁じられていた。論理学は選択科目であった。教師は、一三九九年以後、町から給与を支給され、一四三五年ごろには一種の市の役人になり、年に一〇フローリン受け取った。ドーフィネでは、グルノーブルに一三四〇年以後、グレジヴォーダンの幾つかの小さな町でも十五世紀中頃には初級学校があったことが資料から明らかである。グルノーブルでは、司教座参事会の首席司祭が、町の役人たちの推薦に基づいて教師を任命した。したがって、学校生活のコントロールは、ここでは、地方の聖職者と市当局との合意によって行われた。

北フランスの大きな都市では、教会はより自由な裁量権をもっていた。パリでは、シテ島の初級学校はノートル・ダムの大法官の監督下にあったが、パリ右岸および左岸の初級学校は、同大法官の監督下にあるものもあれば、司教座参事会第二の高官である聖歌隊長の監督下にあるものもあった。これらの小教区学校は、十三世紀以後について明らかにされているように、大学や司教座学校へ行く年齢に達していないか、またはそれだけの教育を受けていない生徒たちを対象に、宗教と読み書き、文法の基礎を教えることを役目としていた。一二九二年、パリの人頭税は、そうした学校の十二人の教師と一人の女教師の生活を支えるために使われ、この教師たちは、その収入の五十分の一を税として収めている。

ノートル・ダム聖歌隊の管轄下にあったパリの初級学校に関してわたしたちがもっている最も古い規則書は一三五七年のものである。一三八〇年にノートル・ダム聖歌隊が開いた教区会議には、パリの三十五の小教区から教師四十一人、女教師二十一人が集まっている。教師たちのなかには、俗人も聖職者もいたが、学位をもっている人（gradué）は、人文学士（maître ès arts）が七人、教会法課程修了者（bachelier en décret）が二人だけであった。いずれの学校も共学ではなかったので、女の子たちは女教師に教わったとみられる。こうした女教師の存在は、一三一八年以後のランスでも確認されており、一二六五年ごろにフィリップ・ド・ノヴァールが女性に読み書きを教えることは危険であると考えていたのに較べると、一つの進歩が見られる。少なくとも『ラ・トゥール・ランドリの騎士』と『パリの所帯持ち』が、女性もよりよく信仰を知り、魂にとっての危険とそこからの救いの道を認識できるよう娘たちが文字を学ぶことに好意的姿勢を示していることは、十四世紀の大きな進歩であった。しかしながら、一四六〇年にフランソワ・ガランが「男児は学校へ行かせるべきだが、娘たちにはその必要はない」と助言していることからすると、この進歩は普遍的でもなければ決定的でもなかったことが明白である。

パリの初級学校それぞれの生徒数は、平均して八人から十人を超えなかったようである。クリュニー博物館には、木彫りに金箔を施した一五〇〇年ごろの初級学校のありさまを描いた一枚の彫刻板が保存されている。教師は椅子に坐っていて、生徒は七人だが、ベンチに腰掛けているのは四人だけで、一人はベンチに坐った仲間の一人の膝に腰掛け、もう一人は地面に藁を布いて坐り、最後の一人は立って、手に持った本の一節について教師と話している。本はおそらくドナトゥスの『ラテン文法の手引き』のようである。生徒たちみんなもそれぞれにテキストを一冊ずつ持っているが、右端の生徒のそれは、製本されたものではなく一束の羊皮紙であり、仲間の膝に腰掛けている生徒は自分の本を閉じて持っていて、足元の子犬に気を取られている。

授業風景（十五世紀。木彫り）クリュニー博物館蔵

教師が坐っている椅子、修道士らしい髪型、生徒たちの裕福そうな服装、装丁本を手にしていることなどから、ここに見られるのが都市世界でも特権的な、参事会あるいは司教座付属の学校であることが分かる。

シャルトルでは、司教座学校以外に、少なくとも六つの初級学校があった。各学校は一人の書記の指導下にあり、生徒たちは家から通ってくる者もいれば教師の家に寄宿している者もいた。教師は生徒たちにドナトゥスを教え、彼ら（とくに寄宿生）から授業料（ecolaige）を取った。しかし、生徒はカテドラルの参事会員宅に下宿することもできたし、その場合は、父親の保証のもと、衣食など生活全般にわたってこの参事会員と契約を結んだ。ここでは、一四八一年三月一二日にコラン・メナジエの息子カルダン・メナジエと参事会員のガロワ・グルダンの間で交わされた契約書を参考までに掲げておこう。

一四八一年三月一二日、コラン・メナジエの息子カルダン・メナジエは、上記の父の許諾のもと、この日から六年間、われらが兄弟にして参事会員同僚である尊敬すべきガロワ・グルダン先生に師事することを、信義をもって約束した。グルダン先生は、上記の期間、カルダン・メナジエを保護し、彼が必要とする飲食と衣服を与えるが、最初一回は、上記コラン・メナジエが、息子カルダンにふさわしい衣服、すなわち上着、胴衣、股引、縁付きの帽子と縁なしの帽子を与え、下着を上記六年間、ずっと支給する。しかして、上記カルダン・メナジエは、一日二時間または三時間、養い主である上記参事会員の負担において、学校に通うことができる。この方法により、期間の終わりまで、上記養い主は、上記カルダンの成した奉仕に対し、なんらの報酬も払わないものとする。（永井敦子訳）

シャルトルには、この六つの初級学校のほか、別の種類の学校が二つあった。一つは司教座聖歌隊の学校で、聖歌隊と参事会の監督のもと、文法教師と音楽教師の二人に託されていた。もう一つは高等学校（grande école）で、文法学校を卒業した生徒たちを入れて、《三教科》を修了させ、教会法と神学の基礎を教えた。

大学はないが、トロワやディジョンといった大きな町では、同じ一つの教区内にせよ、複数の教区にまたがってにせよ、読み書き、音楽、計算を教える初級学校と、大学に匹敵するレベルの高等学校が見られた。ディジョンの学校については、一二六一年以後に関してであるが、学区長のジャック・ジュアンによって一四四五年に大幅に整備され、教師たちは《三教科》を教え、学校長みずから金曜日と四旬節〔訳注・復活祭前の四〇日間〕の期間、算術とユークリッドの『幾何学原理Elementa』、サクロボスコのジョン〔訳註・一二五六年没。イギリス生まれの天文学・数学者〕の天文学入門書である『天球についてDe sphaera』を担当したことが分かっている。こうした《四学科quadrivium》の授業は、パリの人文学部では、ギ・ボージュアンのいうように「祭りの時期の御馳走」と呼ばれていたが、ディジョンの生徒たちにとっては、むしろ肉抜きの粗食だったようである。

ここに登場したジャック・ジュアンの経歴は、パリの大学人の輝かしい経歴がどのようなものであったかを典型的に示している。彼は、パリ大学で自由学芸を教えるとともに、神学を修了し（bachelier）、一四四五年から一四四九年までディジョンの学区長を務めた。その後、一四五八年にパリ大学の学芸学部長、一四六八年にはパリ高等法院の教会法博士、聖職参議となり、さらに一四七八年から没年の一四九〇年まで、高等法院の予審審理（Chambre des enquêtes）の議長を務めている。

ディジョンは、古くから学問的伝統のある町で、一四二〇年から一四二二年まで、ポール・ド・ボヌフォワというキリスト教に改宗したユダヤ人に、年俸三〇フランでヘブライ語の読み書きと会話を教えさせている。この同じ人が一四一三年から一四二四年まで〔訳注・ディジョン赴任の時期を挟んでであろうが〕パリ大学の学芸学部でヘブライ語とアラム語を教えていたことが知られている。ディジョンの例は、王国内の他の町すべてにあてはまるわけではないが、大学と学校の間につながりがあったことを裏づけている。大学は《自由学芸》の教育について諸学校にとって手本の役目を果たし、学校教育の拡大・普及に貢献した。とくに活発な幾つかの学校は新しい道を志向し、これを大学に引き継いだ。

では、これらの初級学校や高等学校に通ったのは、どのような人々であり、どのような目的で修学したのであろうか？　当然、この二つの疑問は関連し合っている。文字を読めるようになること自体が目標ではなく、若者を学校に通わせることは人格形成の手段の一つであった。子供たちに文字の読み方を教えるためには、詩篇や時祷書、あるいは「Amitié」（友情）、「Benevolence」（好意）、「Crainte」（畏敬）、「Douceur」（優しさ）……のようにアルファベットの各文字をキリスト教の徳にあてはめた十五世紀の『クロスワード Croix Depardieu』が用いられた。こうした初級学校の読み方の勉強は、貴族や都市ブルジョワ、金持ちの農民といった恵まれた身分のすべての子供たち（男女を問わず）の間に広がっていった。

書き方の習得には、より長い時間を要したが、それだけに修得することは社会的力の増大につながった。女性の大部分は、貴族の子女も含めて、考慮の外に置かれた。その反対に男の子たちは、貴族階級の場合、個人教師を付けられて、書く能力を身につけることができた。しかし、読み書きの教育が制度的に行われたわけではなかったから、フランス軍元帥にまでなったが文字は全く読めなかったポトン・ド・サントライユ（一四六一年没）のような例もある。一四七四年、ランス周辺の七か村について行われた調査によると、僧侶になると特権的利益に与れるということで剃髪した農民出身の聖職者の大部分は、読むことはできたが書くことはできなかった。聖職者であるために求められた唯一の条件は読めることであり、田舎で社会的地位向上の決定的基準は書く能力よりも読めることだったからである。

計算能力は、当然、ブルジョワと商人にとっては不可欠であったから、十四世紀末以後、フランス語による算術の本が幾つも現れ、算数を教える人の人気は上がった。ジャン・ブロンデルは、彼の生徒のシモン・ド・ファールにいわせると、一四五五年当時のオルレアネ地方の「卓越した算術家」であり、有名な数学者、ニコラ・シュケは一四八〇年代のリヨンにおける《演算法 Algorisme の師》であった。

ラテン文法とそのほかの自由学芸、教会法と神学を身につけていることは、聖職者の道に進むためにも、固有の意味での大学の修学課程の準備のためにも有利であった。しかし、こうした基礎的教育が中世末のフランス社会に与えたインパクトを測ることは、残念ながら不可能である。とくに、学校教育を受けた人々が社会全体のなかでどれくらいの比率を占めたかについては、どこかの地域に限定しても、数値を提示してくれる資料はごく稀で、ばらつきが大きく、解釈も難しいので、数量的に確定することなどとうていできない。たとえば、ピエール・デポルトの研究によって、一四二二年にランスで剃髪を受けた人は、土地の人口の少なくとも一二％を占めたことが分かっており、一方で、すでに剃髪して特別待遇を享受している人、他方では俗人でも読み書きできる人たちもいたことを考えると、十五世紀初めのランス住民の識字率は一五ないし二〇％と推定できる。しかし、ランスは大司教座のある都市であり、聖職者が占めた比率は平均的な町より間違いなく大きかったから、この例を国内全般にあてはめるわけにはいかないであろう。

識字率が向上した確かな証拠はないが、それでも、大学以外の初級・高等の学校網が次第に密になっていること、読み書きのできる人たち（「読める人 lisants」と「書ける人 écrivants」を区別する必要のあることはすでに見たとおりである）の数が、あらゆることを機縁にして増えていったことは確かである。ところが、このプロセスは一三五〇年から一四五〇年までの間の人口減少のなかで、いわば飽満状態に達したように見える。これは、関連する施設の本当の誕生年代と公的資料のなかで現れている時期とのずれによる錯覚であろうか？　おそらく、それもある。いつものことながら、初級教育の進展のテンポは大学教育のそれと同じではないし、中世後期におけるそれらの発展の総合評価は、大学教育より初級教育におけるほうが明らかに実証的である。

四、大学（universités）と学寮（collèges）

創造的であった十三世紀に較べて、十四世紀と十五世紀のフランスの大学世界は、学問内容の不毛と教育の硬直化によって凋落期に入ったとされている。しかし、そうした伝統的な見方に引きずられる前に、シモーヌ・ルー、ジャック・ヴェルジェ、シャルル・ヴュィエの研究が道を開いたように、フランスの大学が果たした役割を包括的なやり方で調べることが適切であろう。大学制度は、中世末の混乱のなかで、ますます大きな社会的・政治的役割を演じざるをえなくなっており、その代償として、知的育成と思索の深化という次元での活動は相対的に弱化したのではないかと問うことができる。

エリート養成のための制度

中世後期にはヨーロッパ全域でたくさんの大学ができたが、フランスでは、とりわけ、それが顕著である。百年戦争の初めの時期から活動していたフランスの大学は七つある。そのうち十三世紀に設立されたのは、パリとモンペリエ、トゥールーズの三つだけで、残りの四つのうち、オルレアンとアンジェの二つは、事実上は一二二〇年には存在していたが、公式に認可されたのは、前者は一三〇六年、後者は一三三七年というように十四世紀初めである。残る二つのうちアヴィニョンは一三〇三年、カオールは一三三二年に、教皇庁によって新しく創設された。

ところで、そのあと、十四世紀と十五世紀に新しく十大学が設立されている。グルノーブル(一三三九年)、オランジュ(一三六五年)、エクス=アン=プロヴァンス(一四〇九年)、ドール(一四二二年)、ポワティエ(一四三一年)、カン(一四三二—一四三六年)、ボルドー(一四四一年)、ヴァランス(一四五二—一四五九年)、ナント(一四六〇年)そしてブールジュ(一四六四年)である。

これらの新設の大学は、その大部分が政治の主導によるもので、ポワティエ大学はフランス王シャルル七世により、ブールジュ大学はルイ十一世、カンとボルドーの大学はイングランド王ヘンリー六世、また、グルノーブルの大学は、ヴィエンヌ伯ウンベルト、エクスの大学はプロヴァンス伯、ドールの大学はブルゴーニュ公、ナント大学はブルターニュ公というように、その土地を支配する王侯によって創設された。アヴィニョンとカオールの大学は教皇庁がゼロから創設したのに対し、オランジュ大学に教皇庁が介入したのはあとからである。これらの大学設立の多くは、「権力者たちがそこに自分の威信の元があると見たこととともに、ますます需要が高まっていた有能な聖職者と法律家を育成する場を求めた結果」（J・ヴェルジェ、C・ヴュイエ）であった。このことから、これらの新しい大学が抱えていた特徴を三つに要約することができる。

――制度的独自性の欠如。ほとんどがパリ大学とトゥールーズ大学の規約を踏襲している。

――法学部の優位。これは、とくに南フランスの大学に顕著で、学生の五八％から八〇％を教会法と民法を学ぶ学生が占めたが、そのなかでも教会に入った若者を見ると、教会法を修得したものが民法の修得者の二倍ないし三倍に達した。したがって、これら南仏の大学がめざしたのは、法律家、とりわけ教会法のプロを育成することであった。

――学生たちの出身地の地方的・地域的偏りである。この現象は、新設の大学でも旧来の大学でも共通しており、ジャック・ヴェルジェが一四〇九年の志願書に基づいて作成した地図によると、パリ大学の学生の出身地は、これ以後、北フランスに限られるようになる。同様にして、トゥールーズ大学の場合は南西フランス、アヴィニョン大学はプロヴァンスとドーフィネ、モンペリエ大学とオルレアン大学はそれぞれの周辺司教区となる。この時代、パリの実質学生数は四〇〇〇弱で、その三分の二を学芸学部の学生が占めた。トゥールーズ大学の場合は一三〇〇から一五〇〇、オルレアン大学は六〇〇、アヴィニョンとモンペリエは五〇〇人弱、カオールの大学は一〇〇人ほどであった。この現象は、明らかに教会大分裂（1378-1417）と結びついていて、大学の中心地がフランス以外にもたくさん生まれ、それにともなって、フランスの大学の影響が及ぶ範囲がフランス国内に限定されたことの結果である。しかも、これらの大学の幾つかは、実際の需要にあまり適合しておらず、グルノーブルのように消滅したものもあるし、オランジュのように断続的にしか活動しなくなったものもある。しかし、それ以外の大学も学生数はきわめてささやかで、ポワティエやカン、ブールジュなどが集めた学生も、活気はあったが、その地方の若者たちに限られていた。

中世末フランスの大学網の強化に寄与したものに神学部の新設がある。とくにトゥールーズ（1360）、アヴィニョン（1413）、モンペリエ（1421）の各大学の神学部の新設は、神学に関するパリ大学の独占状態を終わらせ、より多くの説教師を育成しようとした歴代教皇たちの意思の表れであった。

最後に、そしてとくに重要な点であるが、十四世紀、十五世紀には多くの学寮（collèges）が設置された。パリでは、一三〇〇年から一五〇〇年までの間に五十の学寮が創られ、その二十七が一三〇〇年から一三五〇年までの間に誕生している。トゥールーズでは十一、モンペリエでは五、そのほかのフランスの大学で約二十五を数える。この現象は、大学のある町だけでなく、司教座学校のある町でも見られる。たとえばソワソンでは、このタイプの施設が一三四〇年に二つ誕生している。しかし、なんといっても、最も著名で重要な学寮はパリとトゥールーズに創られたそれである。

この時代に創設されたパリの最も有名な学寮はナヴァール学寮である。これについてのわたしたちの知識は、ナタリー・ド・ゴロショフのおかげで最近とみに進んだ。この学寮は、一三〇五年、フィリップ美男王の妃、ジャンヌ・ド・ナヴァールによって設立された。創設の規約では七十人の給費生を受け入れることになっていて、一三一五年についてみると、文法学の学生二十八人、人文学学生三十人、神学生二十人となっている。これは、ソルボンヌ以来、中世のフランスでは最大の学寮であった。ジャンヌ・ド・ナヴァールは、多分、ライムンドゥス・ルルスの『子供の教育について De doctrina pueri』とピエール・デュボワの『聖地回復 De recuperatione Terrae sanctae』（1306）が一三〇六年に示した革新的教育理念に刺激されて、文法の学習と哲学の勉強を分離し、三つのサイクル（文法学・人文学・神学）それぞれが独自の建物で、空間的にも階層的にも別々に行われるようにしたのであった。しかしながら、これらの規範は、一三六〇年ごろまでは文字に書かれているだけで実際には生かされず、この学寮が文法と修辞学の教育の重要な中心になるのは、それ以後である。そして、その絶頂期には、シャンパーニュ出身者が四五％を占め、主だった人たちだけ挙げても、ニコル・オレーム、ピエール・ダイイ、ジャン・ジェルソンといった当時の最も優秀な人々を輩出した。だが、繁栄は一四一〇年の内戦勃発までの半世紀しか続かなかった。一四一八年、ブルゴーニュ軍のパリ侵入によって施設は荒らされ、貴重な蔵書は奪われ、急速に凋落した。

その反対に、アヴェ・マリア学寮は、初級クラスの学生に限定した。一三三九年、高等法院の予審院長であったジャン・ド・ユバンによってサント・ジュヌヴィエーヴの山に設立され、彼が生まれたヌヴェール司教区のユバン村とその近辺の貧しい若者たちを受け入れた。この学寮の生活ぶりは規約書に見事に記述されており、その手書き原本が今も国立古文書館に保存されている。生徒たちは八歳から十六歳までの若者で、白いシャツと灰色の上着の制服を着用。これは、部外者と区別するためであったが、ほかの学寮生たちも、たとえばナヴァール学寮は黒い上着を着用、一三七〇年創立のボーヴェ学寮は青と紫というように、それぞれに識別できるようにしていた。彼らの関心事は公共奉仕による社会生活の訓練、祈りと儀典、教育の三つのジャンルである。建物のなかには、礼拝堂が一つ、共同寝室が一つ（子供たちは一つのベッドに二人で寝た)、部屋が四つ、食堂一つに広間が二つあった。授業は学寮の外、文法学校の一つでも行われた。二十一歳になると教師になり、礼拝堂付司祭に補佐してもらって、修得した知識を実地に確認した。図書館にはおよそ五十冊の本があり、そのうち三十冊は礼拝堂の本で、約二十冊が学校の本であったが、ソルボンヌの《大図書館 magna libraria》でそうであったように、盗まれないよう鎖で繋がれていた。この学寮の本にはアレクサンドル・ド・ヴィルディユの『小プリスキアヌス Priscianus minor』、『教授法 Doctrinale』、エヴラール・ド・ベチューヌの『ギリシア語法 Graecismus』といった文法の概論書、論理学関係の本が五冊、アリストテレスの『魂について De anima』、『自然哲学 Physica』、『形而上学 Metaphysica』とそれらの注釈書、算術概論二冊、『演算 Algorismus』、また公的文書の作成法について書かれたものや『弁論術 Ars Dictandi』、ラテン語辞書一冊、カトー〔訳注・大カトーではなく、四世紀ごろのディオニュシウス・カトー〕の『訓言集 Distiques (Disticha de Moribus ad Filium)』と生き方のよき規範を集めた『躾 Facet』、道徳的修正を加えたオウィディウス、アウィエヌスの『寓話』などがあった。

そのほかの学寮は、学芸学部を修了した学士や上級学部の学生たちのためのものであった。一三三二年にフィリップ五世の妃ジャンヌ・ド・ブルゴーニュによってパリに設立されたブルゴーニュ学寮は寮監自身が学士で、授業を受け持ち、学芸学部で論理学と自然哲学を学ぶ給費生二十人を受け入れた。一三六〇年に枢機卿エリー・ド・タレイラン=ペリゴールによって設立されたトゥールーズのペリゴール学寮は、民法と教会法を学ぶ学生二十人を収容した。有名なソルボンヌは神学生対象であったが、十五世紀初めには約百四十人を擁しており、明らかにこの学寮の規模は例外的に大きい。

結局、十四世紀には、学寮が教育の中心となって相互間の競争が激化していく一方で、学部は学位授与にその役割を限定していく。とはいえ、中世末になっても、フランスの大部分の学寮は、教育の中心であるよりは、寝食を共にし人間が交流しあう中心でありつづける。その意味においては、学寮は、自らの同郷人や家族の一員で、貧しい学生たちに生活の条件と修了後の正規の仕事を確保することをめざした創立者たちの期待に応えたわけである。この地域的・家門的えこひいき主義の力はきわめて強かったので、ほんとうに貧しい学生は学寮のなかでも少数派であった。しかも、学寮生全体が少数の特権的階層を形成していた。事実、十五世紀のパリで三千人から五千人いた学生のうち給費生は六百三十人から六百八十人に過ぎず、トゥールーズでは学寮生の占めた比率は一五％であった。オルレアンのように、学寮のない大学町もあった。そこでは、学生たちは宿屋や宗教的共同体に属する家や「個別指導を兼ねた下宿pension-tutorat」のシステムに依存する教授の家にお金を払って下宿した。このような制度がいかにエリート的性格をもっていたか想像に難くない。

そのうえ、大学に人員を供給した社会的階層を見るならば、大学がまさにエリート的共同体であったことが明白である。貴族の子弟が入ったのは多くは法学部で、聖職キャリアの候補生がほとんどであった。教皇がアヴィニョンとローマに並立した教会大分裂（1378-1417）の間、南フランスの大学で貴族の子弟が占めた比率は三から七％であったが、同じ時期のオルレアン大学はドイツ人貴族の子弟が一五％を占め、しかも、十五世紀後半には四〇％にまで達している。こうして、オルレアンは、当時、低地諸国出身の学生たちにとっては、一種の貴族の書斎（studium aristocratique）という観を呈した。

貧困学生の比率は、変動は多少あるものの、一貫して少数派である。一三三三年から一四五二年にかけてパリにいたイギリス人とドイツ人の人文学部学生のうちで貧困階層は一七％だが、一四三〇年から一四七八年のアヴィニョンの学生についていうと、わずかに三％である。これは、ジャック・ヴェルジェが引用している極端な例で、この数字をどう解釈するかはきわめて微妙である。というのは、《貧困学生》のなかには、一時的苦境に陥ったために学費免除や割引措置を大学から取得した学生も含んでいたからである。しかしながら、ジャン・ジェルソンやフランソワ・ヴィヨンのような正真正銘の貧乏学生もいたし、パリの人文学部や神学部には、おそらく南フランスやオルレアンの法学部よりも幅広い社会階層の学生たちが集まってきていた。

これら二種類の少数派（貴族のエリートと貧困学生）は別にして、信頼できる統計はないが、フランスの学生は大部分が、商人や王室役人、大公や領主に仕える人々の息子だの聖職者の甥といった、ピエール・ブルディユーの表現を借りると、農民大衆に較べると特権的だが大して威信があるわけではない《中流階層》の「跡継ぎ héritiers」だったようである。

大学に入る若者を篩いにかけた第一の社会的要因は、給費を受けられない学生にとっては学費が高くついたことである。この点で大きかったのは、本をはじめ勉強に必要な道具の高価さである。たしかに大学も、本の生産と流通を調整する努力をした。たとえば原本（examplar）を自分で書き写させ、製本しない分冊（pecia）で使えるようにした。そのおかげで、本の利用の効率性は、一二五〇年から一三五〇年に最大値に達した。しかし、十三世紀から十四世紀への移行期にあっても、大学で使われた本は羊皮紙で、その値段はきわめて高価であった。一二九二年、ソルボンヌ学寮の一〇一七冊の蔵書に付けられた値が全部で三八一二リーヴル一〇スゥ八ドニエである。一冊あたりの平均価格にすると、三リーヴル一五スゥということであるが、当時の建築職人でいえば四十五日分の労賃であり、パリの行政官の給与五日分に相当する。しかも、写本の素材である羊皮紙の値段は少なくとも十五世紀前半まで上がりつづけた。五十年近く経った一三三八年でも、ソルボンヌの蔵書の平均的値段は三リーヴル二スゥ、さらに半世紀後の一三九五年でも、カオールのペレグリ学寮の二六冊には、一三リーヴル一スゥの値がつけられている。一四三二年、パリのラ・マルシュ学寮の寮監、ブーヴ・ド・ウィンヴィルの個人蔵書四六冊には五リーヴル一二スゥの値がついている。古書市場の発展と学寮で機能していた貸与システムや托鉢修道会の蔵書の豊かさを考慮したとしても、本はやはり稀少であり高価であった。ジャック・ヴェルジェは、たとえば十四世紀から十五世紀に南フランスの大学で法律を学ぶ学生が所有していた本は、せいぜい六冊から七冊であったと指摘している。

授業や試験も有料で、上級の学部、とくに法学部で最終学位を取得するには、法外なカネがかかった。そのようななかで就学期間が長いことは、彼らを篩いにかける重要な要因になった。平均的にいって、人文学部の就学期間は六年（十四歳から二十歳まで）、上級に進むと、さらに五年（二十歳から二十五歳まで）かかり、博士になるにはさらに長い年月を要した。神学生の場合、修了するときには三十五歳になっていた。ジェルソンは二十九歳で博士号を取得しているが、これは例外的である。南フランスの法学部では、博士号を取得するのに十年から十三年かかった。ユスタシュ・デシャンによると、オルレアンで法学の勉強のために要した年月は、平均して七年か八年である（彼自身、ここで学んだし、息子もここで学ばせている）。ところが、この勉強にはとくにカネがかかったことから、父親に無心する息子の手紙という形で次のようなバラードを作っている。

オルレアンの学生が手紙でいうことに

親愛なる父上へ、わたしは無一文で、
あなたなしでは何も手に入りません
勉強にもカネがかかりますので
学問もできませぬ
法典はあっても判例集がないのです
どうか　わたしが受け継ぐ資産から
十エキュを先にください
そして借金を負わないために
送ってくださるようお願いしまする

医学の勉強にかかる時間は、もっと短かった（モンペリエでは五年から六年であった）が、医学の場合は、その前に人文学部を修了していることが義務づけられていた。これは、法律を学ぶ学生には義務づけられていないことであった。

このように、大学での履修を終了するには長い年月を要したので、ジャック・ヴェルジェによると、南フランスの大学で学士号を取得したのは学生の半分に過ぎず、博士号にいたっては、六分の一であった。十五世紀には、学生たちの忍耐の欠如と手元不如意、そして大学当局の甘やかしのため、理論上かかる就学期間の長さにくらべて実際の就学年数は次第に短くなっているものの、学生たちは特権階層の子弟であり、彼ら自身、法律的次元では特権的身分であることに変わりなかった。逆に、彼らの大学修了後の経歴を調べてみると、大学で得た称号と社会的成功とは関係がなくなっていく。

たしかに、教会は大学で資格を取った人々に高い職席を用意していた。十四世紀のアヴィニョンのフランス人教皇たちは、教皇庁の職員として大学の有資格者たちを大量に採用した。司教とその補佐役（教区法務者、司教座法廷の判事は、ほとんどが学位保持者であった）、そして参事会には、大学修了者がたくさん見受けられる。しかし、そうした高位聖職者にくらべて、フランス王や大領主の臣下のなかで大学の学位取得者はそれほど多くない。とくに軍事や財政に関わる人々の間では少ないが、もっと少ないのが、裁判関係、とくに高等法院の重要な立場にある人のなかで大学修了者の占めた比率である。たしかに一四五〇年以後は、下級裁判所、代官所といった地方的レベルでは大学出の有資格者が次第に増えるが、それにしても、少数派である事態は変わっていない。

わたしたちは、中世末にフランスの大学によって行われた社会的撹拌の特徴についてジャック・ヴェルジェが公式化した考察に立ち戻ろう。十四世紀以後、教会と国家のエリート官僚のなかに大学で学位を取得した人々が徐々に増えていったことは確かであるが、本当の意味で社会的に上昇したわけではなかった。というのは、そうした学生たちの大部分は最初から特権的な人々の息子たちだったからである。加えて、大学の学位取得者たちが獲得した席は、パリの高等法院とかアヴィニョンの教皇庁控訴院（Rote）のような特別の機構を除くと、社会の特権的エリートのそれでは全くなかった。

結局、とくに都市社会のなかで彼らに任されたのは、「技術者」としての立場であって「命令者」としてのそれではなかった。決定権は、生まれながらの伝統的エリートと財力によって台頭した新しいエリートたちの手にあった。大学で学位を取得した人たちが《代官baillis》〔訳注・下級裁判官の北フランスでの呼称〕や

《奉行sénéchaux》〔訳注・南仏の下級裁判官〕になることは稀で、まして国王の諮問会議や大公たちの顧問会議を牛耳ることは決してなく、もしなったとしても、大学の学位などもたない貴族や上流ブルジョワに較べてはるかに少数派であった。フィリップ美男王〔1268-1314〕のもとで働いた有名な《レジストlégistes》〔法律顧問〕たちも、その後十四、五世紀の王たちのもとでは、思われているほど重用されなかった。たしかに、美男王のあとの王たちも《レジスト》を利用はしたが、ギヨーム・ド・ノガレ〔訳注・フィリップ美男王のもとで宰相として仕え、王権の拡張に貢献した。1260-1313〕のような並外れた権勢をふるう立場になった人は稀であった。

威信は増大しても依存度を強める

中世末の諸文化について見られた《危機crise》あるいは《衰退déclin》が、フランスの大学の歴史にも当てはまるか否か、もし当てはまるとすれば、いつからかという問題も無視できない。

一見すると、これらの制度機構の知的ダイナミズムは、十四世紀、まして十五世紀には、それより前の時代に較べて全般的に弱体化したようにみえる。一二七七年のパリ大学の告発〔訳注・パリ司教エティエンヌ・タンピエがアリストテレス主義を含む幾つかの命題を断罪したこと〕をもって、パリ大学を中心とした神学の大総合時代は終息し、「スコティスム」や「オッカミスム」といった新しい教理が生まれるのはオックスフォードにおいてである。〔訳注・「スコティスム」は、理性に対する意志の優位を説いたドゥンス・スコトゥス（一三〇八年没）、「オッカティスム」は普遍的なものは言葉や概念だけで実在するのは個別のみであるとしたウィリアム・オブ・オッカム〔一三四九年ごろ没〕の説をいう。〕しかも、法律学でも、中世末のフランスでは、オルレアンの教授、ジャック・ド・レヴィニ〔一二九六年没〕やピエール・ベルペルシュ〔一三〇八年没〕に比肩できる人は誰一人いなかったようである。

しかし、この創造的力の衰退は、他の学科も同じというわけではなく、そこには年代的ずれがある。たとえば、一二八〇年から一三五〇年の時期は、モンペリエの医学の絶頂期であるが、パリ大学医学部も最初の飛躍を見せた時代である。一三二〇年代には、パリの天文学者、ジャン・ド・ムールとジャン・ド・リニエールによって、十三世紀のカスティリヤ王、アルフォンソ十世にちなんで『アルフォンソ表alphonsines』と呼ばれていた天体表の修正版が作成されている。この天体表は、それまでのものよりずっと使いやすく、コペルニクスが出るまで西欧の天文学を支配した。もし、《危機》が存在したとしても、それは全般的なものではなかったし、始まったのも十五世紀に入ってからであった。

一三〇〇年から一四二〇年にかけては、十三世紀の延長線上にあって、フランスの大学文化、とりわけパリ大学のそれが威信を高め影響力を増大した。公私を問わずオッカムの思想を教えることを禁じた一三三九年の法令が広く行き渡っていたとしても、パリ大学神学部がキリスト教世界にとって拠り所の一つであることに変わりはなかった。その証拠に、一三九八年にパリ大学神学部が行った、魔術と占いの行為に関する二十八項目の告発は、その後も長期にわたって衝撃力を維持した。

何人かの偉大な革新的教師が国際的に威光を放ったことも、パリ大学の威信の増大に寄与した。ジャン・ビュリダン〔1300以前-1358以後〕が学芸学部で行った自然哲学の講義は広く評判を呼び、ケルン大学古文書庫の一四二五年のある文書は、十五世紀を「ビュリダンの時代âge de Buridan」と呼び、またドイツ人、ヴェルナー・ロレヴィンクが書いた歴史的人物事典『Fasciculus temporum』（1474）は、ビュリダンを「近代の道を拓いた最も偉大な哲学者maximus philosophus, qui invenit viam modernorum」と評価し、アリストテレス哲学の「古き道via antiqua」に対して「新しき道via moderna」の開拓者であると宣揚している。〔訳注・ちなみに、ビュリダンについては、質量ともに等しい二つの干し草の山の間に置かれたロバは、どちらの干し草を食べるかの決断ができず飢え死にすると説いたとされ、これが「ビュリダンのロバâne de Buridan」と呼ばれた。〕

また、パリ大学区長（chancelier）、ジャン・ジェルソン（1363-1429）の教育に関する著作とその実践的努力は、スカンディナヴィアにまで知られ、一四九五年と一五一四年に最初に印刷されたスウェーデン語の本は彼が著した概論の翻訳である。

最後に、フランス王権がアヴィニョンの教皇に肩入れしたことから、イギリス人やドイツ人学生の多くがパリ大学から逃げ出した《教会分裂Grand Schisme》の時代にも、パリ大学の主張にはフランスおよびヨーロッパじゅうが耳目をそばだてた。一四一三年、「カボシュ王令」が発布されたときや、コンスタンツ公会議のとき主役を演じたのは、パリ大学区長ジェルソンとその後任でカンブレ司教、枢機卿のピエール・ダイイ（1350-1420）であり、このとき、パリ大学の政治的影響力は頂点に達した観さえある。〔訳注・カボシュ王令は、パリの屠殺場の親方（カボシュ）、シモンが政治の改革を求めて肉屋たちを率いて反乱を起こしたとき、国王が行政と司法の改革を命じて出した勅令。コンスタンツ公会議は、その前のピサ公会議を引き継いで、教会分裂を終息するために行われたもの。〕

したがって、フランスの大学全般（とりわけパリ大学）の威信が低下し影響力を弱めていったことは事実であるにしても、それは、一四一八年のブルゴーニュ人たちのパリ劫掠と一四二〇年の王権分裂〔訳注・一四二〇年、イギリス王ヘンリー五世がフランス王女カトリーヌと結婚してフランス王を名乗り、王太子シャルル七世と並立する形になった〕より以前から明確に現れていたわけではなかった。パリ大学が、アラン・ド・リベラの言うように「政治の賭け金となった」のは、これらの事変以後である。

フランスの大学と教会、市行政府、そして生まれつつあった国家に代表される権力機構間の複雑な関係に重大な変化が生じ、この複雑な争いのなかから王権が勝者として抜け出してくるのが十五世紀のことである。

まず言及しておかなければならないのは、フランス国内の諸大学に対する教会権力の監視が次第に遠のいていったことである。フランスの大学とアヴィニョンの教皇庁との関係は全般的に良好であったが、大分裂のあとは、アヴィニョンのベネディクトゥス十三世への忠誠を守ったトゥールーズ大学のような南フランスの大学は別にして、一三九八年、アヴィニョンの教皇への服従停止が決議され、両者の間に決定的な亀裂が生じた。

〔訳注・一三八九年、ローマではウルバヌス六世のあとをボニファティウス九世が継いだが、アヴィニョンでは一三九四年にクレメンス七世が亡くなったあと枢機卿たちによる選挙でスペイン人ペドロ・デ・ルーナがベネディクトゥス十三世になった。一三九八年、フランスの聖職者たちはパリ大学と示し合わせてベネディクトゥスに対する服従を拒絶する動議を決議した。〕

北フランスの大学と教皇権との関係が明確に毀れるのは、一四〇八年に決議された第二次の《服従停止》と、一四三八年、ブールジュでシャルル七世によりガリア教会の自立を要求した『国本勅諚 Pragmatique Sanction』が発布されたときからで、トゥールーズの大学区長を務め、ついで大司教になったベルナール・

ド・ロジエ（1400-1475）などが《教皇至上主義 ultramontanisme》を表明しているのは、あくまで南フランスの特異性を表している。

大学と都市当局の間に伝統的にあった敵意は、十四世紀にはますます増大していた。学生同士の乱闘、住民に融け込まない学生と彼らの特権を快く思わない市民の間の確執は、オルレアンでは一三八〇年代に、経済危機や反税暴動、王権による弾圧と重なって最悪の状況になる。学生の場合は、これにユスタシュ・デシャンが『結婚の鏡 Miroir de mariage』のなかで謳っているような若い娘をめぐってのさや当てが加わった。

ある者は放蕩の無頼となり
泥棒、人殺しとなる
ろくに勉強もせず
娘っこをめぐって仲間と乱闘
こんな生活をつづけるあいだに
みんな阿呆になってしまうか
六年を待たないで命を失う（永井敦子訳）

この喧嘩好きで淫蕩な学生の問題は、それから百年以上あとも、エロワ・ダメルヴァルによって『魔性の書 Livre de la Deablerie』のなかで再度採りあげられており、そこには、大学町の内包している両義的で矛盾した感情が表れている。市民たちは大学に対して一見敵対的でありながら、自らの息子の一人を学生として大学に入れたし、こうした威信のある機構が自分たちの町にあることを鼻にかけさえしている。ジャック・ヴェルジェとシャルル・ヴュリエは、十五世紀には、とくにモンペリエとトゥールーズで、王権の膝元から遠いことを逆手にとって大学を《市有化 municipalisation》するよう主張さえしている。

王政府も、大学とは多岐にわたる関係を維持した。歴代フランス王は、一方で大学に厚遇を保証し、教皇や都市政府とその干渉好きな役人〔その典型がパリ代官であった〕から保護しつつ、他方では、この「フランス王の長女」〔訳注・パリのこと〕に対する監視を強めた。

この分野で一つの重要な進展をもたらしたのがシャルル五世である。彼は、国家に奉仕する知的エリートの養成と王権による大学支配の強化に力を注ぎ、パリ大学の俗人用学寮から提供された奨学金の三分の一を自分の告解師と施物係りの司祭に任せ、とくにナヴァール学寮に授与させている〔一三七三年〕。

シャルル五世治下の王権とパリ大学の関係の緊密化は、文化的側面で大幅に前進的な結果をもたらした。神学者のニコル・オレーム、ジャン・ゴレーン、ドニ・フルシャ、法律家のエヴラール・ド・トレモーゴンといったパリ大学のメンバーはとくに、この「賢王」の頭脳集団〔brain trust〕としても、大学文化の宮廷への普及においても、重要な役割を演じた。彼らは、王に対して一種の精神的自立を守りながら、シャルルの個人的関心を満足させることができた。たとえば一三六八年、パリの空を彗星が横切ったとき、シャルルは神学博士、ヘッセン〔ランゲンシュタイン〕のハインリヒに『彗星の問題 Quaestio de cometa』を執筆するよう命じており、そこには、パリ大学における研究振興策の萌芽が見られる。

百年戦争によって弱体化していたフランス王権と、それに対し助言役を果たしたパリ大学との関係は、シャルル六世治下の《アルマ・マーテル alma mater》〔訳注・「乳母」の意のラテン語で、大学教授団を指した〕

の束の間の政治的勝利を現出した。しかし、大学に対する王権の監視は、一四二〇年代から一四三六年ごろまでのイギリス人たちによる占領と、それがもたらした諸結果によって、ひどく違ったものになった。イギリス＝ブルゴーニュ陣営に肩入れし、ジャンヌ・ダルクへの憎悪を燃やしたピエール・コーションに代表される神学教授たちが採用した政治的選択のために、王権との力関係は、パリ大学にとって不利になった。「シャルル七世、ついでルイ十一世は、弱体化したこの共同体（パリ大学）に対し、もはや強いシンパシーを抱かなくなった」（S・ルー）。パリ大学のフランス王権への隷属は、イギリス人たちによる占領時代以前から始まっていたのであって、占領下の政治的音痴は、これを加速しただけであった。

シャルル七世は、一四四六年、パリ大学の問題についての判断を高等法院に委ねることによって、致命的一撃を加えた。パリ大学の法制上の特権は、これで完全に打ち砕かれたのであった。

十五世紀に相次いだ大学改革（パリの場合は一四五二年の枢機卿エストゥトヴィルのそれ、オルレアンの場合は一四四七年、アンジェの場合は一三九八年と一四九四年のそれ）は、フランス王により、王が任命した委員会を通じて、もう一つ別の次元で統合された。トゥールーズでは、大学改革は、地方法院によって一四七〇年から一四九九年にかけて行われた。これらの改革は、多くの場合、旧来の規範を蘇らせることで満足したが、教育と思弁の分野での新機軸といえば、学生全員を寄宿制にし偽学生を追放することによって、大学の特権を正式に登録されている人々に限定したことである。それとともに、大学内の階層的構造が固定され、教育の若年齢化が促進されたが、これは、教授と学生たちを王国の公的秩序のもとに統合しようとする一貫した配慮によるものでもあった。しかしながら、これらの改革は、部分的に適用されたのみで、一四五二年以後のパリ市の文書には、一四五五年から一四六三年まで種々の罪で何度も有罪判決を受けたフランソワ・ヴィヨンのように、社会の周縁に追いやられた元学生たちの悪行を告発したものが頻りに見られる。

一四七〇年、ルイ十一世は、シャルル軽率公〔訳注・ブルゴーニュ公。ルイ十一世に敵対して一時はパリを掌中にしたが、一四七七年、ナンシーの戦いで滅ぼされる〕に同調する学生たちをパリから追放することによって、大学自治に更なる一撃を加えた。一四七四年、王は唯名論派の巻き返しに不安を覚える告解師とパリ大学の神学者たちに唆されて、ウィリアム・オブ・オッカムとその残党のフランスの大学における活動を禁止し、アリストテレス、アヴェロエス、トマス・アクィナス、エギディウス・ロマーヌス（ジル・ド・ローム）、ヘイルズのアレクサンデル、ドゥンス・スコトゥス、ボナヴェントゥラそのほか「実在論の博士たち」の教理を教えるよう勅令を出している。この決定は、パリ大学と教皇に代わって国王が王国における正統教義の守護者であることを鮮明にしたもので、《フランス皇帝教皇主義 césaropapism à la française》（Z・カルーザ）の進展の重要な表れであった。しかし、それは、一四八二年には同じルイ十一世によって破棄され、かつて一二七七年に行われたエティエンヌ・タンピエによる告発とも、また一三四七年にパリ大学神学部による唯名論者ピエール・ド・ミルクールの告発とも較べるべくもない、きわめて微弱な教義的効力しかもたなかった。ルイ十一世時代の角帽 bonnets carrés〔訳注・聖職者や教授が被った〕は、先輩たちに較べてすっかり精彩を失ってしまった。

結局、止めの一撃は、同じルイ十一世によって加えられた。彼は、一四九九年、パリ大学に対しストライキを禁じ、背いた場合は反逆罪を適用すると通達した。組合同士の小競り合いで力を浪費し、本来のダイナミズムを奪われた機構は、信頼感を失い浸食されて、あれほどパリ大学と一二二九年から一二三一年のその妹たち〔訳注・一二二九年にトゥールーズ大学が創設されている〕の誕生に貢献したスト権は、こうして完全に取り上げられてしまったのであった。あとで見るように、王権は、大学のユマニスムの開花に一つの確かな役割を演じたが、大学人の思考と行動の自由は国家の権力拡大のために失われてしまった。したがって、フランスの大学は、十五世紀に凋落したといえるのだが、大学を修了した人たちの社会的・文化的役割の開花がそのために妨げられることはなかった。

五、言葉による教育

大部分の人が読み書きができなかった時代にあっては、教育も、基本的に口で伝えることに依存した。文字を知っている人々(リテラーティ litterati)も、多くは記憶力と知識の暗記に基盤を置いた口承文化をもっていた。さらに、大学での修学の成果は、とくに弁論術の《討論 disputatio》のなかで発揮された。一四四五年、「パリの一市民」の名で知られている知識人が報告しているコルドヴァのフェルナンドのケースは、そのことをよく示している。このフェルナンドは、その並外れた記憶力で《神童 surdoué》の名が高く、パリ大学の博士たちによって審査されたのである。

「彼は、人文学教授、医学教授、法学博士、教令博士、神学博士であり、実際にナヴァール学寮でパリ大学の神学修了者五十人以上と、そのほか三千人を超えるわたしたちを相手に討論し、あらゆる質問に対し、これまで見たことがないと思われるほど、見事に堂々と答えた。」

したがって、中世末にあっては、偉大な大学人とは優れた弁論家であると同時に、優れた説教師でもあった。事実、大学で学位を取得した人や托鉢修道会のメンバーが、自分の知識の断片と、とりわけ《神の言葉》と、その言葉によって運ばれる価値と信仰を広めることによって重要な文化的仲介役を果たしたのは、本質的に説教を通してであった。

エルヴェ・マルタンが二千人近い人々〔その大部分は托鉢修道会の出身者であった〕の生涯について行った調査結果が示しているように、後期中世のフランスでは、説教師であることは、社会からその威信を認められた身分であり、説教は、長期にわたる知的・実践的鍛錬を経て、同業組合のそれに匹敵する規約のもとに行われる職業活動であった。

必要に応じて間歇的に説教師になる教区司祭と違って、托鉢修道士は本物の《言葉のプロフェッショナル》であった。とくに四旬節 Carême〔訳注・復活祭前の四十六日間〕や待降節 Avent〔訳注・クリスマス前の四週間〕のときには、都市当局によって、その地域の説教キャンペーンに回らされた。アラゴン人ドミニコ会士のヴィンケンティウス・フェレリウスは、一三九九年から一四一九年にヴァンヌ〔訳注・パリから西南西の大西洋岸〕で亡くなるまでの二十年間、フランス、スペイン、スイス、オランダを説教して回った。教区司祭たちも間歇的ながら説教を行っていたことを考えると、北フランスの、とくに都市住民は、文字どおり、絶え間ないイデオロギー的槌音を聴かされる標的であったことが明らかである。たとえば、アミアンでは、一四四四年から一五二〇年までの間に、年間百四十五回、週に二回から三回、合わせて約一万一千回、荘厳な説教が行われた。まさに、十五世紀から十六世紀初めのフランスでは、「神の言葉による大々的開墾」が行われたわけである。

問題は、この量的過剰が質的次元で実際の効果を伴ったかどうかである。

説教師の話の質は、当然、彼が受けた鍛錬の質によって左右される。とりわけ《説教者修道会Ordo Fratrum Praedicatorum》〔訳注・通称「ドミニコ会」〕は、その名のとおり知的訓練を重視し、他の托鉢修道会の手本となった。ドミニコ会の修道院には、原則として二つの学校があった。一つは、新入り修練士(novices)に文字を習得させるための小学校(petite)、もう一つは大学の神学部に匹敵する大学校(grande)で、これは、俗人にも開かれていた。

これらの修道院学校の上に、修道会の管区ごとに一つないし二つの《studia sollemnia》(厳格な学習所)があり、そこでは哲学・教会法・聖書が教えられていた。また、《studia generalia》(綜合学習所)があって、その最も重要なのがパリのサン・ジャック街のそれ〔訳注・ジャコバン修道院で、ソルボンヌの近くにあったが、大革命の際に壊された〕であった。このように托鉢修道会の《学習所studia》は、制度機構的には大学と別の存在であったが、学習内容は共通しており、十四世紀には、とくに南仏の大きな町では、大学の神学部として組み入れられていった。

こうした機構のなかで、とくに説教術の訓練のために使われた手引書の一つがフンベルトゥス・ロマニスの『説教の鍛錬についてDe eruditione praedicatorum』(一二六六年から一二七七年ごろ)である。説教集も幾つかあり、十四世紀初めのトロワのコルドリエ会やシトー会、クレルヴォーの修道院の図書館では、そうした類の本が一五から一八%を占めていた。

しかし、直接・間接に説教の内容に示唆を与えたものに、俗人用の教育の本がある。フィリップ三世の告解師でドミニコ会士、ロラーン・デュ・ボワの『王の大全Somme le Roi』（1279）は、そのなかでも最も名声を博し、写本も八十以上遺されている。また、小教区主任司祭向けの司牧の手引書としては、十四世紀に書かれた『信者教本Doctrinal aux simples gens』がある。これには、二種類のヴァージョンがあるが、全部で三十五本の写本が遺されている。また、十五世紀の『司祭の鏡Miroir des curés』も、司祭たちに説教のヒントを与えるために編まれた著述の一つである。

ジェルソンは、この種の教理問答の小冊子もたくさん書いたが、その原型が『信者の基本手引きABC des simples gens』である。これは、彼自身「tous, petiz et grans, filz et filles et aultres gens simples（全司祭、高位聖職者、俗人の男女）」といっているように、位の上下を問わない、あらゆる聖職者のための手引き書であるが、おそらく彼が優先的に考えていたのは、説教のなかでふっと記憶が真っ白になったりする主任司祭たちのためであった。そこでは、基本的な祈りのことや、キリスト教における道徳と教義の基本的な項目、たとえば肉体の五感、七つの大罪、十戒、七徳、聖霊の七つの贈物、七福、心身にわたる七つの憐憫、七品級、七つの秘蹟、悔悛の七枝、寡婦のための天国の七財、完徳をめざす人々のためのイエス・キリストの助言、天国の喜びと地獄の苦しみなどが採り上げられている。

《説教》は「文字以前の教理問答」を伝える教育的講話であり、一般に、よく組み立てられた論理と学校で教える隠喩的手法、特別の叙述的資料によって成り立っている。そうした資料としては、聖書とともに「例話exempla」と呼ばれる教訓的な物語があるが、一四七〇年以後は、後者は、たとえば、話の効果を狙って、俗語を使用するとともに、さまざまな俚諺、格言、慣用句が使われるようになる。ジェルソンが集めた

修道士の説教に聴き入る信徒たち（1480年ごろ描かれたもの）

パリ上流市民向けの説教一〇六のうち、五九がフランス語、四七がラテン語である。

説教は、また、演劇化されて舞台の上で演じられた。説教師が神秘劇の俳優として登場し、ときには、舞台装置まで説教の内容にあわせて替えられた。ヴィンケンティウス・フェレリウスは、ブリトン人たちに理解させるために、さまざまな図像を使い、演劇的手法を活用した。また、パリのサン・ジノサン墓地では、一四二九年、フランシスコ会士、リシャールの説教のために、壁に《死の舞踏 danse macabre》の図が描かれた。

これらの説教キャンペーンは、幾つかの失敗はあったものの、全体的には成功をおさめた。年代記は、説教師の呼びかけに応じて多くの罪深い男女が改悛したこと、少なくとも一時的には民衆の信仰熱が高まり風紀が改善されたこと、ある場合には、一つの町が社会的平和を回復したことなどを伝えている。しかも、長期的にも、説教の効果は、その地方の聖職者たちによって引き継がれ、エルヴェ・マルタンによると、北フランスでは、住民たちの間に神学的観念と基本的道徳観がゆっくりと浸透し、「行政官たちにあっては、よき公的秩序への関心と、信徒たちにあっては、信仰の深まりから、神の言葉への需要が高まった」という。ルエルグについてのニコル・ルメートルの著述やドーフィネについてのピエレット・パラヴィの調査も、説教内容の記録や、石に刻まれた彫刻、図像、演劇といった資料を駆使して、当時のキリスト教司牧神学がもたらした成果を確認している。

しかし、このポジティヴな調書を薄めた要素が二つある。一つは、町の住民たちに較べて田舎の人々は、そうした機会に恵まれなかったこと、もう一つは、説教の内容が、十五世紀から十六世紀に移るころには、インスピレーションもなく、硬直化し、型にはまった粗雑なものになっていったこと、である。したがってフランスでは、《言葉Parole》による教育は、とくに都市住民にとっては宗教改革直前になってもキリスト教の本質的観念と価値の習得という面で基本的であったが、信徒たちの精神的生活を充分に満足させるものではなくなっていた。

第九章　国家の進展と文化

一、文書行政と官僚主義的中央集権化

中世末は、フランス王国のなかで政治的機構が整備され、重みを増していった時代である。フランス王制とそれを模倣した大公たちの公国は、一三〇九年にアヴィニョンにとりあえず落ち着いた教皇庁の機構モデルに刺激されて、官僚化していった。

近代国家誕生の徴候であるとともに要因ともなったこの現象は、まず、王政府に仕える役人たちのかつてない増員として表れた。王政府に仕える役人は、聖ルイ王の治世（一二二六年から一二七〇年まで）には何百人かに過ぎなかったが、一五〇五年〔訳注・フランソワ一世の時代〕には約一万二千人になり、そのうちの四千から五千人は、パリに固定されていた高等法院（Parlement）、会計院（Chambre des comptes）、十四世紀初めにできた尚書院（Chancellerie）、一三八九年ごろ設置された財務院（Cour du Trésor）、租税院（Cour des

Aides）などで働いていた。

官僚化は均等なリズムで進展したわけではない。一二五〇年から一三五〇年までは早足に進んだが、一三五〇年から一四五〇年には速度が落ち、十五世紀後半に再び加速する。一三五〇年から一四五〇年の時期は、役人の絶対数の増加は減速するが、一三四八年を皮切りに断続したペスト禍による激しい人口減少を考慮すると、相対的数値は増大しつづけており、この時代全体がかなり均質的な官僚化の進行ぶりを示している。加えて、《マルムゼ Marmousets》〔訳注・シャルル六世が即位したとき、引き継いだシャルル五世の顧問たち〕による政府以来の公的職務規範の仕上げと王政府役人の富裕化（実際にせよ仮想にせよ）のせいで、その重みは、世論の眼には何十倍にも増大して映った。人口回復期も含めた当時の政治的文書の大部分（それには、ジャン・マスランの『一四八四年の三部会日誌Journal des États généraux de 1484』も含まれる）は、人口が支えうる数に比して、この役人の数は多すぎると批判している。

国家権力の行使には日常的に書類が不可欠で、役人の数の増大は、その大きな部分が文書の増大の結果であったから、王政府の役人の増加は文化的な意味をもった。王国尚書院の書記の数は、一二八六年に十人だったのが、一三四三年には九十八人になっており、ロベール＝アンリ・ボーティエの計算によると、一三三二、三三年ごろに発せられた大型王璽grand sceau〔訳注・王令や特赦などに使われた。これに対し司法書類に使われたのが小型王璽petit sceau〕の文書は年間二万、封蝋の王璽（sceau secret）の押された文書は一万五千通に達する。これは、アヴィニョンの教皇庁でも似たようなものであった。

この現象は、シャルル六世の治世になっても、ますます勢いを増していった。王国武器庫番であり、ヴァロワ、ついでサンリスの代官を務めたユスタシュ・デシャンは、この書類行政を思い起こさせる打って付けの詩を遺している。

ある者が誰かを殺そうとするときは
証書が要る　法廷で処理してもらうために
おかねを集めるのには
インクと紙が充分に役に立つ
しかして、法は書物に書かれねばならぬ
さもなければ、たちまち効力を失う
それを防ぐには、わたしはこう言わずにいられぬ
必要なのはインクと蝋と羊皮紙だ、と

王よ、いまやすべてが混乱しており
手の打ちようもなくなっておりまする
道筋をつけるのは文字だけです
戦いを始めるにも、命令を下すのに
なにはともあれ
インクと蝋と羊皮紙が必要なのであります　（永井敦子訳）

事実、王侯にとって、文書によるコミュニケーションを掌握することは権力の行使と維持の必須の鍵となった。文書の数の増大は、裁判、財政、立法、外交に関わる彼らの権限が増大したことの表れである。フランス王にとっても教皇にとっても、統治するとは、そうした文書を作成することであり、それが、命令の遂行を任務とする役人たちの文化的向上に寄与した。一四九九年には、王政府の公吏たるものは読み書きができなければならないと定めた勅令が出されている。立場によっては、読み書きだけでなく、計算し、王国の資産を見積もることもできなければならなかった。この点では、一三二八年の有名な『小教区および家庭の状況 État des paroisses et des feux』以上にフランスの官僚制が効率性を増したことを証言しているものはない。これは、会計院から出された文書と実地検分によって、地方代官（北部・東部フランスの場合は「baillis」、南部と西部フランスの場合は「sénéchaux」）がフィリップ六世のために作成したかなり正確な税務統計の一種で、王国の四分の一は除外されているものの、ヨーロッパのどの国よりも広く人口の多い領域を支配するフランス王政府の有能ぶりを証明している。この調査が実施されたのはフランスの人口が絶頂期を示したときで、そのあとペストの大流行によって減少したが、王権は進展ぶりを示していく。〔訳注・一三二八年は、カペー王朝からヴァロワ王朝に移った年で、十年後の一三三八年からイギリスとの間で百年戦争が始まる。〕

大公領も、王政府の制度を手本に、「領主領から国家へ」（A・ルゲ）の進展プロセスを辿る。ブルボン公、ブルゴーニュ公、ベリー公などの大公たちも、フランス王に倣って自分の宮廷を作り、尚書局、館、財務局を備えたから、住民たちには王政府の役人たちの重圧に大公領役人の重圧が加わった。しかし、ときには同じ役人が両方を兼務していることもあり、たとえばフィリップ豪胆公（ブルゴーニュ公）は、ヘントとディジョンに財務局を設けてパリの会計院のメンバーを雇っている。

結局、地方の段階でも文書行政が徹底し法律が重みを増したため、法律に関わる人々の数はかつてなく増えていった。一三一五年ごろ、ジョフロワ・ド・パリは「フランスは弁護士で溢れている」と言っている。同様にして、都市生活においても、法律家たちの地位は向上し、法律顧問たちの影響力が増大して、十四世紀半ばには、国家の官僚主義化を超えて、社会（少なくとも都市社会）の官僚支配化が始まる。

とはいえ、大公領や都市の発展のために、国家の整備という本質的事象が忘れられることはなかった。フランスでは、中世の末から国家の官僚主義化と中央集権化が相携えて進んだ。たしかに、一四一八年から一四三六年まで、イギリス＝ブルゴーニュ支配下の北フランスと王太子治下の南フランスに分かれて、高等法院はパリとポワティエ、会計院もパリとブールジュというように二つずつ並存した。また、裁判の渋滞がひどくなったことから、シャルル七世治下の一四四三年にトゥールーズにも高等法院が設置され、ルイ十一世（1461-1483）、シャルル八世（1483-1498）の時代に引き継がれた。イギリスが撤退し、ブルゴーニュ公領が王政府に併合されたあとも、ボルドー、ディジョン、エクス＝アン＝プロヴァンスの高等法院や、ノルマンディーの《エシキエ Echiquier》〔訳注・アンシャン・レジーム下でノルマンディーの高等法院に与えられた呼称〕、アンジェやディジョンの会計院といった既存の機構は維持された。しかし、だからといって、一四一八年から一四三六年の時期〔訳注・百年戦争でフランスが最も深刻な状況に陥り、パリがイギリス軍の占領下に置かれた〕は別にして、フィリップ・コンタミーヌの言葉を借りていえば「国家の記憶庫」である王室古文書庫を初めとする国家のあらゆる主要機構が集中したのはパリであることに変わりなかった。この古文書庫は、おおまかにいうと五つの基本部分を含んでいた。高等法院（Parlement）、会計院（Chambre des comptes）、権利書管理院（Trésor de chartes）、軍事と警察の中枢であったシャトレ、そして、王制にとって最も重要な価値をもつ歴史的文書を保管していたサン＝ドニ大修道院である。

王の居所が移動するにつれて、尚書院が作成した命令文書の発送元も変わったが、十四、五世紀の王令、権利証書、高等法院判決、会計院の記録（この最後のものは、一七三九年のパレ・ロワイアルの火災で焼失した）といった主要な記録文書はパリに保管された。公証人、王室書記、高等法院判事、会計官、法律顧問といった国家に奉仕する新しいカテゴリーの文官の活動も、パリを出発点として全国に展開された。王とその宮廷、要人たちも、パリ大学やパリの修道院などのメンバーと相携えて、フランス王国におけるパリの文化的優位性維持に貢献した。

二、パリ——フランスの文化的首都

パリは、すでに十二世紀にはフランス王国の首都（caput regni）と考えられていた。一一七五年、ギ・ド・バゾシュは、この町の「王の尊厳を表す髪環 ceinte du diadème de la dignité royale」すなわち、シテ島の商業的繁栄と自由学科・哲学・法律の研究の発展のなかに、政治的・経済的・文化的優越性のしるしが現れているとしている。しかし、パリを西欧の真の知的首都にしたのは、十三世紀のパリ大学の誕生と光輝である。バルトロマエウス・アングリクスは一二三〇年から一二四〇年ごろに著した『事物の性質について De proprietatibus rerum』（一三七二年にフランス王シャルル五世は、ジャン・コルブションに命じ、フランス語に訳させている）のなかで、こう証言している。

「フランスには高貴にして偉大な名声を誇る都市がたくさんあるが、パリこそ、その中心である。なぜなら、かつてアテネがギリシアにあって七学と諸学問の母であり哲学の乳母であったごとく、パリこそ、現在のフランスと全キリスト教世界にあって、学問と慣習と名誉の手本であるからだ。パリはまた、知恵の母として、世界のいたるところからやってきた人々を受け入れている。彼らは、このパリに自分たちが必要とするものを見出し、パリは賢人たちにも愚人たちにも、知識と栄養を与える。」

古代のアテネとローマを継承してパリがヨーロッパの文化的中心になっているとする《学問継承translatio studii》の系譜は、十三世紀に流行したテーマであるが、十四世紀にも再びもてはやされた。一三二三年、パリ大学学芸学部教授にしてナヴァール学寮のメンバー、ジャン・ド・ジャンダンは、パリを「都市のなかの都市urbs urbium」と呼び、その《パリシウスParisius》という名は《パラディススparadisus》とほぼ同じで、「地上における真のパラダイスparadis」であると規定している。ニコル・オレームはアリストテレスの『政治学』を訳し（1370-1374）、その注釈の一つのなかで「学問の継承は権力の継承と相携えて行われる」とし、権力の中枢はバビロニア、エジプトから、ギリシア、ローマ、そしてフランスへと移ってきたと述べている。彼は、この進展を天文学的原因によって説明できるとし、これは、少しあと（1384-1386）、無名の人物が書いた終末論のなかでは、仮説から一つの確信になっている。

ユスタシュ・デシャンも、一つの詩のなかで、オリエントからオクシデントへの《君侯たちの配置転換》

を惑星の影響によるという歴史の見方を示し、その最後に出現する「アンチ・クリスト」こそルーナLune〔訳注・「月」を指すとともに教皇ベネディクトゥス十三世(ペドロ・デ・ルナ)を暗示している〕であるとしている。したがって、その終末の時を迎える世界の中心がパリなのであるが、この詩人の想いでは、近々やってくるこの世界の破滅以上に願わしいものはない。デシャンは、その教訓的バラードのなかで、この政治的首都は、いまだかつて暴君が出たことのない正義の都であること、その中心の偉大な宮殿には「百合の花を頂き悪人どもと戦う君主がいて、信仰の母として世界を包み、神学の光をもって全キリスト教世界を照らすであろう」と述べ、その最初の詩節の最後には、ジャン・ジャンダンが謳った対比を再度採りあげている。

神は汝のうえに視線を注ぎ
天国に比すべき世界最良の気候たらしめた
まさにパリに比肩できるものはない

この点で、ありふれた《都市賛歌laudes civitatum》で謳われるさまざまな土地や一人の流行詩人が追求した喜劇的効果を超えて示唆的なのが、シャルル六世のラングドック遠征の一三八九年に作られたバラード『さらば、パリよ……Adieu Paris, adieu petiz pastez!』である。このとき、シャンパーニュ生まれのデシャンの胸中に湧きあがっていたのは、パリ人としての自主独立の感情であり、この首都での生活スタイルの優越性への誇り、要するに《パリっ子魂parisianisme》であった。

しかし、このジャンルの頂点に位置するのがブルゴーニュのジャン無畏公とフィリップ善良公に仕えたフランドル人書籍商ギルベール・ド・メッツの『パリ案内Description de la ville de Paris』である。この著者は、パリの町のすばらしさを示すために、その第五部で一連の数字を挙げている。それらの数字は、並外れた規模の大きさを示そうとするあまり、多少、気まぐれぶりが目につく。たとえば、パリにはワインを飲ませる居酒屋が四千軒あり、乞食が八万人、文書に関わる人が六万人いる。王妃イザボー・ド・バヴィエールが一三八九年に初めてパリに入城したとき、お供をした騎士が一万二千人、一四一八年のペストのとき市立病院〔Hôtel-Dieu〕に担ぎ込まれた犠牲者が三万人を超えたなどとしている。ついで彼は、シャルル六世治下のパリで活動している有名な知識人、芸術家、職人を列挙している。

偉大な神学者で雄弁家であるカルメル会士のユスタシュ・ド・パヴィ、パリ大学文書局長ジャン・ジェルソン、アウグスティノ会士ジャック・ルグラン、王室施物係りでクータンスの司教、枢機卿のジル・デ・シャン、マチュランMathurins〔訳注・北アフリカのベルベル海賊に囚われたキリスト教徒の賠償のために働いた教団〕の公使ルノー・ド・ラ・マルシュ、天文学者で占星術師のアンリ・ド・フォンテーヌ、モン＝サン＝ミシェル大修道院長で教会法学者のピエール・ル・ロワ、ル・ピュイ司教で民法学者のエリ・ド・レトランジュ、医者のトマ・ド・サン＝ピエール、外科医のジル・スー＝ル＝フール、詩人で人文学者のローラン・ド・プルミエフェ、そして音楽家が五人。そのうち二人は竪琴奏者、一人はヴァイオリンに似たルベックの奏者、そしてフルートとチュルリュレット吹きのキヌニュディ。さらに、当時の最高の写字者が五人いる。そのなかの若いフラメルはベリー公のお気に入りで、「三人兄弟の彩色装飾師」はベリー公に仕えた細密画師のランブール兄弟と見られる。また、金銀細工師、宝石細工師、宝石商人が各一名である。この列挙の仕方は、あとほど威信が減じていく顔ぶれになっていて、最後には、当時美貌で有名であったパリ女性と、最も学識ある女性として名高かったクリスティーヌ・ド・ピザン、さらに一四〇一年の聖ヴァレンタイン祭のときパリで催された『愛の法廷』で主役を務めた貴公子、ピエール・ド・オートヴィルをもって終わっている。

このギルベール・ド・メッツのテキストからは、たくさんの教訓を引き出すことができる。書かれたのは恐らく一四二〇年ごろで、その少し前の一四一八年にブルゴーニュ軍がパリに入城し破壊と虐殺を行ったことが、パリの町の歴史にとって一つの断層になっている。おそらく、そのためギルベールは、政治的・文化的首都としての資格を再確認しようとしたのであろう。

他方、そのことから、《知識人》という概念が、十五世紀初めにはまだ、現代のそれとは異なっていたことが分かる。彼が列挙している人たちの間には、その威信と社会的地位のうえで違いがあるが、知的文化と実務的文化、大学の仕事と職人労働のあいだに明確な区別はなく、どちらも都市の職人組合のメンバーであった。そこでは、シャルル六世治下の政治と学問のうえで頂点にいた枢機卿ピエール・ダイイには一言も触れていないし、最近の研究でやっと陽の目を見るにいたったユスタシュ・ド・パヴィ、ジャック・ルグラン、ジル・ド・シャンといった人々が、ジェルソンやクリスティーヌ・ド・ピザンと同じレベルに置かれている。これらは、ギルベールがもっていた情報が恐らく部分的で偏向があったこと、十五世紀当時の物書きの見方と、その後の歴史学の見方との間にある隔たりを表している。結局、ギルベールは、フランス王と大公たちの宮廷が存在していることのなかにパリの繁栄の本質的要因を見ており、彼が挙げている面々は、シャルル六世時代の文化生活のなかで宮廷社会が占めていた重要性を裏づけている。

しかし、彼が当時のパリの名士たち（tout-Paris）の筆頭に置いているのは宮廷人ではなく大学人である。

彼にとって、この首都が王国の残りの部分に対してもっている文化的優位性の主たる要素は、相変わらずパリ大学である。しかし、すでに見たように、パリ大学の支配権は相対的に低落し、もはやヨーロッパ随一の存在ではなくフランスの筆頭大学でしかなくなっていた。教会大分裂（1378-1417）によって、ローマへの忠誠を守ろうとした教師や学生たちがフランスから去っていったのに対し、一四二〇年のトロワ条約の結果生じた王権の分裂〔訳注・パリをイギリス軍に占領され、シャルル六世は王太子（のちのシャルル七世）を廃嫡して、娘カトリーヌと結婚したイギリスのヘンリー五世をフランス王として認めたことによる〕と、ポワティエ、カン、ボルドーに大学が設立されたため、パリ大学に集まる学生は、北フランスという狭い地域に限られた。王国の諸事業の推進と分裂解消のなかでパリ大学が演じた役割の大きさにもかかわらず、パリは、十五世紀には、バルトロマエウスやジャン・コルブションによって謳われたような全ヨーロッパに君臨する大学都市ではなくなっていた。

しかし、パリの知的生活がパリ大学によって独占されたことは一度もなかった。サン＝ジェルマン＝デ＝プレとそれに隣接する多くの修道院、ましてサン＝ヴィクトールとサン＝ドニは、自分たちの文化的役割、とくに歴史記述のうえでの役割を、十四世紀、さらに十五世紀にも保持し続けた。この分野が大学の教科に属することはなかったからである。ジャン・ド・サン＝ヴィクトールが一三三五年に完成した『歴史の記憶Memoriale historiarum』は、十四世紀初めの約三十年間にサン＝ヴィクトールが知的刷新に果たした役割を物語っている。サン＝ヴィクトール大修道院の図書館は新しい著作に対しても開放的で、たとえばジェルソンの著述を大々的に受け入れたのをはじめ、蔵書数は一五一三年には千巻を超えていた。サン＝ドニ大修道院は、フランス王権の後見役と王家の墓所という役割を聖ルイ王によって再確認されるとともに、十二世紀から一貫して王権に結びついた歴史記述の作業所を備えていた。ここでは、シュジェにつながる系譜のなかで修道士のプリマトゥスが、一二七四年、それまでのラテン語による資料集をフランス語に書き直した『歴代王物語Roman aux roys』と有名な『大年代記Grandes Chroniques de France』をフィリップ三世に献上している。この『大年代記』は、十四世紀半ばにいたるまでギヨーム・ド・ナンジ、リシャール・レスコといった他の修道院の修道士たちにより、またシャルル五世の治世（1364-1380）には大法官ピエール・ドルジュモンによって書き継がれ、さらに、シャルル六世とシャルル七世の治世（合わせて一三八〇年から一四六一年）には、大修道院の聖歌隊、ミシェル・パントワンとジャン・シャルティエによって引き継がれ、後者は一四三七年、フランス王室修史官に任じられている。

この一四三七年というのは重大な意味をもっている。というのは、フランス王国の年代記作成の任務がルイ十一世によってサン＝ドニ大修道院から、クリュニーの修道士でサン＝モール＝デ＝フォッセの大修道院長、ジャン・カステルに移されたからで、ジャン・シャルティエは王国年代記を書いた最後のサン＝ドニ修道士となった。

したがって、シャルル五世の治世（さらにいえば十五世紀）以後、パリの歴史記述の事業は国家に移され、王室役人とりわけ尚書院メンバーが大きな役割を担うようになる。『大年代記』の続編である『ジャン二世およびシャルル五世年代記Chronique de Jean II et Charles V』が大法官、ピエール・ドルジュモンによって編纂されたのをはじめ、高等法院書記のニコラ・ド・ベイ（1400-1417）とクレマン・ド・フォーカンベルグ（1417-1435）による《日誌Journaux》、高等法院の弁護士でランスの大司教にもなったジャン・ジュヴェナル・デ・ジュルサンによる『シャルル六世年代記』、式部官ジル・ル・ブーヴィエによる『シャルル七世年代記』、書記官ノエル・ド・フリボワによる『年代記選集Abrégé des chroniques』（1459）、シャトレの書記ジャン・ド・ロワ（1460-1483）の『日誌』、会計院書記で国王秘書のニコル・ジルの『フランス年報および年代記Annales et Croniques de France』（1492）などが産み出されていった。

これらの人々に較べると、親ブルゴーニュ的立場から一四〇五年から一四四九年までをカバーした日誌の筆者で「パリの一市民」として知られている書記や、これまた一四三七年から一四六九年までの日誌を遺したサント＝カトリーヌ＝ド＝ラ＝クーチュールの修道院長、ジャン・モーポワンは、王権からきわめて独立的で、例外的存在に見える。

フランス王室尚書院の文化的活力は、少なくとも十四世紀初めに遡り、その活動領域は歴史記述だけにはとどまらなかった。そのことを証明しているのが、ジョフロワ・ド・パリの生き生きした『韻文年代記Chronique métrique』や、書記のジェルヴェ・デュ・ビュスとジョフロワ・シャロによってフィリップ美男王とルイ十一世の治世を皮肉って書かれた『フォヴェル物語Roman de Fauvel』、そして秘書官ジャン・マイヤールによるとされている『アンジュー伯物語Roman du comte d'Anjou』（1316）という愉快な文学作品である。とくにシャルル六世時代（1380-1422）の尚書院書記たちのパリは、「最初のフランス・ユマニスム」と呼ぶにふさわしい豊饒さを示した。

三、尚書院の文化――フランス・ユマニスムの萌芽

《ユマニスム》とは何か? さまざまな要素があるが、一つの定義をしてみよう。《ユマニスム》とは、その最も完成された形においていえば、人間の個人としての確認と、権力に対する個人の自由の宣揚、とりわけ美しい言葉と古典的修辞法への愛着によって特徴づけられる一つの知的態度である。この言葉の美しさへの嗜好は、よき説教者として欠かせないものであると同時に、美を求める本性に由来するもので、「その源泉を古代文化の深い消化吸収に求め、その運動を代表する文人たちは、自ら古代文化と対等たらんとし、あるいは凌駕しようとさえした」(J・ルメール)。

この定義は、充分に的確というには、あまりにも網羅的すぎる。このように定義される基準すべてを考慮するとなると、現代の歴史記述において《ユマニスト》とされている人々は、多くの場合、部分的にしか《ユマニスト》ではなくなってしまうし、本書で扱っている、中世の伝統的文化が支配的であった十六世紀初めより以前のフランスにあっては、「純粋なユマニスト」などというものは存在しなかったことになる。しかし、この点を留保したうえでなら、ジルベール・ウイの先駆的論文の言葉を借りていえば「パリを十五世紀初めのヨーロッパにおけるユマニスム発祥の中心地たらしめた運動」に言及することも不可能ではない。

フランスにおける《ユマニスム》は、まず何より、十四世紀末、詩人のフランチェスコ・ペトラルカと

フィレンツェ市の書記、コルッチオ・サルターティによって代表されるイタリア文化を手本として、これを模倣しようとした人々の意志の結実によって誕生したといえる。

ペトラルカは一三六一年、教皇庁の使節としてパリのジャン二世善良王のもとへやってきた。そこには、教皇庁に結びついた行政官たちや以前から接触のある友人たちがいた。そのなかには、ベネディクト会士のピエール・ベルシュイル、百科全書家でティトゥス＝リウィウスの訳者であるフィリップ・ド・ランズヴィル、ディジョンのサント＝ベニーニュ修道院長で枢機卿のギ・ド・ブローニュ、そして、とくにフィリップ・ド・ヴィトリがいた。フィリップ・ド・ヴィトリは王室書記であり、モーの司教にして数学者、音楽家であり詩人で、彼についてペトラルカは当時のフランスで唯一「詩人」の名に値する人であるとして、「poeta nunc unicus Galliarum」と記している。ペトラルカは、一三六九年、アヴィニョンの教皇庁をなんとか維持しようと拘るフランス人たちに向けて、さらに厳しい言葉を放っている。いわく「Oratores et poete extra Italiam non querantur」（イタリアの地の外には、雄弁家も詩人もほとんど見出せない）と。この言葉は、著述家たちによって倦むことなく繰り返され、ペトラルカは「フランスの文化的アイデンティティの感情を誕生させた触媒」（J・ルメール）となった。これは、アヴィニョンの教皇、ベネディクトゥス十三世の秘書、ニコラ・ド・クラマンジュにおいて特にはっきりしており、彼は、自分の書簡体作品に対するイタリアの影響を真っ向から否定し、ペトラルカがイタリアにとって創造者であったように、フランスにとってそれに匹敵するのが自分の作品であるとしている。

リールの代官でフランスの大法官、ミル・ド・ドルマンの秘書を務め、そのあと、オルレアン公ルイや国王シャルル六世の秘書を務めたジャン・ド・モントルイユ（1354-1418）の場合は、この点ではあいまいで、イタリアが手本とするに値することを全否定するにはいたらなかった。彼は、一三八四年、イタリアに着きコルッチオ・サルターティと会ったとき、憐れな野蛮人のように遜《へりくだ》り、「わたしの知性を磨き、乾涸びて不毛の精神を優雅な修辞学の露で潤していただきたい」と懇願している。しかし、その半面、パリの友人に送った手紙のなかでは「自分は、プルートーの国（黄泉の国）であり貪欲と野望の巣窟であるイタリアを呪う」と書き、遥かな祖国パリへの想いを募らせて「新しいペルセポリス、都市のなかの都市、世界に香気を発散する悦楽の庭、あらゆる美徳と学問の安息所」と称えている。

この《学問の継承》観と《パリ贔屓》のユマニスト版は、十四世紀から十五世紀に移る時期に現れたイタリア・フランス両国のユマニスム信奉者たちの矛盾した関係を特徴づけている。同じテーマは、アラゴン人ドミニコ会士、フアン・デ・モンゾンのテーゼ（聖母の処女懐胎を軽蔑した）に対する反論として、若いジェルソンがペトラルカのそれを真似て一三八九年にラテン語で書いた論文でも再び現れている。ジェルソンにおいては、パリは世界の文化の中心的炉床であり、フランス人はギリシア人やローマ人に匹敵する存在となっている。

ところで、ジェルソンは、一三九五年にパリ大学の文書局長（chancelier）になる。これは、演説を存分にさせてもらう条件で引き受けたもので、ジャン・ド・モントルイユは彼の演説を高く評価し、ランスの参事会の主席司祭であり大学人でもあったギヨーム・フィラストルに宛てた手紙のなかで次のように述べている。

「噂によると、あなたは、人々の知ることのできることは何でもご存知だということで、そのことは、わたしも多くの徴候から弁えているところですが、それなのに、あなたがパリ大学で並外れた教養を備えている人物についておっしゃらないことに驚きを禁じ得ません。あなた方二人が人生や慣習についても、キリスト教信仰と神学についても並外れた学識をもっておられることについては、わたしは語ろうとは思いません。わたしが語りたいのは、話をし説得する技術についてであり、この技術は、修辞学と雄弁術の規範を基盤としており、それなくしては、物事を表現しようとしても（これこそ教養の目的であるとわたしには思われるのです）役に立たず空疎になってしまうでしょう。」

この手紙を読むと、このフランス王室尚書院のメンバー〔ジャン・ド・モントルイユ〕がイタリアの古典的修辞法に専門家的関心を寄せていたことがよく分かる。事実、シャルル六世時代の《フランス・ユマニスム》は、本質的には王室や大公宮廷、教皇庁の綺羅星のごとき書記メンバー同士の接触と競争の産物であった。すでに述べたクラマンジュ、モントルイユ、ジェルソン以外にも、アヴィニョンの教皇庁の書記であったジャン・ミュレがいるし、枢機卿アメデーオやブルボン公、ベリー公の秘書を務めたロラーン・ド・プルミエフェは、ボッカチヨの『デカメロン Décaméron』をフランス語に訳している。ゴンティエ・コルは、はじめベリー公の秘書であったが、その後、会計院書記のジャン・ルベーグに倣って、ミラノ宮廷からやってきていたアンブロジオ・ミリースとともに、王室書記になった。

このように、第一期フランス・ユマニスムの誕生は、尚書院書記たちの社会面と教養面での上昇志向から現れたもので、それは、教会と国家の官僚化現象、アヴィニョンとパリにおける中央集権的行政機関の発展と緊密に結びついていた。

しかし、フランス最初のユマニストたちの自己形成が全面的にイタリアへの対抗心によって行われたわけではない。事実、専門研究者たちは、ナヴァール学寮の給費生たちは、すでに早くからユマニスムの洗礼を受けていたことを確認している。ナヴァール学寮生であったピエール・ダイイは、パリ大学の学芸学部では、一三七五年にはキケロ、ウェルギリウス、ホラティウス、ユウェナリス、セネカ、テレンティウス、サルスティウス、ティトゥス＝リウィウス、マクロビウスが教えられていたと述べている。

それに加えて、一三八〇年ごろには、ペトラルカの幾つかのラテン語作品がナヴァール学寮に入ってきたようである。シャルル五世の影響と一三七三年のこの学寮の改革の影響が、パリ大学での人文主義の教育にどのように作用したかは分かっていないし、そこで教えられた修辞学の講義がどのようなものであったかについての情報も充分ではないが、ナヴァール学寮が《フランス・ユマニスムの揺り籠》になった可能性は、ある程度ある。しかし、いずれにせよ、学校教育がユマニスム的感性の涵養に果たした役割は副次的でしかなかった。

このユマニスム的感性は、本質的に、美しいラテン語と古典的修辞法への特別な嗜好のなかから姿を現した。クロード・ゴヴァールは、《ユマニスト》たちの多くとシャルル六世時代の改革運動の間につながりがあることを明らかにしている。このシャルル六世時代の改革は、十四世紀半ばに起源をもち、その系譜をマルムゼたちや、ジャン・ジェルソンとクリスティーヌ・ド・ピザンのような大公同士の抗争に対し融和的立場をとったアルマニャック派の一部に辿ることができるのである。

ジェルソンは、王権による裁判の浄化に期待を寄せ、死刑が執行される前に改悛した罪人は許されるべきであると訴え、それが実現されるべき模範の町を、その物質的・道徳的資質によって「王冠の最も美しい宝石」であるパリに求めた。このパリ大学の文書局長はまた、王国の改革のために『国王ばんざい Vivat rex』

を講じ、一四〇五年と一四一三年には、ジャン・プティのルイ・ドルレアン暗殺正当化論に反対して『王に永遠の生をRex in sempiternum vive』を表明した。いずれも、当時の雄弁術と政治的思想の傑作となっている。フランス・ユマニスムに見られるこの政治的要素は、フランス王位に対するイギリスの野望を攻撃するプロパガンダ小冊子を書いたジャン・ド・モントルイユやイギリス王ヘンリー五世と対立教皇ベネディクトゥス十三世を攻撃する詩を書いたローラン・ド・プルミエフェにおいても、まったく同じように明白である。とくに、一四一五年に彼がベネディクトゥス十三世を罵倒して書いた文書は、第一期ユマニストたちのスタイルの見本となっている。

「なにゆえ、ルキナLucine〔訳注・出産を司る神〕は、汝を母の胎から取り出せしぞ？　なにゆえ、フォルトゥナ〔訳注・幸運を司る神〕は、汝にはおよそふさわしからぬ役目を与えしぞ？　わたしは知っている。汝がかくも高みに持ち上げられしは、それだけ墜落の衝撃を激しくせんためなりしことを。なぜなら、もし汝が天の泉を汲んでいたら汝の魂が憐れみと正義の感覚を備えないはずはなく、はてしない野望を満たさんとして、このように人間に属するもののみならず神に属するものまで破壊し、ステュクスStyxの川からやってきた魂をフレデゲトンPhlégéthonの波やプルートーPlutonの地獄へ差し戻すことを誓いはしなかったであろう。」〔訳注・ステュクスもフレデゲトンも、冥土にあるとされる川。プルートーはローマ神話の主神ユピテルの弟で地獄の王とされる。〕

パリ市と王侯の宮廷や教皇庁から出発したユマニスムの運動は、相接する高級官僚や高等法院審議官の世界へと広がっていった。少し前に紹介した手紙の受取人であるランスの主席司祭、ギヨーム・フィラストルは、一四一一年、友人のピエール・ダイイと一緒に枢機卿になったが、コンスタンツ宗教会議という写本の国際見本市で多くの本を手に入れ、このおかげで、ランス大聖堂の図書館は十五世紀フランス・ユマニスムの最も注目すべき証人の一つとなったのであった。

しかしながら、パリ大学は、ジェルソンの手本にもかかわらず、全体としては《ユマニスム》の浸透を受けなかった。おそらくあまりにも強力に組織化されていて、新参者に対して簡単には胸襟を開かなかったのである。とりわけ、第一期のフランス・ユマニスムは、パリ大学に自らの価値を認めさせるだけの時間がなかった。一四一八年のブルゴーニュ軍のパリ入城によって、親アルマニャック派であったジャン・ド・モントルイユとゴンティエ・コルは、この入城につづく争乱のなかで殺され、ナヴァール学寮は破壊され、その図書館は掠奪された。

不幸なことに時を同じくしてロラーン・ド・プルミエフェはペストで死ぬ。ニコラ・ド・クラマンジュは、自分を親英的に見せることによって目立たなくしようと、その書簡を古代のモデルにより近いスタイルに書き直すことに時間を費やした。そのほかのメンバーたちも首都から逃げ出した。ジェルソンは、一四二九年の死にいたるまでリヨンにあって、『Deploratio studii Parisiensis』(パリ学派の嘆き)を執筆し、そのなかで、一四一八年の事件をもって《叡智の神殿》は瓦解したと述べている。

とはいえ、フランス・ユマニスムは一四一八年で完全に死んだのではなかった。エヴェンチオ・ベルトランとマルク＝ルネ・ユングは、その著作において、このユマニスムの影響が十五世紀半ばになっても、幾つかの著作に感知されることを明らかにしている。そうした著述家としては、マルタン・ル・フラン(バーゼル宗教会議のときフェリクス五世の名で対立教皇になったサヴォワ公アマデウス八世の秘書官）、ソルボンヌ学寮長、ピエール・ド・ラ・アザルディエール（1400-1465）、ブルゴーニュ公の顧問で枢機卿のジャン・ジョフロワ（1412-1473）、そして、モンペリエ大学やトゥールーズ大学で修辞学を教えたジャン・セラ（1400-1470）がいる。

しかし、彼らは互いを知ることはなく、ユマニスムはフランスの文化的エリートたちの関心から姿を消したように見えた。一四七〇年にいたって、第二世代のユマニストたちが現れるのであるが、彼らは、第一世代とはまったく質を異にしているうえ、第一世代の代表者たちのこともほとんど知らない。実は、新しいユマニスムの萌芽は、一四一八年の事件の直後から、社会の片隅に見られるのであるが、それは、本質的には書記たちの世界のなかに後退し、しかも、政治の中央集権化を反映して、《文化的一極中心主義》（E・オルナート）に閉じこもってしまう。イタリアの場合とは反対に、フランスでは、都市は経済的・政治的・文化的自立性を喪失し、王権の分裂と内戦による政治的危機のネガティヴな衝撃を増幅することしかできなかった。

十五世紀初めのフランスで知られている古典的テキストの数をかぞえるといかにも輝かしく思えるが、これらのテキストを学習し実践した人々の数は想像以上に少なかった。しかも、近代になって再発見され近代的知見によって初めて確認された書物の量的広がりの弱さを測ると、この第一期ユマニスムのバランス・シートは、ますます慎ましいものとなる。質的には注目すべき運動であっても、きわめて微弱な影響力しかもたなかったのであって、その点でのイタリアに対するフランスの文化的立ち遅れは、十五世紀末にいたるまで、引き続き拡大していく。

四、聖俗君侯たちが示した手本

フランスの第一期ユマニストたちは、「君主とその家族、場面に応じて様々な称号で宮廷の維持と行事に関わる雇われ人たちをひっくるめた宮廷人たち」（J・ルメール）である。こうした王侯たちの宮廷は、中世末には、十二、三世紀にもまして、ポジティヴな意味でもネガティヴな意味でも、文学的インスピレーションに好都合なテーマと文化的生活が開花する特別な場になっていた。

ノルベルト・エリアスが焦点を当てた《宮廷社会société de cour》は、すべてのエリートを惹きつけるところまではいたらなかったにしても、すでに称賛と同時に異議申立ての的となる一つの《文明civilisation》のモデルを形成していた。わたしたちが直面する問題の一つは、明らかにこれらの称賛と異議申立ての範囲内にある。

中世末の宮廷社会は、エリアスが考察の主な対象としたルイ十四世のそれとは同じではない。十四、五世紀のフランス王宮が抱えていた人々は、たかだか何百人かであり、しかも、王国内を絶えず動き回る王に随行したので、それは「移動する宮廷」であった。フランス王宮は、一四〇九年〔訳注・この年、国王シャルル六世とブルゴーニュ公との間で講和が成立〕にいたるまで、アヴィニョンの教皇庁宮廷と競合関係にあり、しかも、王の親族で重要な公国に配置されていたブルゴーニュ公、アンジュー公、ベリー公、ブルボン公、オルレアン公、ブルターニュ公といった大公たちからはライバル視され、とくにブルゴーニュ公の宮廷は一三八〇年から一四八〇年まで、その華麗さで王宮を凌ぎさえしたからである。

しかし、中世末の宮廷社会およびその文化とアンシャン・レジームのそれらとは一つの連続性をもっており、貴族という同じ社会的階級が、王権によって次第に飼いならされていく一方で、商人ブルジョワと都市の寡頭政治家たちが台頭するなかで宮廷生活を維持したのであった。宮廷文化を代弁したのは多くは書記たちであるが、それは、騎士的・宮廷人的な形態と価値観を再現した貴族文化の一つの形でしかなかった。

そのうえ、「中世の秋」には、以下のような幾つかの現象が生まれるのが見られる。一つは、《廷臣courtisan, curial》という新しいタイプの人間が登場したことで、彼らは、宮廷のさまざまな価値観に自分たちの振舞いを適合させ、過度にならないよう用心しつつ壮麗さと豪華さを追求し、エチケットをわきまえ、宮廷内の社会的序列に結びついた幾つかの行動規範とそれに基く個人間の新しい関係を発展させていった。このことは、セレモニーがますます大きい位置を占めていったことと日常生活の劇場化に表れており、人々の耳目を引く宮廷生活は、ポジティヴであるとともにネガティヴな様相を帯びていた。宮廷は、まず生活の場であり、生きる手段であり、とりわけ王や大公の庇護のもとに文芸活動が繰り広げられた戦場である。それは、同時に放蕩と悪徳、ふしだら、とりわけ偽善と堕落の場でもあり、したがって、風刺と自己批判の対象でもあった。

騎士道と宮廷の刷新

中世末は、王や大公たちの宮廷社会のなかで、勇気や優雅さ、気前よさといった貴族の基本的価値が息を吹き返した時代である。これは、封建的軍隊の衰退と伝統的騎士制度の老朽化という十四世紀中ごろには顕在化し貴族階級がぶつかっていた難問に答えるための一つの試みであった。

この時代には、貴族階級のなかでも非封建的契約関係が重要性を増しており、王や大公たちは、そうした社会政治的進展に合わせて、貴族たちの忠誠心を確保するために新しい騎士団を創設していった。一三五一年、フランス王ジャン二世は、イギリス王エドワード三世の《ガーター騎士団 ordre de la Jarretière》に対抗して《エトワール騎士団 ordre de l'Étoile》を創設。さらに一四六九年、ルイ十一世は、次に述べるような大公たちによる騎士団を統括するために《サン・ミシェル騎士団》を設立する。

そうした大公たちによる騎士団としては、ブルボン公ルイによって一三六三年に設立された《Écu d'or》（金色の楯）、ブルターニュ公ジャン四世によって一三八一年に設立された《Hermine》（オコジョ）、ルイ・ドルレアンによって一三九四年に設立された《Porc-épic》（ヤマアラシ）、ブルゴーニュ公フィリップ・ル・ボンによって一四三〇年に設立された《Toison d'or》（金羊毛）、アンジューのルネ王によって一四四八年に設立された《Croissant》（三日月）などがある。王や大公以外にも、一三七五年にアンゲラン・ド・クーシが創った《Couronne》（王冠）、アクィテーヌでは一三八五年に《Tiercelet》（ハヤブサ）、オーヴェルニュでは一三九五年に《Pomme d'or》（金リンゴ）なる騎士団があり、一三九九年には元帥ブシコーによって、あらゆる貴族たちの連携と結束をめざして《Écu vert à la Dame blanche》（白き淑女の緑の楯）という騎士団が編成されていた。

これらの「遅咲きの騎士道」（D・ポワリオン）の推進において本質的役割を果たしたのは社会政治的関心であったが、騎士道理念を復活させようという真面目な考え方もそこに反映していた。この騎士道理念は、アーサー王物語の流行によるもので、その最後に現れたのが、ジャン・フロワサール（訳注・年代記でも有名）の大作『メリアドール Meliador』（合わせて三万行から成り、第一編は一三六五年、第二編は一三八〇年に完成）である。ここでは、《完璧な騎士》の理想が新しい神話によって息を吹き返している。たとえば、「九勇士 neuf preux」という理想像がそれで、この九人のうち三人は異教徒（ヘクトル、アレクサンドロス、カエサル）、三人はユダヤ人（ヨシュア、ダヴィデ、マカベアのユダ）、そして三人はキリスト教徒（アーサー、シャルルマーニュ、ゴドフロワ・ド・ブイヨン）で、これが初めて現れたのは一三一二年ごろのジャック・ド・ロンギィヨンによる『孔雀の誓い Vœux du paon』においてである。十四世紀末には、ユスタシュ・デシャンは、対英戦争と対スペイン戦争でフランス軍総司令官を務めたデュ・ゲクランを十人目の勇士として加えている。

この理想を普及させたのは、十三世紀に較べて明らかにずっと豊かさを増していた文学の力である。たとえばフィリップ六世とジャン二世の勇敢な旗手で、一三五六年のポワティエの戦いで死んだジョフロワ・ド・シャルニーの『騎士道の書 Livre de chevalerie』、また金羊毛騎士団の紋章などを集めた書（1436）、シャルル七世の式部官ジル・ル・ブーヴィエによる『フランスの紋章 Armorial de France』（1450）、また『ローマ人たちの武勲 Les Faits des Romains』（これは十三世紀はじめに書かれたもので、ブルゴーニュのシャルル軽率公は、毎夜、この一節を読ませながら就寝した）のように遠い昔を扱ったものや、フロワサールやブルゴーニュの年代記者が語っている近年の戦いの物語、さらには、ブシコー元帥の告解師ニコラ・ド・ゴネスが書いたと思われる『ブシコー元帥の武勲Livre des faits de Jean le Meingre, dit Boucicaut』（1406-1409）や、一四五三年に死んだブルゴーニュの有名な騎士が戦いについて語った『ジャック・ド・ラランの武勲Livre des faits de Jacques de Lalaing』といった英雄の伝記がそれである。

同じころ、ルネ・ダンジューによって書かれた『騎馬試合の作法Traicté de la forme et devis d'un tournoi』のなかでは、一四四五年から一四四九年の、百年戦争末期の戦いの合間に騎士たちによって大々的に行われた騎馬試合が、華々しい典礼として理想化され体系化されている。

設立された騎士団に負わされた義務は宗教的色彩を帯びており、とりわけエトワール騎士団（この「étoile」すなわち星とは、キリストの誕生を東方三博士たちに予告したあの星にほかならない）と大天使ミカエルが後見する騎士団（サン・ミシェル騎士団）において際立っていたが、シャルル六世治下にあっては、クルトワ的動機づけも支配的であった。そのことを証言しているのが、《金リンゴ騎士団》の紋章に書かれた「La plus belle me doit avoir」（我らは最も美しい女性のもの）、《白き貴婦人の緑の楯騎士団》の紋章の「Pour defendre les dames et les damoiselles contre tout outrage」（すべての女性を守るために）というモットーである。後者は、王の助言によりブシコー元帥によって、「淑女や未亡人のために、その土地と財産、名誉を蹂躙せんとするいかなる男たちの企みをも粉砕するため」に創設されたのであった。

このような騎士道的理想を権力者である君主の側に取り戻そうとする意志は、フィリップ豪胆公とルイ・ド・ブルボンの肝いりで一四〇一年二月に設けられた有名な《愛の法廷Cour d'Amour》において頂点に達した。騎士団と同時に、文学界もクルトワ的価値を宣揚した。シャルル六世時代の《社交界年鑑Bottin mondain》には全部で九〇〇人のメンバーが名を連ねており、ここには十五世紀はじめの十年間の「宮廷社会」がほぼ全貌を示している。

こうして、百年戦争の時代でもあるこの大公たちの時代は全般的に、クルトワ的抒情主義の復活によって特徴づけられ、宮廷詩人たちは、その仕事の主要部分をこの抒情主義復活のために捧げたが、それを主導したのが、ボヘミア王ヨハン（ルクセンブルク家）の秘書を務め、その後、ナヴァラ王カルロス、そしてフランス王ジャン二世（ル・ボン）に仕えたシャンパーニュ人音楽家のギヨーム・ド・マショー（1300-1377）である。とくに『貴婦人称賛La Louange des Dames』と題する詩集に集められた約十編は、彼の才能をよく表している。

ロンド（定型詩）

快楽への欲望の激しさは
わたしを駆り立てて休ませてくれぬ
わたしを上気させては青ざめさせる
快楽へのはげしき欲望よ
心臓を高鳴らせ、総身を打ち振るわせて

わたしを駆り立てる快楽への欲望よ
おまえのため
わたしは休むいとまもない

（永井敦子訳）

このクルトワ的感興が開花したのが、一三八九年から一三九六年にかけて、シャルル六世とその弟ルイ・ドルレアンを取り巻く四人の大領主たちによって作られた『バラード百篇 Livre de cent ballades』である。〔訳注・『バラード百篇』は恋愛と貞節をめぐる問答の形になっており、ブシコー、ジャン・ル・セネシャル、フィリップ・ダルトワ、ジャン・ド・クレゼックによって作られた。〕また、騎士で詩人のジャン・ド・ガランシエール（1372-1415）やユスタシュ・デシャン、クリスティーヌ・ド・ピザンの作品、シャルル七世の治世では、アラン・シャルティエの作品も、このクルトワ的感興のなかで生まれたものである。それが、いわば建物に喩えた場合の《献堂 consécration》を見るのが、十五世紀半ば、シャルル・ドルレアンとルネ・ダンジューという二人の詩人君主によってである。

シャルル・ドルレアンは多くのバラードと『愛の自制 La Retenue d'amour』という長編詩のなかで、世俗的愛の甘美さを謳い、一四四〇年にイングランドから解放され〔訳注・彼は一四一五年のアザンクールの戦いで捕虜になっていた〕ると、一四五一年にはブロワに落ち着き、そこに一つの宮廷を形成した。これは、たくさんの詩人たちが出入りするこの世紀で最も輝かしいサークルとなったが、そうしたなかには、貧しい放浪学生のフランソワ・ヴィヨンもいた。シャルル・ドルレアンはパリやイタリアのユマニストに影響されることもなく、「otium cum litteris」〔訳注・文学三昧〕というユマニストの理想を自らの宮廷で実践した最初のフランスの王侯である。

ルネ・ダンジューについていえば、彼は詩と散文から成る『むなしい快楽の苦行Mortifiement de vaine plaisance』(1455)と『愛に燃える心の書Livre du cueur d'amour espris』(1457)という二つの隠喩的作品によって、クルトワ的詩風を根底から転換した。愛は、彼にあっては、もはや十二、三世紀の抒情詩やマショーのそれのように欲望を燃え上がらせるものではなく、癒えることのない苦しみにほかならず、そこには、憂愁と死の観念につきまとわれた中世末の時代の特徴が現れている。

ルネ王の宮廷生活は、およそ現実の生活とかけ離れたエキゾティックな仙郷で繰り広げられる幻想的スペクタクルである。彼の宮殿のなかでは、こびとやムーア人、衣装をまとった猿たちが行列を繰り広げ、動物小屋があって、オリエントのバザーが開かれている。このようにエキゾティックで騎士的夢想に覆われたスペクタクルであったが、そのなかにも政治的意図が刻みこまれていた。たとえば、一四四九年六月、タラスコンでルネ王によって開催された騎馬試合は、イギリス軍に対するフランス騎士軍の戦いの愉快な序曲として構想され、軍の結集を呼びかける叫びとなっている。

おーら！　王の味方たちよ
〔この王とはルネの義兄のシャルル七世〕
おーら、よき兵士たちよ
鐘楼の鐘を鳴らして

妻や娘たちを起こせ！
いつまで塔で
愛の鐘を夢見ているのか？
この騒ぎを聞くのだ
宮殿の門のところまで野蛮な獣たちはやってきている
イギリス人をやっつけるのだ

甲冑に身を固めた騎士
力強い君主
いつでも口をあけている地獄
王のもとへ駆けつけて
イギリス人が鐘楼にのぼっていることを告げよ
宮殿の部屋から部屋へ
この騒ぎを知らせ
野蛮な獣を追い払うのだ
イギリス人をやっつけろ！

神聖ローマ皇帝カール四世を歓迎するためにパリで一三七八年にシャルル五世によって催された余興つき

の大宴会と、一四五四年にブルゴーニュのフィリップ善良公によって催された有名な「雉の宴会Banquet du Faisan」は、どちらも十字軍遠征を企図したものであったが、騎士道的イデオロギーを政治的目的にくっつけたお祭り騒ぎの一例である。たしかに、フィリップ善良公の十字軍の企図には現実味がなく、その「雉の誓約」も空想的な茶番劇でしかなかったが、それでも、ブルゴーニュ宮廷の人々の騎士道的価値への執心は真剣であった。それに対し、ルイ十一世がイギリスのガーター騎士団とブルゴーニュの金羊毛騎士団の威信を殺いでその影響力を排除するためにサン・ミシェル騎士団を設立したときは、そのような真摯さは、もはやなかった。ルイ十一世は「フィリップ公を手本に騎士団とその身分に対する完璧な愛を世界に広げる」ことを謳ったが、実際には彼は、この宣言とは裏腹に権力を行使したのであって、騎士道理念はクルトワジーの規範に最も軽蔑を示す一人の王の身の安全と物質的利益を守るために利用されたのであった。そのために貴族階級の基本的価値が詐取されないで済んだのは、やり方が粗雑で不完全だったからにすぎず、それがかえって、十六世紀半ばにいたるまで、彼の後継者たちに騎士的・クルトワ的理想を深く刻印したのであった。

文芸庇護と文化的膨張

貴族文化のもう一つの本質的価値である《気前よさ》(générosité あるいは largesse)が、中世末のこの時期、《文芸の庇護 mécénat》という特殊な形で表れる。文芸庇護は、多くの場合、それだけの財政的余裕をもっている宮廷の現象である。その意味で、筆頭はフランス王や大公たち、アヴィニョンの教皇庁、枢機卿、それに次いでは教会や国家に仕える何人かの大廷臣たちであるが、時代とともに、都市を牛耳る政治家、商人ブルジョワ、地方の高位聖職者といった富裕階層にも広がっていった。したがって、教皇、国王、大公などの宮廷は、特権的庇護を求めて人々が集まってくる磁極であるとともに、後を追う都市社会にとってのモデルとなった。

この文芸庇護を基本的に動機づけたものは三つに要約されるように思われる。

一つは、豪奢さを誇示することによって自らの社会的立場を確固たるものにしようという君主たちの欲求である。クレメンス六世（在位1342-1352）のような教皇であれ、シャルル五世（在位1364-1380）のような国王であれ、ブルゴーニュ公やブルターニュ公、ベリー公、ブルボン公、ヌムール伯のような大貴族、さらにはフィリップ美男王の家臣のアンゲラン・ド・マリニーやシャルル七世の家臣ジャック・クールであれ、彼らの文芸庇護は貴族階級にとって見習うべき手本であり、そのための散財は社会的優位を誇示する手段となった。要するに、文芸庇護は、庇護する王侯側にとっても庇護を受ける人々にとっても、実際上および想像上の力を宣揚する効果があり、幾つかの場合、プロパガンダに近いものをもっていた。

二つには、ソールズベリーのジョンの格言「文字を読めない王は、王冠をかぶったロバの如し」が、十四世紀にはかつてないほど政治的文学のライトモチーフになっており、したがって、王侯たちにとっては、自分の宮殿を芸術と知識の殿堂にすることが、よき統治者と見られるための必要条件であり、考慮すべき課題になったことである。こうして、シャルル五世が文芸庇護に力を注いだのは、その富裕ぶりと英邁さを誇示することが目的であったが、また、王と王家、国家の資産を殖やすための具体的で実利的手段でもあったからである。彼はルーヴル宮殿に翼廊を付け足し、そこに王室図書館を設けたが、これは、この建築の壮麗さを増すためであるとともに、宮廷全般の知的向上をめざした政策の一環であった。その百年後、ブルボン公ジャン二世（一四八八年没）は、百科全書的知識をもつ君主の手本たらんとして、侍医であり占星術師であったコンラド・ハインガルターに勧められて全世界の民族についての調査プロジェクトを発足させている。こうした「学者的君主」の理想像は、中世の「騎士的君主」像に代わって近世にもてはやされたモデルのように考えられがちであるが、実際には両者は同じように古く、十二世紀に遡る。ただ、その効力の最大値を達成したのが「きわめて賢明な王、シャルル五世」〔在位1364-1380〕であったということである。

三つには、クルトワ的・騎士道的だけでなく美的・宗教的理想の追求が、社会・政治的動機と両立できたことである。神とその創造の美との直接的で人間的な接触に基盤を置く《新しい信仰devotio moderna》というライン地方発祥の信仰の形の影響は、たとえばベリー公ジャンのような君主においても現れていることが彩色挿絵の歴史家たちによって知られている。「やがて時は来るLe temps viendra」という彼の言葉には、多分、芸術は未来への投資であり、将来における自分の栄光を確たるものにする手段であるとの考え方が表われている。ルネ・ダンジューの場合と同じく彼の場合も、文芸庇護は、君主としての蓄財の限度を超えており、その政治的挫折の大きさと釣り合っているように見える。そこには、実存的代償といった現象があり、ヨハン・ホイジンガが言う「より美しい生への渇望」が、死と虚無に対する戦いと連結していたようである。

それでは、この《文芸庇護》は、どのような分野に適用されたか？　文学の創作、知的探求、科学、技術、建設、芸術などがあるが、これらは互いに区別はできるが実際には相互に緊密に結合し合っている。とはいっても、わたしたちはまったく網羅的なやり方で扱うわけにはいかない。したがって、政治権力による掌握がそのジャンルの重要度を示している特徴的な三つの側面に絞ろう。その一つは、時計の歴史と国家による時間のコントロール権掌握の試み。第二は印刷が普及する以前の図書館と書籍文化におけるフランス語の位置。第三は装飾挿絵と絵画の位置である。

〔教会の時間と国家の時間〕

錘を推力とする機械式時計が西欧に出現したのは、一二七〇年から一二八〇年ごろに遡る。フランスの資料のなかで確認されている最初のモニュメンタルな機械式時計は、一二九二年のサンス大聖堂のそれである。その後、各都市で司教たちや機械に明るい参事会メンバーの主導で大聖堂に錘式時計の設置が進められ、十四世紀には、フランスで知られているモニュメンタルな公共時計の約半分を大聖堂のそれが占めるにいたっている。（原注・たとえば、一三二〇年ごろにはボーヴェの大聖堂で、参事会員エティエンヌ・ミュジキュスが考案した組鐘付きの時計が設置され、一四二三年にはブールジュの大聖堂にジャン・フュゾリによって天体時計が設置されている。）

しかし、王や大公たち、都市の行政担当者たちも、後れをとってはいなかった。モニュメンタルな時計の設置に対する彼らの意欲は、時間のコントロールに関する教会への対抗心の表れである。金銀細工師ピエール・ピプラールは、一二九九年から一三〇〇年にかけての十ヶ月間、フィリップ美男王から給与をもらってパリの王宮（Palais royal）に設置する機械式時計の製作に取り組んでいる。この時計は、七十年経った一三七〇年、シャルル五世の命令によって、ドイツ人のハインリヒ・フォン・ヴィックのそれに取り替えられたが、その間の一三一四年、同じタイプの機械時計が次のような銘句とともにカン Caen の橋に設置されている。

こうしてカンの町がこの橋に
時を告げるために私を置いてくれたからには
市民たちを喜ばせるために
時間ごとに鐘を鳴らして聞かせよう

アヴィニョンの教皇庁宮殿が最初に機械時計に注目したのは一三四三年であるが、グレゴリウス十一世がシャルル五世に倣って宮殿の塔の一つに大時計を設置させたのは一三七四年のことである。この仕事を請け負ったのは、前述のハインリヒやピエール・メルランと一緒に仕事をした三人の王室時計師の一人であるイタリア人のサンタ＝ベアーテのピエトロである。シャルル五世は、一三七七年、金貨一二〇フランで彼から携帯用時計を買っている。携帯時計は大変な贅沢品で、王侯以外の人々の間にも広がり始めるのは十五世紀末以後である。

賢王（シャルル五世）はまた、同じ一三七七年、ピエール・メルランに金貨五〇〇フランを払って、サンス大聖堂の鐘楼用に新しい時計を造らせ、また一三八〇年にはモンタルジの城にも時計を設置させている。サンスの時鐘には聖母とシャルル五世、町のブルジョワたちを讃える銘が入れられ、モンタルジのそれには王と鋳造者の名前が記されている。シャルル五世の弟のブルゴーニュ公フィリップ・ル・アルディ（豪胆）についていえば、彼は、一三八二年、ローゼベケの戦いで負かしたフランドル人たちを罰する最良の方法としてコルトレイク（クルトレ）の大聖堂から自動人形付き時計を取り上げ、公妃マルグリット・ド・フランドルにちなんで、これに「マルグリット」と命名し、新しい鐘を欲しがっていたディジョンに、それを移した。

シャルル五世の治世とともに現れた一つの転換がここでも現れている。それは、彼がパリの教会に対し、「時計のごとく時刻ごとに（par poins à maniere d'orloges）鐘を鳴らすべし」と定めた一三七〇年の王令は必ずしも言葉通りに実行されたようには見えないにしても、時計に関しては、少なくとも大事な町では《教会の時間 temps de l'Eglise》を奪取して《国家の時間 temps de l'Etat》として支配下に置こうとした流れ（J・ル・ゴフ）が現れていることである。

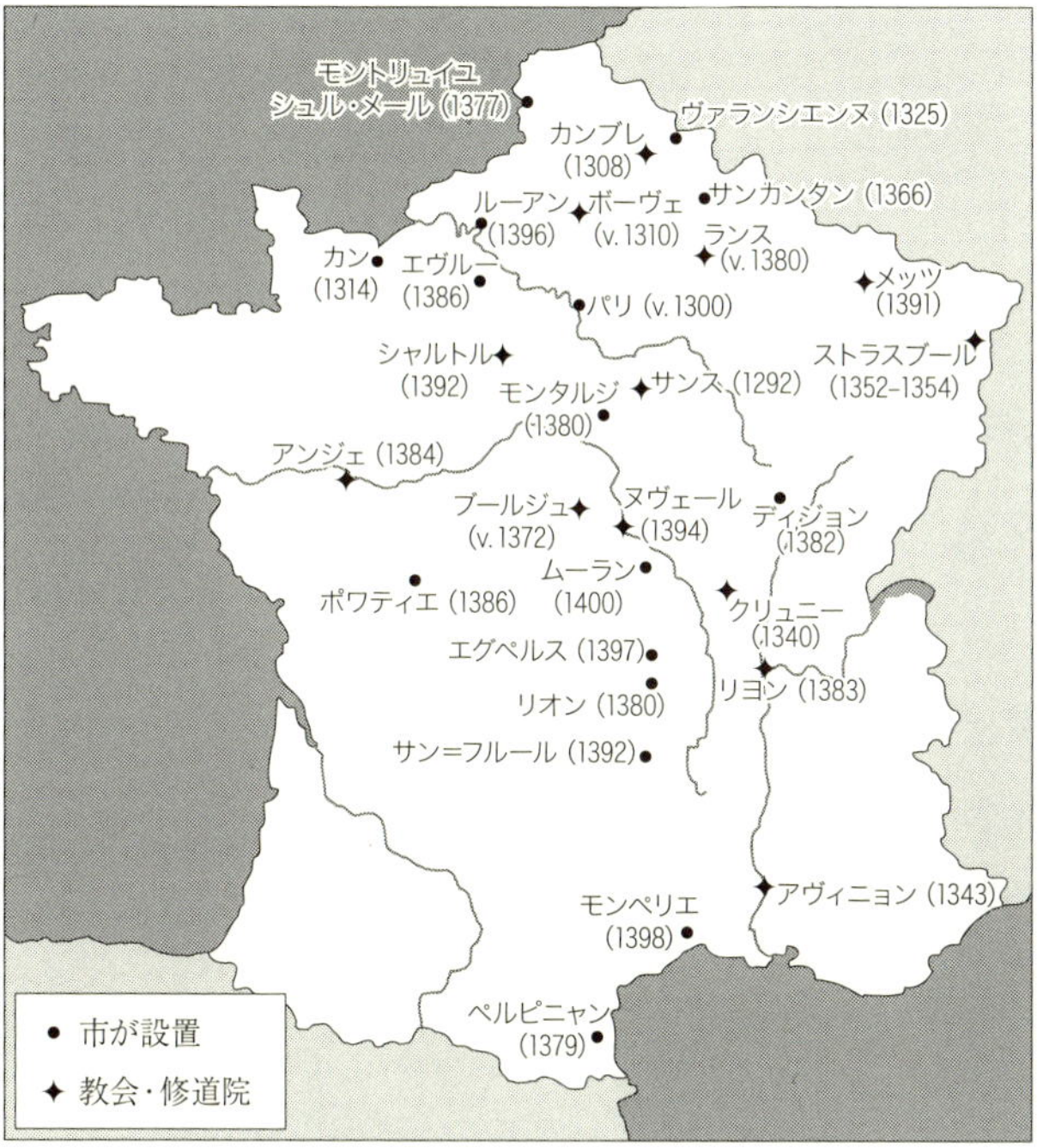

十四世紀、機械式時計が現れたフランスの都市

そして、シャルル五世のもとで示されたこの王権の新しい姿勢は、時間と王権とが関係する同様の二つの現象を解明させてくれる。その一つは、すでに述べたように、史料編纂に関する王権のコントロールの強化で、これは『フランス大年代記』のジャン二世とシャルル五世の治世についての続編執筆の任務を大法官ピエール・ドルジュ

モンに託した事実に現れている。もう一つは、シャルル五世が顧問たちの反対を押し切って、占星術を未来予見と権力の掌握および行使の潜在的手段として利用したことで、あのクリスティーヌ・ド・ピザンの父で医師であるとともに占星術師であったトマが重用されたのは、このためであった。

しかし、シャルル五世や同六世の時代には、王室修史官も占星術師も恒常的に王室についていたわけではなく、あくまで君主の個人的関心から随伴させられているだけであった。その点で根本的に一段階進んだのがシャルル七世の時代で、一四三七年には王室修史局がジャン・シャルティエを長として設置され、占星術師も一四五一年からは、王宮の帳簿でも医師としてではなく「占星術師 astrologien」と名ざしして定期的に給与が支出されている。この二つの新機軸は、シャルル七世が百年戦争後の国家再建の策を奉公人たちの専門職化と過去および未来についての認識手段を公的に利用するなかで立てようとした意志の表れであり、それは、修史と占星術、そして時計の設置に関してイニシアティヴを手中にしようとしたシャルル五世の路線の到達点であったと考えることもできる。三つとも、時間を支配する力を王権のもとに独占しようとする試みに属しているからである。

しかし、この試みを過大視して、その後も一貫して追求されたと思ってはならない。時計師も修史官も占星術師も、統治に必要な道具一式の一部をなす存在とは考えられても、王宮で知的文化を代表していた医師や告解師、伝令官などに較べられるほど重視されてはいなかった。とりわけ、彼らの役割は不確定で、王室修史局は一四七六年にジャン・カステルが亡くなると廃止され、占星術師も、一四九九年以後の帳簿を見ると、定期的に給与を支給される要員ではなくなっている。同様の状況は、ブルゴーニュの宮廷でも見られる。ここでは、占星術師も時計師も、断続的に存在しただけで、しかも、一四五五年にジョルジュ・シャステラン（一四七五年没）のために設置され、そのあと、ジャン・モリネ（一五〇七年没）とジャン・ルメール・ド・ベルジュに引き継がれた「ブルゴーニュ公の修史局」も、ジャン・ルメールが一五一二年に去って以後は名前だけになっている。

したがって、フランスの王侯たちによる時間支配権掌握の試みは、ルネサンスが始まるころには挫折したのであったが、そのような試みが行われたこと自体、教会によって独占的に支配されてきた一千年の歴史からすると、一つの本物の文化的転換であったと見ることができる。

〔文化と言語に関するシャルル五世の政策〕

教会による文化の独占体制の相対的後退は、言語的次元では、いっそう顕著である。中世も末になるほど、ラテン語は文字文化における支配的地位を失っていき、王や大公の宮廷が書物による知識の集積所となって、書物の大部分は俗語で書かれるようになる。十三世紀にはすでにフランス語がラテン語と対等の文学的表現のための主要言語となっており、十四世紀には、学問用の言葉にまでなっている。この重要な推移の原因は、かなりの部分、王権強化のためにフランス語の知識を広めようとした《文化政策》による（S・リュジニャン、F・オートラン）。これは、フィリップ四世（1285-1314）、同六世（1328-1350）、ジャン善良王（1350-1364）のもとで、ジャン・ド・マン、ジャン・ド・ヴィニェ、ピエール・ベルシュイルらによって試行錯誤的に進められていたが、それが本格化したのはシャルル五世の治世からである。

一三六八年にルーヴルのフォーコンヌリ（鷹小屋）の塔の有名な《シャルル賢王の書庫》は、個人的蔵書ではなく、王とその近親、顧問たちの学習センターであり、王の許可を得れば借り出すことも可能であった。

読書するシャルル賢王 ©BnF

その蔵書数は、シャルル五世が一三八〇年に亡くなったときで九一七巻、貸し出されて王宮内各所に分散していたものを加えると千冊以上で、教皇庁のそれ（一三六九年で二〇五九巻）やソルボンヌ学寮のそれに次いで、キリスト教世界でも最も重要な図書館になっていた。

シャルル六世のもとでは、新しく集められたものが加わって一二七一巻になるが、そのうちフランス語の本が七二四巻を占める。その内訳についてジュヌヴィエーヴ・アセノールは、二一六冊が文学・学問・技術関係、一四二冊は道徳と宗教関係（ただし、聖書と儀典書は除く）、中世文学が一三五冊、中世の歴史と政治に関するものが八八冊であるとしている。この分類は、歴史（ラテン語を含めて全体の約一〇パーセントを占める）を多くの部門に分けている一方で、天文学（astronomie）と占星術（astrologie）、魔術と占い（ラテン語写本を数えると二三〇巻で全体の一八パーセント）を区別していないという難点をもっているが、いずれの分野でも、フランス語の優位がはっきり表れている。〔訳注・ここでは「巻」と「冊」と区別しないで用いた。〕

このフランス語の優位はシャルル五世の翻訳促進政策によってもたらされたもので、この政策についてニコル・オレームは、アリストテレスの倫理学と政治学の訳書の序文で明確に説明している。

「王は、公的善のために、王自身およびその顧問、そのほかの人々がよりよく理解できるよう、これらの本をフランス語に訳させようと考えられた。」

クリスティーヌ・ド・ピザンは『賢王シャルル五世善行の書Livre des fais et bonnes meurs du sage roy Charles V』（1404）のなかで、王自身はラテン語を充分理解できたので翻訳させる必要はなかったのであるが、「後継者たちへの大いなる愛のゆえ」、彼らに倫理と政治を教えるために翻訳させたのであると述べている。王の語学力については多分に異論もあろうが、王朝を継ぐ人々のためにこの仕事をするのだという自覚をもっていたことについては是認できる。ラウール・ド・プレールは、聖アウグスティヌスの『神の国De civitate Dei』の訳書の序文のなかで、これをさらに押し進め、「王国と民衆、そしてキリスト教世界全体の善と便宜のために訳した」と述べている。この言葉は極端ではあるが、彼は、シャルル五世こそ、知的・文学的領域で負っている責任をはじめて意識し、この責任を果たすことを君主の義務として自覚した最初の王であるとしている（F・アヴリル）。シャルルは、これまでは聖職者の専売特許であった《権威ある人々auctoritates》の主要な著作を、現在および未来の王やその顧問、また宮廷人たちにとって身近なものにしようとしたのであった。

王が翻訳させた「最も注目すべき本」約三十冊はさまざまな分野にわたるが、『九人の裁判官の書Livre des neuf juges』（1356）とプトレマイオスの『Quadripartit』（「四書」の意でギヨーム・オレーム訳1362-1363）、農学分野ではピエトロ・クレセンツィの『農民Rustican』（1373）、百科全書家バルトロマエウスの『事物の性質の書Livre des propriétés des choses』（ジャン・コルブション訳1372）、アリストテレスの『政治学』と『倫理学』、

『経済』、また『天体論Livre du ciel et du monde』（ニコル・オレーム訳1370-1377）、聖アウグスティヌスの『神の国』（ラウール・ド・プレール訳1371-1375）、ソールスベリーのジョンの政治思想に関する書『ポリクラティクスPolicratique』（ドニ・フルシャ訳1372）、ギヨーム・デュランの『典礼説明書Rational des divins offices』（ジャン・ゴレーン訳1372-1374）、ベルナール・ギの『年代記抄Fleurs des chroniques』（ジャン・ドーダン訳1378）がある。ペトラルカの『二つの運命の治療についてRemèdes contre l'une et l'autre fortune』（1368）がある。

このなかの多くは、シャルル五世が自分のサインまで入れている二〇冊の愛読書のなかに含まれている。この二〇冊でとくに注目されるのは、フランス語の本が多いこと（ラテン語はバイブルだけ）と、歴史の本が四冊あることで、フランス王の祝聖に関する書が二冊、政治の概論書（とくにエギディウス・ロマーヌスの『王権論Gouvernement des princes』と『果樹園の夢Songe du vergier』）、さらに、カスティリヤ王、アルフォンソ十世（1252-1284）の手になるとされる天文表二部があることである。このカスティリヤ王は、たくさんの古典を卑俗語に翻訳させた賢明な君主として有名で、シャルル五世も手本と仰いだ可能性がある。

残念ながら、この翻訳事業は、一三八〇年のシャルルの死によって中断し、シャルル五世と同六世の蔵書によって形成された資料も、一四二四年に英国人でフランス王摂政、ベドフォード公によって買い戻されるものの、一四三五年の公の死によって四散し、その後、半世紀の間、《王室図書館》という国家的機構は姿を消す。《学問の継承translatio studii》の理念によって哲学的・学問的知識の主要な語彙をフランス語で生み出そうとしたニコル・オレームの革新的意思は引き継がれず、学問的著作の翻訳は、シャルル八世が即位する一四八三年まで、緩慢なリズムでしか続けられなかった。

とはいえ、シャルル五世の政策は、長期的・全体的バランス・シートとしては、言語学的にめざましい成果を生んだ。なぜなら、彼が命じて行わせた数々の翻訳によって、今なおわたしたちが使っている何百もの新しい語彙が現れ、フランス語に刮目すべき豊かさをもたらしたからである。

もっと短期的に見ても、この賢王の知的遺産は、かなりの部分が、贈与や売却により、また、王室図書館で作製された写本のおかげで、大公たちのところに到達し、美麗本に対する彼らの情熱を掻き立て、多くの実を結んだ。ベリー公は、一四一六年に亡くなったが、フランス語とラテン語による豪華本を三三五冊も遺した。それに対し、シャルル・ドルレアンやシャルル・ダンジューのような愛書家の大公たちは、古典文化に造詣が深かっただけに、蔵書の大部分はラテン語の著作であった。

十五世紀の大公たちのなかでも最大の図書館を持っていたのがブルゴーニュのフィリップ善良公で、一四六九年の蔵書数は約九〇〇冊で、そのうち八三%がフランス語の著作であった。これは、この大公がラテン語に不得手であったこともあるが、個人的嗜好のせいでもあり、このあと、ブルゴーニュの宮廷が、騎士道的・クルトワ的・神話的文学とともに、とくに『新百物語 Cent Nouvelles Nouvelles』に表れているようなパロディックであけすけな文学の分野で草分けの役を演じていくこととつながっている。

このような知的革新の風潮は、大公妃たちの蔵書にも見られる。夫たちのそれに較べると慎ましやかではあるが、そこでも、フランス語の本（宗教書は別だが）が大きな比重を占めている。そこに反映されているのは気晴らしの文化であって、学問的文化ではない。学問の領域は男たちの専有に委ねられていた。

〔彩色挿絵の黄金時代〕

フランスの十四、五世紀は、質量ともに挿絵入り写本の黄金時代である。この図像文化ブームの推進役を

ジャン・ド・ウァヴランの写本の挿絵 ©BnF

果たしたのも国王や大公の《文芸庇護》であった。シャルル六世の治世（1380-1422）以後、大公たちは競って挿絵写本を蒐集するようになった。シャルル五世の蔵書においては、挿絵入り写本は少なく、ヴァンセンヌとサン＝ジェルマンに何冊かが保管されているだけである。それに対し、ベリー公ジャン〔訳注・シャルル五世の弟〕の蔵書では、挿絵写本が四〇％を占め、ブルゴーニュ公フィリップ・ル・ボンの一四二〇年時点の蔵書ではほぼ三分の一、ヌムール公ジャック・ダルマニャック（一四七七年没）にいたっては、今日に遺されている約一二〇冊の蔵書の大部分を挿絵写本が占めている。十五世紀においては、この種のコレクションを所有していることが大公としてのアイデンティティを構成する要素であり、同盟者たちや側近へのお手本になったのである。

　したがって、挿絵写本造りは、十四世紀にはパリに集中していたのに対し、十五世紀には大公たちの宮廷の分立に伴って一種の地方分散化が起きる。さらに一四五〇年以後は、大公たちのそれに較べると慎ましいが、大公を取巻く貴族たちも蒐集を始めるのが見られる。たとえばフィリップ・ル・ボンの侍従であり『大ブリテンの年代記および古代の歴史集Recueil des croniques et anciennes istoires de la Grant Bretaigne』の著者であるジャン・ド・ウァヴランである。しかし、この人物の蔵書一二巻には、ほんとうの意味での彩色挿絵は含まれておらず、描かれている絵は、活版印刷時代の木版画を予告するような、ペン書きの近代的な彩色デッサンである。

いわゆる彩色挿絵写本は、その多くが時祷書、聖務日課書、聖書といった信仰関係の本であるが、世俗的著述で多いのが、ウァレリウス・マクシムス〔訳注・ティベリウス帝時代の著述家で『故事著聞集Facta et Dicta Memorabilia』を著した〕、ティトゥス・リウィウスの著作、『ローマ人たちの事績Faits des Romains』〔訳注・著者不詳。カエサルのことが詳しく述べられているので、別名を『カエサルの書』ともいう〕、ヴァンサン・ド・ボーヴェの『歴史の鏡Miroir historial』、『フランス大年代記』、フロワサールの『年代記』といった歴史物で、とくにフロワサールの年代記は司祭の世界やブルゴーニュの宮廷で人気があった。こんにち遺されているブルゴーニュ宮廷の写本の大部分（四九のうち四〇）が彩色挿絵入りであるが、題材については決定的基準はほとんどなく、ただ、大公のために念入りに作製された写本には献辞を入れた口絵が付けられることが原則になっているぐらいである。

この種の絵の場面には、君主の肖像が入れられることがますます多くなるが、そうした君主の肖像も、十四世紀半ばから、画架の上で描かれる絵も、細密画のなかでのそれも、スタイルが大きく変化する。人物の特徴を、たとえ醜悪であっても、ありのままに描こうとする心遣いが現れてくるのである。それは、大きな作品において特に顕著で、代表例として次のような作品がある。ルーヴルに保管されているジャン善良王（1319-1364）の肖像、シャルル五世がパリのアトリエに注文して作製させた写本の細密画、ジャン・フーケ（1425?-1480?）の細密画と彼が描いた有名なシャルル七世の肖像画、ニコラ・フロマン（1430?-1483?）作とされるルネ・ダンジューとジャンヌ・ド・ラヴァルを描いた多翼画、ムーランの画家（Maître de Moulins）の多翼祭壇画、ジャン・ペレアル（1460?-1530）が時祷書の装丁のなかで描いているシャルル八世やアンヌ・ド・ブルターニュの人物像などである。

この写実主義の傾向は、イタリアとフランドルに起源をもつ道徳的・審美的選択に由来するが、それとともに、イデオロギー的意味も持っている可能性がある。『Livre du sacre』〔訳注・正式には『Livre du cérémonial du sacre de Charles V』で一三六五年に作られた写本〕のシャルル五世の肖像と『フランス大年代記』にフーケが一四五九年ごろ描いた同王やデュ・ゲクランのそれらでは、紺青の地に百合を浮かび上がらせたローブや敷物で王としての機能の確固たる威厳を表す一方で、この君主の身体的特徴である欠陥を率直に描いており、この対照が王の二つの実体〔訳注・機能としての王と人間としての王〕の間の区別を具象的に表している。

宗教書についていうと、それらは、たんに信仰の本ではない。有名なベリー公の『時祷書 Très Riches Heures』の細密画は、この世紀の四分の三をかけ、幾段階もの作業によって仕上げられたもので、王国の政治的情勢の変化にどう適応したかの一つのモデルとなっている。一四一六年までにランブール兄弟によって仕上げられた細密画では、大公の館での貴族的生活の喜びの賛美が見られるが、一四五〇年ごろに、シャルル七世の宮廷付きの無名画家や一四八五年ごろにジャン・コロンブによって作製された細密画では、月々の作業と王宮の様子が丹念に描かれている。

これらを描いた画家や細密画家の社会的身分も、さまざまである。《王室画家 peintre du roi》という職務は、一三〇四年に現れたが、十五世紀半ばまでは常設的なものではなかった。それでも、シャルル七世のもとでのジャコブ・ド・リットモン、ルイ十一世のもとでのジャン・フーケ、シャルル八世とルイ十二世のもとでのジャン・ブルディション〔訳注・フーケの弟子〕とジャン・ペレアルは、比較的にではあるが安定したフランス宮廷の雇用の恩恵を受けた最初の画家である。

多くの芸術家たちと同様、宮廷で仕事をした画家も、大部分ははっきりと「宮廷付き画家」と認められていたわけではなく、肩書きは「召使い valet de chambre」であった。これは、ルネ王のもとにいたバルテルミー・ダイク、シャルル・ダングレームに仕えたロビネ・テスタール、シャルル八世のもとでデビューしたときのジャン・ペレアルもそうである。それ以外の人たちの大部分は、大公など文芸庇護者のために仕事をすることは偶にしかなく、いつもは都市の同業組合の枠内で活動していた。この点では、一四五〇年ごろのアヴィニョンのアンゲラン・カルトンも、その少し後の北フランスのシモン・マルミオンのような著名な芸術家たちも、そのほか無名の彩色挿絵師の多くもそうであるし、十五世紀初めの通称「ブシコー元帥の画家 Maître de Boucicaut」や「ベドフォード公の絵師 Maître de Bedford」のような大物たちもそうであった。十五世紀終わりごろブルボン家に仕えた有名な宮廷画家、「ムランの画家 Maître de Moulins」〔訳注・ムラン大聖堂にある三連祭壇画『聖母の戴冠』の作者。本名は不詳だが、近年になってジャン・エイ Jean Hey とする説が有力〕のような絵師も、現代にいたって、芸術史家たちによってそれと同定される（不確実さがないわけではないが）までは、名前さえ知られていなかった。大部分の芸術的活動と同様、彩色挿絵も絵画も、そのほとんどが、まだ、そのアトリエの作品と考えられており、創作者個人の作品とは考えられていなかったのである。

要するに、中世末のフランスの文化的遺産が生み出されるうえで宮廷や王・大公といった人々の文芸庇護が果たした役割は圧倒的であった。ほんとうの意味で文化政策といえるものを胸中に抱いていた君主はシャルル五世だけだったとしても、文学的・知的・芸術的生命の最も強力で最も創造的流れを惹きつける磁極の働きをしたのは、王侯たちと宮廷社会全体であった。そして、このダイナミズムは、当時の宮廷が全般的に、隔離された閉鎖的世界を形成してはいなかっただけに、なおさら強大であった。そのことは、ギルベール・ド・メッツが描いたシャルル六世治下のパリを見るとよく分かるし、絶えず移動してまわっていたブルゴーニュやアンジュー＝プロヴァンスの宮廷についてもいえる。フランソワーズ・ロバンは、「宮廷と町とが渾然一体になっていた」のを見て「王や役人、商人たちを仲介にして、それぞれが他方に己を投影していた」と述べている。君主の肖像を描いた同じ画家が教会や都市の裕福な名士たちのためにも絵を画いていたからである。

ところで、同様の相互浸透が基になって、聖職者と俗人が、宮廷社会のなかで、また、それとの接触を通じて、公的事柄についての一つの意識が呼び覚まされ、前例のない政治的文化の発展に寄与していった。

五、政治的文化の飛躍

ニコル・オレームは、自ら訳したアリストテレスの著書の序文のなかで《政治諸学》について語っているが、彼こそ政治学を「すべての世俗的学問の基本であり、最も尊ばれるべき最も有益な学問」と喝破したフランス最初の著述家である。したがって、フランソワーズ・オートランが言うように、「政治学がそれ自体として認識され、大学から飛び出して、広く権力者たちの文化のなかに拡大していった」のは、ニコル・オレームを含めて、シャルル五世が命じて行わせた翻訳によってであった。

この重要な現象が直接及んだ範囲は、当初は、王侯たちや、王宮の役人といった少数のエリートたちに限られていたように見えるが、それは、もっと広い文脈のなかに位置づけられるべきである。ニコル・オレームほどの考察レベルには達しなかったが、中世末に文字や図像など多くの資料によって形成される《君主の鏡》の《理想王》のポートレートは、それ以前の伝統的君主の理想像とは規模が異なり、政治的文化の飛躍的発展を示している。その多様な文書には、現実に対する多様な態度の痕跡が残されていて、熟考の末に組み立てられた政治的理念、フランス王権の起源と民衆そして未来についての理念と神話が現れている。《国家l'Etat》の進展とそれを支える理念と信仰を形成したのは、宮廷に仕える聖俗の書記たちと君主自ら（もっとも、彼らの個人的意見は、ほとんどの場合、取り巻きたちによって沪過され、変形されたが、ときには、そのまま通ることもあった）であった。国家の進展を物語るものは、互いに絡み合った三つの領域に見られる。一つは国民的感情、一つは君主の権力、一つは社会の政治的組織化である。

この点から見たとき、ルイ九世が十字軍遠征から帰還した一二五四年からヴァロワ朝初代のフィリップ六世の即位（一三二八年）までの時代は、その土台が形成された時期で、この間に、王権と王国についての学問的概念においても、王がライバルを倒すために用いた実践的手法においても、大きな革新が現れている。

国民的感情の誕生

フランス王が、人々に対してだけでなく、フランスという一まとまりの土地に君臨し支配するようになるのが、この時代からである。王室尚書院によって「rex Francorum」〔訳注・「フランク人の王」の意〕に代わり

「rex Franciae」〔訳注・「フランス王」の意〕の表現が採用されるのは、フィリップ美男王の時代（1285-1304）からである。この「regnum」〔訳注・「王国・領土」の意〕は、まだ「Etat」（国家）ではない。「Etat」という言葉は十五世紀になるまで、フランス語のなかで近代的意味をもつ語彙としては存在しなかったが、フランス自体は、すでに一つの《祖国patrie》であり国民的意識は存在していた。たとえば一二七〇年ごろ、オルレアンの法律家ジャック・ド・レヴィニは、フランスという「共同の祖国communis patria」について語り、マンド司教のギヨーム・デュランは『裁判の鏡Speculum judiciale』（1271）のなかで「王は祖国と王位を守るため（pro defensione patriae et coronae）に特別の手段を用いる資格を有する」としている。

法律文書のなかで「土着人」（naturel）と「異邦人」（étranger）という相補的観念が現れ始めたころの一二七四年、『フランス大年代記』の序文では、フランスの国（nacion）を「他国に名だたる貴婦人dame renommée seur autres nations」と呼び、その優位性の根源をトロイに遡って辿り、雄々しさと憐れみの心にそれが表れているとしている。その三十年後、ギヨーム・ド・ノガレは、一つの論文のなかで、「patria sua regni Franciae」と述べ、一三一八年の行政文書のなかでは、「natione gallicus」（ガリアの国民）という表現まで使っている。

このフランスの国民的アイデンティティの自覚において主役を演じたのが王を取巻く知識人たちであったことは意味深い。一人は尚書院の一員で歴史家である修道士のプリマトゥスであり、そして民法学者のジャック・ド・レヴィニとギヨーム・ド・ノガレ、教会法学者のギヨーム・デュランで、彼らは、王権の拡大に関連して、このことを考察せざるをえなかったのである。そこから、ベルナール・グネーによって示される衝撃的公式が生まれた。すなわち、ドイツやイタリアのような隣国で起きたのとは逆に、フランスでは

「国家が国民を創った」ということである。

その代わりにフランスの国民的感情は、急速にヴァロワ朝の権力を支える最良の基盤になっていった。あるイギリスの年代記は、ヴァロワ朝初代のフィリップ六世が一三二八年にフランス王位につくことができたのは「王国で生まれたゆえ」であるとし、その四十年後、ニコル・オレームは「外国の人間を王に戴くわけにはいかない」と断じている。この感情は、したがって、事実上、家系的・政治的共同体に帰属していることから生まれるもので、ユスタシュ・デシャンは「おのおのが己の国を愛するayme chascun sa nascion」と述べている。しかし、この「nascion」は、必ずしも《フランス》ではなかった。フランス軍最高司令官ベルトラン・デュ・ゲクランは、シャルル五世と親密な関係にあったが、《自分の国》を指すときは故郷のブルターニュのことしか言っていない。したがって、十四世紀においては、君主制的感情は、まだ文人エリートの専有物で、その深みに愛国主義的感情は含まれていなかった。

それが次の十五世紀になると、がらりと変わる。それを証明しているのがジャンヌ・ダルクの冒険であり、トマ・バザン（1412-1491）がフランスによるノルマンディー奪還の物語のなかで引き合いに出している住民たちのイギリス軍に対する「自然発生的抵抗運動」である。同じころに書かれたジル・ル・ブーヴィエ〔訳注・シャルル七世の軍事伝令使〕の『諸国の姿Livre de la description des pays』のような作品は、理想化しすぎている嫌いはあるが、王国の地政学的アイデンティティへの意識とその高揚、国境地域の現実に基盤を置くフランスの国民的感情の熟成をはっきり表している。

「南北の行程が二十二日、東西十六日のこの王国は、細長すぎることもなければ正方形でもなく、一枚の

《lausange》〔訳注・「losange」とも綴り、菱形模様をいう〕のようであり、他のあらゆる王国に較べて最も美しく、最も居心地がよく、最も優美で均斉がとれている。」

この《国としてのフランスの誕生 naissance de la nation France》（C・ボーヌ 1985）において、百年戦争という、いつ終わるとも知れない破滅的な争いが決定的役割を演じたことは明らかである。

君主制的感情の熟成

成文法の進展は、とくに慣習法の文書化と統治機構におけるローマ法の影響の増大によって特徴づけられる一方で、十三世紀半ば以降は、王権の新しい確定に寄与した。法律家のジャン・ド・ブラノは、一二五六年に世に出した『ユスティニアヌス法学提要』の注釈のなかで、「Rex Franciae in regno suo princeps est」〔訳注・「フランス王は、その王国においては元首たりうる」〕という決定的公式を作り上げ、それがフィリップ美男王以後、「フランス王は、その王国においては皇帝である」との有名な格言の形で採用されたのであった。フィリップ・ド・ボーマノワールがその『ボーヴェ人の慣習 Coutumes de Beauvaisis』（1283）に書いているところによると、その時の領土において「万人に君臨する君主」であるこの王が、これ以後、教皇に対抗するローマ皇帝（princeps）に似た《権威 auctoritas》と《全権 plenitudo potestatis》を付与され、一二五九年からは、王自ら主宰する裁判で反逆罪の判決を下すようになる。

フィリップ美男王の《レジスト》（法律顧問）たちは、特別の手続きによって、王権に敵対する聖職者たちを魔術者として告発（実際には政治的目的によるものだが）した。一三〇一年と一三〇八年から一三一三年にかけてはベルナール・セッセとギシャール・ド・トロワに対し、一三〇二年と一三〇九年には教皇ボニファティウス八世に対して、さらに、一三〇七年からはテンプル騎士団に対して告発が行われた。これらは、《皇帝教皇主義的 césaropapiste イデオロギー》〔訳注・帝権の行使と司教権のそれを一人の世俗支配者に認める支配理論〕のプログラムを王国のすべての住民に適用しようという意志の表れで、その手始めに聖職者を攻撃の的に選んだに過ぎなかった。それは、何よりも「国家権力の増大」という危機の兆候であり、ジャック・シフォローによると、この告発は、ローマ教皇とドイツ皇帝の世界支配の意図に対してフランスの国土におけるフランス王権の威光の及ぶ領域を拡大しようとしたものであった。

しかしながら、十三世紀から十四世紀にかけての転換期にこの王制イデオロギーの変革を進めた責任者は、法律家たちだけではない。この点で最も革新的な考え方を広めたのが、一二七九年、王子であったフィリップ美男王のためにアウグスティノ修道院の隠修士、エギディウス・ロマーヌスがラテン語で著し、一二八二年にアンリ・ド・ゴーシーによってフランス語に訳され広まった『王権論 De regimine principum』で、これはいうまでもなく一介の神学者の著作である。この《君主の鏡》は、「聖書と教父たちの資料に囚われた修道院的文化・文学という刻印を払拭した最初の著作」（J・クリネン）で、エギディウスは、このなかで説教師ではなくアリストテレス主義に転向した道徳哲学者としてフィリップに語りかけている。

『王権論』は、政治を合理的・学問的に考察したもので、権力への楽観主義的見方を基盤に絶対王権説を公式化した最初の書である。エギディウスは、「公益 bien commun」を神聖視する視点から王を位置づけ、王は神聖法と自然理性に照らされて、アリストテレスの説く立法者として道徳を推進すべきで、自己自身の師となってこそ、その家に対しても、王国に対しても師となることができるとしている。アンリ・ド・ゴーシーが述べているように、このとき王は、「半ば神であり、神に似た存在」、「臣下たちにとって生き方の手本、人間的振舞いの正しい規範」となる。「王国の生命と救済」は、神の僕（serjant）たる彼にかかっており、人民は彼に従えばよいのだ。こうして、エギディウスの《理想的な王》は、自分の国にあっては全てを思うままに決定する絶対的君主であり、臣下は、この王の支配に対し毫末も疑念を抱いてはならない。

この『王権論』はかなりの人々に読まれ、中世的絶対主義イデオロギーの必須の標柱となった。こんにちも二五〇近い写本が遺されており、中世末期の政治学上の著述として最大の成功作となった。ただ、この著作を献呈されたフィリップ美男王は、それが教えている内容については、君主の権威に対する人民の信仰と、他方、自国内で行われていること全てに関する王の責任感という一部しか採用しなかった。彼は、封建的主従関係に相変わらず深くこだわったが、エギディウス的感覚をたっぷり染み込ませていた彼の側近の宣伝家たちがフランス君主制の神聖法を「国民的ドグマ」に仕立てていったのである。（J・クリネン）

シャルル五世も、蔵書のなかに『王権論』を持っていて、この書から《賢王》としてのイメージを作り上げるための示唆を大いに受けた。また、十四世紀から十五世紀にかけて書かれた多くの《君主の鏡》の大部分も、エギディウスの著述を引用し、あるいは、そうと明言しないまでも利用している。この著者は、これを書いた少し後、アウグスティノ会と教皇庁の陣営に戻っており、そこには一冊の著書とそれを書いた人間のそれぞれが辿る運命のパラドックスが現れている。

したがって、フランス王国を神聖法的君主制たらしめる根拠となる理念が姿を現したのは、フィリップ美男王時代（1285-1314）の王側近の法律家や神学者たちによってであって、その同じ時代、ローマ法とアリストテレス哲学の影響によって教皇権からの《国家l'État》の自立が促進されたのであったが、決定的意味を持ったのは、なんといってもシャルル五世の治世（1364-1381）であった。シャルル五世こそ、王の人格の上に法的フィクションを築き、王制への信仰ともいうべき観念についての思考を推進した張本人であり、取巻きの文人たちを経由してではあるがフランス王の機能についての前例のない価値付け作業を成し遂げた主役である。

このフランス王の機能に対する価値付けを特に顕著に示しているのが即位の際の《塗油》の意義の強調である。《塗油》は、フランスの君主を「世上権におけるキリストの代官」（J・ゴレン）たらしめる、いわば第八の秘蹟〔訳注・キリスト教では洗礼や叙階など七つの秘蹟がある〕となり、ラウール・ド・プレールが聖アウグスティヌスの『神の国』の訳書のプロローグのなかで初めて王制伝説の連作として結び合わせた四つの基本要素が完成する。一つは聖油瓶、第二は瘰癧患者を治す神秘的力、第三は天上に起源をもつサン＝ドニ王旗、第四がフランスの紋章（紺地に浮かぶ金色の百合の花）であるが、これらは《三位一体》に合わせて三つにまとめられる。

「きわめてキリスト教的な王roi très chrétien」という呼称は、すでにフィリップ・オーギュスト（1180-1223）に年代記者たちが奉り、一四六九年になって公式に教皇によって認可されたのであったが、この「キリスト教的王」によって選ばれた民の幸せのための新しい約束の地とフランス王国とを大胆にも同一視したのがエヴラール・ド・トレモーゴンの『果樹園の夢Songe du vergier』である。シャルル五世のもう一人のブレインであるニコル・オレームは、アリストテレスの『政治学』の訳書に付けた注釈のなかで、王権崇拝の宗教に対してはヘルメス的態度をとると同時に、神聖法の君主制理念とレジストたちに馴染みの超法規的君主の理念に対しては二重の意味で敵対的態度をとることによって時流に逆らっていく。オレームは、三身分の代表者たちの《合理的多数》によって王権の力を緩和する行き方に好意を示し、国家についても《民主派貴族的理想》を基調に、一つの改革運動を起こした。しかし、この改革運動は、フランスの国内戦争とイギリス軍の侵入によって押し流されてしまった。結局、シャルル七世（1403-1461）の軍事的勝利に伴ってフランスの政治的再征服が達成されると、十五世紀半ばには、絶対王権主義に対抗するイデオロギー的ライバルは、すでになくなっていた。

ジャック・クリネンは、『王の帝国L'Empire du roi』のなかで、この経緯を解明している。それによると、《国家》の進展は、権力信仰の非キリスト教化などという意味合いは全く含んでいなかった。むしろ反対に、キリスト教は、この中世末には君主権発動のかつてないお気に入りの道具となり、「きわめてキリスト教的な王」を《暴君》と同一視することを禁じることによって「世俗権力の超キリスト教化」に加担したのであった。興味深いことに、他の国、とくにイギリスで観察されるのとは逆に、フランスでは、十二世紀以来の《暴政》概念についての豊かな政治学的考察にもかかわらず、一四八四年にトマ・バザンがルイ十一世の統治を告発するまでは、フランス王権の合法性を問題視することはなされなかった。

それまでは、《暴君》は存在しても「王」がその本人であることはけっしてなく、王を裏切ったとみなされる側近の一人であった。君主が不人気な手段を行使し、権力の乱用や不正義について有罪と見えるようになったときは、その責任は、「悪しき臣下」に体系的に振り向けられた。こうして《王の神聖化》と《国家の力の拡大》にとって好都合な生贄にされたのは、多くの場合、王の寵臣の財務官や徴税人たちであった。

前者の寵臣たちは、十四世紀には《マホメット mahomets》（異教徒）、十五世紀には《ミニョン mignons》

（同性愛者）と呼ばれ、運命の女神の車輪（Roue de Fortune）の無分別なくさみものとして、その野心や貪欲のために定期的に処刑されるのが見られる。一二七八年のピエール・ド・ラ・ブロース、一三一五年のアンゲラン・ド・マリニ、一四〇九年のジャン・ド・モンテギュ、一四八四年のオリヴィエ・ル・ダンなどは、そうした犠牲者のなかでも最も著名な例に過ぎない。

後者の徴税人たちは、『果樹園の夢』のいうように、「貧しい人々から、支払い能力など無視して情け容赦なく税をかけて毟りとることに夢中の寄生虫ども」で、ユダヤ人高利貸したちと同様、一三七八年から一三八二年にかけての反税暴動では、真っ先に犠牲になった。

したがって、十四、五世紀の政治的文学が発信している基本的メッセージの一つは、きわめてシンプルで、「王は神聖なり。されど、その宮廷は腐敗している」である。このジャンルの批判の一つは、二人の王族間の激しい対立の文脈のなかから生まれた。ルイ十一世のフランス宮廷は、ジャン・モリネのいう「地上の楽園」たる《ブルゴーニュ公の箱船 arche ducalle》に敵対したため、ジョルジュ・シャステランによって、そのアンチ・テーゼとしての「淫靡な館 chiennerie」に貶められた。しかし、《反王宮文学》が放つ矢の射程距離は、それだけにはとどまらなかった。野望と嫉妬、貪欲によって腐敗した王宮は、シャルル六世の治世にはユスタシュ・デシャンの詩によって、シャルル七世の治世の初めにはアラン・シャルティエの『宮廷生活 De vita curiali』によって、ルイ十一世の時代にはジャン・ド・ビュイユの『若者 Jouvencel』とシャルル・ド・ロシュフォールの『宮廷で欺かれて Abusé en court』により、「追従と嘘言、隷属と堕落、虚飾に支配され、存在の代わりに所有がのさばる裏返しの世界」と糾弾される。

ところで、これらのテキストは、自身もその宮廷の一員で、そのことの意味を理解している著述家たちが書き散らしたものである。しかし、全般的にいうと、文人たちは、「真理に基づく政治的道義の保証人であり啓発者という特権的立場を利用」（C・ゴヴァール）し、宮廷世界のなかでも自己調整の機能を果たした。中世末の宮廷社会を風刺した文学は、十二世紀に真の君主と暴君を区別したソールズベリーのジョン（ヨアンネス）の系譜を引き継いで更に体系的に深化させた手法で生み出されたものであり、彼らは、社会から専らカネと権力を手に入れることによって進展していくこうした宮廷的現象と国家機構の前例のない発展によって引き起こされる不安を自嘲と自己批判というやり方で表明していく。

政体（corps de policie）のヴィジョン

十四世紀において、《社会》は、人々の考えのなかでは、聖職者と貴族と、町の代表者たちによって指導される民衆との三つの身分（états）に分けられていた。しかし、この理想的な三機能の秩序の永続性を脅かしているのが、ユスタシュ・デシャンによると、社会に対するカネの過分な力である。このカネの力を操っているのが金融家で、彼らは自由学芸のなかでも算術という最も卑しい学問を体現している連中であった。

いまや大公も、よき僧侶も騎士も
自らの役目を果たすことができなくなった
なぜなら、どんな立派な人も一本の棒としかみなされず
カネ以外はなんの役にもたたない

宮廷だろうと町や修道院だろうと
すべてを牛耳っているのは算術なのさ

シャルル六世の治世は、王自身の狂気の発作と教会分裂のために、王権・教皇権ともに危機に陥った時期で、それは、同時に政治について考察が行われた時代でもあった。デシャンによって再度採りあげられた《三機能trifonctionnel》の図式は、社会というものを《生きている人間の身体》に喩える古くからの考え方に基づいて見直された。クリスティーヌ・ド・ピザンは、その『政体の書Livre du corps de policie』(1404-1407)のなかで、「大公(あるいは大公たち)は、この身体の頭であり、騎士や貴族は手と腕、民衆は腹であり脚である」という見方を示し、ついで『平和の書Livre de la paix』(1412-1414)では、当時の政治状況を背景に、さらに細かく現実的に、社会を王家の血を継ぐ大公たちと騎士・貴族、大学人と聖職者、そして都市の金持ちたちとその下にいる無数の民衆の四つに分けている。ここでは身体を七つの部分に分け、王を頭、大公たちを肩、騎士を腕、庶民を脚とする点では、手本としたソールズベリのジョン(1120-1180)の『ポリクラティクスPolycraticus』のそれと一致している。しかし、中間的部位については、聖職者を脇腹、ブルジョワを腰と腹、商人を腿とする点でジョンのそれと異なっており、とくにジョンが聖職者を「魂」としているのに較べて、クリスティーヌにあっては相対的世俗化が進んでいるといえる。また、シャルトルの司教(ソールズベリのジョン)の図式では触れられていない都市の寡頭政治家と商人たちについては、その社会的進出が反映されており、この三つが革新性を特徴づけている。

この世俗化への前進は、ジャン・ジェルソンのような大学人にも見られないもので、後者は、ギヨーム・

ド・ディギュルヴィルの『魂の巡礼Pelerinage de l'ame』にヒントを得て一四一三年に著した『永遠に生きる王Rex in sempiternum vive』の一節で、反対に聖職者をネブカドネザルが夢のなかで見た一つの像〔ダニエル書2、31-33〕によって擬人的に表されたキリスト教社会の均衡の保つ存在であるとしている。〔訳注・ネブカドネザル王が夢で、頭が純金、胸と腕が銀、腹と腿が銅、臑が鉄、脚が一部は鉄、一部は泥土でできている像を見たのを、ダニエルが夢解きしたというエピソード。〕

しかし、一人の俗人の見方と聖職者の見方の対立を超えたところで共通しているのが、《政体corps de policie》の機構を統括している原理という見方である。したがって、フランスの社会を構成しているさまざまなグループは、神意によって階級づけられているのだから、堅固に連帯し、いかなる状況にあっても王に対し忠実でなくてはならないとされる。こうして、《三機能》の図式は、シャルル六世の治世以後は、君主の優越的権威に従属するのである。

それから四分の三世紀経った一四八四年に、フィリップ・ド・ポワティエは、三部会で行った演説において、貴族は王と聖職者と民衆を守るという役目を担っているのであるから免税されて然るべきであると述べている。「十四世紀から十五世紀にかけて、三身分についての観念により、封建社会の正当化から近代国家の正当化への輝かしい転換が達成された」（C・ボーヌ）のであった。

プロパガンダと世論の形成

君主制への愛着と整然たる秩序をもつ政治的共同体への帰属意識がまず結実したのは、王国のエリートたちにおいてであったが、それは、どのようにして、もっと幅広い民衆たちに共有されることができたのであろうか？

「プロパガンダ」という言葉はまだ存在しなかったが、その実体は、中世末には、すでに存在していたことは明らかで、近年の研究によって、この現象の多面性と政治的分野でのその含意の多様性が明らかにされてきている。

わたしたちは、文書によるさまざまな形のプロパガンダについて情報を持っている。『果樹園の夢』やオノレ・ブーヴェの『戦いの樹 Arbre des batailles』（1386-1389）、アラン・シャルティエの『四人譏罵問答 Quadriloge invectif』（1422）のような大作もかなり広まっていた（『果樹園の夢』と『四人譏罵問答』は四十近い写本が遺されており、『戦いの樹』にいたっては七十三の写本がある）し、そのインパクトはかなり長く持続した。とはいえ、それは、あくまで大公や貴族、王政府高官など、ごく狭い世界でのことであった。そのうえ、これらの作品を書いたのは、単なる宣伝家ではなく、精神的自立性をもって政治に参加した人々であった。

フィリップ美男王（1285-1314）の政治的宣伝パンフレットは、基本的に聖職者相手の論争用テキストで、ラテン語で書かれていた。政治全般を論じた著作のなかに埋もれていた戦争プロパガンダが、より広い公衆向けに姿を現し、特定のジャンルとして扱いうるものになるのは、十五世紀初めのジャン・ド・モントルイユによるラテン語とフランス語を併記した論説からである。

しかし、情報伝達とプロパガンダの手段として最も迅速で効率的だったのは、王から発せられる書簡で、これは、町の辻々で大きな声で読み上げられただけでなく、一三四三年のある王令からは、最も目立つ場所に掲示されるようになった。このジャンルでは、一四五一年八月、バイヨンヌ制圧の際に、人々の降伏を急がせるかのようにバイヨンヌの空に奇蹟の十字架が現れたことを詳しく記したシャルル七世の書簡が最も有名である。

しかしながら、政治的プロパガンダの役目を果たした多様な文学ジャンルとしては、ほかにも幾つか挙げることができる。たとえば、歴史書に属するものとして、一四六一年まで書き継がれた『フランス大年代記』とその幾つかの要約版があるし、逆にフランス王を終末の日の皇帝と名指した予言書がある。たとえば、「Karolus, filius Karoli」の書き出しをシャルル六世、同七世、ルイ十一世の弟のシャルル・ド・フランス、さらにシャルル八世に当てはめたそれである。また、占星術による予言としては、ブリュッセルの医師、ジャン・ド・ヴェサルが一四七二年の彗星について判じた書がある。このなかで、この天体現象の最初に現れた場所については、ルイ十一世を不安がらせ、ブルゴーニュのシャルル突進公を勇気づけるべく故意に移されている。一四〇五年ごろには、ルイ・ドルレアンを皇帝に推戴するよう促すアンブロジオ・ミリースのラテン詩が、プラカードの形に書かれて使われている。フランス語でも、一三二八年の反英詩、『イングランドとフランドルの反逆の物語Dit de la rébellion d'Angleterre et de Flandre』やユスタシュ・デシャンの愛国的作品などが生まれている。

直接に眼で見させ、耳で聞かせた、口頭によるプロパガンダは、いまでは間接的痕跡しか遺っていないけれども、これが当時のプロパガンダの主役であったことは言うまでもない。弁舌で鳴らした托鉢修道士たちは、反王権的説教や講演をぶってまわった。そんななかでルイ十一世は、それに対抗して、旅回りの歌い手たちに王制を賛美する歌を盛んに歌わせたり、世俗劇『バーゼル公会議の道義性Moralité du concile de Bâle』

（1434-1435）や一四三五年のアラス和約を讃えるためにミショー・タイユヴァンが作った『共通の貧困の道義性Moralité de Povre commun』を演じさせたりしている。またルイ十一世に抵抗して貴族たちが起こした「公益戦争Guerre du Bien publique」のときは、同盟側を正当化して『公益同盟の道義性Moralité du Bien public』がブルボン公の宮廷で演じられた。同様にして、フランス王と教皇の確執のなかでは、教皇ユリウス二世を皮肉ったピエール・グランゴワールの『阿呆の王様劇Le Jeu du prince des sots et de Mere Sotte』が、一五一二年にパリで上演されている。

こうした形のプロパガンダは、国王書簡を公衆の前で読み上げる文書プロパガンダと緊密に結びついて、それを補足する役割を果たした。とりわけ歴史的・予言的・紋章学的文学のなかでは、テキストに合わせて図像が活用された。

この種のマルチ・メディア的プロパガンダのよい例が『恩寵と空飛ぶロバFaveur et les Anes volants』と題するアンリ・ボードの詩である。これは一四六五年の公益戦争のときにルイ十一世とその寵臣たちを風刺するために作られ歌われたもので、その後、『タピスリーに描かれるための道徳的訓話Dictz moraulx pour faire tapisserie』の一連の図像のなかに統合された。それらは八種の写本のなかに遺されており、さらに一五三〇年ごろには、アリエ県ビュッセ城にフレスコ画の形で再生された。そうした愛国的プロパガンダの文書について、コレット・ボームは次のように指摘している。

「主役を務めたのは演説のテキストよりも、それを象徴的に描いた図像である。一般にテキストは、ある一枚の絵の説明や、何枚かの絵の相互間のつながりを説明するために後から書かれたもので、戦いと勝利、ある物を生け贄に捧げたことと、その結果もたらされた勝利、欠乏と回復、汚染と浄化との関係などを説明している。人物はステレオタイプ化されており、イギリス人は裏切り者であり、フランス王あるいはフランスは英雄的である。人々が神に求めるものは、国が救われること、または、世界帝国が実現されることで、ストーリーの組立ては庶民向けの口承文学におけるのと同じで、そのテキストは、さまざまな考え方・感じ方をもつ幅広い公衆を対象にしている。」

公衆との距離を縮めるために、最も活用されたのが王の入城式で、王は、自分が統治する国との対話のために、この儀式を活かそうとしたし、幾つかの場合は、それ自体が政治的プログラム宣伝の役目を果たした。こうして、国家の象徴的表現の特別な手段とし、君主制的・国民的感情を盛り上げる手段として、好意的な町での君主の入城光景を描いた絵が盛んに作製された。とくに一三八九年のイザボー・ド・バヴィエール〔シャルル六世の妃〕のパリ入城を描いた絵は、その後、数多くの絵がますます丹念に画かれていく節目となった。

王とその家族、フランス王国の象徴である百合の花、王国と同一視される泉と庭園、一三八二年から一五一五年にいたる時期〔訳注・シャルル六世の時代からフランソワ一世の即位までの多難な時期〕を乗り越えた王権の不死性を象徴する《凧 cerf-volant》など、幾つかの決定的に重要なシンボルがゆっくりと更新される。一三八九年のイザボーのパリ入城においては、『メリアドール Meliador』〔訳注・フロワサールの長編詩〕を参考に王権の象徴として「騎乗する太陽」が描かれたが、一四九〇年にシャルル八世が初めてリヨンに入城した場面でも、「正義の太陽」が描かれ、一四九〇年のヴィエンヌでのシャルル八世を表すためにはヘラクレス、一四九九年のミラノにおけるルイ十二世を表すのには軍神マルスというように、神話の神々が盛んに描かれている。

これらが、中世末にいたって《民意》というものが誕生していったことの最も明白な表われであることは疑いない。それは、王を敬い心を抱き、王を保証人とする社会的秩序に深く密着した世論であり、一つの国民に属していることへの誇りによって力づけられた世論である。だがそれは同時に、宮廷の華麗さに魅了されると同時に、その宮廷人たちの際限のない野心と貪欲に怯えている世論でもある。

第十章　社会文化的収斂と亀裂

一、それは、「文化的同化」か？

一つの人間グループが他のグループの価値観や信仰、行動規範、儀礼のすべてあるいは一部を同化していくのが《文化的同化acculturation》のプロセスであるが、これは、ここ何十年かの人類学者や歴史家たちにとって重要な概念の一つになっている。この概念をフランス史の分野に適用した先駆的著作、とくにロベール・ミュシャンブレドが一九七八年に著した『近代フランスにおける民衆文化とエリートの文化Culture populaire et Culture des élites dans la France moderne（XVe-XVIIIe siècle）』とその後に続く諸著は、かなりの反発と批判を惹起し、そうした適用がどの程度有効なのかについての再検討が行われた。この論争には、中世末を専門とする歴史家も、さまざまなレベルで参加した。

ロベール・ミュシャンブレドが一九七八年に示したテーゼは、次のように要約できる。

──十五、六世紀のフランスでは、表面的にはキリスト教化されているが、多分に肉体と祭に基盤を置いた民衆文化が凱歌をあげるのが見られた。十七、八世紀になると、この民衆文化が、教会と国家によって次第に抑圧される。教会と国家は、群衆に絶対主義を課し、性および暴力、迷信に関して束縛を強化した。この社会の上層からの文化的同化作用のため、中世末からフランス革命までの間に、民衆文化は次第に破砕されていった。それを特徴的に表しているのが、宗教的・政治的エリートから借用された文化モデルの卑俗化である。──

こんにちでは、この見方は不適切であることが明らかになっており、ミュシャンブレド自身、このような単純化した図式に修正を加えている。もしも、十五世紀初めのその出発点に我が身を置くなら、民衆文化と学者的文化を対峙させる見方では、町と田園、聖職者と俗人の間にあるニュアンスの多様性への考慮が足りないことがはっきりするであろう。しかも、そこでは、ラテン語の読めない「イリテラーティ」の人々にも思想を俗化して伝え文化を仲介しようとした托鉢修道士や大学人、宮廷書記、王室や大公に仕えた役人など様々な社会的カテゴリーの存在はあまりにも無視されている。

しかし、もっと全般的にいうと、《上からの文化的同化》のテーゼ全体が、中世学者たちからあまりにも重視されてこなかった。このテーゼは、ノルベルト・エリアスの『宮廷社会La Société de cour』や『風俗の文明La Civilisation des mœurs』といった著作の影響で、焦点が近代に当てられているため、中世の時代には適合しないと考えられたのである。十二世紀以後、まして中世末においては、宮廷は、充分とはいえないまでも、文化的同化の推進力であり、平和に生きることを望むなら、衝突したくない相手であった。

十四、五世紀における犯罪についての、ここ二十年ほどの研究、とくにクロード・ゴヴァールのそれによって、民衆に押しつけられた野放図な暴力と王の臣下たちに押しつけられた司法的・行政的秩序というステレオタイプ化されたイメージは全面的に覆された。性的関係についての専門的研究者たちは、十二世紀末以後、ブリュノ・ロワの言う《あいまいさの文化culture de l'équivoque》が最も開花したのは聖職者と貴族のエリートたちのなかにおいてであったことを明らかにしている。

高度な宗教観念はエリートたちのもので、民衆を支配していたのは魔術であったとする伝統的テーゼも、近年の研究によって中世末民衆のキリスト教化の度合いが再評価されるにつれ、また、魔術が民衆の専有ではなくこの時代には俗人だけでなく聖職エリートたちも惹きつけられていたことが判明するにつれて、疑わしさが深まっている。わたしたちは、機会があれば、これらの諸点について、より詳細に検証して社会的関係の複雑さを計測し、さらにエリアスが指摘した有名な《文明のプロセス》が、少なくとも晩期中世の入口のころには直線的というには程遠いものであったことを証明したい。

ロベール・ミュシャンブレドは、おそらく、こう言うであろう。「文化的同化のテーゼは、これを中傷する人々が主張するほど堅固ではない。それは、人々の不平等な関係、文化的秩序の束縛を規定したが、しかし、そのために、支配する人々と支配される人々の間の交流を演じる役者たちの態度を変えさせるだけの力を持った相互作用の存在が否定されるわけではない」。

ところで、この文化のゲームは、二人のパートナーだけに関わる単純な支配・被支配の関係ではない。それは、生きる欲望と懐柔工作、模倣、識別、そして最後には同化から生じる大なり小なり意識的な力の駆け引きによって結びついた一連の役者たちを包含している。ピエール・ルジャンドルの言うように、強大な宗教的・政治的力の発動が「愛してもらえる」ようになるのは、この複雑な枠組のなかにおいてである。そして、自発的信念と強制の微妙な結実であるこの《愛》は、教会と国家による単なるプロパガンダや物理的力による押しつけの結果ではなく、社会の多様なメンバーの共生を可能にする幾つかの価値を核とした社会的・文化的相互浸透と収斂の表れなのである。

二、共感的価値

中世末においては、神への信仰と神が創りたもうたものの神聖な価値への信頼が社会生活の第一の基盤を形成していた。宗教的不信などは、ラブレーの時代にいたるまでは考えられないことで、神の全能に対する全般的確信は、フランス語の格言のなかに透けて見える。


「神はすべてを御存知であり、すべてをなすことがおできになる。」

「神は万能である。」

「神は、何でも見通されている。」

そこでは、神は正義と真理と愛に関し究極の基準でもある。

「神は、あらゆる幸せをお与えくださる。」

「神は、努力しただけ応えてくださる。」
「神が嘘を仰せられるわけがない。」
「神に愛される人は幸いなるかな。」
「神の愛なくしては、すべて虚しい。」

したがって、公的秩序は完全にキリスト教的秩序であり、キリスト教の聖性を穢《けが》す罪は、国王の裁きにおいて、最も重大な罪と判定された。瀆聖は死刑に値し、神および神の創造されたものの毀損に対しては聖ルイ王以来、重罰が科せられた。嬰児殺し、中絶、妊婦殺し、自殺、放火なども、神の創造に対する冒瀆に含まれた。聖性に関わるタブーを犯すことは、社会組織の結合とその存続自体を脅かすものでもあった。こうして、『パリの一市民の日記』は、一四一八年の暴動の際に一人の妊婦を殺した死刑執行人カプリュシュと、その四年後、肥った若い女を樹に縛りつけてその腹を狼たちに貪り食わせたヴォーリュの私生児の罪とを同類と断じている。

神を冒瀆する言を吐くことは、時代全体に神の怒りを招く所業とされた。ユスタシュ・デシャンは、こうした行為が王国全域の社会のあらゆる階層に広がっていることを嘆いている。

こうした広範なコンセンサスの存在は、王にも恩恵を及ぼし、王は「自然的愛」の対象として、その人格も機能も神聖視された。一四二九年の勝利を祝うために一四三四年に上演された『オルレアン攻囲の神秘劇Le Mystère du siège d'Orléans』は、シャルル五世時代の政治概論をもとに「神聖な権利をもつ王」を称揚している。王に敵対することは、「自然に背く」罪であるだけにとどまらず、「神に背く」罪でもあった。こうして十五世紀じゅうには、謀反罪は聖性に背く罪のなかに加えられていった。

神と王とを貫いている《聖性》は、社会や家庭のなか、さらには知的活動にあっても基盤となる「権威と服従」を支える原理でもある。クリスティーヌ・ド・ピザンがアルマニャック派とブルゴーニュ派が入り乱れた内戦の騒乱のなか、一四一二年から一四一五年にかけて書いた『平和の書 Livre de la paix』に示した見方は、いかにも保守的であるが、そこには、当時の人々にとっての様々な本質的価値の存在が現れている。

「君主は下層民を思い上がりと反抗から守るために、いかに彼らを遇すべきか?

——彼らが蜂起して本来の仕事以外のことに熱中することのないよう、平和と正義のもとに治めることである。

——貴族のそれに似た飾りや銘句を入れた衣服を着用させないこと。なぜなら、そのような思い上がりは害をもたらす危険性があるからである。神を冒瀆し否認する言葉を吐かせないこと。無為が狂いをもたらすのであるから、仕事もしないで居酒屋をうろついている輩は捕らえ、牢に入れるべきである」。

事実、平和は、社会においても家庭においても、守られるべき第一の共通の善である。諺に言うように「富は平和から生まれる de paix naist richesse」のである。この平和は王が正義と慈愛という二重の義務をよりよく果たすときに可能となる。そのことを王は権力の行使において特に自覚したし、見せしめのために死刑に処すことについては、信じられている以上に自制し、罪人を出したために壊れた家族や共同体に対しては、融和を再建させようとした。

しかし、平和は秩序維持の結果でもあり、その秩序とはまず何より外見上の秩序であった。各個人は、自分の身分や社会的立場に合った服装をしなければならなかった。この基本的原則は、十三世紀以後、フランス王や都市政庁が公布した幾つもの奢侈禁止令によって証明されている。クリスティーヌ・ド・ピザンが上記のテキストのなかで書いていることがそれであり、一四六〇年にリヨン商人、フランソワ・ガランも『嘆きComplainte』のなかで同じことを謳っている。

おまえの身分に合った服を着よ
よき節度を守ることだ

大事なのは身分相応の生活をすることであり、また、そのように見えなくてはならない。学生、巡礼、同信会、騎士団、君主の側近、貴族、評議員、助役、ブルジョワ、職人、農民、乞食、処刑役人、罪人、気違い、売春婦、ユダヤ人、ライ患者など、誰が見ても、そうと分かる特定の服装をすることが大事なのだ。王は豪奢な服を着なければならなかった。この点で、ルイ十一世は、その治世のはじめ、この規範に背いて卑しい召使いのような服装をしたが、これは、わざと伝統を覆そうとした彼の意志の表れであった。規範を守ることが、神の望まれる、したがって変えることのできない階級的秩序に従うことであった。しかも、服装は、集団の目から見て個人が確定できる振舞いのタイプに合致していなければならない。クリスティーヌが言っているように、下層の人間は居酒屋を飲み歩くのではなく、正直な労働者として振舞わなければならない。

一四〇〇年ごろ、労働はもはや赦免状のなかで考えられているようなやむをえずするものではなく、実際には、反対に利益と救いをもたらすものと考えられ、働くことは「人間的名誉の不可欠の一部」（C・ゴヴァール）として扱われるようになる。

《名誉honneur》とは簡単にいうと、社会的振舞い全体を決定づける一つの普遍的価値である。ニコル・オレームによると、それは社会的ヒエラルキーのなかでの各個人と彼が属している家門の序列の上に透写される。

「名誉とは身の回りの問題に正直に処し身分を維持することである。高い身分の人は、それを維持できる人が偉大な名誉の人である。中間階層の人の名誉は、それだけ小さく、下層の庶民には名誉などというものはない。」

しかし、このオレームの階層づけは、あまりにもエリート寄りで、全般的感情を代表してはいない。クロード・ゴヴァールは、中世末にあっては、名誉を重んじる生き方が下層民まで含む社会全体に浸透していたと指摘している。《徳vertu》は、貴族の専有でも中間層のそれでもなかったが、《名誉》は、生きる原動力であり、他人の目による評価という形のもとで栄養を補給された。したがって、《名誉》は、なんとしても死ぬまで守らなければならない潜在力である。もし赦免状を信じるとすれば、シャルル六世の時代、犯罪の多く（五七％を占めた）は、名誉を傷つけられたために殴り合いや殺人にまでいたった暴力沙汰で、これは、社会的階層を問わない現象であった。盗みはわずかに一六％で、これは、《守銭奴villains》にまつわる諺が流行したことと釣り合っている。たとえば、「カネ持ちほど名誉を忘れるplus de profit et moins d'honneur」、「持つべきはカネより名誉mieulx vault honneur qu'argent avoir」、「よい評判は純金より値打ちがあるplus que fin or vault bonne renommée」といったのが、それである。

名誉は、王にとっても振舞いの根幹であった。ジェルソンは「王の威厳と名誉は、従ってくれる人民の多さにある」と言っている。王は、裁きを下すにあたって、個人や集団がどのような評価をするかを重視した。強姦事件も、犠牲者が売春婦である場合は、自動的に赦免の対象になった。拷問は、容疑者が評判の悪い人間であるときは、より簡単に適用された。したがって、多くの場合、名誉が憎悪や暴力の原因になり、評判の良否が下される罪を左右した。アンドレ・ヴォーシェは、刑事事件におけるこの《評判》の役割を「列聖canonisation」手続き〔訳注・ある人物に聖人の称号を与えるかどうかの審査〕のなかで利用された「評判によるper famam証拠」に対比している。どちらの場合も、「裁定とは社会的合意を測ること」なのである。

社会的階層を問わず、個人を規定するうえで《評判》が本質的に重要であったことは、多くの文学的資料からも確認できる。たとえばマルタン・ル・フランは、『女性陣の選士Le Champion des Dames』（1440-1442）のなかで、どんな社会的階層の人々も、自分の名を永久に轟かせるために懸命であることを次のように謳っている。

おのおのが彼女〔評判〕のために働いている
ある者は手で　ある者はもっと様々なやりかたで
労働者は手間賃を得るために

幾晩も夜なべをし
騎士は自分の城で枕を高くして休むため
僧侶はその著述で有名になるため

この枠組のなかでは、個人は決して孤独ではない。「人間だれしも多くの人の助けなしでは生きることができない」とオレームも言うように、社会的絆全てが連帯の原理によって支配されている。貴族や聖職者の場合と同じく、農民の世界にも様々な集団と連携、同盟が存在し、「それらが個人をまわりから守っている」。

男も女も、困難に陥ったときは、こうした連帯の絆に救いを求めたが、これに二つの種類がある。一つは垂直方向の絆で、教皇と枢機卿、司教等々を結ぶもの、王とその臣下の間を結ぶもの、大公とその取巻き、領主とその家臣、同業組合の親方と徒弟、教師とその生徒、農民とその使用人、両親とその子供の間を結ぶ絆である。もう一つは水平方向のそれで、同じ同盟に加わった貴族同士、同じ騎士団や信心会のメンバー同士、同じ共同体の若者同士、同じ村とか小教区の住民同士を結ぶ絆であるが、とりわけ強靱だったのが同じ家族（血族）のなかのそれである。

これらの社会的絆は、複雑に重なり交差し合っている。絆を強くするのは当然、利害の一致であるが、混じりけのない同志的・同族的感情を強化してくれるのが祭儀や年次集会である。たとえば「友情amitié」と「愛amour」という言葉は、多くの場合、入り交じって使われるが、「友情」がほとんどの場合、美しい響きをもっているのに対し、「愛」は、欲情に振り回され道徳的に災厄視される「狂った愛」もかなりの比率を占める。

《友情》についていえば、赦免状でよく見られる「amis charnels」は、血縁関係や夫婦関係にあることを指している。この絆は文句なしに強力で、オレームのような精神の強靱な人（esprit fort）も《amitié de lignage》〔訳注・血のつながった者同士の友情〕のほうが《amitié vertueuse》〔訳注・徳義で結ばれた友情〕より好ましいと考えているほどである。後者はとくに貴族や戦士の枠組のなかでの男同士に見られたもので、たとえばジャン・ド・ビュイユの『若者Jouvencel』の次の一節がそうである。

「戦争ほど喜ばしいものはない。若者にとって戦いは楽しい仕事である。なぜなら、それによって神からもみなからも愛されるからである。戦争では、人々は互いに愛し合う。……若者のすばらしい戦いぶりを見ていると、眼に涙が溢れてくる。我らの創造主の命令を果たすために、かくも雄々しく我が身を危険に晒す友を見ると、心は優しさと憐れみに満たされ、彼と生死を賭け、その愛のゆえに彼を見捨てまいと心に決めるのである。」

男の友情は、通常の住民のなかで創り出された連帯の絆を強化する手段として、赦免状のなかでも現れる。「よき友に勝る偉大なものはないc'est grant chose que d'ung bon ami」は人口に膾炙した諺である。したがって、この絆は、血縁や姻戚関係ほど強くはないにしても、一つの共感的価値を有していたと考えることができる。《愛》が最も普遍的な人類特有の価値であることに異論はない。ユスタシュ・デシャンは「愛なくしては、男も女も獣に劣る」と言っている。しかし、この《愛》は堅固な階級的秩序に従い、《名誉》を基盤にした行動規範に結びついていなければならない。十三世紀末に作成され、その後広まった散文百科全書『シドラックの書Livre de Sidrac』（一四八六年から一五三七年まで九版を重ね七十から八十の写本が遺っている）によると、人間は、まず神を愛し敬い、ついでは「自身と貞淑な妻、子供たち、兄弟、友人、そしてすべての人々」を愛し敬わなければならないが、だからといって、《愛》にも格言のいうような「賢人を愚かにする」愛もあれば、その反対に、「これがなくてはすべて虚しい」とか「富よりすばらしい」「権力の行使や社会的束縛、政略結婚にはそぐわない」などとする愛の感情が存在することを意味しないわけではない。ジャン・ド・マンの『薔薇物語』第二部を典拠とし、「愛を獲るか領地を獲るか」と体系的に対峙させる伝統の重みは、この文脈のなかに含まれる。

しかし、結婚に批判的な論争の流れがもつ力も、「愛と結婚は両立できない」とか「家族という細胞のなかには深い愛着感情は存在しえない」などという主張を信じさせるにはいたらない。この点、さまざまな赦免状の証言は、ジェルソンやクリスティーヌ・ド・ピザンのようなユマニスムに近い著述家たちの証言と一致している。それより三十年早く、ニコル・オレームがアリストテレスの『倫理学』の注釈のなかで親の子に対する愛に関して述べている見解は、家族内の感情的力の認識においても、当時の階級的強迫観念の特徴を表している。この哲学者は、「子に対する愛情は、父親より母親のほうが強いことは明白」とし、その理由を三つ挙げている。一つは、その子が自分の子であることの認識において、母親のほうが父親より確かであること。一つは、父親より母親のほうが子供たちと接する時間が長いこと。もう一つは、何事であれ、費やした労力と味わった苦痛が大きいほど、愛情も大きくなるからである。しかし、「とはいえ、人類にあっては、父親の注ぐ愛情はより高貴であり優れているのであるから、息子は母より父を、より愛し敬うべきである」と付け加えている。

これらの《神聖なもの》、《権威》、《名誉》、《連帯》、《愛》、《友情》といった諸価値は全て、互いに緊密に結びついており、それらを基盤にして社会的階層への尊重心が打ち立てられ、「よき王」「理想的臣下」「よき生き方をし、人々からも評判のよい誠実な人preudomme de bonne vie et renommée」という公民的であると同時に道義的人間のモデルが確立される。これらの価値は社会的亀裂を超越しており、《政体corps de policie》のある部分の擬態などから生じたものではない。

それは、教会や国家の意思と、秩序と平和の維持を熱望する一般住民の意思との収斂から生まれたもので、そこではあらゆる反抗は挫折すべき運命にあり、権力の正当性を強化するばかりである。そのことは、ルイ十一世を非難して述べられた『公益同盟の道義性Moralité du Bien public』が示しているところである。

天を統べたもう主よ　王と臣民の不和を
愛と和解によって解消してくださいますように
さもなければ下々の者のしあわせはありませぬ
彼らのうえに大いなる憐れみをたまえ
王と臣民が仲直りしてこそ
心安らかに神にお仕えして生きることができましょう　（永井敦子訳）

下層の人々の反抗は、実質的に政治的領域から排除され、祭と儀式という一時的枠組のなかでしか容認されないが、この祭儀が、社会的にさまざまな役割を演じる人々の全体を巻き込んでいく。

三、共同体的祭儀

「祭儀 rituel」という語は十六世紀の新語であるが、もとになった「rit」という名詞が、知られている限り最初にフランス語に登場するのは、一三九五年ごろに完成された北フランスの慣習法集成であるジャン・ブティリエの『農村法大全 La Somme rural』においてである。ラテン語の「ritus」から来たこの語彙は、当初は法律的・民族学的な《慣例 usage》や《慣習 coutume》の意味をもっていて、宗教的ニュアンスはなかった。この語の出現は、社会規範が俗人世界にも広がり、日常生活の儀礼化が広がった時代を特徴づけているようである。

ロジェ・ヴォーティエは、その古典的著作、『百年戦争時代の民間伝承 Le Folklore pendant la guerre de Cent Ans』のなかで、社会的階層の違いを超えて同一のやり方で行われていた祭儀の一覧表を作成した。そこには、出産・床上げ・洗礼・婚約・結婚・葬儀といった人生の通過儀礼と、クリスマスから謝肉祭・聖霊降臨祭・万聖祭といった年間の暦に結びついた祭儀がある。近年も、幼児期の遊戯やスポーツ、陪食制、犯罪、宗教的・政治的セレモニーについての研究が進むにつれて、社会全体が、ジャック・シフォローの言う「祭儀の増殖」のなかに呑み込まれていったことが確認されている。

したがって、《祭儀》を民衆だけに特有の文化とする観念は、問い直される必要がある。このことは、《シャリヴァリ charivari》、《狂民祭 Fête des fous》、《謝肉祭 carnaval》といった祭儀の事例によって明らかである。

《シャリヴァリ》は、寡夫ないし寡婦が再婚した場合、その同族共同体の若者たちによって行われた馬鹿騒ぎで、一三五〇年以後は、田舎でも町でも赦免状によく出てくる。この祭儀には、性的と葬祭的の二重の意味合いが含まれていた。「性的」というのは、このような再婚によって、これから花婿あるいは花嫁となる可能性をもっているストックが不当に減るからである。「葬祭的」というのは、この騒ぎは、亡くなった配偶者の思い出や遺された子供たちの権利を侵害する危険を伴う再婚に対する抗議を象徴しているからである。そこから、《シャリヴァリ》の頻度と激しさは、人口が減少して、よき配偶者が少なくなった時期における一夫一婦制度に対する一般人の尊重心を表しているのである。

しかし、《シャリヴァリ》という語彙が知られているかぎりで最初に登場し、その内容が具体的に記述されているのは、ジェルヴェ・デュ・ビュスの『フォヴェル物語 Roman de Fauvel』にジョフロワ・シャロが一三一八年に加筆した文のなかであり、これは、フィリップ美男王の治世の末年、この出来事が呼び起こした衝撃によって、王宮と尚書院のなかで生み出された諷刺的寓意に触れたものである。さらに、中世末の最も有名な《シャリヴァリ》といえば、庶民やブルジョワではなくフランス王宮で行われたそれであろう。一三九三年一月二十八日〔訳注・一月二十八日とする説もある〕、王妃イザボーの女官の一人〔寡婦であった〕が結婚したときのことで、夕方、舞踏会になったとき野蛮人に扮した六人の男たち〔王のシャルル六世も加わっていた〕が、みだらな仕草をしながら、ムーア風のダンスを始めた。フロワサールによると、その一人のオルレアン公が調子に乗って踊り手の被り物に付けた火が燃え広がって、二人を除いて焼け死んだ。助かった二人のうち一人は王自身で、彼は、運よくベリー公妃の機敏な行動によって助けられたのであった。この有名な「火の舞踏会」をきっかけに、《シャリヴァリ》の評判は失墜し、以後、王宮では行われなくなったが、この事件は、この慣習がいかに社会のあらゆる階層にもてはやされていたかをよく示している。

もう一つの「大騒ぎ」が《狂民祭》〔訳注・クリスマスと一月六日の公現祭の間に行われたミサのパロディー〕である。これは、司教座都市で、司教の権威のもとに置かれた参事会員たちが、偽の司教を担いで司教座に坐らせる気晴らしの遊びで、十二世紀から始まったが、十三世紀に入ると、教会の枠外に飛び出し、若者組（abbayes de jeunesse）や徒弟職人の信心会といった様々なグループが参加するようになる。リールの《エピネット Épinette 信心会》が現れるのは一二二〇年、エヴルーの《コクリュシエ Coqueluchiers 信心会》は一三二五年ごろ、ディジョンの《メール・フォル Mère-Folle 信心会》やルーアンの《コナール Conards 信心会》が現れるのは十四世紀のことで、マコンの《マルグーヴェルヌ Malgouverne 信心会》やリヨンの《街の子 Enfants de la ville 信心会》が現れるのは、次の十五世紀である。いずれも、独身男や新婚まもない男たちが集まって、伝統的な宗教的信心会をからかうために行ったもので、代わる代わる「阿呆の王様」を選び、槍試合や仮面舞踏会に打ち興じた。彼らは行列行進を組み、カーニヴァル全体を仕切った。

これらの祭儀全体が、おそらく部分的に世代間抗争の捌け口の役割を果たした。しかし、この動きの元である参事会員たちが町の名士であったこと、若者組のメンバーも大部分が都市の富裕層の出身であったことを考えると、庶民文化という枠組で捉えられるものではなかったことが明らかである。カーニヴァルも、十五世紀には、ある特定の世代の人々のものではなくなり、都市政府の実力者たちの主催で行われ、それを大公が後見し、さらには自分で主導するようになっている。ブルゴーニュのフィリップ善良公は、一四二九年からリールの《エピネット信心会》に援助金を出しており、一四五四年にはディジョンの大公邸に隣接した礼拝堂で《狂民祭》を行う特別許可を与えている。パリでも、ルイ十二世は、一五一二年、謝肉祭最終日の火曜日（Mardi gras）を利用して、ピエール・グランゴワールに命じて、教皇ユリウス二世を皮肉った阿呆劇、『阿呆の息子たちと母親 Le Jeu du prince des sots et de Mere Sotte』を演じさせている。一四五四年、フィリップ善良公は、ブルゴーニュ公国の貴族たちに十字軍遠征の準備をさせるため、リールで《雉の饗宴 Banquet du Faisan》を催し、その余興として政治的色合いを帯びた劇を演じさせており、これは、カーニヴァル的テーマに制御をかけ、都市の民衆的伝統と貴族文化の巧みな融合を示す手本となった。この劇には、怪物や野蛮人、道化、巨人などが登場したが、普通の民衆は、この祭から締め出された。これらの十五世紀の町々では、マルチーヌ・グランベルグが「カーニヴァルの変質」と呼ぶように、自然の恵みと肥沃さを称える祭儀ではなく、民衆をコントロールする手段に変質していることが、はっきりと看取される。

世俗的演劇全体が、これと似たプロセスを辿っていく。その先駆を切った十三世紀のアラスの演劇は、地元の少数の貴族エリートたちを中心にしたスペクタクルであったが、やがて、宗教的祭事の折に、学寮生や若者組、職業組合の信心会などによって行われるようになっていった。なかでも最も活動的なのが《バゾッシュ Basoche》で、これはパリ高等法院の書記たちの組合で、すでに一四二四年から彼らが演劇の上演において大きな役割を果たしたことが確認されている。世俗的な喜劇作品が本格的に演じられるようになるのは、十五世紀半ば、多分、百年戦争が終わって平和が回復され、経済的繁栄の恩恵がロワール川とセーヌ川、ソーヌ川に挟まれた地域の町々に行き渡るようになってからである。一四五〇年から一五三〇年にかけて演じられた、ふざけた説教やモノローグ、ダイアローグ、笑劇（farce）、阿呆劇（sottie）など様々なジャンルに属する作品が二百五十編以上、こんにちに遺されている。

しかし、この都市的演劇も、地元の権力者たちによってコントロールされ、民衆的性格は薄れる。題材のヒントは、本質的に聖職者的、ブルジョワ的で、《笑劇》の場合を除くと、明らかに幅広い民衆を対象としたものではない。話の展開の軸になっているのは、「中世において社会的に定められた正義と公正の規範に照らして、個人的行き過ぎあるいは不足による逸脱」という過ちに対する告発である。

笑劇に登場するのは、夫婦、愛人、召使といった基本的な社会的タイプに合わせた三人か四人の人物で、とりわけ、お互いにひっぱたき合ったり侮辱的な言葉を投げつけ合ったりの馬鹿騒ぎを繰り広げ、観衆を笑わせるのが狙いである。唯一、性格劇的な真の喜劇のレベルに到達したのが『パトラン先生 Farce de maistre Pathelin（一四六〇年ごろ）であるが、これも明らかに書記や学生といった社会的エリートを対象とした作品である。

それに対し宗教劇は、たくさんの職業組合を動員することができたし、一つの町や村とその周辺住民全体が観劇した可能性がある。しかし、そうした神秘劇の俳優や演出家が庶民であったかどうかは明らかではない。神秘劇でも、規模の大小、上演時間の長さ、俳優の数と使われている技術的手段は様々で、なかには都市のエリートたちが主導し、裕福な信心会が後援して、大々的なスペクタクルを繰り広げたものもあれば簡単なものもあったが、それは、それぞれの基盤となっている社会的集団の規模によって左右された。

十五世紀なかごろにパリとルーアンで演じられた『聖クレパンと聖クレピニアンの受難劇 Mystère de saint Crépin et saint Crépinien』は、靴屋の職人信心会が、自分たちの守護聖人を称えて上演したつつましい演物《だしもの》である。一五〇〇年ごろ、ドーフィネの村々で、各小教区の守護聖人を称える神秘劇が、ブリアンソンとアンブランの方言によって演じられたが、これは、役者の数も、上記の聖クレパンの劇の四十八人に対し八十六人、焚かれた篝火も格段に多く、ずっと大規模であった。ピエレット・パラヴィの研究によると、これは、司祭たちのイニシアティヴのもと、スペクタクルの準備や衣装の調達だけでなく、徹夜の練習にも村人の大部分が関わった結果であった。

しかし、これほど大勢の住民が参画した例は、ほかには見られず、ノルマンディーの信心会による受難劇は、よい役回りは都市ブルジョワの何人かに独占された。とくにシェルブールでは、この地が一四五〇年にイギリス人から奪還されて以後、毎年八月十五日に、聖母マリア復活の奇蹟劇が演じられたが、ブルジョワたちは麻で作った鬘をかぶって十二使徒を演じた。

十五世紀の大規模な受難聖史劇としては、アルヌール・グレバンによる登場人物二百二十四人、脚本は三万四〇〇〇行というのがある（これは、一四八六年にアンジェの医師、ジャン・ミシェルによって手直しされてパリで三回演じられ、脚本は一四八八年から一五五〇年まで十七版を重ねた）。上演のためにかかった巨額の費用は、町の名士たちと《受難信心会》が支援した。シャトーダンでは、一五一〇年、土地の領主であるロングヴィル公の後押しで『受難の秘蹟Mystère de la Passion』が演じられた。上演は二か月半にまたがって十八日間かかり、費用も二〇〇〇リーヴルを要しただけでなく、脚本作者（fatiste）と演出家（paincntre）二人、併せて三人は、この準備に八か月間専従した。演じたのは、大部分がシャトーダンとデュノワの上流ブルジョワや貴族たちで、彼らは自分の役柄のセリフが気に食わないときは勝手に変えたし、舞台に出ていないときは、優待料金のボックス席で見物した。したがって、ここには、劇と観客の間の大きな意味での融合が見られるわけである。

市民挙げての祭儀としては、ほかにも一四一二年、ベリー公に対する国王の戦いを支援するためにブルゴーニュ派が音頭をとって行われたパリ市民の行列行進がある。《パリの一市民》によると、「年を取った男や肥った女、小さな子供たちまで含めた全市民」が参加し、都市住民の政治的・宗教的熱狂の盛り上がりを示すものとなった。

しかし、最も豪奢なセレモニーは、国王入城式のそれである。国王の一団と都市側の代表の出会いを演出した歓迎と表敬の儀式で、贈呈とお返しが行われた。一四三一年のセレモニー〔訳注・このときパリに入城したのは、イングランド王ヘンリー六世。この年の十二月にはルーアンでジャンヌ・ダルクが焚殺されている〕では、王への服従のしるしとして町の鍵が渡され、王は人々が活人画風に左右に居並ぶなかを入城し、市政庁は劇を上演した。討議記録や都市出納簿、そして見聞した人々の証言から、このスペクタクルの準備には全市民が参加したこと、セレモニーの実施には町の職業組合、信心会、教会が協力したことが明らかである。

とはいえ、こうしたセレモニーの企画を立て、王とその臣下たちの間を仲介し調整したのは、多くの場合、少人数の委員会で、入城式はマルチメディアな文化的行事に仕立てられ、後世に記録を遺すために、聖職者や文人、芸術家たちに委嘱されることが多くなっていった。たとえば一四八五年〔訳注・百年戦争終結から三十年、ブルゴーニュ公家断絶の三年後〕、シャルル八世がルーアンに初めて入城したとき、白い絹布に黒いインクで書かれた文書の巻物と、絵のまわりを王の名前の「Charles」と町の名の「Rouen」、そして、王を迎えた責任者の「Pinel」という名が折り句状に囲んでいる銀メッキの錫のメダルが製作された。〔原注・ピネルとは、おそらくサン・マクルー大修道院の聖職者。〕

王の入城の際に行われた神秘劇は、ときに驚くほどの創意工夫が凝らされたが、そこに籠められた意味は、少数の人にしか充分には理解できない晦渋なものになっていた。フロワサールによると、一三八九年にイザボー・ド・バヴィエールのパリ入城のときに演じられた劇は、フィリップ・オーギュストが第三回十字軍で果たした役割を称えた十三世紀の詩『サラディン軍の足音』にヒントを得たものであった。このイザボーの入城式のときに新夫のシャルル六世が採用した「輝く金色の太陽」の標語はフロワサールの『メリアドール Meliador』から採られたものであったが、それについて彼が知っていたかどうかは確かではない。アンヌ＝マリ・ルコックは、フロワサールがシャトレの死刑台に描かれた女性について、国王臨席の裁判の座に聖アンナが臨むことが表現されていると思っていたが、これは誤解で、実際には《正義の女神》の寓喩であった事実を挙げて、「フロワサールのような教養のある人でも、このような誤解をしていたのだから、王政府のプロパガンダがどれほどのパリ市民に理解されていただろうか？」と指摘している。

十五世紀に顕在化する神話的・占星術的精緻さはともかくとして、一三八九年以後の《有翼の鹿 cerf ailé》のような複雑な国王のシンボルの意味を誰が理解できたであろうか？　色彩の名や百合、《フランスの庭園と泉》のような幾つかの単純で強力なイメージは、群衆にとっても比較的捉えやすかったとしても、それ以外のものは、きわめて難解である。そこから、わたしたちは、中世末の王の入城式は、住民全体の一体感を促進し楽しませる儀式として市民たちからも評価されたが、それに付随するシンボリックなメッセージがどれほど理解されたかについては、各人の教養水準と分野によってさまざまであったと結論せざるをえない。

したがって、田園地帯は、説教や神秘劇以外の洗練された華やかな祭儀とはほとんど無縁であったが、都市においては、社会のすべての階層に共通する祭儀が聖職者と俗人エリートの音頭によって執り行われ、その都市の住民の文化的一体化が促進された。その共感的価値の力を強化するために発動されたのが、とりわけ《若者たち》や宗教的信心会など幾つかのグループの仲介的機能であった。《若者組》は、祭儀を組織したり結婚を推進しただけでなく、ジャック・ロシオーが引用している表現によると、「騒ぎが行き過ぎないよう抑制し、民衆が幸福な穏やかさのなかで仲良く生活できるよう」努めた。宗教的信心会と若者組が社会的攪拌と文化的一体化に寄与したやり方は様々であったが、まず務めたのは暴力抑制のための治安組織の役目を果たすことであった。

《文化的同化》について語るとすれば、それはまず、都市のなかでのエリートたちと庶民の間から起こり、聖職者と俗人、町と田舎の間へと広がったのであって、都市的・聖職者的モデルだけが唯一ではなく、中世末フランス社会で観察される多様な文化的ジャンルとレベルの重なり合いの一つにほかならなかった。

四、社会的分化と接触

十四、五世紀のフランスでは、このように、多くの点で社会文化的収斂と同化が行われたにもかかわらず、男女間や聖職者と俗人、身分制といった昔からの亀裂は、かえって増大しただけでなく、知識と信仰、多言語主義と単一言語主義といった新しい亀裂も進展した。

男女間の亀裂

フランスで、服装や行動面での性的二極化が進むのは、中世も末のことである。男の上着の丈が短くなってズボンと分離し、こんにちから見た男らしくなっていくのは一三四〇年ごろである。これは、当初は、若い貴族たちに見られた現象で、ほかの社会的階層にはすぐには受け入れられなかったが、その後は次第に広がり、遅くとも十五世紀中頃には農民の世界にまで及んだ。こうして、両性の身体的違いを誇張し、道徳主義者たちからは「挑発的だ」とまで言われるような服装革命が起きる。最も特徴的な点は、男の場合は脚の筋骨を浮かび上がらせるようにぴったり合ったズボンと先端が長く尖った短靴であり、女の場合は、頂きの尖った帽子と胸元深く切れ込んだ襟開きである。そこには、のちに《モード》と呼ばれるものの先駆けがあり、「服装における個人主義化への重要な区切り」（M・マドゥー）を成している。

大多数の人は大勢順応主義から出ようとしなかったから、当初、こうした変革はリスクを伴わないで済まなかった。リヨン市民のフランソワ・ガランは、「夫婦は、収入に見合った服装をすべきだ」として《民の声 vox populi》を代弁している。また、幾つかの赦免状も、女性の服装の異常ぶりが時に性的暴力を誘発し、犠牲者を社会の周辺部に追いやる一因になっていることを明らかにしている。一四五八年にブルゴーニュ公フィリップ・ル・ボンに提出された一通の書簡には、若い貴族の妻が子供を連れてオーソワ〔訳註・モルヴァン山地の近く〕を夜間、旅をしていて二人の農民に強姦されそうになった経緯に触れ、農民の言い分として「彼女が足首まで届く白い上っ張りを着て、白い《œuvre-chiefz》〔訳注・頭にかぶる布〕をかぶっていた。

これは、この地方では見かけない珍しい服装であった」と述べている。

女性たちは、経済的・政治的に男たちに支配され、文化的にも劣等な立場に置かれながらも、家庭では祭儀を守り、公的秩序の維持のためにも不可欠の役目を果たした。伝統的社会のなかでの両者の機能の分担を端的にいえば、男たちの暴力に対し、女性の行動は、多くの場合、平和と秩序の回復をめざしたから、「暴力は男に、平和は女に」（C・ゴヴァール）ということになり、王権がめざすところと一致し、その結果、王権によって好意的に遇された。とはいえ、暴力の動機が女性の名誉を守るためであることも少なくなかった。一四一一年、トゥレーヌの居酒屋で、一人の男は、マリオン・ラ・ガヤールドなる妻を守るために「こうしなければ、おまえの名誉を守れないからだ」とナイフを抜いている。

もっとも、強姦被害者の大部分を占めたのは売春婦であった。売春自体、性的暴力の犠牲者を特定の女たちに集中させ、それ以外の尊重されるべき女性たちに向かうのを防ぐために設けられたやり方であった。女性の名誉は結婚制度と不可分の関係にあり、このどちらも、十三世紀後半以後は、多くの著述家たちによって攻撃の対象にされている。そうした著述家たちには、聖職者、それも妻子持ちの聖職者もいたが、彼らは、笑劇のなかで夫たちを「寝取られ男dindons」にしている。たとえばリュトブフは一二六一年、『リュトブフの結婚Mariage Rutebeuf』のなかで、ジャン・ド・マンは一二七〇年、『薔薇物語』第二部で、アダン・ド・ラ・アールは一二七六年、『葉陰劇Jeu de la Feuillée』で、マテオルスは一二九〇年ごろ、『ラメンタチオネスLamentationes』（一三八〇年ごろ高等法院検事、ジャン・ル・フェーヴルによってフランス語に訳された）、ユスタシュ・デシャンは『結婚の鏡』（1381-1396）のなかで、そうした夫たちを笑いものにし、十五世紀初めには、ある無名の作者が『結婚の十五の楽しみ Quinze Joies de mariage』において、そうしている。

このなかで最も流布し（写本の数は三百を超える）最も強力であった作品が明らかに『薔薇物語』で、ジャン・ド・マンによるその第二部は、百科全書的知識の集大成であると同時に、女性蔑視の立場からクルトワ的価値と結婚制度そのものに疑問を投げかけた代表的著作になっている。ジャン・ド・マンは婚姻の絆を男の横暴と女の嘘によって支配される牢獄として描き、その嘘を支えているのが、女の媚と不義、慢性的な性的不満であるとして、嫉妬深い夫に次のような罵言を吐かせている。

女はみな、今も昔も未来も
実際にであれ心のなかであれ
売春婦だ！

この衝撃的な言葉は多くの反響を呼び、その文脈から離れて、よく出来た格言として流布した。シャルル五世と同六世に顧問として仕え、パリのセレスタン修道院に入って、一三八五年から一三八九年までかけて『婚姻の秘蹟の徳と既婚婦人の慰め Livre de la vertu du sacrement de mariage et du reconfort des dames mariées』を著わした敬虔なフィリップ・ド・メジエールは、こう反論している。

「これは間違っている。彼は嘘をついている。結婚している婦人の多くは貞淑に結婚生活を守ってきたし、現に守っており、これからも守っていくであろう。そして、多くの乙女たち、未亡人、少女たちは神の前にあって清純であり美しい。」

中世の読者たちから注目を集めたこの『薔薇物語』第二部の挑発的な言葉は、十五世紀のはじめには、有名な論争が起きるきっかけの一つになった。

一四〇一年五月から始まり一四〇二年十二月まで続いた『薔薇物語』をめぐる論争は、片や国王の秘書でユマニストのジャン・ド・モントルイユ、ゴンティエとピエールのコル兄弟、片やクリスティーヌ・ド・ピザン、そして彼女を後押ししたジャン・ジェルソンによって、フランス文学史上でも最初の公開文書による大論争となった。前者は『薔薇物語』全体を「よき生き方の鏡」と称え、ジャン・ド・マンの辛辣な風刺を高く評価して、その性的分野における人間の本性の指摘に関して寛大さを示した。それに対して後者は『薔薇物語』第二部は女性のイメージを貶めているとし、ジャン・ド・マンの不道徳性を非難し、彼のテーゼはキリスト教的モラルと両立しえないと断じて、「このような薔薇がキリスト教の庭に植えられたことはかつてないことで、神様はさぞかし悲しまれているであろう！」と結んでいる。

女性であるクリスティーヌがこの論争に加わったことは、フランス王国の文化史のなかで特筆されるべき出来事であった。彼女が発した言葉は、その置かれた厳しい状況を反映しており、それは、「主よ、わたしにお力添えを！」と繰り返す次のロンドーが証明している。

神様、わたしにお力添えを！
おおいなる戦がわたしに迫ってきています

『薔薇物語』を支持する人々が
彼らに与《くみ》しないからとて

かくも激しくわたしに襲いかかっているのです
わたしは、ほとんど孤立無援の状態です
主よ、わたしにお力添えを！

わたしは彼らの攻撃にひるむことはありません
よくあることですが、正当な防衛であっても
敗れるかもしれません
どうか、わたしの大事な神様、
わたしにお力を貸してください　（永井敦子訳）

そもそも、クリスティーヌの「女権主義」は、あくまで防衛的なものであって、近代的な女性運動の理念は、ほとんど含んでいなかった。歴史上の《例題 exempla》の選集は、あらゆる分野の人間活動における女性の代表者たちの優秀性を証明しようとする傾向があるが、クリスティーヌが一四〇四年から一四〇五年に書いた『婦女の国 Livre de la Cité des dames』は、この点では、むしろ忍従を強調したものになっている。「なぜなら、人々は自由であることに必ずしも興味をもっていないから」である。

この論争は、アラン・シャルティエの『つれなき美女La Belle Dame sans merci』(1424) やマルタン・ル・フランの『女性陣の選士Le Champion des Dames』(1440-1442) のおかげで十五世紀中ごろまで尾を引いたが、その社会的反響については誇張すべきではない。ジャン・ド・マンの作品が成功をおさめたからといって、それは、中世末のフランスにおける《結婚の危機》を意味するものでは全くなかった。クロード・ゴヴァールは、この時代、結婚は、普通の人々にとって社会生活の規範であり土台であったこと、性欲は結婚という枠組のなかでまだ否認されておらず、愛は夫婦の間にも充分に存在していたこと、カップルのどちらか一方の意志に反した結婚は、想像されるより稀であったことを明らかにしている。

したがって、『薔薇物語』は作品としてたしかに広く流布したけれども、そこで述べられている結婚批判が文人エリートたちの枠組を越えることはなかったようである。結婚に対する批判を最も活発に繰り広げたのは、大学の書記たちや王室の高官、宮廷の貴族、都市の大ブルジョワといった人々であって、多分、こうしたエリートたちにあっては、結婚は周囲の力で決められることが多く、個人の自由のないことが夫婦の幸せを圧迫していたからである。

『薔薇物語』をめぐる論争は、それまでの一世紀半にフランス文学で勢いづいていた《女権運動》の到達点というより、むしろ作家の身分と自由、「創作」の権利と限界といった基本的問題を提起している点で大きな射程距離をもっていて、聖職者と俗人の間だけでなく、それぞれの内部にも存在している、それ以外の様々な亀裂と境界線、接触点を明らかにしてくれる。

聖職者と俗人の亀裂

十四世紀から十五世紀にかけ、教会は、信仰と風習の監視人として、これは不適切だとか神を冒瀆しているとか迷信的などと判断される種類の世俗的儀式に攻撃を加えた。《シャリヴァリ》が暴力や憎悪を触発することに不安を覚えた司教会議や地方公会議は、一三二一年から一四四八年までの間に繰り返し、「結婚の秘蹟を汚すもの」として非難・告発し、従わない者を破門に処すると威しをかけた。

これと似た考え方のなかで、サン＝ドニの修道会は、一三九三年の火事騒ぎになった舞踏会（bal des ardents）を神が下し給うた罰であるとし、フロワサールも顔負けするくらい、この祭儀の性的意味合いを強調した。十五世紀に入ると、《狂民祭》が教会による破門制裁の対象になった。ジェルソンは、一四〇二年、これを「キリスト教信仰の名誉に反する」とする論文を教会に出している。一四三五年には、バーゼルの公会議がこの祭に有罪を宣告し、一四四四年には、パリ大学神学部も非難宣告を発している。

こうした動きは、のちの宗教改革に対するカトリック側の強圧的反攻を予示しているが、これらの祭儀には、度合いは様々ながら多くの聖職者が関わっていたので、禁止決議は短期的・中期的効果しかなかった。たとえばラングルの地方公会議は、聖職者が顔を隠して《シャリヴァリ》に参加することを禁じているが、これは、そのようなことが行われていたからであろう。一四五〇年ごろには、《シャリヴァリ》でも温和なものは、都市当局や地方聖職者から好意的に容認されるようになっている。《シャリヴァリ》をやめてもらうためにカップルが払わなければならなかった金額は相当なもので、一四五四年、ブザンソン市当局は、

《シャリヴァリ》で懲らしめてよい場合は、助役たちに報告するよう求めている。《狂民祭》に関しては、十五世紀初め、ジェルソンは、この祭儀で参事会やそのほかの教会財政が潤っていることから、司教がお目こぼしをしており、そのために、さまざまな教会や大修道院で相変わらず行われていることを指摘して、根絶のために王令を布告するよう頻りに勧告している。その結果、シャルル七世のもとで布告が出されたが、あまり効き目はなかった。

したがって、これらの祭儀に対する聖職者たちの考えもさまざまで、教会の禁令を無視したり、迂回策を採る人も少なくなかった。幾人かの聖職者と俗人は、アンドレ・ル・シャプランの『愛についてDe amore』〔訳注・彼は真の愛は不義の愛しかありえないと主張した〕からジャン・ド・マンの『薔薇物語』に続くオウィディウス熱の高まりのなかで、クルトワ的であると同時に露骨な両面的愛の観念、ブリュノ・ロワの言う「両義性の文化culture de l'équivoque」といった観念のスポークスマンを務めている。

《グリヴォワズリー grivoiserie》(露骨趣味)は、ギヨーム・ド・マショーにあってはごく稀薄であるが、ユスタシュ・デシャンにあっては、その膨大な作品の約三パーセントを占めている。彼の詩は、通常はかなり重々しいが、暗示とクルトワ的語彙を巧妙に混じり合わせたエロチックで音楽的な作品も書いている。

マリオン、聞いておくれ
僕はこの世界の誰よりも君を愛しているし
心からお願いするから
僕の小風笛を君の腰の下で

満足のゆくまでトゥーララを踊らせてほしいのだ
——ロバン、そんなことしないで！
愛を語るのに、どうしてそんなことを
しなければならないの？
〔訳注・「小風笛 chevrette」はフランスの古楽器でバグパイプの一種。ここでは男性器を暗喩している。〕

こうした両義性をもつジャンルの作品は、十五世紀には他にもたくさん見られる。表面的に読んだだけでは見過ごしてしまうほど巧みに卑猥と典雅を織り交ぜた『新百物語』は言うまでもなく、アントワーヌ・ド・ラ・サルの『小姓ジャン・ド・サントレ』のようなロマンも、ベル・クージーヌの奥方（結局、彼女は熊のように毛深い大修道院長を選ぶのだが）から若い主人公が施されたクルトワ的騎士的教育について語っている。一四七〇年のある写本には、愛についてのさまざまな注文と一連の謎かけ（その多くは露骨なもの）、そして、少々魔女的な老いた売春婦の寝物語と一人の聖職者から聞いた薬の処方を集めた『糸巻き棒の福音書 Évangiles des Quenouilles』が含まれている。

一四七五年ごろのハート型の写本で有名なジャン・ド・モンシュニュの歌謡集には、愛の歌（イタリア語で十五編、フランス語で三十編）に当時の最も有名な作曲家たちがメロディを付したものが収められている。この写本の所有者は、ドーフィネの貴族出身で、教皇庁の使徒座書記長を務め、ルイ十一世によって一四七七年にアジャンの司教に任命された聖職者である。

したがって、こうしたクルトワ的と淫猥さの二重性をもつ人間的愛は俗人の専有ではなく、貴族出身の聖

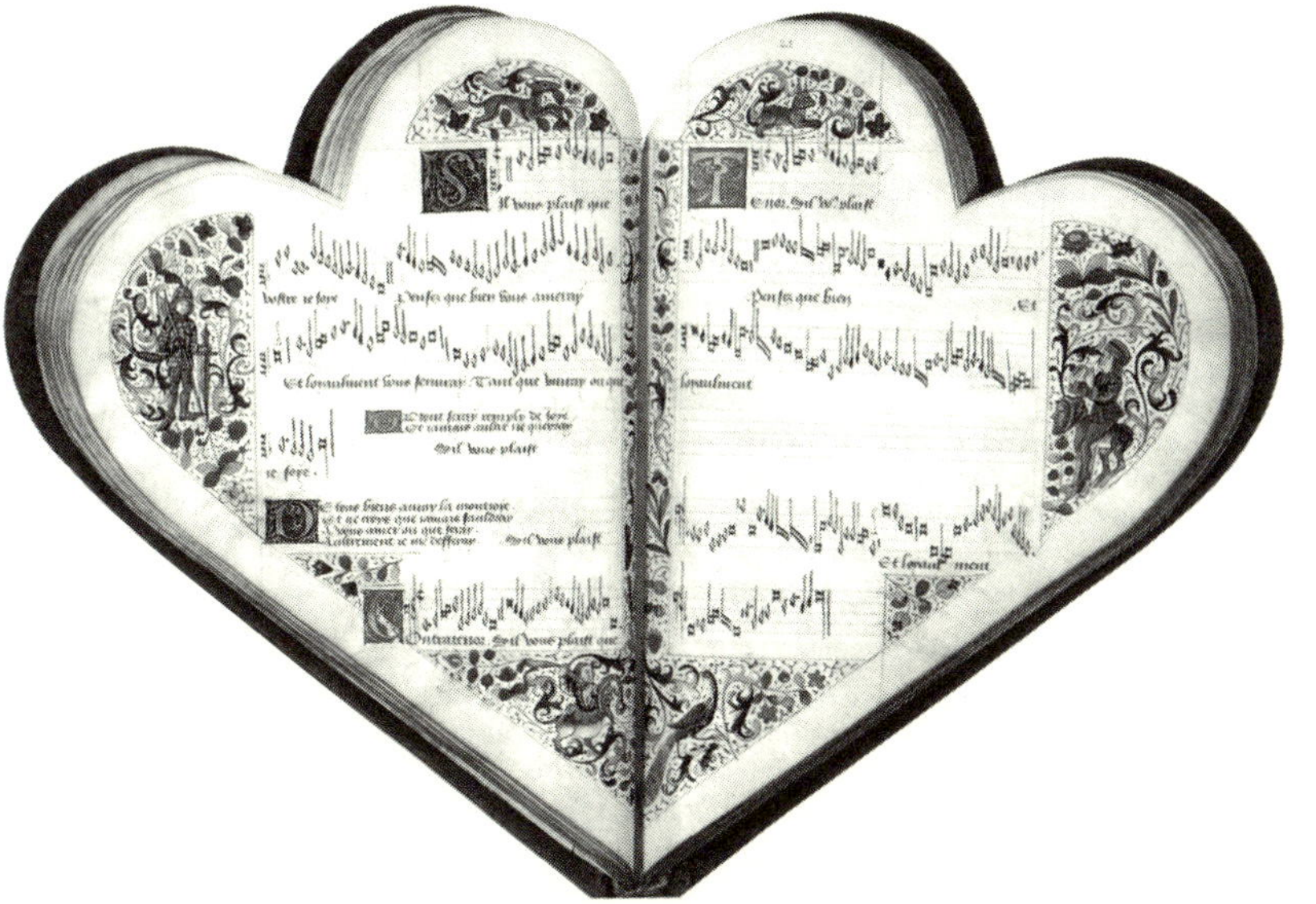

ジャン・ド・モンシュニュの歌謡集（1475年ごろ）©BnF

職者のなかにも、「妾を囲う司祭」とか「淫らな修道士」といったふうに、ステレオタイプ化されたイメージでは捉えきれない人々もいる。そうした二重性に基づいて花開いたのがラブレーの作品なのである。

十四、五世紀の音楽の発展は、聖と俗、聖職者と俗人の二元性が相変わらず続いていたこと、両者は相互に影響し合っており、この二元性克服の試みが行われていたことのよい例である。

十四世紀初めには、大学の《四学科 quadrivium》教育自体、大きな刷新を経験し、そのなかで音楽も、変革の恩恵に浴する。この現象は二重の意味をもっている。一つは、一三一九年、数学者ジャン・ド・ムールにより音楽の構造と精神が学問的に理論化され、フィリップ・ド・ヴィトリが発案した新しい表記法のおかげで多音声技法を活かした《アルス・ノヴァ ars nova》（新しい技法）が現れたこと、他方で、フィリップ三世（1245-1285）の時代に宮廷楽人が出現し、一三二一年にはその組合が作られたことによって、世俗的音楽の社会的政治的地位が向上し、王や大公の宮廷では、宗教的音楽と世俗的音楽、礼拝堂の音楽と宮廷の音楽とが全く平等の立場に置かれる新しい時代が開幕したことである。

この時代の音楽の最も豊かな源泉になったのが『フォヴェル物語Roman de Fauvel』で、とくに一三一八年ごろジョフロワ・シャロによって加筆された写本は、さまざまなレパートリーの挿話を百三十二も含み、そこから《アルス・アンティクァ ars antiqua》〔古い技法〕の伝統とともに《アルス・ノヴァ》の新味を帯びたモテトゥス〔訳註・聖書、詩篇などを歌詞にした声楽曲〕が生み出されていった。また、パリの司祭で、一三〇四年に絞首台に露と消えたジャン・ド・レキュレルが作った三十三の小話、ロンドー〔繰返し句のある定型詩〕、バラード〔物語詩〕も題材になった。

こうした新形式の音楽の出現はさまざまな反動を引き起こし、《アルス・ノヴァ》は、神への奉仕を称えるのに必要な精神の平穏を妨げるとして、一三二二年、教皇ヨハネ二十二世により禁止された。しかし、この禁止はあまり効果がなかったようで、十四世紀半ばのギヨーム・ド・マショーや、ジル・バンショワ、ギヨーム・デュファイ（ブルゴーニュ公とサヴォワ公に仕えた）、十五世紀のヨハンネス・オッケゲム（シャルル七世とルイ十一世の礼拝堂司祭）といったフランス＝フランドル音楽師たちの作品には再び世俗的着想と聖なる音楽の間の調和的二元性が見出される。

マショーは、モテトゥスにもバラードにも含まれる二重バラードを発案し、音楽史上最初の多声ミサ曲を作るとともに、一三九二年にユスタシュ・デシャンによって『Ars de dictier』〔記譜法〕のなかで理論づけられた音楽と詩の分離以前の「最後の詩人音楽家」でもあり、「聖なるヴィジョンと世俗的ヴィジョンを結合する意志」〔F・フェラン〕とオルフェウス的創造の喜びの観念を語ったスポークスマンであった。この創造の喜びのために人間は、究極のエッセンスである美を手に入れ、驚異的に変革されるのだ。

心が喜びに満たされたとき
熱狂し躍動して歌と踊りに現れる
音楽は人を笑ませ踊らせる
町でも都市でも　学校でも
人々は神に奉仕し
それによってパンとワインを得る
神とその栄光を称えることにまして
すばらしいことが考えられようか?

もっと観想的な次元では、一四七四年のノイス攻囲戦〔訳注・ブルゴーニュのシャルル軽率公が、コンスタンツ同盟軍を打ち破るために仕掛けた戦い。しかし、シャルルは、一四七七年、ナンシーで戦死〕のとき満ち渡った音楽は、ブルゴーニュの年代記者にして詩人であるジャン・モリネに、音楽の宗教的と娯楽的の二重の機能を強調した定義を公式化する機会を与えた。

「音楽は天上の喜びに満ちた天使たちの声であり、教会のオルガンの音、小鳥たちの囀りは、悲しみや絶望に陥った心を甦らせ悪魔を追い払って希望を与える大気の振動である。」

同じ時代、デュファイとオッケゲムが独創的なミサ曲のテーマを考え出したことから、十五世紀は「音楽の黄金時代」と称されるにいたる。彼らの特色が本当に庶民的といえるかどうかは疑問であるにしても、モリネが「田舎風の歌chansons rurales」と呼んだものが流布して学者風音楽にも影響を与えたことは、宮廷社会のなかでの世俗的文化と聖職者的文化の相互浸透が間違いなく存在したことを裏づけている。

もとより、この相互浸透は目新しいことではない。中世に散文で書かれた百科全書によると、その出現は少なくとも十三世紀に遡る。しかし、わたしたちが問題にしている十五、六世紀の時代には、それは、思想史の次元でも、宮廷の聖職者たちが果たした役割からも、シャルル五世の提唱で進められた俗語への翻訳推進策からも、またさらには、大学の《討議disputatio》を手本にした聖職者と騎士の論争や政治的夢想によって構成された文学ジャンルの流行からも、ますます重要性を増していった。とくに、聖職文化と世俗文化の結合の影響が端的に表れているのが芸術の領域であり、なかんずく『貴婦人と一角獣La Dame à la Licorne』のタピスリーである。

このタピスリーは十九世紀に再発見された六枚つづりのなかの一枚で、最も有力とされる仮説によると、一四八四年から一五〇〇年までの間に、パリ公租院長官、ジャン・ル・ヴィストの注文で製作されたものである。六枚のうち五枚は、視覚・聴覚・味覚・嗅覚・触覚の五つの感覚を主題としており、六枚目は、天蓋に書かれている「A mon seul desir」の文字が意味を読み解く鍵になっている。これは、この時代の宮廷人がしばしば使った標語で、女性美に対する願望とクルトワ風の愛の賛美とも考えられし、あるいは、この

「desir」の語は、言語学的に予想されるように、《心の平静》に反するもの、あるいは《悔い》をもたらすもので、この文字は五感の快楽を放棄するよう呼びかけたものとも考えられる。

このなかで後者の説は、アラン・エルランド＝ブランデンブルグとシャルル・ステルランが支持しているもので、彼らは、この貴婦人は、六枚目のタピスリーにおいて、召使いが差し出している小箱から宝石を選び取っているのではなく、逆に、それまで頸に懸けていた頸飾りを戻しているのであって、これは、制御不能の感覚が狂わせる情念から脱しようとしているのだとする。この説を裏づけるものに、ジャン・ジェルソンが書いたとされる『人間の心と五感の道徳性Moralité du cœur et des cinq sens de l'homme』の一節がある。

「六感のうち五つは外に向かうもの、一つは心の内側で働くもので、わたしたちは、生徒を従わせるようにこれらを扱わなければならない。口・耳・舌・皮膚・鼻に対し、心が頼ることのできるのが理性Raysonであり、その心が魂を守るのである。」

したがって、ジェルソンによると、あらゆる罪から魂を守るためには、内的感覚である心が理性の助けを得て、外的感覚に対しよき手本を示さなければならない。この絵において、貴婦人に頸飾りを外させ、他の五感によって生み出された見せかけの美を放棄させているのが、この第六の感覚たる心である。フランソワ・ヴィヨンのバラード『法廷礼讃の賦Louenge et Requeste à la court』もまた、この五感と心をテーマにしたもので、この詩人の言葉も、このタピスリーの「A mon seul desir」の意味を解明するヒントを与えてくれる。

涙に掻きくれ　感謝を献げよ
愛情深く溜息をつく謙虚な心のやうに
（鈴木信太郎訳）

たしかに、このタピスリーの作者が、ジェルソンやヴィヨンが語っているような六感についての聖職者的考え方に着想を得た可能性はあるにしても、彼が伝えようとしたメッセージは一義的なものではなかったように見える。一角獣は《純潔》のシンボルであると同時にエロチックな寓意も秘めており、この絵は、美と欲望を宣揚すると同時に感覚の喜びから距離を置くよう戒めたものとも考えられる。そこには、上述した《両義性の文化》とまではいわないまでも、少なくとも当時の多くの例から分かっている《あいまいさの文化culture d'ambiguïté》という二重の意味合いがある。

もし、この解釈が正しいとすれば、この『貴婦人と一角獣』のタピスリーは、聖職者文化が王室高官という俗人世界に浸透していたことを示す一方で、この文化に対する彼らの参加と世俗的美学の活用には限界があることを確認するという相反する動向を微妙に表している。

貴族と非貴族

こうして、『貴婦人と一角獣』は、聖俗の文化的接触を特徴的に表すとともに、その華麗さと紋章学的象徴性によって貴族の社会文化的モデルをも示している。ジャン・ル・ヴィストのようにブルジョワ出身で国家の高官になった人にとっては、このようなタピスリーを注文できることが爵位を授与されるかもしれないところまで出世したことの表象であり、その意味で、この芸術作品は家門の成功ぶりの記念碑であった。このことをより明確に示しているのが、ジュヴネル・デジュルサンの家族の肖像である。これは一四四五年ごろの作品で、クリュニー美術館に保存されている。

都市ブルジョワは、富の蓄積と教会や国家に奉仕する役割が増大したおかげで、かつては貴族だけのものであった豪奢さと種々の慣習を模倣することが許されるようになった。この現象は十四世紀に遡り、何人かのブルジョワが文芸パトロンの役目を演じ始めていたが、本格化したのは十五世紀になってからである。一三二三年に《トゥールーズの七詩人協会Compagnie des sept troubadours de Toulouse》（本質的にはブルジョワで構成されていた）によって創始された詩のコンクールは、オック語抒情詩の系譜のなかで重要な位置を占めている。

他方、北部については、ジャック・ルメールも指摘している、金銀細工師シモン・ド・リールと詩人のジャン・ド・ラ・モートのケースがある。シモン・ド・リールはフィリップ六世に仕えるとともに、ジャン・ド・ラ・モートの庇護者でもあった。一三四〇年、ジャン・ド・ラ・モートはシモン・ド・リールのために貴族文化に典型的な抒情的叙事詩『孔雀の完徳Parfait du paon』と『地獄と天国の道Voie d'Enfer et de Paradis』を書いて献呈している。ジャック・ルメールはまた、トゥルネーの裕福な商人たちが一三三一年に円卓の騎士をモデルに開催した『トゥルネーの三十一人の王たち』の祭についても言及している。

それから百五十年経った一四八六年、ブールジュで、「町を高揚させ、住民の誇りを高める」ことを目的に六人の市民によって《ブールジュの円卓Table Ronde de Bourges》という騎士団が誕生しており、その一人で一四九四年から一五一七年までノルマンディーの収税官を務め、一五〇〇年にはブールジュの市長も務めたジャン・ラルマンは、彩色挿絵の写本を三冊製作させている。一冊は時祷書、一冊はボエティウス、もう一冊は『薔薇物語』である。このことから、このころには、大公たちの文芸庇護を模倣して豪奢な文化遺産を創り出そうという風潮がブルジョワたちの間にかなり広く伝播していたことが分かる。

ブールジュでジャック・クールの有名な豪邸が建設されたのが一四四三年から一四五三年であり、ジャン・フーケ〔訳注・ローマで画業を修め、シャルル七世とルイ十一世の宮廷画家となった〕は、エティエンヌ・シュヴァリエ〔訳注・王室出納官〕とシモン・ド・ヴァリーのために時祷書の写本を製作している。そこには、都市の寡頭政治家の依頼により、大公や聖職者、貴族の文化をモデルにした芸術創作という形の《文化的同化》が始まっていたことが窺われる。

この《文化的同化》は、クリスティーヌ・ド・ピザンが『政体の書Livre du corps de policie』のなかで提示している《ブルジョワジー》の定義にも同じように認められる。クリスティーヌによると、都市貴族はブルジョワ出身であるため、手本とした貴族の特徴をより一層強く刻印している。

「ブルジョワは、その都市に代々住んで、家名、渾名、紋章を引き継ぎ、その所有する家や農園によって生活している。彼らは、この都市の市民であることを証明する本を持ち、名誉を重んじ、教養を身につけ、風貌も立派で、身分にふさわしい衣服を着る。信心深く、言葉遣いも申し分のない本物の紳士である。それでいて、彼らが誇りとするのは、町のよきブルジョワであり市民であることであって、先祖が貴族であったなどという人はいない。」

家系や家門の先祖を誇る風潮は、一四〇〇年ごろには、都市ブルジョワの特徴にもなっており、もはや貴族だけのものではなくなっていた。事実、十五世紀、アラスのル・ボルニュ家やリモージュのブノワ家のような商人が遺した「出納帳 livre de raison」〔訳注・金銭の出入りが主であるが、家族の生活記録も書き込まれていた〕は、フィレンツェの商人たちの「回想録 ricordanze」に較べると、貧弱で数も少ないが、書いた当人たちにとっては少なくとも三代ぐらい遡る家門の輝かしい思い出であったことが明らかである。

もとより三代では貴族の家系としてはあまりにも不足である。中世末にあって貴族であるということは、はるか遠い威信ある先祖に遡る、長い血統があるということである。一般的にブルジョワたちが自分の家門の古さについてもっている意識は、ずっと不鮮明であり、さらに庶民となると、文字に記した記録がないため、そうした意識はまったくない。

貴族と非貴族の間の基本的対立点が現れるのは、その言動の次元においてである。貴族が相手を「vous」と呼んで丁寧に話すのに対し、貴族でない人々は、かんたんに「tu」を使い、すぐ罵り合いの喧嘩になる。貴族は、名誉を回復するために決闘したが、貴族でない人々は殴り合った。十五世紀になると、特に高位の貴族は、何人かの私生児をもっていることを誇りにしたが、貴族でない人々は結婚の絆を大事にし、私生児を儲けることを恥とした。貴族が騎馬試合、大型獣の狩、チェスといった特有の娯楽をもったのに対し、庶民たちは、さまざまな個人的・集団的競技やスポーツを楽しんだ。

しかし、貴族も、その身分が他のあらゆる社会的身分と同様、《名誉》という資本をもたらしてくれるようになるにつれて、旧来の文化的な殻から飛び出す人々も出てきた。貴族身分も、つねに世論の前に《名誉》を損なう危険性をもっていた。とくに十四、五世紀には、そうしたことが頻繁に起きた。一三五六年のポワティエの戦い〔訳注・フランス貴族軍はイギリスの黒太子の軍勢に敗れ、フランス王ジャン二世が捕虜になるという屈辱を味わった〕のあとは、反貴族感情が噴出したし、シャルル五世の治世（1364-1380）には、古くからの血統貴族と近年の成り上がり貴族の優劣というテーマが再燃〔訳注・シャルル五世は、新しい人材を大胆に登用した〕し、激しい論争が繰り広げられた。たとえば『果樹園の夢想』のなかで著者の聖職者が述べている「自身の徳で貴族になった人は、世襲貴族より高く称えられるべきである」という言葉はシャルル六世と同七世の時代、政治論争のなかで繰り返された。とりわけブルゴーニュの宮廷では、この考え方は貴族以外の人々の自尊心を宥めた。こうして、この理念は、保守派と改革派双方の欲求を満足させ、聖職者や作家が仲裁者（さらには社会的進展の判定者）という役割を担うにいたった。その役割は、彼らのなかでも最も賢明な人々が当時の人々の振舞いを分析しているやり方のなかに見出される。

知識と信仰

〔ペスト禍の衝撃〕

何人もの教皇に仕えた医師、ギ・ド・ショリアクが一三六三年にラテン語で著した『大外科術 Magna chirurgia』は、フランス語に訳され、『グイドン Guidon』の題で十六世紀にいたるまで医学の基準書とされた。〔訳注・ショリアクは最初ラテン語で書いたが、すぐフランス語に訳した。グイドはギのラテン語的読み方。〕

このテキストは、一三四八年のペストについて、医学的次元だけでなく社会心理学的影響という見地からも注目すべき記述を含んでいる。ギ・ド・ショリアクは、アヴィニョンでこの災厄を奇跡的に免れた直接の証言者として、黒い死の蔓延によって引き起こされた家族という基本的絆の断絶を悲痛な言葉で語っている。

「父親は息子を訪ねず、息子も父親を訪ねない。思いやりの心は死に絶え、希望は砕かれた。」

しかし、わたしたちの関心を惹くのは、その少し先にある次の一文である。

「多くの人が、この大量死の原因を不審がった。ある人々は、ユダヤ人たちが毒をばらまいたと思い、彼らを殺した。ある人々は、貧しい不具者たちが元凶だとして彼らを追放した。さらに、ある人々は貴族たちがこの病気を持ち込んだ張本人だとして、彼らが遠路を行き来するのを恐れた。結局、人々は町や村の出入り口を固めて、見知らぬ人間は誰一人入ってこないようにし、粉や軟膏のような物を見つけると、毒ではないかと恐れた。しかし、なんといおうと、真実は、この死の原因が能動的全体的なそれと、受動的個別的なそれとの二つがあることである。」

アリストテレス論理学と占星術に熱中したこの善良な医師は、一三四八年のペストを彼が考える因果論の篩にかけた。それによって浮かびあがった第一の能動的全体的原因（universalis agens）は占星術的・気象学的なもので、一三四五年三月、土星と木星、火星の三つの惑星が水瓶座のなかで邂逅したことにある。水瓶座は男性的で固い空気の象徴で、月と地上の間の大気と水の均衡を壊す。もう一つの受動的個別的原因は、星の接近によって引き起こされた空気の腐敗に対し各人の身体がもっている抵抗力の差異にある。

このテキストが関心を惹くのは、民衆的文化と学者的文化が公然と対置されていることである。ギ・ド・ショリアクは、一方でペストの原因について庶民的迷信と考えられるものを数行に要約している。そうした迷信には幾つかあるが、その共通分母は、災厄の元凶として、ある人間集団を名指することにある。他方で、彼は、当時の大部分の医師たちによって行われていた科学的因果論に則った説明を提示している。これは、フィリップ六世の要請によって、一三四八年十月、パリ大学医学部が出した公式見解に近い。

ショリアクは迷信を庶民（peuple）のものとしたが、実際には、聖俗を問わず社会的エリートたちも共有していた。それによると、ユダヤ人たちの犠牲者が少ないことが、ユダヤ人たちが毒を撒いているのだとする噂の根拠になっていた。この俗説は、教皇クレメンス六世が、これ以上のユダヤ人虐殺を防ぐために、恐らく医師たちの証言をもとに、ペスト被害者はユダヤ人もキリスト教徒も関係なく生じているとする勅書を出さなければならないほど広がっていた。しかし、この勅書はあまり効果がなかった。というのは、ギヨーム・ド・マショーのような人まで、その『ナヴァール王の裁きJugement du roy de Navarre』（一三四九年十一月、ランスで書かれた）のなかで、ユダヤ人たちが川や井戸、泉に毒を撒いているのだと非難してユダヤ人虐殺を正当化しているからである。

《アンチ・セミティスム》は民衆だけでなくエリートたちにも広がり、ユダヤ人問題についての考え方に亀裂を生じた。たとえば、一三四九年二月、シュトラスブルク〔訳注・ストラスブールとしてフランスに編入されるのは十七世紀になってからである〕では市政を牛耳る寡頭政治家たちの争いが起き、その煽りで町のユダヤ人共同体の半分が焼き殺されているし、サン＝ドニの修道会は、ユダヤ人をフランス王国から追放するよう主張し、一三九四年、シャルル六世は「きわめてキリスト教的な王」というイメージを際立たせるためと狂気の発作から、スケープ・ゴートとしてユダヤ人を追放している。したがって、ユダヤ人は、十四世紀においても、庶民の憎しみの的にされただけではとどまらず、エリートたち同士の抗争のテーマにもなったわけである。こうしてペストは、社会的・人種的偏見というもっと別の恐るべき恐怖を再燃させ、つねに潜在している社会的追放の犠牲者を生み出すメカニズムを暴発させたのであった。

ギ・ド・ショリアクの占星術的解釈についていえば、それは、文脈全体のなかに置き換えられなければならない。土星と木星と火星の三つの惑星を観察することによって地上の大きな出来事を予見できるとすることの教理は、ペルシア発祥で、十二世紀にアラビア語からラテン語に訳されて西欧に伝えられた。十三世紀にはまだ理論のレベルにとどまっていたが、十四世紀になると、技術的（占星術的予見技術の可能性を大幅に改良したアルフォンソ表がパリに現れたのが一三二〇年ごろ）とイデオロギー的（アヴィニョンの教皇庁周辺で、宗教的・知的高揚と予言主義の波が起きた）の両方の理由から、この世紀の中頃には、星の邂逅に結びつけた種々の予言が行われるようになる。

こうして、当時の最も偉大な天文学者たち（フランス人ではジャン・ド・ムール、ジョフロワ・ド・モー、フィルマン・ド・ボーヴァル、ユダヤ人ではプロヴァンスのレヴィ・ベン・ジェルソン、オックスフォードのマートン・カレッジの特別研究員、アシェンドンのジョン、イタリア人のパオロ・ダゴマリ）が、一三四五年の星の出会いについて、それぞれに判定を出した。たしかに、これをペスト流行に相当する大異変の予兆と明言した人は一人もいなかったが、だからといって、災厄から遡って一三四五年の天体異変が原因であるとする学者的解釈が妨げられたわけではなかった。しかも、それは、医学書においてだけでなくアンリ・ド・フェリエールの『節度王と理性妃の書 Livre du roi Modus et de la reine Ratio』の第二部である『疫病の夢想 Songe de pestilence』のような文学的テキストにも現れた。

しかしながら、当時の医師がみんな占星術を信じ、そこからペストの問題を解釈したわけではない。占星術師の大部分が医師であったとしても、その逆は真理ではない。全般的に、中世末の医師たちはアヴィセンナの見解を拠り所にしていたし、実地では専ら病気の実際的原因を問題にした。医療技術自体、神意だの天体だのといった遠い原因に影響を及ぼすものではなかったからである。ショリアクが示している治療法も、たとえば、転地避難せよというものであれ、体液のバランスを守り、あるいは回復させようとする措置であれ、伝染病の直接的原因に働きかけようとしたものであった。

このギ・ド・ショリアクのテキストは、《スケープ・ゴート》の理屈に関連する部分では、その細緻な分析によって普遍的影響力をもったが、実践的次元では、この医師が使うことのできた具体的手段は、ペストのような途方もないドラマに働きかけるには余りにも貧弱であった。科学と魔術の関係の曖昧さは、この装備の貧弱さの故であり、それが、社会文化的層理の複雑さを際立たせている。

〔迷信に対する戦い〕

一般的に中世末には宗教と科学が魔術に対し漸進的に勝利をおさめていったと考えられているが、実際には一本調子の進展などは観察されていないし、これらの分野は互いに重なり合っていたから、そのような見方は一つの幻想でしかない。しかしながら、魔術の克服について聖職的・政治的エリートたちが真摯に努力したことは事実である。この努力は、抑圧と論争の二つの手法で行われた。

十四世紀と十五世紀の《魔術 magie》、《魔法 sorcellerie》、《占い divination》に対する抑圧は、大きく四つの段階を経る。一三二六年、教皇ヨハネ二十二世は、教勅『スーペル・イリウス・スペクラ Super illius specula』によって、魔術の儀式を行うことを異端と断じ、これに対処する全権を審問官たちに与えた。一三九八年、パリ大学神学部は、ジャン・ジェルソンの主導で、魔術師ジャン・ド・バールの告白をヒントにキリスト教会によって最も迷信的と断じられた魔術の儀式と占星術の一部を対象に二十八の禁止項目を決定した。ついで、一四二五年から一四四〇年にかけて、スイス、サヴォワ、ドーフィネといったアルプス地方で、最初の魔術の流行が起き、そのなかで、魔女たちの《サバト》（集会）のステレオタイプがマルタン・ル・フランの『女性陣の選士』（1442）のような作品のなかで固定化される。最後に、こうしたあらゆる逸脱に対する抑圧にフランス王権が関与するようになるのが十五世紀末からで、一四九〇年から一四九三年にかけて、魔術師、占い師、涜神者を弾圧するための王令がシャルル八世により、次々と発せられ、一四九四年には、占星術全体について有罪宣告が、パリ高等法院とパリ大学神学部によって出された。

この弾圧政策に加えて、一つの重要な論争がニコル・オレームとジャン・ジェルソンによって行われた。前者が占星術と占いに対する反証論をラテン語とフランス語で書いたのに対し、後者は、とくに魔術の攻撃に力を注いだ。

では、その敵方を構成していたのはどんな人々だったか？　これは、社会文化的次元で三つのカテゴリーに分けられる。一つは占星術者で、すでに本書でも見たように、聖職者、それも宮廷付きの聖職者であることもあったが、一般的には医者であった。第二は魔術師で、これは「降神術師」(nigromanticus, nicromancien) あるいは「デモンに呼び出す人」(invocator daemonum) と呼ばれた。さらに、民衆的な口承文化の流れを汲む「占い師」(sortilegus)、「妖術師」(maleficus) がいる。

「nigromancie」はラテン語では「nigromantia」で、「黒」の意の「nigro」と「占い」を意味する「mantia」の合成語で、魔術を使ってデモンに祈ることが基盤になっており、『果樹園の夢想』のようなテキストでは、死者の霊への祈りを基盤とする「nécromancie」と部分的に融合している。しかし、中世末には「nécromancie」は少なくなり、逆に増えるのが天使たちに祈る「nigromanciens」のやり方であったが、教会はその「天使たち」を「悪魔」と決めつけた。全般的に「nigromancien」たちは、魔術書を読み解くだけの知識を必要としたから、ラテン語に通じた聖職者や大学人であることが多かった。たとえばフィリップ豪胆公の要請でシャルル六世を呪いから解放しようとし、おそらくオルレアン公の配下によって一三九八年九月にパリで焼き殺されたジャン・ド・バールは、少なくとも自由学芸の文学士 (maître ès arts) であった。ジャック・クールが失脚する少し前に彼に呪いをかけるためにオットー・カステラーニに利用されたピエール・ミニョンは一四四六年、アヴィニョン大学で医学士の資格を取得している。

こうした文字の読める魔術師 (magicien) は、考えられているよりずっと少なく、それに対し、魔法使い (男は sorcier、女は sorcière) となると、田舎であれ都会であれ、多くは読み書きもできない庶民階層で、一般的に血縁や精神的つながりのある身近な誰かから口移しで手ほどきを受けた人々である。一三九〇年、パリのシャトレーで裁かれたマルゴ・ド・ラ・バールが魔女の道に入ったのは「亡くなった母親に、若いころ教え込まれた」ことによる。他方、彼女の仲間のジャンヌ・ド・ブリーグは代母によって仕込まれたのであった。

魔法使いや魔女が村や町の共同体のなかで果たした役割は、本質的には病気を治すことであり、そのために呪いをかけるとか解くことをしたのだが、それらは簡単な儀式によった。そこには、初歩的な祈りが含まれていたが、祈る対象が三位一体の神であるか、何かの悪魔（しばしば拷問にかけられたときに、彼らの想像のなかで姿を現した）であるかによって有罪か無罪かが決定された。

学識のある魔術師は、降神術の本によって、ユダヤ起源のカバラの魔術や、厳しい禁欲の実践と種々の媒体の活用によって儀式的妖術的魔術や予見的魔術など、広範囲の音域に働きかけることができた。そこでは、悪魔たちだけでなく、外典福音書やユダヤ教のカバラに由来する天使たちが姿を現した。一三二三年のベネディクト会士、ジャン・ド・モリニーの場合は、聖母マリアが直々に現れている。したがって、学者的魔術と民衆的魔術とは本質的に共通しており、実践面でも多くの共通点をもっていて、一方の信奉者が他方の技術を援用することもよくあった。しかし、それでも、そこには明確なレベルの差がある。一三九八年、魔術師のジャン・ド・バールは髪の毛も爪も伸ばし放題にし、霊とのコンタクトのために全身にヤツガシラや雄山羊、鳩の血を塗りたくった。その数年前、魔女のジャンヌ・ド・ブリーグは、「オッシビュ Haussibut」という名のデモンを呼び出すために、地面に輪を描いて降霊術を行ったという。

ドーフィネ地方の記録書類を研究したピエレット・パラヴィは、魔術の大衆化と、この分野での女性の進出は重なる形で看取されると述べている。一四二四年から一五二〇年までの間に魔術師の容疑で取り調べられた三百五十一人（そのうち二百五十八人が一四二四年から一四四五年までの間に検挙された人々）の七〇％が女性で、その大部分は五十歳以上で貧しい独り者であった。しかし、赦免状に見られるフランスの民衆的魔法使いは、女ばかりではない。ピエール・ブラウンは、十四世紀と十五世紀の九十七通の赦免状を調べた結果、男女間の数の差は僅かで、この魔術師の世界の女性化の結果として社会からの排除が始まるのは、中世も末になってからであるとしている。

民衆的魔術師に対する弾圧が、まずアルプス地方で始まったことは、どう説明すべきだろうか？ピエレット・パラヴィは、ドーフィネについて、この地域のより深いキリスト教化をめざした托鉢修道会による活動と魔女や魔法使いに対する集団的追及との間には密接な関係があるとし、とくに、この地方ではかねてからワルドー派異端をめぐる嫌疑が根強く、その影響で民衆的迷信が罪悪視されたというテーゼに賛同している。ワルドー派と魔術使いとの混同は、社会的宗教的理由として決して小さいものではなく、一四五九年から一四六〇年のアラスの有名な『ヴォードリー vauderie』を思い起こすなら、そうした思い込みは民衆にも裁判官たちにも行政官たちにも共通していたことが分かる。ロベール・ミュシャンブレドは、この問題の政治的宗教的側面を強調し、魔女狩りが一四三〇年から急に加速したのは、アマデウス八世〔訳注・初代サヴォワ公。バーゼル公会議により、ローマのエウゲニウス四世の対立教皇に推され、フェリクス五世と称した〕の支配地域においてであったことに注目し、その背景には、バーゼル公会議とローマ教皇庁の対立に結びついたイデロギー的抗争の激化とサヴォワ国家とスイス同盟の難産という問題があったと主張している。

ロベール・ミュシャンブレドとジャック・シフォローは、さらに広い視野から、魔女たちがますます世俗法廷によって体系的に裁かれるようになっていった動向のなかに、何よりも近代国家の誕生と君主の威厳の観念、ジャック・クリネンが「世俗権力の超キリスト教化」と呼ぶものの中世における前奏を見ている。事実、多くの痕跡から見て、彼らの考え方は間違っておらず、この解釈は、十五世紀の占星術に対する抑圧についても同じように有効であると考えられる。

魔術師を人間世界への反逆者であると同時に神に対する反逆者でもあるとする見解は、すでに一三九一年のシャトレーの重罪裁判記録における《マルムゼ》の示唆や、一四〇八年のジャン・プティの暴君殺しの弁明〔訳注・コルドリエ会修道士で、ジャン無畏公のオルレアン公暗殺を弁護した〕に見られる。一四九三年の「占いと神の冒瀆についての王令」には、シャルル八世の宮廷に支配的であった前宗教改革的流れの影響と、「きわめてキリスト教的な王」という《信仰の擁護者》としての王の役割を際立たせようとする意志が表れている。こうした迷信に対する戦いの政治的側面を公式化しているのが、十五世紀半ばにドーフィネの一人の魔女が語ったという一つのフレーズである。――いわく、近年の裁判のおかげですっかり力を殺がれ、「フランス王とヴィエンヌの王太子により地獄のサタンの宮殿は打ち壊された」と言った、と。

ジャンヌ・ダルクの活躍と彼女に関する二つの裁判、とくに彼女を有罪とした一四三一年の告発〔訳注・この結果、同年五月三〇日にルーアンで焚殺された〕も、この文脈のなかに位置づけられるべきである。この告発は、いうまでもなく政治的背景を無視するわけにはいかないが、それとともに、異質な文化間のギャップを露呈している。思い起こせば、ジャンヌが信じたのは、「王の奇蹟」〔訳注・ランスで塗油の儀式を受けたフランス王は治病の奇蹟を起こす力があるという理念〕の有効性であり、真に王たらしめるのは血ではなく聖別であるということであった。この点で、彼女は一四二九年には王の取巻きや法律家たちと意見を異にしていた。〔訳注・この年の七月十七日に、ジャンヌは反対を押し切って、ランスでシャルルに戴冠式を挙げさせている。〕

しかし、彼女を死にいたらしめたのは、裁判での一つのやりとりであった。ジャンヌは、自分はフランシスコ会士たちの教えに忠実に従ったし、神との日常的接触を信じていたので、自分が見たヴィジョンと耳にした啓示の声を真実と信じた。しかし、大部分の裁判官たちからすると、彼女がドンレミー村で聴いたのはデモンの声であり、その預言も奇蹟も偽りのそれであった。要するに彼らからすると、彼女の《文化》は悪魔による奇蹟と超自然的なものを基盤にした魔術的文化であった。

ジャン・ジェルソンの『オルレアンの乙女について De puella Aurelianensi』（一四二九年五月十四日）には、そうしたジャンヌについての彼の困惑ぶりが表れている。彼は、啓示に関しては慎重であったが、ジャンヌの信仰が善であることは信じたし、彼女が示した現象は、フランス人の忘恩と冒瀆（それは、フランスの上に神の怒りをもたらす恐れがあった）によって台無しにされなければ、イギリス人に対する勝利をフランスにもたらす「第一の奇蹟」になるかもしれないと結論している。

こうして、ジャンヌ・ダルクのケースでは、彼女の活躍の超自然的性質を信じた（あるいは、信じる振りをした）のは大学の学者的文化の代表者たちであったという、明らかに逆説的結論に到達する。ただ、その「超自然」が、ジェルソンにあっては《神》のそれであったのに対し、尋問に当たったボーヴェ司教、ピエール・コーションやドミニコ会士たち、ジャン・グラヴラン（彼は、キリスト教会側からこの事件の公式記録を著した）にあっては《悪魔》のそれであっただけである。これに対し、ジャンヌにとっては、神との直接の接触は、なんら特別なことでも奇蹟でもなかった。したがって、ここでは、迷信に対する信仰は、大学人や聖職者文化の庶民文化への投影として現れているのである。この庶民文化自体、托鉢修道会の説教師たちの影響を受けたもので、十五世紀には、信仰を基盤にした庶民文化と実証性と道理を基盤にした学者的文化は相互間の人間的交流も盛んになり、実践法も混じり合うので、単純に対置することはできなくなる。

社会的差異の要素としての空間・時間・言葉

リュシアン・フェーヴルによって作り出され、ロベール・マンドルーなどメンタリティーの歴史の専門家たちに引き継がれた《精神的道具立てoutillage mental》の概念は、今では時代遅れだとしても、人間活動の基本的枠組に対応した本質的概念であることに変わりはない。その基本的枠組とは空間と時間と言語であるが、わたしたちが関わっている時代（十四・十五世紀）には、社会的環境の違いに応じて、それぞれがはっきり異なっていた。

〔空間的・時間的境界〕

空間の知覚は、その個人の社会的立場によって異なった。農民や村人の《認識世界pays de connaissance》は、族内婚が行われている範囲で、一般的に、歩いて一日で往復できる距離（おそらく約十五キロ）を半径とする世界であった。それに対し、商人や貴族のそれは、最低、馬で日帰りができる範囲から、大きくは、オリエントやエルサレムといった、何か月もかかる《国外旅行》（中世末には、さらに盛んかつ大規模になる）の世界である。

しかし、聖職者や教養ある俗人たちに世界の全体的視野を提示することができたのは、宇宙形状学者（cosmographes）や、その知識の普及者たちだけであった。その説によると、世界は球形で、中心に円形の大地があるが、その大きさは、「天空の広がりのなかでは小さな点のよう」(P・ダイイ)である。大地の中央を占めているのは、伝統的にエルサレムとされていたが、アンセル・ショカールや『果樹園の夢想』〔作者不詳〕によると、「マルセイユが世界の中心」であった。要するに、《世界》は、見る人の社会的身分や活動範囲によって大きさは色々であったが、いずれにせよ、神による創造の中心である人間のために境界を区切って造られていた。

歴史記述の長い伝統では、とくに地図作製技法の未熟さのためと、当時使われていた長さや広さの単位がきわめて複雑であるため、中世における空間的境界線は、不確定とされてきた。この見方は、最も卑近な農地計測のレベルでも、アラン・ゲローが検証したアルル市民ベルトラン・ボワセ(一四一五年没)の土地測量論(『La siensa del destre』)のような文献によって裏打ちされているように見える。ボワセの経験主義的なやり方は計測と分割の問題の大部分を、おそらく充分な近似値をもって解決してくれるように見えるが、測量道具の貧弱さと縮尺概念の欠如のために実際には正確ではなかった。

しかしながら、そのように不正確さはあっても、だからといって王国の内外を問わず、政治的・法律的境界線がもつ重要性に対する人々の意識が曖昧だったわけではない。一五二五年にオロンス・フィヌ(1494-1555)が『Nova totius Galliae descriptio』を刊行する以前は真にフランス人によるフランス全土の地図はなかったにもかかわらず、一四五〇年ごろには、ジル・ル・ブーヴィエは、『Livre de la description des pays』(諸国の姿)のなかで、フランス王国を二つの海とピレネー山脈、ローヌ、ソーヌ、ムーズ、エスコーの四本の河川によって囲まれた一つの土地として描いている。

王権を語るうえで基本的な「国境」の観念が現在のような意味をもって現れるのは、フィリップ美男王の治世（1294-1328）になってからで、一二九九年には、フランス王国と神聖ローマ帝国の境界線を示す標石がロレーヌに、その百年後にはソーヌ川に設置されている。フランス王国の将校や兵士、金持ちの訴訟人たちは、王国の広がりと境界を決定する権限はパリ高等法院に託されていることを弁えていた。今も保存されているその最初の完璧な書式の文書は、一三〇八年に遡る。

現在にまで遺されている中世末フランスの部分的地図は十二葉あり、それらはすべて法律的異議申立のなかで生まれたものである。一葉はムーズ地方の地図で、これは、パリ大学学生を出身地別に区分した、いわゆる《同郷団》のなかで「イギリス国民nation anglaise」に属する人々と「ピカルディー人nation picarde」に属する人々を決定するためのものである。十葉は一四二〇年から一四六〇年までの時期に描かれたもので、シャルル七世のドーフィネとブルゴーニュにおける権限を明確化するために描かれた。もう一葉は、一四九五年、ロデズで定期市が開催されるに際し、幾つかの街区の住民たちが裁判を行政府に求めたことから作製された、この町の全図である。

一三五五年、ボローニャ人法律家バルトリがその『De fluminibus seu tiberiadis』で、また、一三九五年ごろ、ジャン・ブティリエが『農村法大全Somme rural』で述べている勧告を契機として、十五世紀じゅうには地図作製が法律の補助的学問、君主権の表現手段になっていたことを示している。

しかしながら、これらの技術革新が力を発揮したのは、まだ限られた範囲でしかなかった。地図も図面もない場合、家々やその所有地、裁判管轄区、領主領の境界線は、記憶されている自然の目印や、共有の伝聞知識や地名に頼っていた。こうした記憶は、中央山地のグラマ高地のとくに荒涼とした地域を別にして、数々の不幸にもよく耐えてきた。隣接する領主領間の境界線については、十五世紀後半の農村再興に必要とされた賃貸制度のおかげで、かなり明確な知識が保存され、中世末には、この記憶をもとに境界標が設置された。

時間に関しても、過去をどこまで遡りうるかも、時間の経過の測り方も、身分によってさまざまであった。全般的に、社会的立場が高い家族ほど、その家系の歴史的記憶は遠くへ遡ることができ、明確さを増す。この点については、十五世紀の場合、アラスのル・ボルニュ家やリモージュのブノワ家のようなブルジョワ家庭のメンバーが伝えている出納簿を対比してみると明らかである。ジュヴネル・デ・ジュルサン〔訳注・Juvénal des Ursinsとも。そのジャン一世はパリ市長、ジャン二世はランスの大司教を務めた〕のようなパリの新興貴族は、ローマの名門オルシーニ家の末裔であると主張し、ジャン一世が持っていた《家族手帳livret de famille》〔訳注・結婚のときに交付された〕には、おそらく占星術的な目的から、子供たちの生まれた日付と時間が細かく記されている。しかし、身分が高いほど遠く過去に遡れるというのはあくまで全般的傾向としていえることであって、個人的レベルでは労働者のほうが騎士よりもずっと正確な歴史的認識をもっていることもある。

時間の流れを知覚する仕方も、社会的立場によって異なる。シャルル六世の治世に出された赦免状のなかで犯罪が行われた時刻（heure du crime）を表現するために使われているのは、朝とか夕とか自然的リズムによるものが最も多く（クロード・ゴヴァールの計算によると約六〇％を占める）、教会の時間〔訳注・たとえば晩祷の時間といった具合に〕で示されているのが一一％、時計による時刻が使われているのが一四％である。十五世紀には、次第に後者が増えていくことはいうまでもない。

ところで、時計による時間の区切りが都市的環境に合致していたのに対し、農民の生活に特徴的なのは自然的時間である。都市のエリートたちは、季節労働者や農民のような循環的時間から離れて、ますます不可逆的な時間のなかで生活し、その有限性を意識するようになる。それによって、人々の心の中には、この世の未来と個人の死、そして、終末の時という三重の強迫観念が、かつてないほど強まっていく。この強迫観念は、フランスの場合、庶民的文化から来たのではなく、聖職者によって俗人用に世俗化して伝えられた都会的・学者的文化に由来している。

一四二五年以後、《死の舞踏 danses macabres》の絵が流行し、それが「死はすべての人に共通である」という事実〔訳注・一四三八年のペストによる大量死〕の確証によって人々に潜在的に衝撃を与える。しかし、そうした教訓的ジャンルの作品から出たものでも、おそらく、そのメッセージの受け手の多くは都会人であり聖職者であり、社会的エリートたちであった。普通の人々は《死ぬ技術 artes moriendi》など関係がなかったし、千年王国説や占星術に触れることもなかった。

逆にクリスティーヌ・ド・ピザンやシモン・ド・ファールは、占星術の知識をよき死に方のための「nec plus ultra」〔訳注・「最良のもの」「究極」の意〕と考えた。占星術によって自分の死期を予知できれば、聖ペテロの前にまかり出るまでに、罪を償うゆとりができるからである。

世界の終わりは、大部分の聖職者たちにとって、一般に考えられていたほど差し迫ってはいなかったにしても、かつてないほど恐怖をもって受け止められた。ヴィンケンティウス・フェレリウス〔訳注・十四世紀から十五世紀初めにかけてのドミニコ会説教師〕やフランシスコ会士ジャン・ド・ロクタイヤードのような黙示録の予言を重視した人々はこれを一三五〇年ごろで、すぐ目前に迫っているとしたが、ユスタシュ・デシャンは世界史の最後の七番目の千年期が始まるのが一四〇〇年だと考えた。これに対し、アウグスチノ会修道士、ジャック・ルグランは、その『よき死の書Livre des bonnes meurs』（1404）において、この世界の全寿命は七千年しかなく、「最後の審判の日まで残されているのは四百年ほどだ」としている。ピエール・ダイイは、占星術に関する論著のなかで《アンチ・クリスト》の出現の最も可能性の高い年の算定を試み、これを一七八九年ごろとしている。

したがって、未来を予見し時間を支配する方法の探求は、安心感を与えると同時に神話的でもある終末というものに焦点を当てることになったのであるが、中世末においては、これらは、王権や教会だけの専有ではなく、教養あるエリートのかなりの部分も関与したわけである。

〔言葉と文化における境界線〕

言語文化に関連して、まず想起したいのは、十四、五世紀のフランスがまだ、驚くほど多様であったことである。そこでは、少なくとも五種類の主要な俗語（オイル語、オック語、バスク語、ブルトン語、フラマン語）が使われていた。フランス中央部のブルボネ公領についてのオリヴィエ・マテオニの研究によると、北部ではオイル語が支配的であるが、中部と東部のフォレ平野とボージョレの大部分で話されていたのは、プロヴァンス語、南部のフォレ山地とオーヴェルニュで話されていたのはオーヴェルニュ方言の形でのオック語であり、マルシュ伯領ではリムーザン語という形でのオック語であった。

こういう状況であったから、人々が互いに理解し合うことが時として困難であったことは想像に難くない。詩人のジャン・デュパンはブルボネ公領でもプロヴァンス語地域のジャリニー出身であるが、オイル語についての自分の不自由ぶりを、その『憂愁Melancolies』（1324-1340）のなかで次のように謳っている。

わたしが間違ったとしても許しておくれ
聞き取ることはできるのだが
フランス語はわたしの言葉ではないのだ
わたしが生まれ生活しているのは
ブルボネの公領なのさ

こうした俗語の多様性に対して、祭式を司る聖職者と学者、外交官といった少数の人々は、ラテン語という共通語によって同質性を維持していた。しかし、一三八〇年、一握りのパリ知識人たちによって企てられた古典ラテン語のユマニスム的復興運動は、文学的ラテン語と実用ラテン語の間にかねてから存在していた亀裂を大きくする誘因となり、俗語同士の違いほどではないにしても、《リテラーティ litterati》〔訳注・文字を読める人たち〕のなかでも真の統一性はなくなる。

しかしながら、中世末は、言語学的次元では、十三世紀に始められた飛躍を引き継いだ二重の発展によって特徴づけられる。一つは、ラテン語に対してのフランス語の進展であり、もう一つは、オック語そのほかの地方的話し言葉全体に対比してイル・ド・フランスつまり北部のフランス語が優勢を占めていったことである。

この進展において基本的役割を演じたのが、フランス国家の中央集権化であった。ということは、逆にいうと、フランス語の中央統制の進展はかなりゆっくりであったということでもある。王室尚書局がフランス語を使い始めたのは一二五四年で、フィリップ美男王（治世1285-1314）のある王令は、「gallicanis in gallico et occitanis in latino」〔訳注・「ガリアの町にはガリア語で、オクシタンの町にはラテン語で」の意〕で書くよう命じても、これ以後も長い間、尚書局で最もよく使われた言葉はラテン語であった。しかしながら、シャルル五世の治世（1364-1380）以後は、ほとんど全ての王令はフランス語で書かれ、それに伴って、政治と行政の世界では、フランス語が優勢になっていたことが多くの証拠によって明らかである。

一三九八年のフランス聖職者の集会では、アヴィニョンの教皇に対する服従の可否をめぐって投票まで行われたが、この会議の開会の辞を、シモン・ド・クラモー〔訳注・ランス大司教〕は、諸侯たちが理解できるようフランス語で述べ、投票者たちの覚書も三分の二がフランス語で書かれている。一四〇六年、高等法院は全国の大学に対し、ラテン語ではなくフランス語で弁論を行わせるよう、勧告している。十五世紀半ば以降は、南フランスの公式文書も、ほとんどあらゆるレベルで、オイル語がラテン語とオック語に取って代わる。

したがって、統一化されたのは、話し言葉よりも、本質的には書き言葉であり、地域的話し言語は至る所で生き残っていくが、ラテン語、オック語、フランコ＝プロヴァンサル語、また、シャンパーニュ、ピカルディー、ロレーヌそのほかの地方的書き言葉は次第に姿を消し、パリで使われた書き言葉《フランシアン francien》に取って代わられる。

この変化のなかでも、一つの言葉しか習得していないか、それともたくさんの言葉を使いこなせるかが、社会的分化の基本的基準でありつづける。庶民は、田舎であれ町であれ、一般的に、その地域の方言しか話せなかったのに対し、都市のブルジョワは、土地の方言とともに共通フランス語を身につけていった。ジャック・ロシオーは、たとえばブルターニュの町々とリヨンのエリート層のなかで、身近な人を指す言葉が、どのように使い分けられていたかという興味深い現象を明らかにしている。男性に関しては、共通フランス語で「pere（父）」「mari（夫）」「frere（兄弟）」と呼ばれていたのに対し、女性についてはプロヴァンス語で、妻は「li donna」「li fema」「li mulier」、娘は「filli」、姉や妹は「serour」「sorourge」という呼称が使われていた。これは、公的場面と私的場面の違いと合致していたようである。

貴族階級も、とくに南フランスではバイリンガルであった。ガストン・フェビュス〔訳注・フォワ伯。ガストン三世。1331-1391〕は、トゥールーズの三部会ではガスコーニュ語を使って話したが、フロワサールとは「美しい見事なフランス語」で詩をやり取りしている。十五世紀初め、オーヴェルニュの小領主、ギヨーム・ド・ミュロルは手元の帳簿に、非常に方言色の強いフランス語で幾つかの詩を書く一方で、少々いい加減なラテン語で遺言を書いている。彼は、若い頃、叔父の枢機卿のおかげでサン＝トメールの学校へ通い、ラテン語の初歩を学ぶ機会があったのである。

加えて、十五世紀になっても、南フランスの上流貴族のなかでは、ラテン語を学ぶ必要性は相変わらず続いていて、もしオック語しか使えなかったら除け者にされてしまう恐れがあった。一四四四年、ジャン・ダルマニャックはイギリス人たちと交渉するのにラテン語を使っているが、それは、彼の言い分によると、「自分はフランス語がよく分からないし、とくに書くのは苦手だから」であった。

聖職者や知識人たちは、一応はフランス語もラテン語も使えたが、その習熟度は様々で、主任司祭クラスになると、ラテン語は粗々しか知らず、基本的な祈りは暗誦できたが、一語一語の意味は理解していなかった。その反対に、ジャン・ジェルソンのような高レベルの知識人は、フランス語と日常ラテン語、学者的ラテン語を自在に使いこなす《トリリンガル》であった。こうした両極端の間で、クリスティーヌ・ド・ピザンは、フランス語は完璧にマスターしていたが、ラテン語については、正確に理解できたものの、流暢に話すことも書くこともできなかった。これは、彼女にとって、ほとんど必要がなかったからである。

実態は個人によって様々であったが、そうした差異を超えて、多言語を使えることが、中世末の社会文化的エリートにとって欠かせない条件であった。とはいえ、この時代が言語学上で示している主要な事実は、フランス語の《昇進》である。十五世紀にも、学問的言葉の主役は、シャルル五世の翻訳事業が及ぼした衝撃やフランス語を学習の対象にしようという何人かの聖職者たちの意志（一四〇〇年ごろのジャック・ルグランの『Archiloge Sophie』は、《三教科 trivium》としてのフランス語学習の最初の教科書と考えることができる）にもかかわらず、相変わらずラテン語であったが、権力にとって社会を政治的に統括するための言葉は、これ以後はラテン語ではなくフランス語であって、その領域も、オック語圏も含めてフランス王国全土に広がっていく。ル＝ロワ＝ラデュリーの「南フランスをフランス化したのはシモン・ド・モンフォールではなく、グーテンベルクである」という言葉は有名である。これは、印刷術の伝播によってリヨンや北フランスで刊行されたテキストが大量に南フランスに広がり、オイル語による俗語の統一化に決定的役割を演じた事実を言っている。しかし、シモン・ド・モンフォール（1160-1218）からグーテンベルク（1394-1468）にいたる二百年以上の間に、南仏を政治的文化的に屈服させる仕事に何よりも貢献し、一四七〇年以後、アンリ＝ジャン・マルタンが「印刷革命 révolution de l'imprimé」と呼んでいるものによって効率的に推進された言語的進展を準備したのは、中央集権化された王国であった。

第十一章　ルネサンスへの序曲

《文芸ルネサンス》という理念は、すでにシャルル六世時代の第一期フランス・ユマニストたちの心の中に現れていた。たとえば、一四〇八年、ニコラ・ド・クラマンジュは友人のゴンティエ・コルに「わたしは、長年、土中に埋もれていた雄弁術をフランスで蘇らせ、新しい花を咲かせるために努力してきました」と書いている。しかし、その反対に、印刷術は、一四七〇年には王国首都でも始まっていたが、少なくとも半世紀の間は、それが寄与したのは、「ルネサンス文化culture renaissante」よりも、典型的に中世的な文化の普及のためであって、その意味で、印刷術は、アラン・デュミュルジェが言うように「中世の偉大な発明」であったといわざるを得ない。

したがって、《中世Moyen Âge》と《ルネサンスRenaissance》とを対置し、一四七〇年をルネサンスの出発点として固定するような単純な見方は慎む必要がある。宗教的次元でも文化的次元でも、「ルネサンスは中世の秋のあとに続くのではなく、両者は、ある意味で共存していた」（J・シフォロー）のである。つまり、中世とルネサンスは、フランスとヨーロッパの歴史の相前後する二つの時代ではなく、同時に共存した二つのタイプの文化に関わる本質的に主観的な二つの概念であり、しかも、それは、同じ一つの国や地域のなかだけでなく、同じ一つの場所、同じ一人の人間のなかでも共存していた。この共存の特性を典型的に表しているのが、ジャン・ジェルソンのような優れた知性の人物が示している音域の広さである。

したがって、フランスであれ他の地であれ、グーテンベルクの始めた技術革新が中期的には文化的活動のうえに様々な結果を生じたことは明らかであり、この分野におけるパイオニアの役割を演じたのが《ユマニストたち》であった。

一、印刷がもたらした革命

ヨーロッパにおける印刷術の出現によって、文字によるコミュニケーションへの依存度が増大し、それに伴って文化的障壁が除去されていったということでは、研究者の見解は一致している。いわゆる《印刷革命》は、ヨーロッパのエリートたちの新しい欲求に対応して起きたように見える。その欲求を印刷術は、紙という新素材の出現と普及によって、あらゆる期待を超えて満足させていった。

新しい欲求

読書の需要に応えるべく本の部数を増やすために一四七〇年以前から行われていたいろいろな試みを思い起こそう。この絶え間ない需要の増大から、幾つかの徴候が浮かび上がってくる。

――十三世紀には修道院の写本室（scriptoria）のほかに、本の製作と商品化を専門とする世俗の作業場が現れた。そこでは、それなりの立場と特権を与えられて共同作業をする職人の集団が誕生し、とくに教師と学生を顧客としたそれらは、大学当局の監視下に置かれた。

――これと並行して、本の貸し出しという手法が体系化する。〔ただし、貸してもらえるのは金持ちだけで、ソルボンヌの図書館は、貸出期間に制限はなかったが、借りるためにはその本の値段と同額の保証金を預託する必要があった。〕それと、とくに《ペキアpecia》のシステムによって、一冊の本の綴じをばらしたものの貸与も行われた。このおかげで、アリストテレスの著作でこんにちも遺っている十三、四世紀の写本は二千部にのぼっている。

――十三世紀には、大学の世界だけでなく、各地を説教して歩いた托鉢修道士の活動と結びついて、公衆の前で読み上げるというやり方により、書物の刊行が盛んになっていった。これは、印刷の時代も含めて、その後も引き続き拡大していく。

――中世末には、とくに大学都市や商業都市で俗人顧客が増えたおかげで書籍販売業が発展した。十五世紀の書籍商人の何人かは、愛書家であると同時に著作家であり、レイアウト師であり本屋でもある。レニョー・デュ・モンテは、ベリー公だけでなくイングランドの多くの大物たちにもお得意を持っており、そのために、一四一五年には反逆者として有罪判決を受けている。裕福な文芸庇護者たちは、豪華本への自らの嗜好を満足させるために請負業者たちに注文した。一四〇〇年ごろ、書籍商のエティエンヌ・ランジュヴァン〔訳注・その名のとおりアンジューの人〕はオルレアン公ルイの注文で、羊皮紙を調達し、写字職人と彩色絵師を集め、監督して製作させている。他方、ブルゴーニュのフィリップ豪胆公とジャン無畏公は彩色写本を供給してくれる業者として、イタリア生まれのパリの商人、ジャック・ラポンドを抱えていた。——加えて、十四世紀以後は、金に糸目をつけない聖俗の顧客たちの嗜好に合わせて《著者兼刊行人》もたくさん出てくる。ディジョンでフィリップ善良公の蔵書係りを務めたダヴィド・オベールは、著作家であると同時に翻訳家、画家、能書家でもあった。クリスティーヌ・ド・ピザンは、小規模ながら《スクリプトリウム》〔訳注・写本製作工房〕を一つ持っていて、そのメンバーは彼女の著作を、ときには何十部も製作し広めてくれた。枢機卿のピエール・ダイイは、自分でも大量の自著を写したし、側近の聖職者たちにも書写させた。

しかし、こうしたことは、大学や大公、貴族といった限られた人々にしかできることではなく、本の製作は、技術的にも人手のうえでも障壁にぶつかった。写本の値段はかなり高く（特殊な手作業であるため、材料費よりも労賃がどんどん高騰していった）、とくにラテン語の写本の市場は、人口減少が重くのしかかった一三五〇年から一四五〇年の北フランスで生産が沈滞し、これが、安価な印刷本の普及に道を開いた。

十五世紀の印刷術の出現は、情報の伝達と文化（教育）の普及という二つの要請に応えるためであった。とりわけバーゼル公会議（1431-1449）のあとは、ヨーロッパの諸国民が行き交う交差路に位置していたマインツとシュトラスブルクの二つの帝国都市を極として宗教的知的興奮の波が起きた。印刷術の発明は、こうした知的興奮とドイツの冶金技術の飛躍とが結びついて現実化したもので、グーテンベルクが金銀細工師の経歴をもっていたことは示唆的である。結局、アンリ゠ジャン・マルタンによると、「活字の発明は最も広い意味でのコミュニケーション革命と対応している。商業のコミュニケーションが発達して西欧世界を結合する一方で、そこで近代的国家が組織された時代にあって、ヨーロッパは必然的に、情報や命令の循環だけでなく、ブルジョワという上昇しゆくエリートのメンタリティーに合致したイデオロギー的上部構造を発展させる手段を身につけていった」のである。

この最後の点については、印刷術の最初の一歩に関心を示したのが商人ブルジョワジーだけではなかっただけに、異論の余地はあるかもしれない。しかし、それにもかかわらず、フランスでも他の国でも、商人ブルジョワジーがこの発明の普及の主な責任者であり受益者であったことは確かである。

新しい素材と技術

羊皮紙の本に較べてはるかに軽量で、値段も安い紙の本の普及は、印刷業の成功にとって不可欠の先行条件であった。

紙は、シナで生まれ、八世紀にアラブ人たちによって、イスラム教が広まったルートを辿って西方へ伝えられ、十世紀から十一世紀にイスパニアと南イタリアに姿をあらわし、ついで、ヨーロッパじゅうに広まった。とくにフランスでは、十三世紀にはラングドックに、十四世紀初めにはパリに現れた（フィリップ美男王によって一三〇七年に始められたテンプル騎士団の審問記録は紙に書かれた最初の文書である）。一三四〇年以後、製紙所がシャンパーニュ、パリ地域、プロヴァンス、ロレーヌ、オーヴェルニュに次々と建設されている。

紙は、王国じゅうで広く利用されるようになるにつれて、価格も下がり、同じサイズの羊皮紙に較べて、十四世紀には四分の一であったのが、十五世紀後半には十三分の一になった。一五〇八年、高等法院の検事、ピエール・ボーダンの書斎には手書き写本が百五十八冊、印刷本が十三冊、所蔵されていたが、そのほとんどが紙の本であったため、評価額は、十一パリ・リーヴルと慎ましいものであった。「紙こそ、本の増殖の原動力であり、書物革命が素材面の限界から来る挫折を免れたのは紙の出現のおかげであった。」（P・ショニュー）

西欧では、印刷術の出現に先立って、直接的には印刷を推進するものではなかったが、図像やテキストの量産への同じ関心から出た幾つかの工夫が行われていた。その一つは、十四世紀末にドイツと低地諸国で誕生した版画で、金属板の版画、ついで木版が出現し、文字と図版を組み合わせたものや文字を彫り入れた木版の印刷が行われるようになる。こうして、一四一五年から一四二〇年ごろのライン地方では、信者の信仰心を掻き立てる簡潔な説明を入れた聖母や聖人たちの宗教画が増えている。しかし、この技法は、しかるべきサイズのテキストを再生産するのには向いていなかった。

このドイツの民衆的信仰に合わせた印刷の伝統のなかで生まれたのが、ヨハン・ゲンスフライシュ、通称グーテンベルクの印刷術の発明であった。一三九九年、マインツの都市貴族の家に生まれた彼は、一四三四年から一四四四年にかけシュトラスブルクの金銀細工師ギルドのメンバーとして記載されており、この町の商人たちと宝石の研磨および鏡の新しい製法に関する契約を交わしている。一四三八年には、この町で活字印刷を発案し、その十年後、マインツで金融業を営む裕福なブルジョワ、ヨハン・フストから八〇〇フローリンの出資を得て印刷業務を始めた。一四五〇年ごろには有名な「四二行聖書」を印刷し、一四五七年には、「マインツの聖詩集」を刊行したが、これを最後に、印刷事業から引退している。〔訳注・彼が引退したのは、ヨハン・フストとの仲違いが原因と言われている。」

ほかにも、同じ十五世紀半ばごろ、活字印刷に取り組んだ人たちがいる。プラハの金銀細工師、ヴァルトフォーゲルに関しても、一四四四年と一四四六年、アヴィニョンのユダヤ人住民たちに「人工的に書く術ars scribendi artificialiter」を教えることを約束した公正証書が残されているが、これが、どのようなものであったかは、正確には解明されていない。

当初は、時間もカネもかかったが、一四六〇年代から、速くて安価に仕上げる技法が、ドイツ人印刷業者たちによって開発され、テキストと図像を組み合わせる難題も解決されて、最初の挿絵入りの本がローマとアウクスブルクで出版され、彼らの活字印刷技術がヨーロッパじゅうに広まっていく。

ばらばらの折りを綴じて製本する「exemplar」のシステムは、初めは、効率面でも価格面でも、ほぼ変わりなかったが、活版印刷の方が機能をフルに発揮すると、圧倒的に優位に立った。アンリ＝ジャン・マルタンの計算によると、十五世紀後半のヨーロッパでは、二万七〇〇〇の印刷物が一万から一万五〇〇〇部ずつ作られている。これは、一四七〇年から一五〇〇年までの間に、毎年、少なくとも三百から四百種のテキストが刊行されたということである。

フランスにおける印刷の始まり

一四五〇年から一五二〇年までの間にフランスで稼働した印刷所は七十三を数えた。これは、イタリアの九十七、ドイツの七十九に次ぐヨーロッパで第三位で、フランス王国内での印刷事業の進展は緩慢で、一四七〇年代の十年間に印刷機が恒常的に設置されたのは、パリ（1470）、リヨン（1473）、トゥールーズ（1476）、ポワティエ（1479）の四都市だけであった。フランスが幾らか形勢を盛り返すのは、一四八〇年代になってブルターニュとノルマンディーの十二の町に新しく設置されたことと、一四九〇年から一五〇〇年までの間に十五、十六世紀の初めの二十年間に約四十新設されたことによってである。

《インキュナブラ本》〔訳注・「インキュナブラ」とは揺籃の意で、一五〇〇年十二月三十一日までの十五世紀に刊行された本〕の刊行における国別のパーセンテージを調べてみると、フランスとスイスのフランス語地域はともに第三位であるが、その全刊行本のなかで印刷本が占めた数は一四から一六％に過ぎず、これは四四％のイタリア、三一％のドイツ語諸国に大きく水をあけられている。アンリ＝ジャン・マルタンが挙げている二万七〇〇〇という数字からすると、一四七〇年から一五〇〇年までの間に刊行されたフランス語の本は、約四〇〇〇部ということになる。

フランスに印刷所が現れ稼働を開始した時代は、王国が政治・経済・人口の面で復興していった時期で、印刷業がこの恩恵に浴したことは明らかである。しかし、ドイツ、イタリア、イスパニアでは、印刷所が国内に比較的均等に分布していたのに対し、フランスでは、《インキュナブラ》の八〇％がパリとリヨンの二極に集中(パリが二五〇〇部、リヨンが一〇〇〇部)し、ルーアン、ポワティエ、トゥールーズ、アングレームは、それぞれ五〇部以下であった。この偏在的傾向は、十六世紀に入っても、ますます強まっていった。

このように印刷の最初の中心が偏在した要因は、二つある。一つは、本の顧客に偏りがあったことで、学校生徒や大学生はパリ、トゥールーズ、グルノーブル、ポワティエなどに限られていたし、法律家たちも、地方高等法院がトゥールーズに設置されたのは一四四三年で、これも地域的に偏っていた。さらに、やはりお得意である宮廷人もパリかトゥール(宮廷がここに置かれていたときは二千から三千人の潜在的顧客がいた)に偏在していた。もう一つは、流通し伝播する力の問題である。リヨンは大学も高等法院もなかったが商業都市で、あらゆる物資がここに運び込まれ、ここから各地に流通していった。ルーアンとナントも同様で、その港からはイギリスや低地諸国に向けて大量の本が発送されていった。

一四七〇年にパリに印刷所が出現したのは、ソルボンヌ学寮の二人の教授のおかげであった。一人はサヴォワ出身のギヨーム・フィシェ、もう一人はドイツ人のヨハン・ハイリンで、前者はルイ十一世の身近にあって、王を「世界最大の王 rex maximus orbis」と称えながらこの事業推進の渉外役を務め、後者は技術面を分担した。彼らの目的は、《ユマニスム》の理念を同調者のサークルのなかに伝えることであったから、商業的利害は眼中になく、自分たちで文書を書き、印刷部数もおよそ二百から三百であった。印刷機はソルボンヌの図書館に設置され、三人のドイツ人がこれを動かした。第一冊はラテン語の手紙の書き方に関するもので、手本としてベルガモのガスパリーノ・バルツィッザが書いた手紙をまとめてローマン活字で印刷した本で、《イタリア・ルネサンス》の息吹を伝えている。ついで、サルスティウス、ユウェナリスなど古代の古典作品二冊と何冊かのユマニストの著作が刊行された。しかし、フィシェは一四七二年にイタリアへ去り、三人のドイツ人植字工は、もっと分のよい仕事を求めてサン＝ジャック街に移って大学生の顧客を対象に、法律と神学のテキストを出版した。

これらのパイオニアに続いて、パキエ・ボンノムのような印刷工たちが出た。パキエはパリ大学御用達の本の商人で、それまでは手書き写本を扱っていたが、印刷本に乗り換えたのであった。一四八一年以後、ジャン・デュプレとともに、フランス全土を対象にし、他の町々の印刷業者たちに素材を提供する新しいタイプの書籍商が現れる。この「出版人」の典型がアントワーヌ・ヴェラールで、彼は王室秘書のニコル・ジルのような人物と組んで、自分では印刷せず、経費を負担し、資材を提供して何人かの印刷業者に委託する方法で、一四八五年から一五一三年までの間に二百五十種の本を刊行した。それらは、木版による挿絵とフランス語のテキストを結びつけることによって、金持ちだがラテン語はあまり読めない法律家や財政家の顧客をつかんだ。

リヨンで印刷所が設置された状況は全く異なっていた。この町の伝統的な教養人世界を形成していた聖職者と法律家はソーヌ川右岸の「フランス王国領」に居を構えていた。印刷所が商人ブルジョワジーのイニシアティヴで出来たのは左岸の「ドイツ帝国領」である。定期市の発展に伴う資本の流入から利益を得ていたリヨン人たちは、南はイタリア、東と北はドイツ人の国々との接触、そして西はフランスの大きな町々やイスパニアとの恒常的な関わりのなかで、ドイツ人印刷業者を自分のところへ引きつけることによって一つの産業を創出し、托鉢修道士たちや法律家、医者の助けによって、広い販路をもつテキストを産み出し、あっという間にフランス第二の出版産業の中心になった。

このリヨンの最初の大出版業者であるバルテルミー・ビュイエル（一四八三年没）は、フィシェやハイリンと同じ頃パリ大学に出入りしていたリヨン商人の息子で、十年間で、とくにフランス語の本を約二十冊出した。リヨンの印刷所の出版物には、この都市特有のコスモポリタン的な影響がその特徴として見られる。ニコラス・フィリッピやマルクス・ラインハルトといったドイツ人たちはヴェネツィア様式の活字とアウクスブルクやパリの木版に範を取った木版画を使っている。

その反対に、トゥールーズでは、草分けとなったドイツ人出版業者たちにとって、順調にはいかなかった。ハインリヒ・マイヤーは一四九四年にバルトロマエウス・アングリクスの『事物の本性Livre des propriétés des choses』のイスパニア語版を刊行したが、資金不足に陥り、出来上がった七百部を借金返済のために譲渡しなければならなかった。一般的に地方の出版物はパリやリヨンのそれに較べて見劣りがする。

出版方針の分岐

印刷本の性質は、当然、出版業者の方針によって左右されたが、その方針・姿勢に二種類がある。

——一つは「出版業のリーダー」として振る舞い、《ユマニスト》仲間の限られた顧客を相手に、熟考した言葉を発していくエリート主義的な行き方。これを選んだのはパリの第一世代の出版業者たちで、少数派であるが、多様な本の製作に挑戦していった。

——もう一つは、より多数の顧客を対象にしたリヨンのバルテルミー・ビュイエルの行き方で、出版物の計画を決定したのは、いわば公衆のほうであった。ドミニク・コックとエツィオ・オルナートが示しているように、優位に立ったのは、このやり方である。

「活字印刷の発明がもたらした真の革命は、同じ一つの著作を何百部も一度に入手できることによりも、競合する手書き写本よりもずっと高価なものになってしまうため、少部数製作ができなくなったことのなかに存する。」

リヨンの出版業者たちは、当初から田舎の小貴族や托鉢修道会の説教師、公証人や弁護士、外科医といった幅広い読者を想定して大学人以外の世俗の住民、周辺部にいる人たちの思考と文化のレベルに合った著作を採用し、手書き写本に較べて安価で親しみやすいフランス語の本を製作することに力を入れた。この点で典型的なケースが一四七八年にビュイエルが出版したギ・ド・ショリアクの『大外科術』のフランス語訳『グイドンGuidon』や、瀉血と下剤のタイミングを見つけるために参考とされたドイツ人天文学者レギオモンタヌス〔訳注・本名をヨーハン・ミュラー〕が著した『暦Kalendarium』のフランス語訳『フランスにおける陰暦Lunaire en françois』である。

リヨンがフランス王国に帰属したのは一三〇七年であるが、一四七五年には、法律と道徳、托鉢修道士向けの説教と医学書などフランス語の本の首都となった。この最後のジャンル（医学書）の絶頂期を現出したジャック・デスパール注のアヴィセンナの『キャノンCanon』（1498）を出版したジャン・トレシェルは、国王から特権を授与されており、これは、フランスにおける一印刷業者への公的庇護の最初の例となった。

このようなリヨンの規格主義的出版方針に倣う出版がパリに生まれるのは一四八五年以後である。パリには、その出発点からして、リヨンよりずっとたくさんの多様な顧客がいたし、豪華な手書き写本の《スクリプトリア》もたくさんあった。そのため、パリの出版業者たちにあっては、広い販路をもつ彩色儀典書や時祷書の専門化が行われ、ドミニク・コックが「manuscrits-imprimés」（手蹟印刷）と呼ぶものの流行が見られた。これは、それまでの貴族用の豪華な手書き写本を模倣した印刷本で、判型も挿絵のためのスペースも同じにし、素材も子牛革を使いながら、ブルゴーニュの折衷書体（bâtarde）を模倣した活字で印刷したものである。要するに、要望の高い手書き写本を印刷によって再現したのである。

出版業者たちは、すでに人々の嗜好に合致し最も名声を勝ち取っていた作品が売れ筋であると考えてそうした本を出版したのであって、十五世紀末の印刷産業が、なぜ末期中世贔屓を勢いづかせたかが理解される。アントワーヌ・ヴェラールのような優れた書籍商人の出版リストで主役を占めているのは、オリヴィエ・ド・ラ・マルシュの『決然たる騎士Le Chevalier deliberé』やギヨーム・タルディフの『鷹狩の技術L' Art de faulconnerie』のような新作も幾つか含んでいるものの、基本的には伝統的に親しまれた本である。

他方で、印刷業が奉仕したのは、教会や国家の行政とプロパガンダのためであった。印刷業者にとって最大の顧客は、大量に配布される免罪符を注文してくれる教皇庁であり、王制の威信を全国に行きわたらせるために国王命令書の大量印刷を発注してくれる王政府であった。トゥールーズやリヨンでは、一四九一年のラングドックの裁判についての王令が印刷された。ナントでは、一四九四年のブルターニュに関する王令が印刷された。パリとルーアンでは、全国に周知させるための王令が印刷された。これらの印刷は、たくさんの平和条約の印刷（一四八二年にマクシミリアンとの間で交わされた《アラス条約》は六版、一四九〇年にイングランドと交わされた《エタープル条約》は五版）と同じく、あらゆるレベルで国家に奉仕する人たちに情報を徹底する必要があったからであった。

十五世紀末から十六世紀初めにかけて、王の聖別や入城式、種々の祭典、一四九四年からのイタリア戦争の騒乱といった国民生活の重要な出来事を伝える《瓦版 pièces d'actualité》が次々と姿を現す。とくにイタリア戦争に絡んでは、シャルル八世直々の書簡なるものまで出現し、「イタリアへの冒険」に対する世論の支持を高めるために、戦況が報告された。これらは、多くの民衆にも買えるよう、質の悪い紙を使った安価な小冊子で、世論操作のうえで重要な役割を演じた、いわば「印刷されたプラカード」の先祖というべきものである。

フランスで発刊された《インキュナブラ本》の七〇%をラテン語の本が占めていたことを知るなら、文化の刷新が印刷によって引き起こされたという評価は、割り引いて受け止める必要がある。この分野についての明確な統計的数字はないにしても、一四七〇年以前に製作された手書き写本においてラテン語が占めていた比率を考えると、印刷が王国内でのフランス語の普及に大きく貢献をしたことは確かである。

印刷本になったからといって、読者は、手書き写本の読者と比べてそれほど増えたわけではなかったが、それにしても、一つの大きな進展が観察される。アニー・シャロンは、フランスの公的図書館に保存されている一五二〇年以前の印刷本の出所について調査したが、それによると、《蔵書票 ex libris》で明らかになっている所有主の六〇%が聖職者、とくに盛式修道会の聖職者で、一一%が大学教授、最重要の蔵書館の痕跡を遺しているのが王室に仕えた高官や法律家たちである。反対に、貴族たちは、本を万人の手に届けようとするこの新しい発明とは一線を画そうとするかのように、印刷本を蔑視し手書き写本に執着した。

それでも印刷の普及を喜び、この現象の社会・経済への潜在的影響力を完全に理解していた人々もいる。とくにジャン・モリネ（1435-1507）は『いま起きている素晴らしい出来事 Recollection des merveilles advenues en nostre temps』のなかで、こう謳っている。

カネがなく貧しくても
学問をするために
たくさんの印刷された本がある
この印刷という新しいやり方のおかげで
たくさんの学生が大してカネを使わないで
教皇の教令や聖書、法典を
手にすることができるだろう

《印刷革命》によって本質的にもたらされた結果をはっきりいえば、それは、伝統的文化的知識を大量かつ安価に提供できるようになったことであった。つまり、この革命によって進められたのは、中身の変革よりも、多くの人に文字文化を身近にしたことであり、この文化の普及のなかで大きな位置を占めたのは、典型的に中世的な作品であった。しかしながら、そのおかげで、数はごく少ないが、文人たちは《ユマニスム》の勝利を確固たるものにし、イタリアに端を発したルネサンス文化の礎を築くことができたのであって、これが十六世紀じゅうには凱歌をあげていくこととなる。

二、新しい文化に向かって

第二次ユマニスムとイタリアの影響

一四七〇年にパリで印刷所が出現したことによって、フランス・ユマニスト第二世代は、自分たちを世に知らしめるチャンスを手に入れた。今度も王室尚書のギヨームおよびギ・ド・ロシュフォールや、王の秘書で公証人のギヨーム・ビュデのような人々を通じて尚書グループも含まれていたが、この《第二次ユマニスム》の社会的基盤は、シャルル六世の時よりも大学人や王室書記の世界に広がりをもっていた。そのことは、この運動のリーダーであるトップ三人のプロフィールが証明している。

ギヨーム・フィシェは神学の学士で司祭、ソルボンヌ学寮の図書係りを務めたあと一四七一年にパリ大学学長になった人で、この間、一四六九年にはルイ十一世の使節としてミラノ公のもとに赴き、枢機卿のベッサリオンと交遊している。ギヨーム・タルディフは、一四七三年にはナヴァール学寮で修辞学を教え、その後、シャルル八世が王太子の時期は家庭教師を務め、即位してからも朗読係になっている。ロベール・ガガンは一四七四年に三位一体修道会の総長に選ばれ、神学博士に昇進、パリ大学の教会法学部長になるとともに、ルイ十一世とシャルル八世のために多くの外交上の任務を果たしている。

存命中の一四九八年に刊行された書簡によって、彼がユマニストの中核になっていたこと、さまざまな人脈をもっていたことが分かる。一つは、シャルル八世およびルイ十二世の告解師であるロラーン・ビュローのようなパリの知識人メンバーとの人脈、第二は、一四六七年から一四八二年まで財務大臣を務めたジャン・ド・ラ・ドリーシュ、サント司教のルイ・ド・ロシュシュアール、シャルトル司教のミル・ディリエ、ヴィエンヌ大司教のアンジェロ・カトー（この人はコミーヌから『メモワールMemoires』の献呈を受けている）など、国家と教会の高官たちとの人脈。第三は、イタリア人、マルシリオ・フィチーノ、オランダ人、ロッテルダムのエラスムス、ブラバント人のジョセ・バード、イスパニア人であるトレドのフランコといったヨーロッパ各地のユマニストたちとの人脈である。

この《第二次フランス・ユマニスム》は第一次のそれにはなんら依存していないし、この「先輩」のことをあまり知ってさえいない。手本となったのは、やはりイタリア人たちであるが、こんどはペトラルカではなくロレンツォ・ヴァッラである。フィシェはヴァッラの『ラテン語の優雅さElegantiae linguae latinae』を一四七一年に刊行している。

彼らは《ラテン語の復権restitutio latinitatis》をめざし、そのためにイタリアの文人たちの著作と古典作品を広めるとともに、タルディフの『基礎文法Grammaticae basis』（エヴェンチオ・ベルトランは「フランス人による初めての真にユマニスト的文法書」と評価している）やフィシェの『修辞学Rhetorica』（1472）のような手引き書を刊行した。ガガンは、幅を広げて歴史的著作に目を向け、一四八五年には、シャルル八世のためにカエサルの『ガリア戦記』をフランス語に訳し、一四九五年には、最初のユマニスム的フランス史である『フランスの起源と民族についての概論Compedium de origine et gestis Francorum』を刊行し、そのなかで、フランスの起源をトロイとする神話とシャルルマーニュ伝説を問い直し、サン＝ドニ大修道院の歴史記述の伝統と決別している。

イタリア人のフランチェスコ・フロリオのような同時代人の証言によると、このパリの第二次ユマニストの波の影響は迅速で華々しく、一四七〇年代末以後は、フランス人たちは言語学、修辞学、詩の分野では、もはやイタリア人を羨むことはなくなっていたという。しかし、そのような見方は明らかに楽観的幻想から来たもので、美しいラテン語をめざす何人かのメンバーの熱意にもかかわらず、パリ大学は、少なくとも十六世紀まで、ユマニスムに同調しようとはしなかった。この点では、ソルボンヌの学者たちに対するラブレーの痛罵がいかにも示唆的であるが、それよりかなり早く、エラスムスも『痴愚神礼賛Eloge de la Folie』（1509）で説教師や大学の神学者、スコラ学者たちに対し手厳しい皮肉を浴びせている。〔訳注・ラブレーが『ガルガンチュアとパンタグリュエル』の第二書を出したのは一五三二年であり、第一書は一五三四年、第三書は一五四六年、第四書は一五四八年、第五書を出したのは一五六二年である。〕

これらの神学者たちは、過度に緻密な修辞学とヴァンサン・ド・ボーヴェや『ローマ人の事績Faits des Romains』から引き継がれた象徴主義や『事例exempla』に対する過度の情熱の犠牲者であった。エラスムスは誰を念頭に皮肉っているのかは言明しなかったが、彼が一四九五年にモンテギュ学寮（「シラミ学寮collège des poux」と皮肉っている）に滞在して以来、パリ大学に通うチャンスがあったことは周知の事実である。『痴愚神礼賛』におけるスコラ学批判を読むと、ヨハン・ホイジンガが「近世文化を創始したのはエラスムスの聖書的ユマニスムである」と言っているのが納得される。しかし、十六世紀初めのフランス・ユマニスムは、まだ開拓前線にある状態で、当時は周縁的文化でしかなく、社会への根のおろし方は、イタリアに較べてはるかに微々たるものであったことを認める必要がある。

ロベール・ガガンの『フランス史Compendium』を若い法律家のニコル・ド・ラ・シェネが大衆向けに翻案し、中世風に『フランスの年代記の海と歴史の鏡Mer des croniques et Mirouer hystorial de France』の題で刊行したのは一五一八年で、これは「一五二〇年ごろは、まだ文化的保守主義がいかに強くフランス王国に染みついていたかを示していた」(F・コラール)。同じく、ジャン・モリネが一五〇〇年ごろに、ついでクレマン・マロが一五二六年に手を加え、道徳的訓話を入れた『薔薇物語』が収めた成功(一四八一年から一五三八年までの間に二十二版を重ねた)は、フランスの民衆が今風に置き換えられた寓意的文学にいかに魅力を覚えたかを浮き彫りしている。

イタリアがフランス文化に及ぼした影響は、イタリア戦争が始まる前から、ユマニスムの領域をはるかに超えていた。フィリップ・ド・コミーヌの『回想録Memoires』(1489-1498)は、当初はアンジェロ・カトーに資料を提供することが目的であった(カトーはルイ十一世の歴史をラテン語で書くつもりであった)が、この『回想録』の中身は、中世的記述とは決別し、イタリアの歴史記述を手本にしている。〔訳注・コミーヌは初めブルゴーニュ公に仕えていたが、ルイ十一世に希望を託するようになり、ルイ十一世とその子、シャルル八世に仕えた。『回想録』は、近代的歴史記述の草分けとされる。〕

この『回想録』においては、ある人物を英雄視するのでなく、国際的な力の角逐と社会についての現実的見方が中心になっている。ジョエル・ブランシャールに言わせると、これはイタリア文化が浸透してきた表れで、コミーヌは、騎士道物語のような、驚くようなことを好んで採り上げ、とてつもない数字を並べる中世の年代記の手法を放棄し、現実主義に立って幾つかの本質的な概念を問い直した。これ以後、《運命の女神》などという詩的フィクションは見捨てられ、王の名誉は実際にどれだけの利益を国家と国民にもたらしたかで決まり、功利性と実用主義の観念が著述家と読者の間の新しい関係を規定するようになる。歴史書の役目は、人々を道徳的・精神的に感化することではなく、先達の知恵と行動と生き方を明らかにすることであり、これによって、マキアヴェリ的な世俗化された歴史観への道が開かれ、さまざまな出来事の展開における心理学的と物質的の双方の原因に新しい重要性が附されることとなる。

この現実主義は、また、ルイ十一世の現実主義でもある。この冷徹な王は、全国の情報を迅速に集めるために駅伝制度を設けたが、これは、イタリアでミラノ公が始めたシステムにヒントを得ている。だからといって、この時代のフランスの文化的エリートたちは、アルプスの向こうのお手本に一方的に幻惑されていたわけではない。ジャン・フーケのような画家は、立体感と空間のイタリア的表現法をフランス彩色挿絵の伝統に合わせて再解釈することでは満足しなかった。上半身と顔の四分の三で表現する肖像画の描き方はジャン・フーケが発案者で、イタリアの画家たちのほうが彼を模倣したように見える。遠近法についてのヨーロッパ最初の印刷本は、ルイ十一世の秘書でトゥル〔訳注・フランス北東部の都市〕のカテドラルの参事会員、ジャン・ペルラン・ヴィアトールによってラテン語とフランス語の二か国語版で一五〇五年にトゥルで刊行された『遠近法の技法De artificiali perspectiva』で、この本は、フランスやオランダだけでなくイタリアでも、長く影響力を発揮しつづけた。

他方、《イタリア・ルネサンス》が個人の地位を高めるうえで決定的な一段階を画したとするヤコブ・ブルクハルトの見解は、よく知られているとおりであるが、この個人の地位向上という緩慢で複雑なプロセスの幾つかの現象は、中世末のフランスで生じていたことが考慮されなければならない。たとえば、大学の教師と学生による知的労働の個人的経験、知識人たちの間の守護天使や私的（privé）な悪魔〔訳注・「privé」には「飼いならされた」の意もある〕への信仰の広がり、一三五〇年以後の世俗エリートたちにおける署名の突然の広がり、散文への嗜好（これは公衆の前で読み上げるやり方から、個人で黙読あるいは低い声で読むようになったことを意味する）、そして最後にジョワンヴィルや十四世紀初めの彼の後継者たちにおける著者の「je」（自我）の出現がそれである。

もとより、これらをもって、フランス・ルネサンスの黎明期の文化活動において《個人》が勝利を勝ち取った痕跡であるなどと単純に結論づけることはできない。反対に、文学の領域でも芸術の領域でも、十五世紀から十六世紀への移行期にあっては、無記名の著作や作品はたくさんあり、《著者（作者）》という観念の持続の脆さを証明している。レジャン・ベルジュロンが語っている次のような出来事は、このテーマについて説明してくれる。

——一五〇〇年、ジャン・ブシェは二十五歳で最初の著作『Les Regnars traversans les perilleuses voyes de folles fiances du monde』を有名なパリの出版業者、アントワーヌ・ヴェラールに委ねた。金儲けに懸命のアントワーヌ・ヴェラールは、この本の扉に、無名であった著者の名の代わりに、『阿呆船 La Nef des folz du monde』で広く知られていたドイツ人のゼバスティアン・ブラントという名前を入れた。これに対するブシェの反応は思いがけないものであった。

それは、わたしも我慢し、騒ぐつもりもない

ただわたしが残念に思うのは　このヴェラールが
わたしの文章に余計なものを書き加えたこと
それこそ　わたしにとって侮辱であり、
わたしを苛立たせるのだ

ブシェは苛立ってパリのシャトレーに告訴したが、その苛立ちは著者名を替えられたことによるものではなく、自分の文章が変えられ、その完璧さが壊されたことに対してであった。彼の知的財産権への感覚は本物であったが、自分のアイデンティティが否定されることは甘受することができたのであった。著者個人は存在したが、その名前は、なおも作品の背後に姿を消しており、著者を超えた作品は、いつ著者から去ってしまうか知れなかった。

科学の通俗化と世界への道

ギ・ボージュアンは、十三世紀中頃からヨーロッパでかなりの数の学者たちに《知の革新》に対する自覚が芽生え、それと同時に、科学と技術のいわば「離陸 take off」が現れたことを明らかにしている。ピエール・ド・マリクールの有名な『磁石について De magnete』（1269）や機械式時計の普及は別にして、この現象が影響を及ぼしたのはフランスよりもイタリアであった。

フランスで科学技術の進歩に対する意識が公に認められるのは、十四世紀初め、フィリップ美男王の侍医、アンリ・ド・モンドヴィルの登場をもってである。彼は、著書の『外科術 Chirurgia』のなかで、師のジャン・ピタールとイタリア人のテオドリコ・ボルゴニョーニの前例に倣って、傷口を、それまで行われていたように腐るに任せるのでなく消毒するよう勧めている。モンドヴィルは、これ以外にも、さまざまな「流派」の現場の医師たちに、外科学の進歩に対する自覚を促し経験と実証の価値を強調した。

「凡庸な後輩たちも、経験と実証によって新しい発見を付け加えることで、優れた先輩たちのやり方を改良し修正し、ときには豊かにすることに貢献できるのだ。」

しかしながら、モンドヴィルのこの著書は、なんの反響も呼ばなかった。中世末フランスの学者たちは、《進歩》の理念とはまだ無縁であった。とはいえ、一三〇〇年から一三八〇年ごろまでのフランスの科学的思考に一つの重要な進展があったことは事実である。第一に指摘しておきたいのは、一三二〇年以後、『アルフォンソ天文表』が伝播したことであるが、長期的に見てもっと重要なのは、多分、アリストテレスの自然哲学と物理学が問い直されたことである。ジャン・ビュリダンの《インペトゥス impetus》（勢い、衝動）は、重い物体の落下と天体の運動を説明する理論となった。もう一つはニコル・オレームがアリストテレスの『天体論 Livre du ciel et du monde』の注釈（1377）のなかで立てた、大地の運動と世界の複数性と永遠性についての大胆な仮説である。この仮説は最後には放棄されたが、科学哲学的認識論の次元では不可欠であった。というのは、それが到達するのは、科学は確実性に到達する使命はもっておらず、物理的世界の確かな認識をそれ自体で獲得する能力はないということであるからである。

一三八〇年から一五〇〇年までの時代は、おそらく例外的に輝いたものは幾つかあるものの、さらに不毛である。宇宙形状論の分野では、ピエール・ダイイの『世界像Imago mundi』が一四〇〇年に完成しているが、これは、ありふれた知識の寄せ集めでしかなく、あえて一つの功績を挙げるとすれば、その間違いのために、一四八三年にルーヴァンで印刷された版を読んだクリストファー・コロンブスに「アジアの東端はヨーロッパの西岸から、さほど離れていない」と信じ込ませ、あの有名な冒険に出かけさせたことぐらいである。

プトレマイオスの『地理学』のヤコポ・ダンジェロによるギリシア語からラテン語への翻訳は、一四〇九年には終わっていて、世界観の再検討を促したが、フランスにはほとんど波及せず、その一四二〇年以後の版をフランス王国内で持っていたのは、ブルゴーニュ公のフィリップ・ル・ボンと枢機卿ピエール・ダイイ、そしてギヨーム・フィラストルであった。

フィラストルはプトレマイオスの著作の不完全さに気づいていて、一四二七年のポンポニウス・メラ〔訳注・西暦一世紀の地理学者。彼の古代世界の地誌は一四七一年にラテン語で刊行された〕の『宇宙誌Cosmographia』の注釈のなかで、当時、人間が住めないと言われていた熱帯と寒冷帯も含めて地上全てが人間の住める場であり、ヨーロッパからオリエントへはアフリカ周航によって行けることを断言している。しかし、彼の著書もフランスでは全く広まらず、十六世紀以前は、フランス人自身によるフランスの地図も、外洋の地図も全く存在していない。このことは、イスパニアとポルトガル、イングランド、イタリア、ドイツに較べていかにフランスがこの面で立ち後れていたかを示している。

数学の分野でもフランスはイタリア人たちに後れをとっていたが、十五世紀末には、とくに『数の学問における三分割 Triparty en la science des nombres』という代数学の傑作であるとともに商人用の算術書を著したリヨンの医者、ニコラ・シュケのおかげで劣勢を挽回していた。数学的思考の商業目的と教育目的への適用例は、一四八五年のマルセイユ人、ジャン・セルタンの『Kadran aux marchands』〔訳注・「cadran」は目盛り板〕と一四九二年、トリノで刊行されたニース人、フランセス・ペロスの『計数機概要 Compendion de l'abaco』〔訳注・「abaque」とも綴り、百玉計数機のこと〕に見られる。

ルネサンスの黎明期は、科学的大発見は何ももたらさなかったが、学問的知識の通俗化においては黄金時代であった。このジャンルの傑作が有名な『牧者の暦 Compost et Kalendrier des bergiers』(1491) で、最初、ギ・マルシャンによって印刷され、その後も何度も版を改め、その最も完璧な版が一四九三年版である。内容は、都市の教養人を対象として雑多な知識を集めたもので、そのなかには、万年暦、一五四九年までの日食と月食の予見、美徳と悪徳の概論、地獄の刑罰の図解(これは、アルビのカテドラルの「最後の審判」のフレスコ画にヒントを与えたとされる)、占星術と占星術的医術、人相学の基本的手引き、さらにはニコル・オレームの『天球論 Traité de l'espere』の抜粋まで含まれ、世界を周航する場合、日の長さに不均等が生じる問題が指摘されている。

毎年、恒例的に大きな事故などの予言が始められるのは一四七〇年からで、その主たる対象も都市の聖俗の住民であった。天文学がかつてない高水準に達したことを示しているのが、オランダ人のウィレム・ギリスゾーン(別名をカルパントラのギヨーム)がルネ・ダンジューやシャルル八世、ミラノ公のために製作した惑星時計である。しかし、その一方で、占星術も、教会当局の敵意とフランス王の曖昧な態度にもかかわらず、盛んに行われた。豊かな学識を背景にした山師的なノストラダムス（1503-1566）の先駆けというべきシモン・ド・ファールは、シャルル八世に『最も著名な占星術師たちRecueil des plus celebres astrologues』（1498）を献呈し、そのなかで占星術を世界史と共通の外延をもつ学問（science ronde）であり、よき政治のための不可欠の手段であるとしている。こうした数々の予言書めいた著作が現れたのは、ラブレーの『一五三三年のためのパンタグリュエルの予想Pantagrueline pronostication pour l'an 1533』より半世紀前にジャン・モリネが述べた「苦しみを予見できれば半分は避けられる」の言葉のおかげであったことは本当である。

世界への進出で活躍したのは、とくにイタリアとイベリア半島の人々であり、十五世紀初めのノルマンディーの騎士、ジャン・ド・ベタンクールとガディフィエ・ド・ラ・サールによるカナリア諸島の束の間の征服とその挫折は、海上の発見という分野でのフランスの立ち後れを示しているばかりである。

しかしながら、コロンブスの第一回航海〔訳注・一四九二年八月三日、イスパニア南部のパロス港から出航〕の数週間前でイタリア戦争が始まる二年前の一四九二年六月二十六日、フランス王制の勢力拡大への意志を証明する象徴的・イデオロギー的出来事が起きている。シャルル八世の求めにより、シモン・ド・ファールの友人で王の侍従であるドンジュリアンの領主、アントワーヌ・ド・ヴィルがドーフィネのエギーユ山〔訳注・フランスのイゼール県にあるアルプス山系の突端で、標高は二〇九七メートル〕の目も眩む急斜面をよじ登っている。いわば「アルピニストの誕生証明」というべきこの偉業のために六人のお供が同行したが、その一人で《王の説教師》でもあったセバスティアン・ド・カレは、登攀に成功すると、この山を父と子と聖霊、そしてシャルルマーニュの名（彼に言わせると「我らの王（つまりシャルル八世）がその名を保持されているゆえ」に）で洗礼を施した。教皇庁公証人のフランソワ・ド・ボスコは、この登攀の証明書を作成し、頂上を覆っている広い草地について、次のように記している。

「この山は優に四十人を超える草刈り人によって守られ、シャモア山羊のすばらしい保護林もあって、赤や黒、灰色の野鳥たち、足の赤いカラス、そのほか見たこともない多くの鳥がいる。色とりどりの花が咲き乱れ、かぐわしい香りに満ちている。とくに百合は……」

この百合は、偶然、ここにあるのではない。セルジュ・ブリフォーは、エギーユ山の頂は、隣の山から見ることができ、「この時代に流行したフランス王国を象徴するパラダイス的庭園のイメージに合致していて、この類似性はおそらく王のイニシアティヴのもとで産み出された」ことを明らかにしている。事実、一四八八年から一四八九年に、パリでピエール・ル・ルージュによって刊行された『歴史の海 Mer des histoires』（ドイツで作製された年代記的世界史のフランス語版）のシャルル八世の所蔵本は、こんにちに遺されている最も美しい《インキュナブラ本》とされているが、その挿絵の一枚では、張り出した一つの山の頂上が地上のパラダイスになっていて、その下に世界の全図が描かれている。そして、この『歴史の海』のなかのアダムに割かれた章の文章は、先のフランソワ・ド・ボスコのそれと対応している。

「尊者ベーダによると、パラダイスはあまりにも高みにあるので近づくことはできない。……そこは、神秘に満ち、穏やかで心地よく、優美な花々が咲き乱れ、すばらしい香りに包まれ、幾つもの泉が湧き出て、木々にはさまざまな果物が実り、鳥たちが歌っている。要するに、あらゆる喜びが溢れている場である。」

ところで、エギーユの山は、この登攀より以前から「近寄りがたい山 mont Inaccessible」として知られていた。そして《地上のパラダイス》の探求は、同じ一四九二年にコロンブスが興した企ての本質的動機であったことも周知のとおりである。エデンの園と百合の花——。わたしには、アントワーヌ・ド・ヴィルの動機は、彼のささやかな冒険にあてはまるとともに、ジョルジュ・ギュスドルフの述べている次の言葉にもあてはまるように思えてならない。

「クリストファー・コロンブスは、自らは旧世界から一歩も出ることなく新世界を発見したのだった。」

訳者あとがき

本書は「Histoire culturelle de la France」という原題の四冊シリーズの第一巻「中世編」である。参考までにいうと、第二巻は「ルネサンスと啓蒙時代の始まり」、第三巻は「啓蒙と自由」、第四巻は「大衆の時代」となっていて、いずれも二人または三人で手分けして執筆されている。シリーズの原題をそのとおりに訳せば『フランスの文化史』であるが、文化（culture）という語が本来「耕すこと」を意味しているように、本書はフランスが「フランクの国」として誕生して以来、どのように人々の精神を「耕す」営みを重ねてきたかを追求している。

もとよりフランスにはラスコーの洞窟絵画に代表されるようなケルト以前の文化や独立ケルト時代の文化、ローマ帝国に組み込まれた時代のガロ＝ローマの文化もあるが、本書では、民族的にゲルマン系のフランク人が加わり、キリスト教が精神的基盤となって、こんにちにいたる「フランス文化」の構成要素がそろったフランク王国の成立から論じられている。

このため、まずトゥールのグレゴリウスが著した『フランク史』から始めている。この著作はラテン語で書かれているが、フランクの族長、クローヴィスのキリスト教（とりわけローマ教会）への改宗と王としての即位を記述しており、この出来事が国としての《フランス》の誕生を告げるものであったと同時に、それを記述しているグレゴリウスの著述自体、まさに《フランス文化》の誕生を告げるものであったからである。そのあと、ラテン語に代わってフランス語の原初的な形であるロマンス語が使われるようになったのは、いつごろであったか、また、古代の教育機構を引き継いで司教座学校や修道院学校が、どのように維持・整備され、大学の誕生にまでつながっていったかが、丹念に究明されている。その意味で、わたしは、本書の題を『中世フランスの文化』とした。

いわゆる『フランス文化史』として日本でよく知られているものに、ジョルジュ・デュビィとロベール・マンドルーのそれ（人文書院、一九六九年刊）がある。こちらは西暦一〇〇〇年以後を扱っている。原題は『Histoire de la Civilisation française』で、正しくは『フランス文明の歴史』とされてしかるべきだったのであろうが、《文明》と《文化》のニュアンスの違いから言って、原著者たちが、民族大移動も終わって中世諸都市が発展を始め、国家としてのフランスが進展を開始した西暦一〇〇〇年以後の歴史を扱っていることは正当であると考えられる。また、拙訳の書を引き合いにして恐縮であるが、ジャック・ル・ゴフらが執筆した「France Culture vivante」をわたしは「フランス文化史」という邦訳名で二〇一二年に刊行した。こちらは、ラスコーの洞窟絵画からケルト時代のガリア文化、ローマ帝国の属州であった時代のガロ＝ローマ文化、そして民族大移動以後のフランス文化の歴史を、こんにちに遺る遺跡・遺物を中心に扱っている。これはこれで、ラスコーの絵画を描いた無名の画家たちの芸術的センスも、ローマ文明を特徴づけた石造建築の技術と社会を組織化する才能も、フランスという国が誕生する以前のものであるが、その後の「フランス文化」の基盤であり重要な要素になっていることから、当然だったであろう。

それらに対し、本書は、フランス語の問題を中心に、学問、教育、文学が、どのようにして形成され、世代から世代へ伝えられながら進展していったかという点に焦点が当てられた著作で、その探求はきわめて微に入り細にわたっている。膨大な史料を丹念に調べた地道な研究を踏まえた成果であることが痛感される。採り上げられている人物は、数も膨大であり、農村や都市の片隅に生きた無名の農民や町民にまでわたる。引用されている文章や詩文も、中世の古語によるもので、これまで日本語に訳されていないものも多く、わたしには手に負えない引用文については、論創社の松永裕衣子さんの仲介で静岡文化芸術大学の永井敦子先生にお力添えをいただいた。わたしが自らの非力を承知のうえで本書の訳出に挑戦したのは、日本から遠く離れているが、多くの日本人が「文化の国」として敬意と愛情、憧憬を抱いてきたフランスにおいて、無数の古人が関わった文化の発展の尊さとその創造と伝承のドラマに惹かれるとともに、それを掘り起こして明らかにしようとする幾多の歴史学者の方々の労苦に対して敬意を抱くからにほかならない。

最後に、いつものことながら、本書の刊行を快く引き受けてくださった論創社の森下紀夫社長、この本の完成のために労苦を惜しまず助けてくださった編集部の松永裕衣子さんに感謝申し上げたい。

二〇一五年十二月

Fraenkel, Béatrice, “La Signature. Genèse d’un signe”, Paris, Gallimard, 1992.

Jacquart, Danielle, “Le Milieu médical en France du XIIe au XVe Siècle”, Genève, Droz, 1981.

Martin, Henri-Jean, et Chartier, Roger (éd.), “Histoire de l’édition française”, t.I, “Le livre conquérant, du Moyen Âge au milieu du XVIIe siècle”, Paris, Promodis, 1982.

Préaud, Maxime, “Les Astrologues à la fin du Moyen Âge”, Paris, Lattès, 1984.

Renaudet, Augustin, “Préréforme et Humanisme à Paris pendant les premières guerres d’Italie (1494-1517),” 2e éd., Paris, Argences, 1953.

Seguin, Jean-Pierre, «L’information à la fin du XVe siècle en France. Pièce d’actualité imprimées sous le règne de Charles VIII», “Arts et Traditions populaires”, n° 4, 1956, et n° 5, 1957.

Moyen Âge", Paris, Beauchesne, 1996.

Duby, Georges, et Duby, Andrée, "Les Procès de Jeanne d'Arc", Paris, Gallimard-Julliard, 1973.

Erlande-Brandenbourg, Alain, "La Dame à la Licorne", Paris, Réunion des musées nationaux, 1978.

Gauvard, Claude, "«De grace especial». Crime, État et société en France à la fin du Moyen Âge", 2 vol., Paris, Publications de la Sorbonne, 1991.

Heers, Jacques, "Fêtes des fous et Carnavals", Paris, Fayard, 1983.

Le Roy Ladurie, Emmanuel, "Montaillou, village occitan de 1294 à 1324", 2e éd. Paris, Éd. du Seuil, 1982.

Mehl, Jean-Michel, "Les Jeux au royaume de France, du XIIIe siècle au début du XVIe siècle", Paris, Fayard, 1990.

Muchembled, Robert, "Culture populaire et Culture des élites dans la France moderne (XVe-XVIIIe siècle), 2e éd., Flammarion, 1991.

Pastoureau, Michel, "Traité d'héraldique", 2e éd., Paris, Le Léopard d'or, 1993.

Rey-Flaud, Henri, "Le Charivari. Les rituels fondamentaux de la sexualité", Paris, Payot, 1985.

Rossiaud, Jacques, "La Prostitution médiévale", Paris, Flammarion, 1988.

"Le Vêtement. Histoire, archéologie et symbolique vestimentaires au Moyen Âge", Paris, Le Léopard d'or, 1989.

Vincent, Catherine, "Les Confréries médiévales dans le royaume de France, XIIIe-XVe siècle", Paris, Albin Michel, 1994.

〔ルネサンスへの序章〕

Beaujouan, Guy, «L'émergence médiévale de l'idée de progrès», "Bulletin de philosophie médiévale", t.30, 1988.

Blanchard, Joël, "Commynes l'Européen. L'invention du politique", Genève, Droz, 1996.

Collard, Franck, "Un historien au travail à la fin du XVe siècle: Robert Gaguin", Genève, Droz, 1996.

Febvre, Lucien, et Martin, Henri-Jean, "L'Apparition du livre", 2e éd. Paris, Albin Michel, 1971.

Elias, Norbert, “La Société de cour”, trad. fr., Paris, Calmann-Lévy, 1974.

Genet, Jean-Philippe, et Vincent, Bernard (éd.), “État et Église dans la genèse de l’État moderne”, Madrid, 1986.

Guenée, Bernard, “Politique et Histoire au Moyen Âge. Recueil d’articles sur l’histoire politique et l’historiographie médiévale”, Paris, Publications de la Sorbonne, 1981.

———, “Entre l’Église et l’État. Quatre vies de prélats français à la fin du Moyen Âge”, Paris, Gallimard, 1987.

———, “L’Occident aux XIVe et XVe siècles. Les État”, 4e éd, Paris, PUF, 1991.

Krynen, Jacques, “Idéal du prince et Pouvoir royal en France à la fin du Moyen Âge (1380-1440). Étude sur la littérature politique du temps”, Paris, Picard, 1981.

“Des livres et des rois. La bibliothèque royale de Blois”, catalogue de l’exposition (Blois et Paris, 1992), Paris, Bibliothèque nationale, 1992.

Ouy, Gilbert, «Paris, l’un des principaux foyers de l’humanisme en Europe au début du XVe siècle», “Bulletin de la Société de l’histoire de Paris et de l’Ile-de-France (1967-1968)”, Paris, 1970.

Poirion, Daniel, “Le Poète et le Prince. L’évolution du lyrisme courtois de Guillaume de Machaut à Charles d’Orléans”, Grenoble, 1965.

Pons, Nicole, «Propagande et sentiment national pendant le règne de Charles VI. L’exemple de Jean de Montreuil», “Francia”, 8, 1980.

———, «La Propagande de guerre française avant l’apparition de Jeanne d’Arc», “Journal des savants”, 1982.

Romagnoli, Daniela (éd.), “La Ville et le Cour. Des bonnes et des mauvaises manières”, Paris, Fayard, 1995.

〔社会・文化的接触と収束〕

Aubailly, Jean-Claude, “Le Théâtre médiéval, profane et comique. La naissance d’un art”, Paris, Larousse, 1975.

Badel, Pierre-Yves, “Le Roman de la Rose au XIVe siècle. Étude de la réception de l’œuvre”, Genève, Droz, 1980.

Boudet, Jean-Patrice, «La genèse médiévale de la chasse aux sorcières: jalons en vue d’une relecture», in Nathalie Nabert (éd.), “Le Mal et le Diable. Leurs figures à la fin du

Cipolla, Carlo M., "Clocks and Culture, 1300-1700", Londre, Collins, 1967.

Contamine, Philippe, "La Vie quotidienne pendant la guerre de Cent Ans. France et Angleterre", Paris, Hachette, 1976.

Huizinga, Johan, "L'Automne du Moyen Âge", nouvelle éd. de la trad. fr., Paris, Payot, 1989.

Lagarde, Georges de, "La Naissance de l'esprit laïc au déclin du Moyen Âge", 5 vol., Paris-Louvain, 1956-1963.

Mâle, Émile, "L'Art religieux de la fin du Moyen Âge en France", nouvelle éd., Paris, Armand Colin, 1995.

Sterling, Charles, "La Peinture médiévale à Paris, 1300-1500", 2 vol., Paris, 1987-1990.

Tenenti, Alberto, "La Vie et la Mort à travers l'art du XVe siècle", Paris, Armand Colin, 1952.

〔教育機構の変遷〕

Clerval, Alain, «Les écoles de Chartres au Moyen Âge, du Ve au XVIe siècle», "Mémoires de la Société archéologique d'Eure-et-Loir", t.XI, 1885.

Desportes, Pierre, «Les gradués d'université dans la société urbaine de la France du Nord à la fin du Moyen Âge», in "Milieux universitaires et Mentalité urbaine au Moyen Âge", Paris, Presses de l' Université de Paris-Sorbonne, 1987.

"Les Entrées dans la la vie. Initiations et apprentissages. Actes du XIIe Congrès de la Société des historiens médiévistes de l'enseignement supérieur public (Nancy, 1981), Nancy, 1982.

Martin, Hervé, "Le Métier de prédicateur en France septentrionale à la fin du Moyen Âge, 1350-1520", Paris, Éd, du Cerf, 1988.

Roux, Simone, "La Rive gauche des escholiers (XVe siècle)", Paris, Éd. Christian, 1992.

Verger, Jacques, «Les universités française au XVe siècle: crise et tentatives de réforme», "Cahiers d'histoire", 21, 1976.

〔文化と国家の進展〕

Autrand, Françoise, "Charles V le Sage", Paris, Fayard, 1994.

Beaune, Colette, "Naissance de la nation France", Paris, Gallimard, 1985.

Contamine, Philippe, "Des Pouvoirs en France, 1300-1500", Paris, Presses de l'ENS, 1992.

Frappier, Jean, "Amour courtois et Table Ronde", Genève, Droz, 1973.

———, "Autour du Graal", Genève, Droz, 1977.

Jauss, Hans Robert, et Köhler, Erich (éd.), "Grundriss der romanischen Literatur", Heidelberg, Carl Winter Verlag, 1972.

Koehler, Erich, "L'Aventure chevaleresque. Idéal et réalité dans le roman courtois", Paris, Gallimard, 1974.

Lazar, Moché, "Amour courtois et «fin'amor» dans la littérature du XIIe siècle", Paris, Klincksieck, 1964.

Loomis, Roger Sherman (éd.), "Arthurian Literature in the Middle Ages. A Collaborative History", Oxford, Oxford University Press, 1959.

Nykrog, Per, "Les Fabliaux, étude d'histoire littéraire et de stylistique médiévale", Copenhague, E. Munksgaard, 1957.

Rubin, Miri, "The Eucharist in Late Medieval Culture", Cambridge, Cambridge Unicersity Press, 1991.

Schnell, Rüdiger, "Causa Amoris: Liebeskonzeption und Liebesdarstellung in der mittelalterlichen Literatur", Berne-Munich, Francke, 1985.

Suard, François, "La Chanson de geste", Paris, PUF, 1993.

Zink, Michel, "La Pastourelle. Poésie et folklore au Moyen Âge", Paris, Bordas, 1972.

———, "La Subjectivité littéraire. Autour du siècle de Saint Louis", Paris, PUF, 1985.

———, "Littérature française du Moyen Âge", Paris, PUF, 1992.

14世紀と15世紀

〔概説〕

Avril, François, et Reynaud, Nicole, "Les Manuscrits à peinture en France, 1440-1520", Paris, Bibliothèque nationale-Flammarion, 1993.

Baschet, Jérôme, "Les Justices de l'au-delà. Les représentations de l'Enfer en France et en Italie à la fin du Moyen Âge", Rome, École française de Rome, 1993.

Bozzolo, Carla, et Ornato, Ezio (éd.), "Préludes à la Renaissance. Aspects de la vie intellectuelle en France au XVe siècle", Paris, Éd. du CNRS, 1992.

Demats Paule, "Fabula. Trois études de mythographie antique et médiévale", Genève, Droz, 1973.

Dronke, Peter, "Intellectuals and Poets in Medieval Europe", Rome, Ed. di Storia e Letteratura, 1992.

Ghellinck Joseph de, "L'Essor de la littérature latine au XIIe siècle", Bruxelles, Éd. Universelle, 1946.

Hissette, Roland, "Enquête sur les 219 articles condamnés à Paris, le 7 mars 1277", Louvain-Paris, Publications Universitaires-Vrin, 1977.

Jolivet, Jean, "Arts du langage et Théologie chez Abélard", Paris, Vrin, 1969.

Lagarde, Georges de, "La Naissance de l'esprit laïque au déclin du Moyen Âge", t.II, "Secteur social de la scolastique", Louvain-Paris, Nauwelaerts, 1958.

Libera, Alain de, "La Querelle des universaux. De Platon à la fin du Moyen Âge", Paris, Éd. du Seuil, 1996.

Lubac, Henri de, "Corpus mysticum. L'eucharistie et l'Église au Moyen Âge. Étude historique", Paris, Aubier, 1944.

Southern, Richard W., "Scholastic Humanism and the Unification of Europe", Oxford, Blackwell, 1995.

Thomasset, Claude, "Une vision du monde à la fin du XIIIe siècle: commentaire du Dialogue de Placides et Timeo", Genève, Droz, 1983.

Van Steenberghen, Fernand, "Aristote en Occident", Louvain, 1946.

———, "La Philosophie au XIIIe siècle", Louvain-Paris, Publications Universitaires-Nauwelaerts, 1966.

〔宮廷風文化〕

Aurell, Martin, "Les Noces du comte. Mariage et pouvoir en Catalogne (785-1213)", Paris, Publications de la Sorbonne, 1995.

Bédier, Joseph, "Les Fabliaux, études de littérature populaire et d'histoire populaire du Moyen Âge", Paris, 1893.

Bezzola, Reto R., "Les Origines et la Formation de la littérature courtoise en Occident (500-1200)", Paris, Librairie Honoré Champion, 1944-1963.

Duby, Georges, "Mâle Moyen Âge. De l'amour et autres essais", Paris, Flammarion, 1988.

Deremble, Jean-Paul, et Mahnes, Colette, “Les Vitraux légendaire de Chartres. Des récits en images”, Paris, Deslée de Brouwer, 1988.

Duby, Georges, “Saint Bernard, l’art cistercien”, Paris, Arts et métiers graphiques, 1976.

Ferruolo, Stephen C., “The Origins of the University. The Schools of Paris and their Critics, 1100-1215”, Stanford, Stanford University Press, 1985.

Glorieux Palémon, “Aux origines de la Sorbonne. Robert de Sorbon: l’homme, le collège, les documents”, Paris, Vrin, 1966.

Kimpel, Dieter, et Suckale, Robert, “L’Architecture gothique en France, 1130-1270”, Paris, Flammarion, 1990 [1re éd. allemande, 1985].

Kraus, Henry, “À prix d’or. Le financement des cathédrales”, Paris, Éd. du Cerf, 1991 [1re éd. anglaise, 1979]

Lusignan, Serge, “Parler vulgairement. Les Intellectuels et la langue française aux XIIIe et XIVe siècles”, Paris-Montréal, Vrin-Presses de l’Université de Montréal, 1987.

Panofsky, Erwin, “Architecture gothique et Pensée scolastique”, Paris, Éd. de Minuit, 1967 [1re éd. anglaise, 1946 et 1951].

Paré, Gérard-Marie, Brunet, A., et Tremblay, Pierre, “La Renaissance du XIIe siècle. Les écoles et l’enseignement”, Paris-Ottawa, 1933.

Schmitt, Jean-Claude, “La Raison des gestes dans l’Occident médiéval”, Paris, Gallimard, 1990.

Vauchez, André, «Le Christianisme roman et gothique», in Jacques Le Goff et René Rémond (éd.), “Histoire de la France religieuse”, t.I, Paris, Éd. du Seuil, 1988.

Vergnolle, Éliane, “L’Art roman en France”, Paris, Flammarion, 1994.

〔聖職文化〕

Belting, Hans, “Bild end Kult. Eine Geschichte des Bildes vor dem Zeitalter der Kunst”, Munich, Beck Verlag, 1990.

Brémond, Claude, Le Goff, Jacques, et Schmitt, Jean-Claude, “L’«Exemplum»”, Turnhout, Brepols, 1982.

Chenu, Marie-Dominique, “La Théologie comme science au XIIIe siècle”, Paris, Vrin, 1927.

Delhaye, Philippe, “Enseignement et Morale au XIIe siècle”, Fribourg-Paris, Éd. Universitaires-Éd. du Cerf, 1988.

Riché, Pierre, “La Vie quotidienne dans l’Empire carolingien”, Paris, Hachette, 1973.

———, “Gerbert d’Aurillac, pape de l’an mil”, Paris, Fayard, 1987.

Wallach, Luitpold, “Alcuin and Charlemagne. Studies in Carolingian History and Literature”, New York, 1959.

11世紀から13世紀まで

〔概説〕

Barral i Altet, Xavier, Avril, François, et Gaborit-Chopin, Danielle, “Le Monde romain”, t.I, “Le temps de croisades”, t.II, “Les royaumes d’Occident”, Paris, Gallimard, 1982-1983.

Benson, Robert L., et Constable, Giles, “Renaissance and Renewal in the Twelfth Century”, Harvard University Press, 1982.

Erlande-Brandenburg, Alain, “Le Monde gothique. La conquête de l’Europe (1260-1380)”, Paris, Gallimard, 1987.

Le Goff, Jacques, “La Civilisation de l’Occident médiéval”, Paris, Arthaud, 1964.

———, “Saint Louis”, Paris, Gallimard, 1996.

Le Goff, Jacques, et Lobrichon, Guy (éd.), “Trois Moyen Âge. Histoire, théologie, litterature”, Paris, Le Léopard d’or, 1997.

〔学問と社会〕

Barral i Altet, Xavier, “L’Art médiéval”, Paris, PUF, 1993.

Bataillon, Luois-Jacques, et al. (éd.), “La Production du livre universitaire au Moyen Âge. Exemplar et pecia”, Paris, Éd. du CNRS, 1988.

Berger, Samuel, “La Bible française au Moyen Âge. Étude sur les plus anciennes versions de la Bible écrites en prose en langue d’oïl”, Paris, 1884.

Delforge, Frédéric, “La Bible en France et dans la francophonie: histoire, tradition, diffusion”, Paris, Publisud, 1991.

Delhaye, Philippe, «L’organisation scolaire au XIIe siècle», “Traditio”, 5, 1947.

Demians d’Archimbaud, Gabrielle, “Hisoire artistique de l’Occident médiéval”, Paris, Armand Colin, 1968.

augustiniennes, 3e éd., 1964.

Graus, Frantisek, "Volk, Herrscher und Heiliger im Reich der Merowinger", Prague, 1965.

Heinzelmann, Martin, "Bischoffsherrschaft in Gallien", Munich, Artemis Verlag, 1976.

Hubert, Jean, Porcher, Jean, et Volbach, W. F., "L'Europe des invasions", Paris, Gallimard, coll. «L'Univers des formes», 1967.

Löwe, Heinz (éd.), "Die Iren und Europa im früheren Mittelalter", Stuttgart, 1982.

Loyen, André, "Sidoine Apollinaire et l'Esprit précieux en Gaule aux derniers jours de l'Empire", Paris, 1943.

Marrou, Henri-Irénée, "Décadence romaine ou Antiquité tardive (IIIe-VIIIe siècle)", Paris, Éd. du Seuil, 1977.

Riché, Pierre (éd.), "Éducation et Culture dans l'Occident barbare, VIe-VIIIe siècle", Paris, Éd. du Seuil, 1962.

Rouche, Michel, "L'Aquitaine, des Wisigoths aux Arabes, naissance d'une région", Paris, Publications de l'EHESS, 1979.

Van Uytfanghe, Marc, "Stylisation biblique et Condition humaine dans l'hagiographie mérovingienne, 600-750", Bruxelles, 1987.

Vogel, Cyrille, "La Discipline pénitentielle en Gaule, des origines à la fin du VIIe siècle", Paris, 1952.

〔カロリング・ルネサンス〕

Chélini, Jean, "L'Aube du Moyen Âge. Naissance de la chrétienté occidentale", Paris, Picard, 1991.

Contreni, John, "The Cathedral School of Laon from 850 to 930: Its Manuscripts and Masters", Munich, 1978.

Delort, Robert, (éd.), "La France de l'an mil", Paris, Éd. du Seuil, 1989.

Halphen, Louis, "Charlemagne et l'Empire carolingien", Paris, Albin Michel, 1947.

Heitz, Carol, "Recherches sur les rapports entre architecture et liturgie à l'époque carolingienne", Paris, Picard, 1963.

Hubert, Jean, Porcher, Jean, et Volbach, W. F., "L'Empire carolingien", Paris, Gallimard, coll. «L'Univers des formes», 1968.

Longère, Jean, "La Prédication médiévale", Paris, Études augustiniennes1983.

〔ラテン語からフランス語へ〕

Banniard, Michel, “Viva voce, communication écrite et communication orale du IVe au IXe siècle en Occident latin”, Paris, Études augustiennes, 1990.

Bonnet, Marc, “Le Latin de Grégoire de Tours”, Paris, 1890.

Brunot, Ferdinand, “Histoire de la langue française”, t.I, Paris, Armand Colin, 1907.

Cerquiglini, Bernard, “La Naissance du français”, Paris, PUF, coll. «Que sais-je?», 1991.

Lot, Ferdinand, «À quelle époque a-t-on cessé de parler latin?», “Archivium latinitatis Medii Aevi (Bulletin Du Cange)”, V, 1931.

Mohrmann, Christine, “Études sur la latin des chrétiens”, 4 vol., Rome, 1965-1977.

Muller, Henri-François, “L'Époque mérovingienne. Éssai de synthèse de philologie et d'histoire”, New York, 1945.

Norberg, Dag, «À quelle époque a-t-on cessé de parler latin en Gaule?», “Annales ESC”, 1966.

Richter, Michael, «À quelle époque a-t-on cessé de parler latin en Gaule?», “Annales ESC”, 1983.

Van Uytfanghe, Marc, «Le latin des hagiographes mérovingiens et la protohistoire du français», “Romanica Gandensia”, XVI, 1976.

Wartburg, W. von, “La Fragmentation linguistique de la Romania”, trad. fr. de J. Allières, Paris, Klincksieck, 1967.

Wolff, Philippe, “Les Origines linguistiques de l'Europe occidentale”, Paris, Hachette, 1970.

〔晩期古代文化とキリスト教文化（５世紀から８世紀まで）〕

Beck, H. J., “The Pastoral Care of Souls in South East France during the Sixth Century”, Rome, 1950.

Chadwick, N. K., “Poetry and Letters in Early Christian Gaul”, Londres, 1955.

Clarke, H. B., et Brennan, M. (éd.), “Colombanus and Merovingian Monasticism”, Oxford, British Archeological Reports, 1981.

Clercq, C. de, “La Législation religieuse franque de Clovis à Charlemagne. Étude sur les actes des conciles et les capitulaires, les statuts diocésains et les règles monastiques (507-814)”, Louvain-Paris, 1936.

Courcelles, Pierre, “Histoire littéraire des grandes invasions germaniques”, Paris, Études

Sot, Michel (éd.), “Haut Moyen Âge: culture, éducation et société. Études offertes à Pierre Riché”, La Garenne-Colombes, Publidix-Érasme, 1990.

Werner, Karl Ferdinand, “Les Origines”t.I de Jean Favier (éd.), Histoire de France”, Paris, Fayard, 1984.

Wolff, Philippe, “L’Éveil intellectuel de l’Europe”, Paris, Éd. du Seuil, 1971.

〔フランクの歴史記述と文化的自覚〕

Beaune, Colette, “Naissance de la nation France”, Paris, Gallimard, 1985.

Devisse, Jean, “Hincmar, archevêque de Reims, 845-882”, 3 vol., Genève, Droz, 1975.

Gerberding, R. A., “The Rise of the Carolingians and the Liber Historiae Francorum”, Oxford, Clarendon Press, 1987.

“Les Grandes Chroniques de France”, éditées par Jules Viard, 10 vol., Paris, 1920-1953.

Grégoire de Tours, “Histoire des Francs”, traduite par Robert Latouche, 2 vol., Paris, Les Belles Lettres, 1963-1965⊠réimr., 1995.

Heinzelmann, Martin, «Grégoire de Tours“père de l’histoire de France”» in Yves-Marie Bercé et Philippe Contamine, “Histoire de France, historiens de la France”, Paris, Honoré Champion, 1994.

Nithard, “Histoire des fils de Louis le Pieux”, éd. et trad. de Philippe Lauer, Paris, Les Belles Lettres, 1926.

Paschoud, François, “Roma aeterna. Études sur le patriotisme romain dans l’Occident latin à l’époque des grandes invasions”, Rome, 1967.

Sulpice Sévère, “Vie de saint Martin”, éd. et trad. de Jacques Fontaine, Paris, Éd. du Cerf, coll.«Sources chrétiennes», 3 vol., 1967-1969.

Thierry, Augustin, “Récits des temps mérovingiens”, Paris, 1840.

Vidier, Anselme, “L’Historiographie à Saint-Benoît-sur-Loire et ses Miracles de saint Benoît”, Paris, Picard, 1965.

Wallace-Handrill, “The 4th Book of the Chronicle of Fredegar with Continuations”, Londres, Thomas Nelson, 1960.

Werner, Karl Ferdinand, «Die litterarishe Vorbilder des Aimoins und die Entstehung seiner Gesta Francorum», Festschrift Werner Bulst, 1960.

5世紀から10世紀まで

〔概説〕

Auerbach, Erich, "Literary Language and Its Public in Late Latin Antiquity and in the Middle Ages", Londres, 1965.

Banniard, Michel, "Le Haut Moyen Âge", Paris, PUF, coll. «Que sais-je?», 1986.

———, "Genèse culturelle de l'Europe, Ve-VIIIe siècle", Paris, Éd. du Seuil, 1989.

Bezzola, Reto, "Les Origines et la Formation de la littérature courtoise en Occident", t.I, "La tradition impériale de la fin de l'Antiquité au XIe siècle", Paris, 1944.

Durliat, Marcel, "Des barbares à l'an mil", Paris, Mazenod, 1985.

Ewig, Eugen, "Spätantikes und Fränkisches Gallien", in "Gesammelte Schriften, 1952-1973", 2 vol., Munich, Artemis Verlag, 1976-1979.

Gauthier, Nancy, "L'Évangélisation des pays de la Moselle. La province de Première Belgique entre Antiquité et Moyen Âge", Paris, De Boccard, 1980.

Geary, Patrick J., "Le Monde mérovingien. Naissance da la France", Paris, Flammarion, 1988.

Ghellinck, Jean de, "Littérature latine du Moyen Âge", 2 vol., Paris, 1939.

James, Edward, "Les Origines de la France, de Clovis à Hugues Capet (de 486 à l'an mil)", Paris, Errance, 1988.

Kennedy, George, "Classical Rhetoric and Its Christian and Secular Tradition from Ancient to Modern Times", Chapel Hill, 1980.

Laistner, M. L. W., "Thought and Letters in Western Europe A.D.500-900", Ithaca, Cornell University Press, 1957.

Lebecq, Stéphane, "Les Origines franques, V^e^-IXe siècle", Paris, Éd. du Seuil, coll. «Nouvelle Histoire de la France médiévale», 1990.

Musset, Lucien, "Les Invasions", t, I, "Les vagues germaniques", t.II, "Le second assaut contre l'Europe chrétienne", Paris, PUF, coll. «Nouvelle Clio», 1965.

Riché, Pierre, "Écoles et Enseignement dans le haut Moyen Âge, fin du Ve-milieu du XIe siècle", Paris, Aubier, 1979.

———, "Éducation et Culture dans l'Occident médiéval", Great Yarmouth, Variorum, 1993.

Sorbonne, 1977.
———, "Histoire et Culture historique dans l'Occident médiéval", 2e éd., Paris, Aubier, 1991.
Hasenohr, Geneviève, et Longère, Jean (éd.), "Culture et Travail intellectuel dans l'Occident médiéval", Paris, Éd. du CNRS, 1981.
Lafont, Robert, et Anatole, Christian, "Nouvelle Histoire de la littérature occitane", t.I, Paris, PUF, 1970.
Le Goff, Jacques, "Pour un autre Moyen Âge. Temps travail et culture en Occident: 18 essais", Paris, Gallimard, 1977.
———", Les Intellectuels au Moyen Âge", nouvelle éd., Paris, Éd. du Seuil, 1985.
———, (éd.), "Histoire de la France religieuse", t.I, "Des origines au XIVe siècle", Paris, Éd. du Seuil, 1988.
Libera, Alain de, "La philosophie médiévale", Paris, PUF, 1993.
Lubac, Henri de, "Exégèse médiévale. Les quatre sens de l'Écriture", 4 vol., Paris, Aubier, 1959-1964.
Paul, Jacques, "Histoire intellectuelle de l'Occident médiéval", Paris, Armand Colin, 1973.
Payen, Jean-Charles, "Le Moyen Âge, des origines à 1300", Poirion, Daniel, "Le Moyen Âge (1300-1480)", et Giraud, Yves, et Jung, Marc-René, "La Renaissance, t.I, 1480-1548", in Claude Pichois (éd.), "Littérature française", t.I-III, Paris, Arthaud, 1971-1972.
Riché, Pierre, et Alexandre-Bidon, Danièle, "L'Enfance au Moyen Âge, Paris", Éd. du Seuil-Bibliothèque nationale de France, 1994.
Riché, Pierre, et Lobrichon, Guy, "Le Moyen Âge et la Bible", Paris, Beauchesne, 1984.
Rouche, Michel, «Le Moyen Âge», in "Histoire générale de l'enseignement et de l'éducation en France", t.I, Paris, Nouvelle Librairie de France, 1981.
Smalley, Beryll, "The Study of the Bible in the Middle Ages", Oxford, 1952.
Verger, Jacques, "Les Universités au Moyen Âge", Paris, PUF, 1973.
Vernet, André, (éd.), "Histoire des bibliothèques françaises", t.I, "Les bibliothèques médiévales du VIe à 1530", Paris, Promodis, 1989.
Wirth, Jean, "L'Image médiévale. Naissance et développement (VE-XVE siècle)", Paris, Méridiens Klincksieck, 1989.
Zink, Michel, "Littérature française du Moyen Âge", Paris, PUF, 1992.

参考文献

全般的著作

Barral i Altet, Xavier (éd.), “Artistes, Artisans et Production artistique au Moyen Âge”, 4 vol., Paris, Picard, 1986-1990.

Beaujouan, Guy, «Vision du monde [dans la France médiévale]», in Jean Favier (éd.), “La France médiévale”, Paris, Fayard, 1983.

Blumenkranz, Bernard, “Juifs et Chrétiens dans le monde occidental de 430 à 1096”, Paris-La Haye, Mouton, 1960.

Bozzolo, Carla, et Ornato, Ezio, “Pour une histoire du Livre manuscrit au Moyen Âge. Trois essais de codicologie quantative”, Paris, Éd. du CNRS, 1983.

Caillet, Jean-Pierre (éd.), “L'Art du Moyen Âge”, Paris, Réunion des musées nationaux-Gallimard, 1995.

Chailley, Jacques, “Histoire musicale du Moyen Âge”, Paris, PUF, 1969.

Dahan, Gilbert, “Les Intellectuels chrétiens et les Juifs au Moyen Âge”, Paris, Éd. du Cerf, 1990.

“Dictionnaire des lettres françaises. Le Moyen Âge”, nouvelle éd. dirigée par Geneviève Hasenohr et Michel Zink, Paris, Fayard, 1992.

“Enseignement et Vie intellectuelle (IXe-XVIe siècle). Actes du 95e Congrès national des sociétés savantes (Reims, 1970) Section de philologie et d'histoire jusqu'à 1610”, t.I, Paris, 1975.

Gilson, Étienne, “La Philosophie au Moyen Âge: des origines patristiques à la fin du XIVe siècle”, nouvelle éd., Paris, 1988.

Glenisson, Jean, (éd.), “Le Livre au Moyen Âge”, Paris, Éd. du CNRS, 1988.

Guenée, Bernard (éd.), “Le Métier d'historien au Moyen Âge”, Paris, Publications de la

子）Lotulfe　163
ロバート・プレン Robert Pulleyn　167
ロバン（フランソワーズ）Robin, Françoise　436
ロビネ・テスタール Robinet Testard　435
ロベール一世 Robert　290
ロベール二世（敬虔王）Robert　42, 43, 227
ロベール・エティエンヌ Robert Étienne　4
ロベール・ガガン Robert Gaguin　530, 531, 533
ロベール・ダルトワ（二世）Robert d'Artois　310
ロベール・ダルブリッセル Robert d'Arbrissel　289
ロベール・ド・クラリ Robert de Clari　230, 309
ロベール・ド・クルソン Robert de Courson　168
ロベール・ド・ソルボン Robert de Sorbon　172, 193
ロベール・ド・ドゥエ Robert de Douai　193
ロベール・ド・ボロン Robert de Boron　307, 308, 330
ロベール・ド・ムラン Robert de Melun　167, 240, 245
ロムルス Romulus　28
ローラン Roland　184, 288, 291, 292, 293, 295
ロラーン・デュ・ボワ Laurent du Bois　387
ロラーン・ド・プルミエフェ Laurent de Premierfait　398, 406, 408, 409
ロラーン・ビュロー Laurent Bureau　531
ロレンツォ・ヴァッラ Lorenzo Valla　531
ロワ（ブリュノ）Roy, Bruno　456, 483
ロンギヌス Longin　304, 329
ロングヴィル公 Longueville　472

【ワ】

ワース（ヴァースとも）Wace　285, 286, 298, 299
ワラフリド・ストラボン Walafrid Strabon　120, 123, 137
ワルドベール（リュクスイユ大修道院長）Waldebert　96

ユリウス二世 Jules 451, 470
ユルジヌス Ursinus 107
ユング（マルク＝ルネ）Jung, Marc-René 409
ヨアネス（レオメの）Jean de Réomé 92
ヨウィヌス Jovin 82
ヨシュア Josué 414
ヨセフ（アリマタヤの）Joseph d'Arimathie 307, 330
ヨナス（オルレアンの）Jonas d'Orléans 126
ヨハネ二十一世 Jean 266, 270
ヨハネ二十二世 Jean 486, 499
ヨハン（ボヘミア王）Jean de Luxembourg 416
ヨハン・ゲンスフライシュ Johann Gensfleisch（グーテンベルク） 520
ヨハンネス・オッケゲム Jean Ockeghem 486
ヨハンネス・ドゥンス・スコトゥス Jean Duns Scotus 123, 131, 138, 149, 376, 383
ヨハン・ハイリン Jean Heylin 523
ヨハン・フスト Jean Fust 520, 521

【ラ行】

ライムンドゥス・ルルス Raymond de Lulle 369
ラウール（ランのアンセルムスの弟）Raoul 162
ラウル・グラベル Raoul Glaber 198, 199, 204, 209, 227
ラウール・ド・プレール Raoul de Presles 429, 430, 443
ラーゲンフレド Ragenfred 104
ラドボドゥス Radbod de Liège 136
ラトラムヌス（コルビーの）Ratramne de Corbie 135, 260, 275
ラバヌス・マウルス Raban Maur 123, 137, 147, 149
ラブレー Rabelais 457, 485, 532, 540
ラルー（エリザベス）Lalou, Elisabeth 311
ラングラフ（アルトゥール）Langraf, Artur 241
ラングロワ（シャルル＝ヴィクトル） Langrois, Charles-Victor 338
ランスロ Lancelot 292, 301, 302, 308, 326, 330, 331
ランフランクス Lanfranc 160, 161, 255, 256, 260, 261, 262, 275
ランブール Limbourg（兄弟） 398, 434
ランベルトゥス（ランベール・ダルドル） Lambert d'Ardres 229
ランボー・ドランジュ Raimbaud d'Orange 189, 290
ラガルド Lagarde, Georges de 15
リカルドゥス（サン＝ヴィクトールの） Richard de Saint-Victor 163, 246
リキエ（聖）Liquier 54, 57, 116
リシェ（ランスの）Richer de Reims 32, 153
リシェ（ピエール）Richer, Pierre 10, 131
リシャール二世 Richard 228
リシャール・ド・フルニヴァル Richard de Fournival 193, 315
リシャール（フランシスコ会士）Richard 388
リシャール・レスコ Richard Lescot 401
リュトブフ Rutebeuf 311, 312, 477
ルー（シモーヌ）Roux, Simone 365
ルイ（ブルボン公）Louis 413, 415
ルイ五世 Louis 42
ルイ六世 Louis 201
ルイ七世 Louis 190, 296

マルク王 Marc　300, 303, 326, 327
マルクス・ラインハルト Marc Reinhart　525
マルグリット・ド・フランドル Marguerite de Flandre　424
マルグリット・ド・プロヴァンス Marguerite de Provence　193
マルケルス・エンピリクス Marcellus Empiricus　153
マルゴ・ド・ラ・バール Margot de La Barre　500
マルシリオ・フィチーノ Marsile Ficin　531
マルタン（アンリ）Martin, Henri　35
マルタン（アンリ＝ジャン）Martin, Henri-Jean　16, 514, 518, 521, 522
マルタン（エルヴェ）Martin, Hervé　385, 389
マルタン・ル・フラン Martin Le Franc　409, 462, 481, 499
マルティヌス（聖）Martin　22, 24, 25, 37, 78, 91
マルティアヌス・カペラ Martianus Capella　131, 138, 146, 148
マンドルー（ロベール）Mandrou, Robert　505
ミシェル・パントワン Michel Pintoin　401
ミショー・タイユヴァン Michault Taillevent　451
ミュシャンブレド（ロベール）Muchembled, Robert　454, 455, 456, 502
ミュラ（オヴィディウスの作中人物）Myrrha　223
ミュルタッシュ Muretach　131, 137
ミリ・リュバン Miri Rubin　340
ミル・ディリエ Miles d'Iller　531
ミル・ド・ドルマン Miles de Dormans　404
ムンモリヌス Mummolin de Noyon　52
ムンク＝オルセン（ビルガー）Munk-Olsen, Birger　221
メナジエ親子 Ménegier（コラン Colin、カルダン Cardin）　361
メルボード（大修道院長）Mellebaude　100, 105
モーゼ Moïse　76, 250
モーリス・ド・シュリ（パリ司教）Maurice de Sully　202, 230

【ヤ行】

ヤコブ（聖）Jacques　127
ヤコポ・ダンジェロ Jacopo d'Angelo　538
ユウェナリス Juvénal　119, 215, 407, 523
ユウェンクス（四世紀、ヒスパニアのキリスト教詩人）Juvencus　147, 215
ユオン・ドワジー Huon d'Oisy　190
ユーグ（オルレアン首席司祭）Hugues　233
ユーグ・カペー Hugues Capet　42
ユークリッド Euclide　362
ユスタシュ・デシャン Eustache Deschamps　348, 373, 380, 391, 396, 397, 414, 417, 439, 445, 446, 450, 458, 464, 477, 483, 486, 509
ユスタシュ・ド・パヴィ Eustache de Pavilly　398, 399
ユスティニアヌス Justinien　67, 440
ユダ・マカベア Judas Maccabée　414
ユーディト（ルートヴィヒ敬虔帝の妃）Judith　62
ユーラリ（聖）Euralie　63, 64
ユリアヌス Julien de Tolède　129
ユリアヌス（聖）Julien de Brioude　24
ユリアヌス・ポメリウス Julien Pomère　71

ア）Hermann de Carinthie　244
ヘルメス・トリスメギストル Hermès Trismégiste　250
ベルール Béroul　300, 327
ベレンガリウス Bérenger　161, 255, 256, 260, 261, 262, 274, 275
ペンタガテス Penthagathe　72
ヘンリー二世 Henri II Plantagenêt　233, 298
ヘンリー五世 Henry　379, 400, 408
ヘンリー六世 Henry　366, 473
ホイジンガ（ヨハン）Huizinga, Johan　14, 422, 532
ボエティウス Boèce　64, 138, 149, 150, 152, 155, 177, 215, 216, 219, 225, 243, 244, 246, 255, 288, 312, 336, 492
ボエティウス（ダキアの）Boèce de Dacie　177, 267
ボージュアン（ギ）Beaujouan, Guy　362, 536
ボゾロ（カルラ）Bozzolo, Carla　181, 192, 225
ボッカチヨ Boccace　406
ボーティエ（ロベール＝アンリ）Bautier, Robert-Henri　391
ボード・パストゥル Baude Pastoul　311
ボードリ・ド・ブルゲイユ Baudri de Bourgeil　233
ポトン・ド・サントライユ Poton de Saintrailles　364
ボナヴェントゥラ（聖）Bonaventure　12, 178, 230, 249, 255, 383
ボニファティウス（聖）Boniface　55, 56, 59, 109, 113, 129, 130, 132
ボニファティウス八世 Boniface　441
ボネトゥス（司教）Bonnet de Clermont　83
ホノラトゥス Honorat de Lérins　75, 78
ボーム（コレット）Beaume, Colette　451
ポメリウス Pomère, Julien　71
ホメロス Homère　118, 297
ホラティウス Horace　94, 118, 147, 215, 221, 407
ポール・ド・ボヌフォワ Paul de Bonnefoy 363
ボールドウィン（ジョン）Baldwin, John 177
ポルフュリオス Porphyre　149, 150, 246
ポンポニウス・メラ Pomponius Mela　538

【マ行】

マイモニデス Maïmonide　240
マウドラムヌス Maudramn　135
マウリリオ Maurille de Cahors　91
マクシモス（証聖者）Maxime le Confesseur 123, 132
マクセンティウス Maxence　27
マクロビウス Macrobe　222, 244, 250, 407
マチュー・ド・ヴァンドーム Mathieu de Vendôme　233
マテオニ（オリヴィエ）Mattéoni, Olivier 510
マテオルス Matheolus　477
マネゴルド（ラオテンバハの）Manegold de Lautenbach　163
マヨリアヌス Majorien　71
マヨールス（聖）Maieul　180, 198
マリオン・ラ・ガヤールド MarionLa Gaillarde　477
マリー・ド・シャンパーニュ Marie de Champagne　190, 316, 326
マリー・ド・フランス Marie de France 300, 304
マーリン Merlin　298, 307, 308, 330
マルカブリュ Marcabru　290

28, 38, 39, 42, 105, 109
フレデグンデ Frédégonde　87
プロクロス Ploculus　217
プロペルティウス Propre　215
フロールス（ヴィエンヌ司教）Florus　138
ブロンデル・ド・ネール Blondel de Nesles 190
フンベルトゥス・ロマニス Humbert de Romans　237, 386
ヘイリクス Héric d'Auxerre　124, 137, 138, 150
ヘクトル Hector　414
ベーダ（尊者）Bède le Vénérable　151, 541
ベッサリオン Bessarion　530
ベディエ（ジョゼフ）Bédier, Joseph　278, 305
ベドフォード Bedford　430, 435
ペトラルカ（フランチェスコ）Pétrarque, François　358, 403, 404, 405, 407, 430, 531
ペトルス・カントール Pierre le Chantre 175, 236, 239, 248
ペトルス・コメストル Pierre le Mangeur 186, 192, 233, 239
ペトルス・ロンバルドゥス Pierre Lombard 192, 239, 241, 247, 255
ベネディクトゥス（ヌルシアの）Benoît, saint　95, 96
ベネディクトゥス（アニアーヌの）Benoît 120, 122, 227
ベネディクトゥス十三世 Benoît　379, 397, 404, 408
ベネディクトゥス・ビスコップ Benoît Biscop　98
ヘラクリウス（ブルグンドの詩人）Héraclius　72, 73
ヘルガウド Helgaud de Fleury　227
ペール・カルドナル Peire Cardenal　290
ペール・ヴィダル Peire Vidal　290
ベルジュロン（レジャン）Bergeron, Réjean 535
ペルスヴァル Perceval　292, 301, 303, 308, 328, 329
ベルトラン（エヴェンチオ）Beltran, Evencio　409, 531
ベルトラン・ド・バール＝シュル＝オーブ Bertrand de Bar-sur-Aube　294
ベルトラン・ドランジュ Bertrand d'Orange 290
ベルトラン・ボワセ Bertrand Boysset　506
ベルトラン・ド・ボルン Bertrand de Born 290
ベルトラン・ドランジュ Bertrand d'Orange 290
ベルナール（アンジェの）Bernard　231
ベルナール・ギ Bernard Gui　430
ベルナール・グネー Bernard Guenée　348, 438
ベルナール・セッセ Bernard Saisset　441
ベルナルドゥス（クレルヴォーの）Bernard 161, 162, 175, 206, 207, 211, 220, 230, 243, 246., 247, 258, 263, 265, 340
ベルナルドゥス（シャルトルの）Bernard 243
ベルナルドゥス・シルヴェストリス Bernard Silvestre　243
ベルナール・ド・ヴァンタドゥール Bernard de Ventadour　290
ベルナール・ド・ロジエ Bernard de Rosier 379
ベルノ（クリュニー大修道院初代院長）Bernon　180
ベルフォレ Belleforest　33
ヘルマン・ド・カリンティア（ダルマチ

フェニス Fenice　326
フェリクス（プロヴァンスの文人）Félix　82
フェリクス（ウルヘルの）Félix d'Urgel　126, 128
フェリクス五世（サヴォワ公アマデウス八世）Félix　410, 502
フェルナンド・ド・コルドヴァ Ferdinand de Cordoue　384
フェレオルス（聖）Ferréol　82, 92
フォシエ（ロベール）Fossier, Robert　341
フォルケ（フーク）Folquet (Fouque) de Marseille　290, 291
フォルトゥナトゥス Fortunat　24, 81, 87
フクバルドゥス Hucbald de Saint-Amand　134
フーゴ・ド・クリュニー Hugues de Cluny　200, 227
フーゴ・ド・サン＝ヴィクトール Hugues de Saint-Victor　163, 235, 246
フーゴ・ド・サン＝シェール Hugues de Saint-Cher　236
フーゴ・ド・ブレ Hugues de Bray　358
フーゴ・ド・ベルゼ Hugues de Berzé　190
ブシコー（元帥）Boucicaut　413, 415, 417, 435
ブド＝ルザック（ブリジット）Bedos-Rezak, Brigitte　188
プトレマイオス Ptolémée　244, 429, 538
ブノワ・ド・サント＝モール Benoît de Sainte-Maur　286, 297
フラウィウス・ヨセフス Flavius Josèphe　147
ブラウン（ピエール）Braun, Pierre　502
プラトン Platon　223, 244, 250, 253, 255, 256
フラメル（ベリー公の秘書）Flamel　398
ブランヴィリエ Boulainvillier, Henri de　34, 35
フランクス Francus　38
フランコ（トレドの）François de Tolède　531
ブランシャール（ジョエル）Blanchard, Joël　533
ブランシュ・ド・カスティーユ Blanche de Castille　169
フランセス・ペロス Francès Pellos　539
フランソワ・ガラン François Garin　355, 356, 360, 460, 476
フランソワ・ド・ボスコ François de Bosco　541
フランチェスコ・フロリオ Francesco Florio　532
プリアモス Priam　38
フリギア Frigia　38
プリスキアヌス Priscien　146, 171, 214
フリデュジーズ Fridugise　118
フリドリヌス Fridolin　85
ブリフォー（セルジュ）Briffaut, Serge　541
プリマトゥス（サン＝ドニの修道士）Primat　401, 438
ブリュヌオー Brunehaut　22, 86, 87
フルク（ランス大司教）Foulques　138
ブルクハルト（ヤコブ）Burckhart, Jacob　534
フルゲンティウス Fulgence de Ruspe　222
ブルディユー（ピエール）Bourdieu, Pierre　372
プルデンティウス Prudence　24, 147, 215
フルベルトゥス Fulbert de Chartres　161, 243
フルラドゥス Fulrad de Saint-Denis　110
フレキュルフ Fréculphe de Lisieux　139
フレデガリウス（フレデガール）Frédegaire

ピエール・ド・ラ・セル Pierre de la Celle 167
ピエール・ド・ラ・ブロース Pierre de la Broce 445
ピエール・ドルジュモン Pierre d'Orgemont 401, 425
ピエール・ピプラール Pierre Pipelart 423
ピエール・ベルシュイル Pierre Bersuire 404, 427
ピエール・ベルペルシュ Pierre Belleperche 377
ピエール・ボーダン Pierre Bodin 520
ピエール・ミニョン Pierre Mignon 500
ピエール・メルラン Pierre Merlin 424
ピエール・ル・ルージュ Pierre Le Rouge 541
ピエール・ル・ロワ Pierre Le Roy 398
ピエール・ワルドー Pierre Valdo 194
ヒエロニムス（聖）Jérôme 24, 70, 91, 107, 220, 225, 235, 238, 250
ピピン二世 Pépin 103, 105, 108, 109
ピピン三世（短軀王）Pépin 39, 41, 55, 103, 110, 112, 113, 114, 115, 124, 132
ヒポクラテス Hippocrate 153
ヒルデベルト・ド・ラヴァルダン Hildebert de Lavardin 230
ヒルドゥイヌス（サン＝ドニ修道院長）Hilduin de Saint-Denis 132
ヒンクマール（ランの）Hincmar de Laon 135
ヒンクマール（ランスの）Hincmar de Reims 42, 123, 135, 137, 138, 149
ファルドゥルフ Fardulf 114
フアン・ステーンベルヘン Van Steenberghen 269
フアン・デ・モンゾン Juan de Monzon 405
フィリップ二世（オーギュスト）Philippe Auguste 168, 186, 443, 474
フィリップ三世（豪胆王）Philippe le Hardi 387, 401, 486
フィリップ四世（美男王）Philippe le Bel 178, 368, 376, 402, 421, 423, 427, 438, 440, 441, 442, 449, 468, 506, 512, 519, 536
フィリップ六世 Philippe de Valois 393, 414, 437, 439, 491, 496
フィリップ（豪胆公）Philippe le Hardi 393, 415, 500, 517
フィリップ（善良公）Philippe le Bon 397, 413, 420, 431, 432, 470, 476, 518, 538
フィリップ・ド・ヴィトリ Philippe de Vitry 404, 485
フィリップ・ド・コミーヌ Phileppe de Comynes 16, 533
フィリップ・ド・ノヴァール Philippe de Novare 158, 285, 348, 350, 359
フィリップ・ド・ボーマノワール Philippe de Beaumanoir 440
フィリップ・ド・ポワティエ Philippe de Poitiers 448
フィリップ・ド・メジエール Philippe de Mézière 478
フィリップ・ド・ランズヴィル Philippe de Rainzeville 404
フィリベルトゥス Philibert 85, 95
フィルマン・ド・ボーヴァル Firmin de Beauval 497
フィルミヌス Firmin d'Arles 71
フィルミヌス Firmin d'Uzès 82
ブーヴ・ド・ウィンヴィル Beuves de Winville 373
フェーヴル（リュシアン）Febvre, Lucien 505

ハインリヒ・フォン・ヴィック Henri de Vic　423
ハインリヒ・マイヤー Henri Mayer　525
パウリヌス・ド・アクィレイア Pauline d'Aquilée　114
パウリヌス・ド・ペラ Pauline de Pella　72
パウルス一世 Paul　132
パウルス・ディアコヌス Paul Diacre　56, 115, 118, 125, 136, 144
パオロ・ダゴマリ Paolo Dagomari　497
パキエ（エティエンヌ）Pasquier, Étienne　34
パキエ・ボンノム Pasquier Bonhomme　524
バシレイオス（カイサレアの）Basile de Césarée　92
パスカシウス・ラドベルトゥス Paschase Radbert　135, 260, 275
バティルド Bathilde　100
ハドアルド Hadoard　135
ハドリアヌス一世（教皇）Hadrien　115, 129
パトロクレス（隠者）Patrocles　89
バニアール（ミシェル）Banniard, Michel　11, 47, 56, 57, 76
パノフスキー（アーウィン）Panofsky, Erwin　207
パピオルス（トゥールの）Papiolus　75
パラヴィ（ピエレット）Paravy, Pierette　389, 472, 501, 502
バラル（グザヴィエ）Barral, Xavier　199
パリス（ガストン）Paris, Gaston　301, 338
バルテルミ（ドミニク）Barthélemy, Dominique　180
バルテルミー・ダイク Barthélemy d'Eyck　435
バルテルミー・ビュイエル Barthélemy Buyer　525
バルトリ Bartole　507
バルトロマエウス・アングリクス Barthélemy l'Anglais　347, 348, 350, 351, 395, 400, 429, 525
ピエトロ・クレセンツィ Pietro Crescenzi　429
ピエトロ（サンタ＝ベアーテの）Pierre de Sainte-Béate　424
ピエトロ（ピサの）Pierre de Pise　114, 118, 125, 144
ピエール（尊者）Pierre le Vénérable　162, 175, 220, 247, 339
ピエール・アルフォンス Pierre Alfonse　284
ピエール・エリ Pierre Hélie　167
ピエール・グランゴワール Pierre Gringoire　451, 470
ピエール・コーション Pierre Cauchon　382, 504
ピエール・ダイイ Pierre d'Ailly　369, 378, 399, 407, 409, 506, 510, 518, 538
ピエール・デュボワ Pierre Dubois　369
ピエール・ド・オートヴィル Pierre de Hauteville　399
ピエール・ド・カプア Pierre de Capoue　245
ピエール・ド・サン＝クルー Pierre de Saint-Cloud　306
ピエール・ド・タランテーズ Pierre de Tarentaise　178
ピエール・ド・マリクール Pierre de Maricourt　536
ピエール・ド・ミルクール Pierre de Mirecourt　383
ピエール・ド・ラ・アザルディエール Pierre de La Hazardière　410

デポルト（ピエール）Desportes, Pierre　364
デミアン（ガブリエル）Démians, Gabrielle　200, 203
デュ・ゲクラン（ベルトラン）Du Guesclin　414, 434, 439
デュドン（サン＝カンタンの）Dudon　228
デュミュルジェ（アラン）Dumurger, Alain　515
テュルパン Turpin　295
テルトゥリアヌス Tertullien　129
テレンティウス Térence　77, 119, 147, 407
トゥベール（エレーヌ）Toubert, Hélène　273, 276
ドオーン（白髯の）Doon à la barbe blanche　294
ドゥンガル Dungal　118, 119, 130
ドゥンス・スコトゥス Duns Scotus　376, 383
ドナトゥス Donat　70, 138, 144, 145, 146, 171, 214, 360, 361
ドニ・フルシャ Denis Foulchat　381, 430
トマ（「トリスタン」の作者）Thomas　300, 327
トマス・アクィナス Thomas d'Aquin　9, 12, 14, 175, 208, 238, 241, 249, 253, 255, 259, 267, 270, 348, 383
トマス・ガルス Thomas Gallus　236
トマス・ベケット Thomas Becket　167, 240
トマ・ド・サン＝ピエール Thomas de Saint-Pierre　398
トマ・ド・ピザン Thomas de Pisan　426
トマ・バザン Thomas Basin　439, 444
ドミティウス Domitius　72
ドラウシウス Drausius　105
トリスタン Tristan　292, 300, 301, 302, 303, 308, 326, 327, 331
ドロクトヴェア Droctovée　92
ドロゴ（メッツ司教）Drogon　131, 136

【ナ行】

ニクログ（ペル）Nykrog, Per　333, 335
ニケトゥス（トリエル司教）Nicet　85
ニコラウス四世 Nicolas　169
ニコラ・シュケ Nicolas Chuquet　364, 539
ニコラ・ド・クラマンジュ Nicolas de Clamanges　404, 409, 515
ニコラ・ド・ゴネス Nicolas de Gonesse　415
ニコラ・ド・ベイ Nicolas de Baye　401
ニコラス・フィリッピ Nicolas Philippi　525
ニコラ・フロマン Nicolas Froment　433
ニコル・オレーム Nicole Oresme　350, 369, 381, 396, 428, 430, 436, 437, 439, 443, 461, 465, 499, 537, 539
ニコル・ジル Nicole Gilles　402, 524
ニコル・ド・ラ・シェネ Nicole de La Chesnaye　533
ニタール Nithard　61, 62
ニーベルング（カール・マルテルの甥）Nibelung　109
ネブカドネザル Nabuchodonosor　448
ノエル・ド・フリボワ Noël de Fribois　402
ノストラダムス Nostradamus　540
ノートケル Notker　140

【ハ行】

ハイツ（キャロル）Heitz, Carol　115
ハイト（バーゼル司教）Heito　120
ハイモ Haymon d'Auxerre　137, 138
ハインリヒ（ヘッセンあるいはランゲンシュタインの）Henri de Hesse　381

ジルマール Gislemar　43
ジンク（ミシェル）Zink, Michel　195, 280, 281, 298, 305
スエトニウス Suétone　130
スタティウス Stace　119, 221, 222, 297
スタンダール Stendhal　338
スティーヴン・ハーディング Étienne Harding　237, 247
スティーヴン・ラングトン Étienne Langton　236, 237, 239
ステファヌス二世 Étienne　110
ステルラン（シャルル）Sterling, Charles　489
スマラグドゥス Smaragde　136
スルピキウス一世（ブールジュ司教）Sulpice　82
スルピキウス二世（ブールジュ司教）Sulpice　82
スルピキウス・セウェルス Sulpice Sévère　24, 91, 107
セクアヌス（聖）Sequanus (saint Seine)　92
セデュリウス・スコトゥス Sedulius Scotus　123, 131, 136, 147, 215
セネカ Sénèque　215, 224, 244, 407
セバスティアン・ド・カレ Sebastien de Caret　540
ゼバスティアン・ブラント Sébastien Brant　535
セルキリーニ（ベルナール）Cerquiglini, Bernard　62
ソクラテス Socrate　250
ソリヌス Solin　147
ソロン Solon　74

【タ行】

ダヴィデ David　39, 40, 44, 118, 414
ダヴィド・オベール David Aubert　518
タキトゥス Tacite　34.130
ダゴベルト Dagobert　40, 80, 85, 95, 101
ダドン Dadon　94
ダハン（ギルバート）Dahan, Gilbert　236, 237
ティエリ（オーギュスタン）Thierry, Augustin　25
ディオスコリデス Dioscoride　153
ディオニシウス（聖）Denis, saint　40
ディオニシウス・エクシグウス Dionysius Exiguus　115
ディキュイル Dicuil　119, 120, 131
ディード Didon　107
ティトゥス＝リウィウス Tite-Live　404, 407
ディナミウス Dynamius　82
ティブルス Tibulle　119
ティボー四世（シャンパーニュ伯）Thibaut　190
ティボー・ド・セザンヌ Thibaud de Sézanne　237
ティロン（キケロの秘書）Tiron　142
テウデベルト一世 Théodebert　81
テウデリック一世 Thierry　81, 85
テオドゥルフ（フルーリィ大修道院長）Théodulf　56, 119, 127, 128, 139, 145
テオドシウス一世 Théodose　312
テオドシウス二世 Théodose　73
テオドリクス（シャルトルの）Thierry　166, 167, 243
テオドリコ・ボルゴニョーニ Theodorico Borgognoni　537
テオバルド Théobard　167
デシデリウス（ヴィエンヌ司教）Didier　82
デシデリウス（カオール司教）Didier　82
デフェンソール Defensor　107

ジャン・ペルラン・ヴィアトール Jean Pèlerin Viator　534
ジャン・ペレアル Jean Perréal　434, 435
ジャン・ボデル Jean Bodel　286, 309, 310
ジャン・マイヤール Jean Maillart　402
ジャン・マスラン Jean Masselin　391
ジャン・ミシェル Jean Michel　472
ジャン・ミュレ Jean Muret　406
ジャン・モーポワン Jean Maupoint　402
ジャン・モリネ Jean Molinet　427, 445, 487, 529, 533
ジャン・ラルマン Jean Lallement　492
ジャン・ル・ヴィスト Jean Le Viste　488, 491
ジャン・ルベーグ Jean Lebègue　406
ジャン・ル・フェーヴル Jean le Fèbvre　477
ジャン・ルメール・ド・ベルジュ Jean Lemaire de Belges　427
ジャンヌ・ダルク Jeanne d'Arc　382, 439, 473, 503, 504
ジャンヌ・ド・ナヴァール Jeanne de Navarre　309, 368, 369
ジャンヌ・ド・ブリーグ Jeanne de Brigue　500, 501
ジャンヌ・ド・ブルゴーニュ Jeanne de Bourgogne　370
ジャンヌ・ド・ラヴァル Jeanne de Laval　433
ジュヴネル・デジュルサン Juvenel des Ursins　401, 491, 508
シュジェ Suger　175, 201, 206, 273, 401
シュニュ Chenu　254
ジョセ・バード Jossé Bade　531
ジョフレ・リュデル Jaufré Rudel　189, 290
ジョフロワ（ゴフリドゥス）Geoffroi　273, 274, 275, 276
ジョフロワ・シャロ Geoffroy Chalop　402, 468, 486
ジョフロワ・ド・ヴィルアルドゥアン Geoffroi de Villehardouin　285, 309
ジョフロワ・ド・シャルニー Geoffroy de Charny　414
ジョフロワ・ド・パリ Geoffroy de Paris　394, 402
ジョフロワ・ド・モー Geoffroi de Meaux　497
ジョフロワ・ド・モンムート Geoffroi de Montmouth　285, 298
ジョリヴェ（ジャン）Jolivet, Jean　177, 263, 265
ジョルジュ・シャステラン Georges Chastellain　426, 445
ジョン（アシェンドンの）Jean d'Eschenden　497
ジョン（サクロボスコの）Jean de Sacrobosco　362
ジョン（ソールスベリーの）Jean de Salisbury　430
シルヴェステル二世 Silvestre（オーリヤックのゲルベルトゥス）　12, 150, 153
ジル・スー＝ル＝フール Gilles Soubz-le-Four　398
ジル・デ・シャン Gilles des Champs　398
ジル・ド・ローム Gilles de Rome（→エギディウス・ロマーヌス）
ジル・バンショワ Gilles Binchois　486
ジル・ル・ブーヴィエ Gilles le Bouvier　401, 414, 439, 506
ジルベール・ウイ Gilbert Ouy　403
ジルベール・ド・トゥルネ Gilbert de Tournai　167
ジルベルトゥス（シャルトル司教）Gislbert　138

ジャン・ジョフロワ Jean Geoffroy　410
ジャン・セラ Jean Serra　410
ジャン・セルタン Jean Certain　539
ジャン・ダルマニャック（アルマニャック伯）Jean d'Armagnac　513
ジャン・デュパン Jean Dupin　510
ジャン・デュプレ Jean Dupré　524
ジャン・ドーダン Jean Daudin　430
ジャン・ド・ウァヴラン Jean de Wavrin　432
ジャン・ド・ヴィニェ Jean de Vignay　427
ジャン・ド・ヴェサル Jean de Vésale　450
ジャン・ド・ガランシエール Jean de Garencières　417
ジャン・ド・ガルランド Jean de Garlande　223
ジャン・ド・サン＝ヴィクトール Jean de Saint-Victor　400
ジャン・ド・ジャンダン Jean de Jandun　396
ジャン・ド・ジョワンヴィル Jean de Joinville　230, 285, 309
ジャン・ド・バール Jean de Bar　499, 500, 501
ジャン・ド・ビュイユ Jean de Bueil　445, 464
ジャン・ド・ブラノ Jean de Blanot　440
ジャン・ド・ブリ Jean de Brie　351
ジャン・ド・ベタンクール Jean de Béthencourt　540
ジャン・ド・ベリー（ベリー公）Jean de Berry　422, 432
ジャン・ド・マン Jean de Meun　185, 250, 270, 311, 312, 323, 335, 336, 337, 427, 465, 477, 478, 479, 481, 483
ジャン・ド・ムール Jean de Murs　377, 485, 497
ジャン・ド・モリニー Jean de Morigny　501
ジャン・ド・モンシュニュ Jean de Montchenu　484
ジャン・ド・モントルイユ Jean de Montreuil　312, 404, 405, 406, 408, 409, 449, 479
ジャン・ド・モンテギュ Jean de Montaigu　445
ジャン・ド・ユバン Jean de Hubant　369
ジャン・ド・ラ・ドリーシュ Jean de La Driesche　531
ジャン・ド・ラ・モート Jean de La Mote　491
ジャン・ド・リニエール Jean de Lignères　377
ジャン・ド・レキュレル Jean de Lescurel　486
ジャン・トレシェル Jean Tréschel　526
ジャン・ド・ロクタイヤード Jean de Roquetaillade　509
ジャン・ド・ロワ Jean de Roye　402
ジャン・ピタール Jean Pitart　537
ジャン・ビュリダン Jean Buridan　377, 537
ジャン・フーケ Jean Fouquet　433, 434, 492, 534
ジャン・ブシェ Jean Bouchet　535
ジャン・プティ Jean Petit　408, 503
ジャン・ブティリエ Jean Boutillier　467, 507
ジャン・フュゾリ Jean Fusoris　423
ジャン・ブルディション Jean Bourdichon　434
ジャン・フロワサール Jean Froissart　414, 433, 452, 468, 474, 482, 513
ジャン・ブロンデル Jean Blondel　364

ジャコブ・ド・リットモン Jacob de Littemont　434
ジャック・ヴェルジェ Jacques Verger　168, 268, 365, 367, 372, 373, 374, 375, 381
ジャック・クール Jacques Coeur　421, 492, 500
ジャック・ジュアン Jacques Juin　362
ジャック・ダルマニャック Jacques d' Armagnac　432
ジャック・デスパール Jacques Despars　526
ジャック・ド・ヴィトリ Jacques de Vitry　316
ジャック・ド・レヴィニ Jacques de Révigny　377, 438
ジャック・ド・ロンギィヨン Jacques de Longuyon　414
ジャック・ラポンド Jacques Raponde　518
ジャック・ルグラン Jacques Legrand　398, 399, 510, 514
シャルルマーニュ（カール大帝） Charlemagne　39, 40, 41, 42, 55, 56, 58, 59, 61, 112, 114, 115, 116, 117, 118, 119, 120, 125, 126, 127, 128, 129, 130, 131, 134, 135, 144, 292, 294, 310, 414, 532, 541
シャルル禿頭王 Charles le Chauve　60, 123, 131, 132, 154
シャルル五世 Charles　15, 232, 347, 381, 391, 395, 401, 407, 419, 421, 422, 423, 424, 425, 426, 427, 428, 429, 430, 432, 433, 434, 435, 436, 439, 442, 443, 458, 478, 488, 494, 512, 514,
シャルル六世 Charles　15, 346, 348, 381, 391, 397, 398, 399, 400, 401, 402, 404, 406, 407, 411, 415, 417, 428, 432, 436, 445, 447, 448, 450, 452, 461, 468, 474, 494, 497, 500, 508, 515, 530
シャルル七世 Charles　366, 379, 382, 394, 400, 401, 414, 417, 418, 421, 426, 433, 434, 439, 444, 445, 450, 483, 486, 492, 507
シャルル八世 Charles　394, 430, 434, 435, 450, 452, 473, 499, 503, 528, 530, 531, 533, 539, 540, 541
シャルル（軽率公） Charles le Téméraire　383, 414, 487
シャルル・ヴュリエ Charles Vulliez　381
シャルル・ダングレーム Charles d'Angoulême　435
シャルル・ダンジュー Charles d'Anjou　310, 431
シャルル・ド・フランス Charles de France　450
シャルル・ドルレアン Charles d'Orléan　417, 431
シャルル・ド・ロシュフォール Charles de Rochefort　445
シャロン（アニー） Charon, Annie　528
ジャン二世（善良王） Jean le Bon　401, 404, 413, 414, 416, 425, 494
ジャン二世（ブルボン公） Jean　421
ジャン四世（ブルターニュ公） Jean　413
ジャン・カステル Jean Castel　401, 426
ジャン・グラヴラン Jean Graverent　504
ジャン・コルブション Jean Corbechon　347, 395, 400, 429
ジャン・ゴレーン Jean Golein　381, 430
ジャン・コロンブ Jean Colombe　434
ジャン・ジェルソン Jean Gerson　312, 348, 350, 369, 372, 378, 398, 407, 447, 479, 489, 499, 504, 514, 516
ジャン・シャルティエ Jean Chartier　401, 426

ゴスベルト（ザンクト＝ガレン大修道院長）Gozbert　120
ゴーセル・フェディ Gaucelm Faidit　291
ゴットシャルク Gottschalk　149, 150
ゴーティエ・ド・コワンシー Gautier de Coincy　231, 286
ゴーティエ・ド・シャティヨン Gautier de Châtillon　220, 233
ゴデスカルクス Godescale（→ゴットシャルク）
ゴドフロワ・ド・サン＝ヴィクトール Godefroid de Saint-Victor　163
ゴドフロワ・ド・ブイヨン Godefroid de Bouillon　414
コノン・ド・ベチューヌ Conon de Béthune　190
コペルニクス Copernic　377
コル兄弟 Col（ゴンティエ Gontier、ピエール Pierre）　406, 409, 479, 515
コルッチオ・サルターティ Coluccio Salutati　404, 405
ゴルヌマン Gornemant　328
コルメラ Columelle　130
コルンバヌス（聖）Colomban　80, 93, 94, 95, 129, 145
ゴロショフ（ナタリー・ド・）Gorochov, Nathalie de　368
コロンブス（クリストファー）Colomb, Christophe　538, 540, 542
コンスタンティヌス Constantin　26, 27, 29, 39, 40, 44, 125
コンタミーヌ（フィリップ）Contamine, Philippe　394
ゴンティエ・ド・ソワニー Gonthier de Soignies　190
コンラド・ハインガルター Conrad Heingarter　422

【サ行】

ザカリアス（教皇）Zacharie　110
サパウディウス Sapaudius　72
サルウィアヌス Salvien　72
サルスティウス Salluste　119, 147, 407, 523
サルトル（ジャン＝ポール）Sartre, Jean-Paul　9
シアグリウス Syagrius　67, 73
シエイエス Sieyès　35
ジェームス・ボンド James Bond　338
ジェラール・ダブヴィル Gérard d'Abbeville　193
ジェルヴェ・デュ・ビュス Gervais du Bus　402, 468
ジギスムント Sigismond　73
シギベルト Sigibert　22, 26, 86
シグルフ Sigulf　139
シジェ・ド・ブラバン（ブラバントのシゲリウス）Siger de Brabant　177, 266, 269
シドニウス・アポリナーリス Sidoine Apolinaire　24, 49, 71, 73, 75, 77, 84, 220
シフォロー（ジャック）Siffoleau, Jacques　441, 467, 502
シメオン Siméon　113
シモン・ド・ヴァリー Simon de Varie　492
シモン・ド・クラモー Simon de Cramaud　512
シモン・ド・ファール Simon de Phares　364, 509, 540
シモン・ド・ポワシー Simon de Poissy　167
シモン・ド・モンフォール Simon de Montfort　514
シモン・ド・リール Simon de Lille　491
シモン・マルミオン Simon Marmion　435

グネー（ベルナール）Guenée, Bernard　348, 438
クラウディアヌス Claudien　119
クラウディウス（トリノの）Claude de Turin　128
クラウディウス・マリウス・ウィクトール Claudius Marius Victor　71
グランベルグ（マルティーヌ）Grinberg, Martine　470
クリスティアヌス Christian de Stavelot　137
クリスティーヌ・ド・ピザン Christine de Pisan　312, 350, 399, 407, 417, 426, 429, 447, 459, 460, 465, 479, 492, 509, 514, 518
クリネン（ジャック）Krynen, Jacques　444, 502
クルセル（ピエール）Courcelle, Pierre　28
グレゴリウス一世（聖）Grégoire le Grand　82, 87, 94, 107, 220, 225, 235, 242
グレゴリウス七世 Grégoire　162, 260, 273
グレゴリウス九世 Grégoire　169
グレゴリウス十一世 Grégoire　424
グレゴリウス（トゥールの）Grégoire de Tours　7, 9, 21, 22, 23, 24, 25, 26, 37, 38, 39, 42, 44, 53, 54, 80, 82, 87, 91, 93
グレゴリウス（ユトレヒト司教）Grégoire　109
グレゴリオス（ナジアンズスの）Grégoire de Nazianze　132
グレゴリオス（ニュッサの）Grégoire de Nysse　132
クレティアン・ド・トロワ Chrétien de Troyes　13, 184, 190, 300, 324, 325, 326, 327, 328, 329, 330
クレマン・ド・フォーカンベルグ Clément de Fauquembergue　401
クレマン・マロ Clément Marot　533
クレメンス六世 Clément　421, 496
クレメンス七世 Clément　379
クレメンス（アイルランドの）Clément　119, 130, 131, 144
クローヴィス Clovis　7, 25, 26, 30, 31, 36, 37, 39, 40, 41, 42, 43, 44, 52, 67, 71, 79, 80, 83, 84, 85, 86, 90, 98
クローヴィス二世 Clovis　100
クロタール一世 Clothaire　87, 98
クロタール二世 Clothaire　94, 95
クロデガング Chrodegang　109, 110, 115, 122, 136
グンドバッド Gondebaud　73
グントラム Gontran　81
ゲオルギウス（アミアン司教）Georges　113
ゲニエヴァ Guenièvre　308, 326, 331
ケラヌス Celanus　104
ゲラヌス（弁証法教師）Geranus　150
ゲルヴォルド Gervold de Fontenelle　138
ケルソス Celsus　82
ゲルベルトゥス（ジェルベール。教皇シルウェステル二世）Gerbert d'Aurillac　11, 12, 150, 151, 152, 153
ゲルマヌス（聖）Germain　89
ケレスティヌス五世 Céléstin　178
ゲロー（アラン）Guerreau, Alain　208, 506
ゴアール Goar　85
ゴヴァール（クロード）Gauvard, Claude　407, 456, 461, 481, 508
ゴーヴァン Gauvain　324, 326, 329, 338
ゴゴン（メッツの宮宰）Gogon　86
コック（ドミニク）Coq, Dominique　525, 527
ゴジオレーヌ（ル・マン司教）Gauziolène　104

530
ギーヌ（伯）Ghisnes　229
キヌニュディ Chynenudy　398
ギベール・ド・ノジャン（ノジャンのギベルトゥス）Guibert de Nogent　160, 162, 229
ギ・マルシャン Guy Marchant　539
ギュスドルフ（ジョルジュ）Gusdorf, Georges　542
ギヨーム・オレーム Guillaume Oresme　429
ギヨーム九世（ギヨーム・ド・ポワティエ）Guillaume IX　189, 289, 290, 313, 320
ギヨーム・オ・ブランシュ・マン Guillaume aux Blanches Mains　233
ギヨーム・タルディフ Guillaume Tardif　527, 530
ギヨーム・デュファイ Guillaume Dufay　486
ギヨーム・デュラン Guillaume Durand　430, 438
ギヨーム・ドーヴェルニュ Guillaume d' Auvergne　230
ギヨーム・ドランジュ Guillaume d'Orange　294
ギヨーム・ド・コンシュ Guillaume de Conches　167, 244
ギヨーム・ド・サンタムール Guillaume de Saint-Amour　169
ギヨーム・ド・サンティエリ Guillaume de Saint-Thierry　256, 263, 265
ギヨーム・ド・シャンポー Guillaume de Champeaux　163, 164, 166, 242
ギヨーム・ド・ソワソン Guillaume de Soissons　167
ギヨーム・ド・ディギュルヴィル Guillaume de Diguleville　447
ギヨーム・ド・ナンジ Guillaume de Nangis 401
ギヨーム・ド・ノガレ Guillaume de Nogaret　376, 438
ギヨーム・ド・マショー Guillaume de Machaut　416, 483, 486, 496
ギヨーム・ド・ミュロル Guillaume de Murol　513
ギヨーム・ド・ムールベーケ Guillaume de Moerbeke　267
ギヨーム・ド・ロシュフォール Guillaume de Rochefort　530
ギヨーム・ド・ロリス Guillaume de Lorris 312
ギヨーム・ビュデ Guillaume Budé　530
ギヨーム・フィシェ Guillaume Fichet　16, 523, 530
ギヨーム・フィラストル Guillaume Fillastre 405, 409, 538
キルデブラント Childebrand　109
キルデベルト二世 Childebert　86
キルデリック Childéric　30, 67, 84, 86, 98
キルデリック三世 Childéric　112
ギルベール・ド・メッツ Guillebert De Metz　398, 399, 436
ギルベルトゥス・ポレターヌス Guillaume de la Porée　166, 242, 243, 245
ギロー・ド・ボルネル Guiraut de Bornelh 290
キンペル（ディーター）Kimpel, Dieter 205
グイトムンドゥス Guitmond d'Aversa　260, 275
クィンティリアヌス Quintilien　148
グーテンベルク Gutenberg　514, 516, 518, 520

Françoise 436
オノレ・ブーヴェ Honoré Bouvet 449
オリヴィエ（ローランの友）Olivier 293
オリヴィエ・ド・ラ・マルシュ Olivier de La Marche 527
オリヴィエ・ル・ダン Olivier Le Daim 445
オリゲネス Origène 235, 250
オルデリクス・ウィタリス Orderic Vital 196, 229
オルフェウス Orphée 87, 487
オルナート（エツィオ）Ornato, Ezio 181, 192, 221, 225, 525
オレイバシオス Oribase 153
オーレル（マルタン）Aurell, Martin 323
オレンス Orens（オシュ司教） 72
オロシウス Orose 24, 147
オロンス・フィヌ Oronce Fine 506
オワイアン（コンダ修道院長）Oyand 79

【カ行】

カイエ（ジャン＝ピエール）Caillet, Jean-Pierre 99
ガウゲリク（聖）Gaugeric (saint Géry) 89
カエサリウス Césaire d'Arles 11, 12, 50, 53, 71, 76, 78, 79, 80, 88, 89, 110, 117
カエサル César Jules 20, 32, 46, 107, 147, 414, 433, 531
ガース・ブリュレ Gace Brulé 190
カストール（アプト司教）Castor 78
ガストン・フェビュス Gaston Phébus 513
ガスパリーノ・バルツィッツァ Gasparin Barzizza 523
カッシアヌス（ヨアネス）Cassien, Jean 78, 79, 92, 93
カッシオドールス Cassiodore 153
ガディフィエ・ド・ラ・サール Gadifier de La Salle 540
カトー Caton 145, 370
カトー（アンジェロ）Caton 531, 533
カトー（ディオニュシウス）Caton 370
ガヌロン Ganelon 292, 293
カプリュシュ Capeluche 458
ガラード Galaad 308, 330, 331
ガラン・ド・モングラーヌ Garin de Monglane 294
ガリエノス Galien 153
カール四世（神聖ローマ皇帝）Charles 419
カール・マルテル Charles Martel 102, 103, 108, 109, 110, 113, 114
カルキディウス Chalcidius 244
ガルス Gallus 22
カールマン Carloman 110, 113
ガルニエ・ド・ロシュフォール Garnier de Rochefort 247
カルロス（ナヴァラ王）Charles de Navarre 416
ガロワ・グルダン Galoys Gourdin 361
ギアール・デ・モラン Guiart des Molins 239
ギオ・ド・プロヴァン Guiot de Provins 190
キケロ Cicéron 4, 49, 70, 87, 119, 142, 147, 215, 220, 224, 225, 250, 407
ギシャール・ド・トロワ Guichard de Troyes 441
ギシャール・ド・ボージュー Guichard de Beaujeu 190
ギ・ド・ショリアク Guy de Cauliac 494, 495, 496, 497, 498, 526
ギ・ド・バゾシュ Guy de Bazoches 395
ギ・ド・ブローニュ Guy de Boulogne 404
ギ・ド・ロシュフォール Guy de Rochefort

209, 462
ヴォーティエ（ロジェ）Vaultier, Roger 467
ヴォーリュ Vauru 458
ウスアルドゥス Usuard 123, 127, 137
ウード・リゴー Eudes Rigaud 178
ヴュイエ（シャルル）Vulliez, Charles 365
ウンベルト（ヴィエンヌ伯）Humbert de Vienne 367
エウゲニウス四世 Eugène 502
エウケリア Euchérie 82
エウセビオス Eusèbe 147
エウフロニウス Euphronius 22
エヴラール（トレモーゴンの）Évrard de Trémaugon 381, 443
エヴラール（ベチューヌの）Évrard de Béthune 215, 370
エウリック Euric 73
エギディウス・ロマーヌス（ジル・ド・ローム）Gilles de Rome 178, 184, 351, 352, 383, 430, 441, 442
エグベルト（リエージュ司教）Egbert 145
エーコ（ウンベルト）Eco, Umbert 208
エストゥトヴィル（枢機卿）Estouteville, cardinal d' 382
エジナール Eginhard（アインハルトとも）114, 118, 120, 131
エッボ Ebbon 135, 136
エティエンヌ・シュヴァリエ Etienne Chevalier 492
エティエンヌ・タンピエ（パリ司教）Etienne Tempier 177, 260, 266, 267, 268, 270, 376, 383
エティエンヌ・ド・トゥルネ Etienne de Tournai 167
エティエンヌ・ミュジキュス Etienne Musicus 423
エティエンヌ・ランジュヴァン Etienne l'Angevin 517
エドワード三世 Edouard 413
エニード Énide 301, 302, 325
エピファニウス Épiphane 132
エベルハルト（アルザス伯）Eberhard 103
エマール（クリュニー大修道院長）Aymard 180
エモワン Aimoin 42, 43, 227
エラスムス Erasme 17, 531, 532
エリアス（ノルベルト）Élias, Norbert 411, 455
エリギウス Éloi（ノワイヨン司教） 85, 94, 96, 101
エリー・ド・タレイラン＝ペリゴール Hélie de Talleyrand-Périgord 370
エリ・ド・レトランジュ Élie de Lestrange 398
エリパンドゥス Élipande de Tolède 126
エルモルド Ermold le Noir 120
エルランド＝ブランデンブルグ（アラン）Erlande-Brandenburg, Alain 207, 489
エレック Érec 301, 324, 325
エロワ・ダメルヴァル Eloi d'Amerval 356, 380
エロイーズ Héloïse 165, 246, 312
エンノディウス（パヴィアの）Ennode de Pavie 71
オウィディウス Ovide 215, 221, 222, 223, 233, 250, 301, 370, 483
オド（クリュニー大修道院長）Odon 137, 180
オットー・カステラーニ Otto Castellani 500
オディロ（クリュニー大修道院長）Odilon 180, 227
オートラン（フランソワーズ）Autrand,

Bretagne　434
アンブロシウス（聖）Amroise　220, 225, 235
アンブロジオ・ミリース Ambrogio Migli 406, 450
アンリ・ダンドリ Henri d'Andeli　215
アンリ・ド・ゴーシィ Henri de Gauchy 441, 442
アンリ・ド・フェリエール Henri de Ferrière　498
アンリ・ド・フォンテーヌ Henri de Fontaines　398
アンリ・ド・ブランヴィリエ Henri de Boulainvilier　34
アンリ・ド・モンドヴィル Henri de Mondeville　537
アンリ・ボード Henri Baude　451
アンリ・ル・リベラル Henri le Libéral 190
イヴァン Yvain　301, 302, 324
イヴォ（シャルトル司教）Yves　243
イエス・キリスト Jésus Christ　39, 40, 50, 237, 274, 387
イザボー・ド・バヴィエール Isabeau de Bavière　398, 452, 474
イシドールス Isidore de Séville　129, 147, 235, 347, 348
イズー Iseut　300, 301, 303, 326, 327, 331
イソップ Ésope　300
イルデフォンスス Ildefonse de Tolède　129
ヴァルトフォーゲル Waldfoghel　521
ヴァレリアヌス（シミエ司教）Valérien　75
ウァレリウス・マクシムス Valère Maxime 433
ウアン（ルーアン司教）Ouen　94
ヴァンサン・ド・ボーヴェ Vincent de Beauvais　232, 433, 532
ヴァンダルベルト（プリュム修道院長）Wandalbert　123
ウイ（ジルベール）Ouy, Gilbert　403
ヴィヴィエヌス（トゥールのサン＝マルタン修道院長）Vivien　123, 139
ヴィヴェンティオルス Viventiolus　71
ウィトルウィウス Vitruve　151
ヴィヨン（フランソワ）Villon, François 372, 382, 417, 489, 490
ウィリアム・オブ・オッカム Guillaume d'Occam　376, 383
ウィルタール Wilthaire de Nomentana　113
ウィルフリド Wilfrid　105
ウィリブロルドゥス Willibrord　105
ウィレム・ギリスゾーン Willem Gilliszoon 539
ヴィンケンティウス（レランス修道院長）Vincent de Lérins　72
ヴィンケンティウス・フェレリウス Vincent Ferrier　385, 388, 509
ウェゲティウス Végèce　312
ウェルギリウス Virgile　24, 28, 70, 71, 77, 81, 94, 107, 147, 215, 220, 221, 222, 225, 250, 297, 407
ヴェルサンジェトリクス Vercingétrix　20, 32
ヴェルジェ（ジャック）Verger, Jacques 168, 268, 365, 367, 372, 373, 374, 375, 381
ヴェルナー（カール＝フェルディナント）Werner, Karl-Ferdinand　20
ヴェルナー・ロレヴィンク Werner Rolewinck　378
ヴェルニョル（エリアーヌ）Vergnol, Eliane 207
ヴェルヌ（ジュール）Verne, Jules　338
ヴォーシェ（アンドレ）Vauchez, André

アラン・シャルティエ Alain Chartier　417, 445, 449, 481
アラン・ド・リベラ Alain de Libera　379
アラン・ド・リール Alain de Lille　236
アリエノール Aliénor　189, 190, 296, 298
アリストテレス Aristote　149, 150, 171, 177, 216, 217, 218, 219, 224, 225, 226, 232, 240, 241, 243, 246, 248, 249, 250, 251, 253, 255, 256, 257, 261, 262, 267, 268, 269, 270, 271, 370, 376, 378, 383, 396, 428, 429, 436, 441, 442, 443, 465, 495, 517, 537
アルクイヌス Alcuin　39, 40, 44, 56, 59, 114, 117, 118, 119, 130, 132, 137, 139, 140, 144, 145, 156
アルドリク（ル・マン司教）Aldric　139
アルヌルフ（カロリング家の祖）Arnoul 94, 136
アルヌール（オルレアンの）Arnoul d' Orléans　223, 233
アルヌール・グレバン Arnoul Gréban　472
アルノー・ダニエル Arnaut Daniel　290
アルフォンソ十世 Alphonse　377, 430
アルベリック（ランスの）Albéric de Reims 163, 167
アルベリック（パリの）Albéric de Paris 245
アルベルトゥス・マグヌス Albert le Grand 12, 178, 230, 249, 267, 270
アルボガスト（トリエルのフランク人伯）Arbogast　84
アレイオス（アリウス）Arius　29, 30, 31, 68, 69, 72, 73, 262, 265
アレクサンデル三世 Alexandre　164
アレクサンデル四世 Alexandre　169
アレクサンデル（ヘイルズの）Alexandre de Halès　252, 267, 383
アレクサンドル（ヴィルディユの）Alexandre de Villedieu　214, 370
アレクサンドロス（大王）Alexandre　233, 297, 298, 306, 414
アレグンデ Arégonde　98
アンゲラン・カルトン Enguerrand Quarton 435
アンゲラン・ド・クーシ Enguerrand de Coucy　413
アンゲラン・ド・マリニ Enguerrand de Marigny　421, 445
アンゲロムス Angelome　123
アンジェロ・カトー Angelo Cato　531, 533
アンジルベール（シャルルマーニュの娘婿）Angilbert　134
アンジルラムヌス Angilramn　136
アンセギス Ansegise　138
アンセルムス（カンタベリーの）Anselme 12, 160, 216, 219, 242, 253, 255, 256, 261, 262, 265
アンセルムス（ランの）Anselme　162, 163, 164, 166, 175, 242
アンセル・ショカール Ancel Choquart 506
アントニオス（修道士たちの父）Antoine 78, 92
アンドレ・ル・シャプラン André le Chapelain　302, 314, 316, 483
アンドレア（サン＝ヴィクトールの）André de Saint-Victor　236, 239
アントワーヌ・ヴェラール Antoine Vérard 524, 527, 535
アントワーヌ・ド・ヴィル Antoine de Ville 540, 542
アントワーヌ・ド・ラ・サル Antoine de La Sale　484
アンヌ・ド・ブルターニュ Anne de

人名索引

欧文綴りは原著に従った。また、本文中に出てくる中世の人々に関してはファースト・ネームと家族名（出身地名）を一体にして扱い、近現代の歴史学者名に限ってファミリー・ネームを見出しにしてファースト・ネームは括弧して補足した。

【ア行】

アインゼルマン（マルタン）Heinzelmann, Martin　37
アヴェロエス Averroès（イブン・ルシュド Ibn Rushd）　217, 249, 259, 266, 267, 269, 270, 383
アウィエヌス Avienus　370
アヴィセンナ Avicenne（イブン・スィーナー Ibn Sina）　217, 267, 498, 526
アヴィトゥス Avitus　22, 31, 71, 72, 73, 77, 86, 147
アウグスティヌス（ヒッポの）Augustin　49, 80, 89, 91, 213, 220, 225, 235, 244, 250, 255, 268, 269, 311, 336, 337, 429, 430, 443
アエネース Énée　28, 223, 285
アエルレッド・ド・リエヴォー Aelred de Rievaulx　336, 340
アカルドゥス Achard　246
アギルベルトゥス Agilbert　95, 100, 118
アグリコラ（ローマ人貴族）Agricole　81
アゴバルドゥス Agobard　129, 138
アーサー（王）Arthur　285, 298, 299, 300, 304, 307, 308, 313, 326, 328, 330, 331, 332, 414
アセノール（ジュヌヴィエーヴ）Hasenhohr, Geneviève　428
アダルハルト Adalhard　135
アダン・ド・ラ・アール Adam de la Halle　309, 310, 477
アッタロス（伯）Attale　82
アッボ（大修道院長）Abbon　42
アッボ（九世紀の詩人）Abbon　137
アッボ（プロヴァンスの司祭）Abbon　103
アデマール・ド・シャバンヌ Adémar de Chabannes　227
アドニス Adonis　223
アナスタシウス一世（ビザンティン皇帝）Anastase　84
アベラルドゥス（ペトルス）Abélard, Pierre　12, 14, 163, 164, 166, 167, 175, 176, 216, 229, 230, 242, 245, 246, 247, 250, 251, 256, 257, 260, 262, 263, 264, 265
アマデウス八世 Amédée（サヴォワ公）　410, 502
アマンドゥス Amand　85, 95
アメデーオ Amédée de Saluces　406
アモロン Amolon　138
アラートル Arator　147, 215
アラーリック Alaric　28, 73, 109
アラーリック二世 Alaric　73

図版クレジット一覧

p.23: Paris, Réunion des Vasseur／p.81, 84, 124, 128, 193, 303, 331, 428, 432, 485: Paris, Bibliothèque nationale de France (BnF)／p.98: RMN/Arnaudet／p.100: Zodiaque/Belzeaux／p.135: Utrecht, Bibliothek der Rijksuniversiteit／p.155: Artephot/Faillet／p.202: Altitude/Y.Arthus-Bertrand／p.210: Serge Chirol／p.251: G.Dagli Orti／p.360: RMN-Grand Palais (musée de Cluny - musée national du Moyen-Âge) / Jean-Gilles Berizzi / distributed by AMF／p.388: Valenciennes, Bibliothèque municipale/ph.G.P.Simon

p.23, 98, 100, 135, 155, 202, 210, 251, 388の著作権者とは連絡が取れず、やむを得ず許諾を得ることができませんでした。連絡先をご存知の方はお知らせください。

ミシェル・ソ　Michel Sot
1942年生まれ。初期中世フランス史を専門とする。パリ第４大学名誉教授。

ジャン＝パトリス・ブデ　Jean-Patrice Boudet
中世の占星術・魔術の研究が専門。オルレアン大学中世史教授。

アニータ・ゲロ＝ジャラベール　Anita Guerreau-Jalabert
1950年生まれ。中世における親族関係の研究を専門とする。国立科学研究所（CNRS）研究部長。

桐村泰次（きりむら・やすじ）
1938年、京都府福知山市生まれ。1960年、東京大学文学部卒（社会学科）。欧米知識人らとの対話をまとめた『西欧との対話』のほか、『仏法と人間の生き方』等の著書、訳書にジャック・ル・ゴフ他『フランス文化史』などがある。

中世フランスの文化
HISTOIRE CULTURELLE DE LA FRANCE: LE MOYEN ÂGE

2016年３月10日　初版第１刷印刷
2016年３月20日　初版第１刷発行

著　者　ミシェル・ソ、ジャン＝パトリス・ブデ、
　　　　アニータ・ゲロ＝ジャラベール
訳　者　桐村泰次
発行者　森下紀夫
発行所　論　創　社
　　　　東京都千代田区神田神保町 2-23　北井ビル
　　　　tel. 03 (3264) 5254　fax. 03 (3264) 5232
　　　　振替口座 00160-1-155266
　　　　http://www.ronso.co.jp/
装　幀　野村　浩
印刷・製本　中央精版印刷

ISBN978-4-8460-1474-2